TARIFS

DES CENTIMES AU FRANC,

O U

TABLES DE MULTIPLICATIONS

ET COMPTES FAITS

POUR LA RÉPARTITION DES CONTRIBUTIONS,

ET POUVANT REMPLACER, DANS LE SYSTÊME DÉCIMAL, LES ANCIENS COMPTES FAITS DE BARÊME.

PAR LE Cᴱᴺ. CADET,

DIRECTEUR DES CONTRIBUTIONS DU BAS-RHIN.

A PARIS,

CHEZ VALADE, IMPRIMEUR, RUE COQUILLIÈRE.

AN X.

AVERTISSEMENT
SUR L'USAGE DES TARIFS.

ASSURER l'exactitude et la célérité des opérations relatives à la confection des Rôles des Contributions directes, procurer à chaque Administration locale un moyen infaillible de répartir dans une juste proportion les charges communes, fournir à tous les administrés celui de reconnaître la précision ou l'inexactitude de ces diverses opérations, établir enfin des comptes faits pour trouver, non-seulement les sommes du prix des marchandises, mais aussi tous les rapports des mesures et monnaies des pays étrangers avec celles de France, et de celles de l'ancien système avec celles du nouveau; tels ont été les motifs de la composition de ces Tables Décimales.

L'explication de leur usage va se donner dans le même ordre que l'on vient de suivre, en indiquant les motifs de leur formation.

RÉPARTITION DU CONTINGENT, OU SOMME IMPOSÉE SUR UNE COMMUNE.

L'on peut, l'on doit même considérer toute somme à répartir sur les produits nets, ou sur les loyers des propriétaires ou habitans d'une commune, comme une certaine quantité de fractions de francs, c'est-à-dire de décimes, de centimes, de millésimes et de dix millésimes, dont chaque franc, du produit net des propriétés foncières, ou des loyers, doit supporter un nombre égal. La première opération sera donc la conversion de cette somme en décimes, centimes, millésimes, dix millésimes.

Elle se fait en ajoutant aux francs de la somme à répartir un zéro pour former des décimes au lieu de francs, deux zéros pour convertir ces mêmes francs en centimes, trois pour en faire des millésimes, quatre pour qu'ils deviennent des dix millésimes, etc.; car la fraction décimale peut être poussée aussi loin que l'on veut. Il est clair que si l'on avait des décimes et des centimes joints aux francs du contingent, les zéros, pour ces ordres de quantité, seraient superflus, et l'on n'aurait à poser que ceux des millésimes et des dix millésimes.

Par cette opération l'on a beaucoup multiplié toutes les parties qui constituent le contingent, et l'on conservra facilement, sans doute, qu'en en divisant le grand nombre par la somme des produits nets ou des loyers composés de francs, l'on obtiendra pour quotient ce que devra supporter chaque franc du produit net ou du loyer. La division, en effet, a partagé ce contingent ou cette quantité de décimes, de centimes, de millésimes et de dix millésimes en autant de portions qu'il y a de francs dans le montant des produits nets au des loyers sur lesquels est assis le contingent.

Cette division fait donc connaître les décimes, centimes et millésimes payables par chaque franc, c'est-à-dire, les vrais centimes ou franc (autrefois le marc la livre) de la contribution pour la commune.

Avec cette base ou donnée, l'on pourrait déterminer la cote de chaque contribuable, par la multiplication du centime au franc par le produit net de chaque article. Cette opération minutieuse et lente même pour les communes les moins populeuses, et pour celles qui le sont beaucoup, donne lieu à de grandes erreurs, et souvent à des retards nuisibles au service. Mais au moyen des tables de multiplication de tous les centimes au franc, depuis 1 jusqu'à 9,999, cette opération se fait avec précision, promptitude et facilité.

E X E M P L E.

Le contingent d'une commune est de . . . . 3,581 fr. 82 cen.

Le produit net des immeubles de la même commune, ou le montant des loyers
des contribuables est de 10,692   »

La division dont l'on vient de parler a donné pour quotient $\frac{335}{1000}$ ou trois décimes, trois centimes, cinq millésimes à payer par franc; avec ce résultat l'on cherche dans les tables la série 335, et cette série indique à côté de chacun des francs imposables, (l'on appellera dorénavant ces chiffres indicateurs) depuis un jusqu'à cent, combien ils auront de décimes, de centimes et de millésimes à supporter : c'est précisément la cote pour chaque quotité de francs. L'on pourrait la placer de suite à chacun des articles du rôle; mais pour s'assurer que l'on a trouvé l'exacte proportion du centime au franc, on opère d'abord sur le produit net total des immeubles, ou sur le montant des loyers.

Ainsi dans l'hypothèse d'un contingent de 3,581 fr. 82 cen. supportable par 10,692 fr., l'on cherchera dans la série 335, l'indicateur 10, à côté duquel on trouvera 3,350 pour cote du produit. Il est bien entendu que les chiffres de cette cote, ou produit, sont d'un ordre d'autant supérieur à la cote de l'indicateur dix francs, que dix mille francs est supérieur lui-même à ce simple indicateur dix francs, et comme ce dernier eût donné pour cote 3 francs, d'abord pour 10; il est clair que dix mille francs donneront pour un chiffre trois mille franc, pour second trois cents, etc.

L'on remonte ensuite au 6, dont la cote est de 2010, et réfléchissant que ce 6 étant de l'ordre des unités simples de francs eût produit une cote dont le premier chiffre est lui-même 2 francs, doit donner ici pour premier chiffre 2^{cent}. fr., puisque l'indicateur est 6 francs; il reste à prendre le centime au franc de 92 : l'indicateur de cette quantité de franc donne pour cote 30 francs. 820, additionnant ensuite toutes ces cotes; savoir :

Celle de 10,000 qui est de 3,350   000
Celle de   600 qui est de 201   000
Celle de   92 qui est de 30   820

L'on a pour somme. 3,581   82   précisément

égale au contingent, ce qui prouve l'exactitude de la division faite pour obtenir le centime au franc.

C'est ainsi qu'il convient d'opérer pour la répartition du contingent sur les contribuables.

Si des décimes et des centimes fesaient parties des produits nets ou des loyers imposables, il serait nécessaire d'ajouter au contingent, avant de le diviser par cette somme imposable, autant de zéros qu'il y aurait de chiffres formant fractions de franc.

La connaissance du système décimal et des premières règles d'arithmétique est indispensable pour exécuter et concevoir ce que l'on vient de dire; elle est nécessaire pour employer les tarifs à tous les usages du commerce auxquels le travail de Barême servait autrefois.

Dans le commencement leur emploi ne paraît point facile; mais après quelques jours d'exercice on trouve de soi-même des méthodes abrégées, qu'il serait trop long d'indiquer, et dont l'usage fait économiser beaucoup de temps. De ce nombre est celle de vérifier, au bas de chaque page, l'addition de la somme imposable sur l'addition des cotes établies d'après le tarif.

Par l'exercice, on apprend à classer avec une prompte exactitude les chiffres dans les colonnes de leurs vrais valeurs, et l'on conçoit le jeu, les rapports, l'ordre vraiment admirable, par sa simplicité, du système décimal. Lorsque l'on s'en doutera le moins, par exemple, on verra que l'indicateur 4 peut servir pour 4 décimes, pour 4 francs, pour 40 francs, 400 francs, 4,000 francs, 40,000 francs, etc., et qu'il suffit, lorsque l'indicateur se décuple, se centuple, de faire suivre la même proportion à la cote ou produit.

Il n'est peut-être pas inutile d'observer que si, dans l'opération de la cotisation individuelle, on rencontre des millimes au-dessous de cinq, on les abandonne, à moins qu'ils ne se présente très-fréquemment.

ÉVALUATION DES OBJETS DE COMMERCE.

Veut-on savoir combien valent 35 kilogrames ou livres, lorsqu'un seul vaut 47 francs 35 centimes, on cherche dans la série 47, 35, l'indicateur 35, et l'on a, pour produit 166625.

Dans cette série l'on a pris les 4735 pour 47 fr. 35 cen., l'on considèrera donc le produit 166625 sous le même rapport, c'est-à-dire, les deux derniers chiffres pour des centimes et les autres pour des francs.

Une attention essentielle est de s'assurer si la série doit être considérée comme franc ou comme fraction de franc.

RAPPORT DES POIDS, MESURES ET MONNAIES.

Les tarifs sont terminés par trois tables : l'une des rapports de chacune des mesures anciennes ou étrangères, principales avec les mesures françaises. La seconde présente le rapport des poids anciens ou étrangers, avec ceux du nouveau système. La troisième enfin, des monnaies anciennes ou étrangères, avec les monnaies de la république française : au moyen de ces tables ou pourra résoudre les questions sur le rapport de la valeur ancienne des poids, mesures et monnaies, avec leur valeur, suivant le système actuel.

EXEMPLE.

L'on demande quelles mesures françaises sont équivalentes à 87 pieds de Lorraine ? La table des mesures indique qu'un pied de Lorraine répond à, 0, mètre, 291 millimètres, avec cette donnée l'on cherche le tarif 291, puis suivant la colonne des indicateurs jusqu'à 87, l'on trouve à côté 25317, c'est-à-dire, 25 mètres, 31 centimètres, 7 millimètres.

Desire-t-on de convertir en mesures nouvelles 73 arpens, mesures anciennes ? L'on voit sur la même table qu'un arpent de 484000 pieds carrés, répond à, 0, hectare, 51 ares, 01 centiare, l'on cherche donc la série 5101, et descendant à l'indicateur 73, l'on voit, à côté, 37, 23, 73, que l'on conçoit devoir être 37 hectares, 23 ares, 73 centiares.

L'on veut enfin savoir combien 86 écus de 6 liv. font de francs. La table des monnaies apprend qu'un écu de 6 liv. vaut 5 francs 93 cen., l'on regarde donc à la série 593, l'indicateur 86, et l'on obtient pour produit 509 francs 98 centimes.

Paris, le 14 Germinal an 9 de la République française.

Le Ministre des Finances,

Au Citoyen CADET, Directeur des Contributions directes du Département du Bas-Rhin.

J'AI examiné, Citoyen, avec beaucoup d'attention et d'intérêt, les Tables de Centimes le franc que vous avez rédigées, et je me suis convaincu qu'elles seront de la plus grande utilité pour assurer la promptitude et la précision dans les calculs de la répartition des contributions directes. Elles seront également infiniment utiles aux Maires, Adjoints ou répartiteurs des villes, bourgs et villages, à tous les propriétaires ou habitans, à tous ceux enfin qui ont à faire des répartitions au marc la livre, ou centime le franc.

Je ne puis, Citoyen, que vous témoigner toute ma satisfaction d'avoir entrepris et exécuté un travail aussi considérable : je vous invite à le publier le plus promptement possible, il épargnera beaucoup de temps, de frais et de travaux à tous vos collègues, et rendra la confection des rôles plus prompte et plus régulière.

Je vous salue. *Signé* GAUDIN.

n	101	102	103	104	105	106	107	108	109	110
1	101	102	103	104	105	106	107	108	109	110
2	202	204	206	208	210	212	214	216	218	220
3	303	306	309	312	315	318	321	324	327	330
4	404	408	412	416	420	424	428	432	436	440
5	505	510	515	520	525	530	535	540	545	550
6	606	612	618	624	630	636	642	648	654	660
7	707	714	721	728	735	742	749	756	763	770
8	808	816	824	832	840	848	856	864	872	880
9	909	918	927	936	945	954	963	972	981	990
10	1010	1020	1030	1040	1050	1060	1070	1080	1090	1100
11	1111	1122	1133	1144	1155	1166	1177	1188	1199	1210
12	1212	1224	1236	1248	1260	1272	1284	1296	1308	1320
13	1313	1326	1339	1352	1365	1378	1391	1404	1417	1430
14	1414	1428	1442	1456	1470	1484	1498	1512	1526	1540
15	1515	1530	1545	1560	1575	1590	1605	1620	1635	1650
16	1616	1632	1648	1664	1680	1696	1712	1728	1744	1760
17	1717	1734	1751	1768	1785	1802	1819	1836	1853	1870
18	1818	1836	1854	1872	1890	1908	1926	1944	1962	1980
19	1919	1938	1957	1976	1995	2014	2033	2052	2071	2090
20	2020	2040	2060	2080	2100	2120	2140	2160	2180	2200
21	2121	2142	2163	2184	2205	2226	2247	2268	2289	2310
22	2222	2244	2266	2288	2310	2332	2354	2376	2398	2420
23	2323	2346	2369	2392	2415	2438	2461	2484	2507	2530
24	2424	2448	2472	2496	2520	2544	2568	2592	2616	2640
25	2525	2550	2575	2600	2625	2650	2675	2700	2725	2750
26	2626	2652	2678	2704	2730	2756	2782	2808	2834	2860
27	2727	2754	2781	2808	2835	2862	2889	2916	2943	2970
28	2828	2856	2884	2912	2940	2968	2996	3024	3052	3080
29	2929	2958	2987	3016	3045	3074	3103	3132	3161	3190
30	3030	3060	3090	3120	3150	3180	3210	3240	3270	3300
31	3131	3162	3193	3224	3255	3286	3317	3348	3379	3410
32	3232	3264	3296	3328	3360	3392	3424	3456	3488	3520
33	3333	3366	3399	3432	3465	3498	3531	3564	3597	3630
34	3434	3468	3502	3536	3570	3604	3638	3672	3706	3740
35	3535	3570	3605	3640	3675	3710	3745	3780	3815	3850
36	3636	3672	3708	3744	3780	3816	3852	3888	3924	3960
37	3737	3774	3811	3848	3885	3922	3959	3996	4033	4070
38	3838	3876	3914	3952	3990	4028	4066	4104	4142	4180
39	3939	3978	4017	4056	4095	4134	4173	4212	4251	4290
40	4040	4080	4120	4160	4200	4240	4280	4320	4360	4400
41	4141	4182	4223	4264	4305	4346	4387	4428	4469	4510
42	4242	4284	4326	4368	4410	4452	4494	4536	4578	4620
43	4343	4386	4429	4472	4515	4558	4601	4644	4687	4730
44	4444	4488	4532	4576	4620	4664	4708	4752	4796	4840
45	4545	4590	4635	4680	4725	4770	4815	4860	4905	4950
46	4646	4692	4738	4784	4830	4876	4922	4968	5014	5060
47	4747	4794	4841	4888	4935	4982	5029	5076	5123	5170
48	4848	4896	4944	4992	5040	5088	5136	5184	5232	5280
49	4949	4998	5047	5096	5145	5194	5243	5292	5341	5390
50	5050	5100	5150	5200	5250	5300	5350	5400	5450	5500
51	5151	5202	5253	5304	5355	5406	5457	5508	5559	5610
52	5252	5304	5356	5408	5460	5512	5564	5616	5668	5720
53	5353	5406	5459	5512	5565	5618	5671	5724	5777	5830
54	5454	5508	5562	5616	5670	5724	5778	5832	5886	5940
55	5555	5610	5665	5720	5775	5830	5885	5940	5995	6050
56	5656	5712	5768	5824	5880	5936	5992	6048	6104	6160
57	5757	5814	5871	5928	5985	6042	6099	6156	6213	6270
58	5858	5916	5974	6032	6090	6148	6206	6264	6322	6380
59	5959	6018	6077	6136	6195	6254	6313	6372	6431	6490
60	6060	6120	6180	6240	6300	6360	6420	6480	6540	6600
61	6161	6222	6283	6344	6405	6466	6527	6588	6649	6710
62	6262	6324	6386	6448	6510	6572	6634	6696	6758	6820
63	6363	6426	6489	6552	6615	6678	6741	6804	6867	6930
64	6464	6528	6592	6656	6720	6784	6848	6912	6976	7040
65	6565	6630	6695	6760	6825	6890	6955	7020	7085	7150
66	6666	6732	6798	6864	6930	6996	7062	7128	7194	7260
67	6767	6834	6901	6968	7035	7102	7169	7236	7303	7370
68	6868	6936	7004	7072	7140	7208	7276	7344	7412	7480
69	6969	7038	7107	7176	7245	7314	7383	7452	7521	7590
70	7070	7140	7210	7280	7350	7420	7490	7560	7630	7700
71	7171	7242	7313	7384	7455	7526	7597	7668	7739	7810
72	7272	7344	7416	7488	7560	7632	7704	7776	7848	7920
73	7373	7446	7519	7592	7665	7738	7811	7884	7957	8030
74	7474	7548	7622	7696	7770	7844	7918	7992	8066	8140
75	7575	7650	7725	7800	7875	7950	8025	8100	8175	8250
76	7676	7752	7828	7904	7980	8056	8132	8208	8284	8360
77	7777	7854	7931	8008	8085	8162	8239	8316	8393	8470
78	7878	7956	8034	8112	8190	8268	8346	8424	8502	8580
79	7979	8058	8137	8216	8295	8374	8453	8532	8611	8690
80	8080	8160	8240	8320	8400	8480	8560	8640	8720	8800
81	8181	8262	8343	8424	8505	8586	8667	8748	8829	8910
82	8282	8364	8446	8528	8610	8692	8774	8856	8938	9020
83	8383	8466	8549	8632	8715	8798	8881	8964	9047	9130
84	8484	8568	8652	8736	8820	8904	8988	9072	9156	9240
85	8585	8670	8755	8840	8925	9010	9095	9180	9265	9350
86	8686	8772	8858	8944	9030	9116	9202	9288	9374	9460
87	8787	8874	8961	9048	9135	9222	9309	9396	9483	9570
88	8888	8976	9064	9152	9240	9328	9416	9504	9592	9680
89	8989	9078	9167	9256	9345	9434	9523	9612	9701	9790
90	9090	9180	9270	9360	9450	9540	9630	9720	9810	9900
91	9191	9282	9373	9464	9555	9646	9737	9828	9919	10010
92	9292	9384	9476	9568	9660	9752	9844	9936	10028	10120
93	9393	9486	9579	9672	9765	9858	9951	10044	10137	10230
94	9494	9588	9682	9776	9870	9964	10058	10152	10246	10340
95	9595	9690	9785	9880	9975	10070	10165	10260	10355	10450
96	9696	9792	9888	9984	10080	10176	10272	10368	10464	10560
97	9797	9894	9991	10088	10185	10282	10379	10476	10573	10670
98	9898	9996	10094	10192	10290	10388	10486	10584	10682	10780
99	9999	10098	10197	10296	10395	10494	10593	10692	10791	10890
100	10100	10200	10300	10400	10500	10600	10700	10800	10900	11000

1	111	1	112	1	113	1	114	1	115	1	116	1	117	1	118	1	119	1	120
2	222	2	224	2	226	2	228	2	230	2	232	2	234	2	236	2	238	2	240
3	333	3	336	3	339	3	342	3	345	3	348	3	351	3	354	3	357	3	360
4	444	4	448	4	452	4	456	4	460	4	464	4	468	4	472	4	476	4	480
5	555	5	560	5	565	5	570	5	575	5	580	5	585	5	590	5	595	5	600
6	666	6	672	6	678	6	684	6	690	6	696	6	702	6	708	6	714	6	720
7	777	7	784	7	791	7	798	7	805	7	812	7	819	7	826	7	833	7	840
8	888	8	896	8	904	8	912	8	920	8	928	8	936	8	944	8	952	8	960
9	999	9	1008	9	1017	9	1026	9	1035	9	1044	9	1053	9	1062	9	1071	9	1080
10	1110	10	1120	10	1130	10	1140	10	1150	10	1160	10	1170	10	1180	10	1190	10	1200
11	1221	11	1232	11	1243	11	1254	11	1265	11	1276	11	1287	11	1298	11	1309	11	1320
12	1332	12	1344	12	1356	12	1368	12	1380	12	1392	12	1404	12	1416	12	1428	12	1440
13	1443	13	1456	13	1469	13	1482	13	1495	13	1508	13	1521	13	1534	13	1547	13	1560
14	1554	14	1568	14	1582	14	1596	14	1610	14	1624	14	1638	14	1652	14	1666	14	1680
15	1665	15	1680	15	1695	15	1710	15	1725	15	1740	15	1755	15	1770	15	1785	15	1800
16	1776	16	1792	16	1808	16	1824	16	1840	16	1856	16	1872	16	1888	16	1904	16	1920
17	1687	17	1904	17	1921	17	1938	17	1955	17	1972	17	1989	17	2006	17	2023	17	2040
18	1998	18	2016	18	2034	18	2052	18	2070	18	2088	18	2106	18	2124	18	2142	18	2160
19	2109	19	2128	19	2147	19	2166	19	2185	19	2204	19	2223	19	2242	19	2261	19	2280
20	2220	20	2240	20	2260	20	2280	20	2300	20	2320	20	2340	20	2360	20	2380	20	2400
21	2331	21	2352	21	2373	21	2394	21	2415	21	2436	21	2457	21	2478	21	2499	21	2520
22	2442	22	2464	22	2486	22	2508	22	2530	22	2552	22	2574	22	2596	22	2618	22	2640
23	2553	23	2576	23	2599	23	2622	23	2645	23	2668	23	2691	23	2714	23	2737	23	2760
24	2664	24	2688	24	2712	24	2736	24	2760	24	2784	24	2808	24	2832	24	2856	24	2880
25	2775	25	2800	25	2825	25	2850	25	2875	25	2900	25	2925	25	2950	25	2975	25	3000
26	2886	26	2912	26	2938	26	2964	26	2990	26	3016	26	3042	26	3068	26	3094	26	3120
27	2997	27	3024	27	3051	27	3078	27	3105	27	3132	27	3159	27	3186	27	3213	27	3240
28	3108	28	3136	28	3164	28	3192	28	3220	28	3248	28	3276	28	3304	28	3332	28	3360
29	3219	29	3248	29	3277	29	3306	29	3335	29	3364	29	3393	29	3422	29	3451	29	3480
30	3330	30	3360	30	3390	30	3420	30	3450	30	3480	30	3510	30	3540	30	3570	30	3600
31	3441	31	3472	31	3503	31	3534	31	3565	31	3596	31	3627	31	3658	31	3689	31	3720
32	3552	32	3584	32	3616	32	3648	32	3680	32	3712	32	3744	32	3776	32	3808	32	3840
33	3663	33	3696	33	3729	33	3762	33	3795	33	3828	33	3861	33	3894	33	3927	33	3960
34	3774	34	3808	34	3842	34	3876	34	3910	34	3944	34	3978	34	4012	34	4046	34	4080
35	3885	35	3920	35	3955	35	3990	35	4025	35	4060	35	4095	35	4130	35	4165	35	4200
36	3996	36	4032	36	4068	36	4104	36	4140	36	4176	36	4212	36	4248	36	4284	36	4320
37	4107	37	4144	37	4181	37	4218	37	4255	37	4292	37	4329	37	4366	37	4403	37	4440
38	4218	38	4256	38	4294	38	4332	38	4370	38	4408	38	4446	38	4484	38	4522	38	4560
39	4329	39	4368	39	4407	39	4446	39	4485	39	4524	39	4563	39	4602	39	4641	39	4680
40	4440	40	4480	40	4520	40	4560	40	4600	40	4640	40	4680	40	4720	40	4760	40	4800
41	4551	41	4592	41	4633	41	4674	41	4715	41	4756	41	4797	41	4838	41	4879	41	4920
42	4662	42	4704	42	4746	42	4788	42	4830	42	4872	42	4914	42	4956	42	4998	42	5040
43	4773	43	4816	43	4859	43	4902	43	4945	43	4988	43	5031	43	5074	43	5117	43	5160
44	4884	44	4928	44	4972	44	5016	44	5060	44	5104	44	5148	44	5192	44	5236	44	5280
45	4995	45	5040	45	5085	45	5130	45	5175	45	5220	45	5265	45	5310	45	5355	45	5400
46	5106	46	5152	46	5198	46	5244	46	5290	46	5336	46	5382	46	5428	46	5474	46	5520
47	5217	47	5264	47	5311	47	5358	47	5405	47	5452	47	5499	47	5546	47	5593	47	5640
48	5328	48	5376	48	5424	48	5472	48	5520	48	5568	48	5616	48	5664	48	5712	48	5760
49	5439	49	5488	49	5537	49	5586	49	5635	49	5684	49	5733	49	5782	49	5831	49	5880
50	5550	50	5600	50	5650	50	5700	50	5750	50	5800	50	5850	50	5900	50	5950	50	6000
51	5661	51	5712	51	5763	51	5814	51	5865	51	5916	51	5967	51	6018	51	6069	51	6120
52	5772	52	5824	52	5876	52	5928	52	5980	52	6032	52	6084	52	6136	52	6188	52	6240
53	5883	53	5936	53	5989	53	6042	53	6095	53	6148	53	6201	53	6254	53	6307	53	6360
54	5994	54	6048	54	6102	54	6156	54	6210	54	6264	54	6318	54	6372	54	6426	54	6480
55	6105	55	6160	55	6215	55	6270	55	6325	55	6380	55	6435	55	6490	55	6545	55	6600
56	6216	56	6272	56	6328	56	6384	56	6440	56	6496	56	6552	56	6608	56	6664	56	6720
57	6327	57	6384	57	6441	57	6498	57	6555	57	6612	57	6669	57	6726	57	6783	57	6840
58	6438	58	6496	58	6554	58	6612	58	6670	58	6728	58	6786	58	6844	58	6902	58	6960
59	6549	59	6608	59	6667	59	6726	59	6785	59	6844	59	6903	59	6962	59	7021	59	7080
60	6660	60	6720	60	6780	60	6840	60	6900	60	6960	60	7020	60	7080	60	7140	60	7200
61	6771	61	6832	61	6893	61	6954	61	7015	61	7076	61	7137	61	7198	61	7259	61	7320
62	6882	62	6944	62	7006	62	7068	62	7130	62	7192	62	7254	62	7316	62	7378	62	7440
63	6993	63	7056	63	7119	63	7182	63	7245	63	7308	63	7371	63	7434	63	7497	63	7560
64	7104	64	7168	64	7232	64	7296	64	7360	64	7424	64	7488	64	7552	64	7616	64	7680
65	7215	65	7280	65	7345	65	7410	65	7475	65	7540	65	7605	65	7670	65	7735	65	7800
66	7326	66	7392	66	7458	66	7524	66	7590	66	7656	66	7722	66	7788	66	7854	66	7920
67	7437	67	7504	67	7571	67	7638	67	7705	67	7772	67	7839	67	7906	67	7973	67	8040
68	7548	68	7616	68	7684	68	7752	68	7820	68	7888	68	7956	68	8024	68	8092	68	8160
69	7659	69	7728	69	7797	69	7866	69	7935	69	8004	69	8073	69	8142	69	8211	69	8280
70	7770	70	7840	70	7910	70	7980	70	8050	70	8120	70	8190	70	8260	70	8330	70	8400
71	7881	71	7952	71	8028	71	8094	71	8165	71	8236	71	8307	71	8378	71	8449	71	8520
72	7992	72	8064	72	8136	72	8208	72	8280	72	8352	72	8424	72	8496	72	8568	72	8640
73	8103	73	8176	73	8249	73	8322	73	8395	73	8468	73	8541	73	8614	73	8687	73	8760
74	8214	74	8288	74	8362	74	8436	74	8510	74	8584	74	8658	74	8732	74	8806	74	8880
75	8325	75	8400	75	8475	75	8550	75	8625	75	8700	75	8775	75	8850	75	8925	75	9000
76	8436	76	8512	76	8588	76	8664	76	8740	76	8816	76	8892	76	8968	76	9044	76	9120
77	8547	77	8624	77	8701	77	8778	77	8855	77	8932	77	9009	77	9086	77	9163	77	9240
78	8658	78	8736	78	8814	78	8892	78	8970	78	9048	78	9126	78	9204	78	9282	78	9360
79	8769	79	8848	79	8927	79	9006	79	9085	79	9164	79	9243	79	9322	79	9401	79	9480
80	8880	80	8960	80	9040	80	9120	80	9200	80	9280	80	9360	80	9440	80	9520	80	9600
81	8991	81	9072	81	9153	81	9234	81	9315	81	9396	81	9477	81	9558	81	9639	81	9720
82	9102	82	9184	82	9266	82	9348	82	9430	82	9512	82	9594	82	9676	82	9758	82	9840
83	9213	83	9296	83	9379	83	9462	83	9545	83	9628	83	9711	83	9794	83	9877	83	9960
84	9324	84	9408	84	9492	84	9576	84	9660	84	9744	84	9828	84	9912	84	9996	84	10080
85	9435	85	9520	85	9605	85	9690	85	9775	85	9860	85	9945	85	10030	85	10115	85	10200
86	9546	86	9632	86	9718	86	9804	86	9890	86	9976	86	10062	86	10148	86	10234	86	10320
87	9657	87	9744	87	9831	87	9918	87	10005	87	10092	87	10179	87	10266	87	10353	87	10440
88	9768	88	9856	88	9944	88	10032	88	10120	88	10208	88	10296	88	10384	88	10472	88	10560
89	9879	89	9968	89	10057	89	10146	89	10235	89	10324	89	10413	89	10502	89	10591	89	10680
90	9990	90	10080	90	10170	90	10260	90	10350	90	10440	90	10530	90	10620	90	10710	90	10800
91	10101	91	10192	91	10283	91	10374	91	10465	91	10556	91	10647	91	10738	91	10829	91	10920
92	10212	92	10304	92	10396	92	10488	92	10580	92	10672	92	10764	92	10856	92	10948	92	11040
93	10323	93	10416	93	10509	93	10602	93	10695	93	10788	93	10881	93	10974	93	11067	93	11160
94	10434	94	10528	94	10622	94	10716	94	10810	94	10904	94	10998	94	11092	94	11186	94	11280
95	10545	95	10640	95	10735	95	10830	95	10925	95	11020	95	11115	95	11210	95	11305	95	11400
96	10656	96	10752	96	10848	96	10944	96	11040	96	11136	96	11232	96	11328	96	11424	96	11520
97	10767	97	10864	97	10961	97	11058	97	11155	97	11252	97	11349	97	11446	97	11543	97	11640
98	10878	98	10975	98	11074	98	11172	98	11270	98	11368	98	11466	98	11564	98	11662	98	11760
99	10989	99	11088	99	11187	99	11286	99	11385	99	11484	99	11583	99	11682	99	11781	99	11880
100	11100	100	11200	100	11300	100	11400	100	11500	100	11600	100	11700	100	11800	100	11900	100	12000

n	121	122	123	124	125	126	127	128	129	130
1	121	122	123	124	125	126	127	128	129	130
2	242	244	246	248	250	252	254	256	258	260
3	363	366	369	372	375	378	381	384	387	390
4	484	488	492	496	500	504	508	512	516	520
5	605	610	615	620	625	630	635	640	645	650
6	726	732	738	744	750	756	762	768	774	780
7	847	854	861	868	875	882	889	896	903	910
8	968	976	984	992	1000	1008	1016	1024	1032	1040
9	1089	1098	1107	1116	1125	1134	1143	1152	1161	1170
10	1210	1220	1230	1240	1250	1260	1270	1280	1290	1300
11	1331	1342	1353	1364	1375	1386	1397	1408	1419	1430
12	1452	1464	1476	1488	1500	1512	1524	1536	1548	1560
13	1573	1586	1599	1612	1625	1638	1651	1664	1677	1690
14	1694	1708	1722	1736	1750	1764	1778	1792	1806	1820
15	1815	1830	1845	1860	1875	1890	1905	1920	1935	1950
16	1936	1952	1968	1984	2000	2016	2032	2048	2064	2080
17	2057	2074	2091	2108	2125	2142	2159	2176	2193	2210
18	2178	2196	2214	2232	2250	2268	2286	2304	2322	2340
19	2299	2318	2337	2356	2375	2394	2413	2432	2451	2470
20	2420	2440	2460	2480	2500	2520	2540	2560	2680	2600
21	2541	2562	2583	2604	2625	2646	2667	2688	2709	2730
22	2662	2684	2706	2728	2750	2772	2794	2816	2838	2860
23	2783	2806	2829	2852	2875	2898	2921	2944	2967	2990
24	2904	2928	2952	2976	3000	3024	3048	3072	3096	3120
25	3025	3050	3075	3100	3125	3150	3175	3200	3225	3250
26	3146	3172	3198	3224	3250	3276	3302	3328	3354	3380
27	3267	3294	3321	3348	3375	3402	3429	3456	3483	3510
28	3388	3416	3444	3472	3500	3528	3556	3584	3612	3640
29	3509	3538	3567	3596	3625	3654	3683	3712	3741	3770
30	3630	3660	3690	3720	3750	3780	3810	3840	3870	3900
31	3751	3782	3813	3844	3875	3906	3937	3968	3999	4030
32	3872	3904	3936	3968	4000	4032	4064	4096	4128	4160
33	3993	4026	4059	4092	4125	4158	4191	4224	4257	4290
34	4114	4148	4182	4216	4250	4284	4318	4352	4386	4420
35	4235	4270	4305	4340	4375	4410	4445	4480	4515	4550
36	4356	4392	4428	4464	4500	4536	4572	4608	4644	4680
37	4477	4514	4551	4588	4625	4662	4699	4736	4773	4810
38	4598	4636	4674	4712	4750	4788	4826	4864	4902	4940
39	4719	4758	4797	4836	4875	4914	4953	4992	5031	5070
40	4840	4880	4920	4960	5000	5040	5080	5120	5160	5200
41	4961	5002	5043	5084	5125	5166	5207	5248	5289	5330
42	5082	5124	5166	5208	5250	5292	5334	5376	5418	5460
43	5203	5246	5289	5332	5375	5418	5461	5504	5547	5590
44	5324	5368	5412	5456	5500	5544	5588	5632	5676	5720
45	5445	5490	5535	5580	5625	5670	5715	5760	5805	5850
46	5566	5612	5658	5704	5750	5796	5842	5888	5934	5980
47	5687	5734	5781	5828	5875	5922	5969	6016	6063	6110
48	5808	5856	5904	5952	6000	6048	6096	6144	6192	6240
49	5929	5978	6027	6076	6125	6174	6223	6272	6321	6370
50	6050	6100	6150	6200	6250	6300	6350	6400	6450	6500
51	6171	6222	6273	6324	6375	6426	6477	6528	6579	6630
52	6292	6344	6396	6448	6500	6552	6604	6656	6708	6760
53	6413	6466	6519	6572	6625	6678	6731	6784	6837	6890
54	6534	6588	6642	6696	6750	6804	6858	6912	6966	7020
55	6655	6710	6765	6820	6875	6930	6985	7040	7095	7150
56	6776	6832	6888	6944	7000	7056	7112	7168	7224	7280
57	6897	6954	7011	7068	7125	7182	7239	7296	7353	7410
58	7018	7076	7134	7192	7250	7308	7366	7424	7482	7540
59	7139	7198	7257	7316	7375	7434	7493	7552	7611	7670
60	7260	7320	7380	7440	7500	7560	7620	7680	7740	7800
61	7381	7442	7503	7564	7625	7686	7747	7808	7869	7930
62	7502	7564	7626	7688	7750	7812	7874	7936	7998	8060
63	7623	7686	7749	7812	7875	7938	8001	8064	8127	8190
64	7744	7808	7872	7936	8000	8064	8128	8192	8256	8320
65	7865	7930	7995	8060	8125	8190	8255	8320	8385	8450
66	7986	8052	8118	8184	8250	8316	8382	8448	8514	8580
67	8107	8174	8241	8308	8375	8442	8509	8576	8643	8710
68	8228	8296	8364	8432	8500	8568	8636	8704	8772	8840
69	8349	8418	8487	8556	8625	8694	8763	8832	8901	8970
70	8470	8540	8610	8680	8750	8820	8890	8960	9030	9100
71	8591	8662	8733	8804	8875	8946	9017	9088	9159	9230
72	8712	8784	8856	8928	9000	9072	9144	9216	9288	9360
73	8833	8906	8979	9052	9125	9198	9271	9344	9417	9490
74	8954	9028	9102	9176	9250	9324	9398	9472	9546	9620
75	9075	9150	9225	9300	9375	9450	9525	9600	9675	9750
76	9196	9272	9348	9424	9500	9576	9652	9728	9804	9880
77	9317	9394	9471	9548	9625	9702	9779	9856	9933	10010
78	9438	9516	9594	9672	9750	9828	9906	9984	10062	10140
79	9559	9638	9717	9796	9875	9954	10033	10112	10191	10270
80	9680	9760	9840	9920	10000	10080	10160	10240	10320	10400
81	9801	9882	9963	10044	10125	10206	10287	10368	10449	10530
82	9922	10004	10086	10168	10250	10332	10414	10496	10578	10660
83	10043	10126	10209	10292	10375	10458	10541	10624	10707	10790
84	10164	10248	10332	10416	10500	10584	10668	10752	10836	10920
85	10285	10370	10455	10540	10625	10710	10795	10880	10965	11050
86	10406	10492	10578	10664	10750	10836	10922	11008	11094	11180
87	10527	10614	10701	10788	10875	10962	11049	11136	11223	11310
88	10648	10736	10824	10912	11000	11088	11176	11264	11352	11440
89	10769	10858	10947	11036	11125	11214	11303	11392	11481	11570
90	10890	10980	11070	11160	11250	11340	11430	11520	11610	11700
91	11011	11102	11193	11284	11375	11466	11557	11648	11739	11830
92	11132	11224	11316	11408	11500	11592	11684	11776	11868	11960
93	11253	11346	11439	11532	11625	11718	11811	11904	11997	12090
94	11374	11468	11562	11656	11750	11844	11938	12032	12126	12220
95	11495	11590	11685	11780	11875	11970	12065	12160	12255	12350
96	11616	11712	11808	11904	12000	12096	12192	12288	12384	12480
97	11737	11834	11931	12028	12125	12222	12319	12416	12513	12610
98	11858	11956	12054	12152	12250	12348	12446	12544	12642	12740
99	11979	12078	12177	12276	12375	12474	12573	12672	12781	12870
100	12100	12200	12300	12400	12500	12600	12700	12800	12900	13000

	131		132		133		134		135		136		137		138		139		140
1	131	1	132	1	133	1	134	1	135	1	136	1	137	1	138	1	139	1	140
2	262	2	264	2	266	2	268	2	270	2	272	2	274	2	276	2	278	2	280
3	393	3	396	3	399	3	402	3	405	3	408	3	411	3	414	3	417	3	420
4	524	4	528	4	532	4	536	4	540	4	544	4	548	4	552	4	556	4	560
5	655	5	660	5	665	5	670	5	675	5	680	5	685	5	690	5	695	5	700
6	786	6	792	6	798	6	804	6	810	6	816	6	822	6	828	6	834	6	840
7	917	7	924	7	931	7	938	7	945	7	952	7	959	7	966	7	973	7	980
8	1048	8	1056	8	1064	8	1072	8	1080	8	1088	8	1096	8	1104	8	1112	8	1120
9	1179	9	1188	9	1197	9	1206	9	1215	9	1224	9	1233	9	1242	9	1251	9	1260
10	1310	10	1320	10	1330	10	1340	10	1350	10	1360	10	1370	10	1380	10	1390	10	1400
11	1441	11	1452	11	1463	11	1474	11	1485	11	1496	11	1507	11	1518	11	1529	11	1540
12	1572	12	1584	12	1596	12	1608	12	1620	12	1632	12	1644	12	1656	12	1668	12	1680
13	1703	13	1716	13	1729	13	1742	13	1755	13	1768	13	1781	13	1794	13	1807	13	1820
14	1834	14	1848	14	1862	14	1876	14	1890	14	1904	14	1918	14	1932	14	1946	14	1960
15	1965	15	1980	15	1995	15	2010	15	2025	15	2040	15	2055	15	2070	15	2085	15	2100
16	2096	16	2112	16	2128	16	2144	16	2160	16	2176	16	2192	16	2208	16	2224	16	2240
17	2227	17	2244	17	2261	17	2278	17	2295	17	2312	17	2329	17	2346	17	2363	17	2380
18	2358	18	2376	18	2394	18	2412	18	2430	18	2448	18	2466	18	2484	18	2502	18	2520
19	2489	19	2508	19	2527	19	2546	19	2565	19	2584	19	2603	19	2622	19	2641	19	2660
20	2620	20	2640	20	2660	20	2680	20	2700	20	2720	20	2740	20	2760	20	2780	20	2800
21	2751	21	2772	21	2793	21	2814	21	2835	21	2856	21	2877	21	2898	21	2919	21	2940
22	2882	22	2904	22	2926	22	2948	22	2970	22	2992	22	3014	22	3036	22	3058	22	3080
23	3013	23	3036	23	3059	23	3082	23	3105	23	3128	23	3151	23	3174	23	3197	23	3220
24	3144	24	3168	24	3192	24	3216	24	3240	24	3264	24	3288	24	3312	24	3336	24	3360
25	3275	25	3300	25	3325	25	3350	25	3375	25	3400	25	3425	25	3450	25	3475	25	3500
26	3406	26	3432	26	3458	26	3484	26	3510	26	3536	26	3562	26	3588	26	3614	26	3640
27	3537	27	3564	27	3591	27	3618	27	3645	27	3672	27	3699	27	3726	27	3753	27	3780
28	3668	28	3696	28	3724	28	3752	28	3780	28	3808	28	3836	28	3864	28	3892	28	3920
29	3799	29	3828	29	3857	29	3886	29	3915	29	3944	29	3973	29	4002	29	4031	29	4060
30	3930	30	3960	30	3990	30	4020	30	4050	30	4080	30	4110	30	4140	30	4170	30	4200
31	4061	31	4092	31	4123	31	4154	31	4185	31	4216	31	4247	31	4278	31	4309	31	4340
32	4192	32	4224	32	4256	32	4288	32	4320	32	4352	32	4384	32	4416	32	4448	32	4480
33	4323	33	4356	33	4389	33	4422	33	4455	33	4488	33	4521	33	4554	33	4587	33	4620
34	4454	34	4488	34	4522	34	4556	34	4590	34	4624	34	4658	34	4692	34	4726	34	4760
35	4585	35	4620	35	4655	35	4690	35	4725	35	4760	35	4795	35	4830	35	4865	35	4900
36	4716	36	4752	36	4788	36	4824	36	4860	36	4896	36	4932	36	4968	36	5004	36	5040
37	4847	37	4884	37	4921	37	4958	37	4995	37	5032	37	5069	37	5106	37	5143	37	5180
38	4978	38	5016	38	5054	38	5092	38	5130	38	5168	38	5206	38	5244	38	5282	38	5320
39	5109	39	5148	39	5187	39	5226	39	5265	39	5304	39	5343	39	5382	39	5421	39	5460
40	5240	40	5280	40	5320	40	5360	40	5400	40	5440	40	5480	40	5520	40	5560	40	5600
41	5371	41	5412	41	5453	41	5494	41	5535	41	5576	41	5617	41	5658	41	5699	41	5740
42	5502	42	5544	42	5586	42	5628	42	5670	42	5712	42	5754	42	5796	42	5838	42	5880
43	5633	43	5676	43	5719	43	5762	43	5805	43	5848	43	5891	43	5934	43	5977	43	6020
44	5764	44	5808	44	5852	44	5896	44	5940	44	5984	44	6028	44	6072	44	6116	44	6160
45	5895	45	5940	45	5985	45	6030	45	6075	45	6120	45	6165	45	6210	45	6255	45	6300
46	6026	46	6072	46	6118	46	6164	46	6210	46	6256	46	6302	46	6348	46	6394	46	6440
47	6157	47	6204	47	6251	47	6298	47	6345	47	6392	47	6439	47	6486	47	6533	47	6580
48	6288	48	6336	48	6384	48	6432	48	6480	48	6528	48	6576	48	6624	48	6672	48	6720
49	6419	49	6468	49	6517	49	6566	49	6615	49	6664	49	6713	49	6762	49	6811	49	6860
50	6550	50	6600	50	6650	50	6700	50	6750	50	6800	50	6850	50	6900	50	6950	50	7000
51	6681	51	6732	51	6783	51	6834	51	6885	51	6936	51	6987	51	7038	51	7089	51	7140
52	6812	52	6864	52	6916	52	6968	52	7020	52	7072	52	7124	52	7176	52	7228	52	7280
53	6943	53	6996	53	7049	53	7102	53	7155	53	7208	53	7261	53	7314	53	7367	53	7420
54	7074	54	7128	54	7182	54	7236	54	7290	54	7344	54	7398	54	7452	54	7506	54	7560
55	7205	55	7260	55	7315	55	7370	55	7425	55	7480	55	7535	55	7590	55	7645	55	7700
56	7336	56	7392	56	7448	56	7504	56	7560	56	7616	56	7672	56	7728	56	7784	56	7840
57	7467	57	7524	57	7581	57	7638	57	7695	57	7752	57	7809	57	7866	57	7923	57	7980
58	7598	58	7656	58	7714	58	7772	58	7830	58	7888	58	7946	58	8004	58	8062	58	8120
59	7729	59	7788	59	7847	59	7906	59	7965	59	8024	59	8083	59	8142	59	8201	59	8260
60	7860	60	7920	60	7980	60	8040	60	8100	60	8160	60	8220	60	8280	60	8340	60	8400
61	7991	61	8052	61	8113	61	8174	61	8235	61	8296	61	8357	61	8418	61	8479	61	8540
62	8122	62	8184	62	8246	62	8308	62	8370	62	8432	62	8494	62	8556	62	8618	62	8680
63	8253	63	8316	63	8379	63	8442	63	8505	63	8568	63	8631	63	8694	63	8757	63	8820
64	8384	64	8448	64	8512	64	8576	64	8640	64	8704	64	8768	64	8832	64	8896	64	8960
65	8515	65	8580	65	8645	65	8710	65	8775	65	8840	65	8905	65	8970	65	9035	65	9100
66	8646	66	8712	66	8778	66	8844	66	8910	66	8976	66	9042	66	9108	66	9174	66	9240
67	8777	67	8844	67	8911	67	8978	67	9045	67	9112	67	9179	67	9246	67	9313	67	9380
68	8908	68	8976	68	9044	68	9112	68	9180	68	9248	68	9316	68	9384	68	9452	68	9520
69	9039	69	9108	69	9177	69	9246	69	9315	69	9384	69	9453	69	9522	69	9591	69	9660
70	9170	70	9240	70	9310	70	9380	70	9450	70	9520	70	9590	70	9660	70	9730	70	9800
71	9301	71	9372	71	9443	71	9514	71	9585	71	9656	71	9727	71	9798	71	9869	71	9940
72	9432	72	9504	72	9576	72	9648	72	9720	72	9792	72	9864	72	9936	72	10008	72	10080
73	9563	73	9636	73	9709	73	9782	73	9855	73	9928	73	10001	73	10074	73	10147	73	10220
74	9694	74	9768	74	9842	74	9916	74	9990	74	10064	74	10138	74	10212	74	10286	74	10360
75	9825	75	9900	75	9975	75	10050	75	10125	75	10200	75	10275	75	10350	75	10425	75	10500
76	9956	76	10032	76	10108	76	10184	76	10260	76	10336	76	10412	76	10488	76	10564	76	10640
77	10087	77	10164	77	10241	77	10318	77	10395	77	10472	77	10549	77	10626	77	10703	77	10780
78	10218	78	10296	78	10374	78	10452	78	10530	78	10608	78	10686	78	10764	78	10842	78	10920
79	10349	79	10428	79	10507	79	10585	79	10665	79	10744	79	10823	79	10902	79	10981	79	11060
80	10480	80	10560	80	10640	80	10720	80	10800	80	10880	80	10960	80	11040	80	11120	80	11200
81	10611	81	10692	81	10773	81	10854	81	10935	81	11016	81	11097	81	11178	81	11259	81	11340
82	10742	82	10824	82	10906	82	10988	82	11070	82	11152	82	11234	82	11316	82	11398	82	11480
83	10873	83	10956	83	11039	83	11122	83	11205	83	11288	83	11371	83	11454	83	11537	83	11620
84	11004	84	11088	84	11172	84	11256	84	11340	84	11424	84	11508	84	11592	84	11676	84	11760
85	11135	85	11220	85	11305	85	11390	85	11475	85	11560	85	11645	85	11730	85	11815	85	11900
86	11266	86	11352	86	11438	86	11524	86	11610	86	11696	86	11782	86	11868	86	11954	86	12040
87	11397	87	11484	87	11571	87	11658	87	11745	87	11832	87	11919	87	12006	87	12093	87	12180
88	11528	88	11616	88	11704	88	11792	88	11880	88	11968	88	12056	88	12144	88	12232	88	12320
89	11659	89	11748	89	11837	89	11926	89	12015	89	12104	89	12193	89	12282	89	12371	89	12460
90	11790	90	11880	90	11970	90	12060	90	12150	90	12240	90	12330	90	12420	90	12510	90	12600
91	11921	91	12012	91	12103	91	12194	91	12285	91	12376	91	12467	91	12558	91	12649	91	12740
92	12052	92	12144	92	12236	92	12328	92	12420	92	12512	92	12604	92	12696	92	12788	92	12880
93	12183	93	12276	93	12369	93	12462	93	12555	93	12648	93	12741	93	12834	93	12927	93	13020
94	12314	94	12408	94	12502	94	12596	94	12690	94	12784	94	12878	94	12972	94	13066	94	13160
95	12445	95	12540	95	12635	95	12730	95	12825	95	12920	95	13015	95	13110	95	13205	95	13300
96	12576	96	12672	96	12768	96	12864	96	12960	96	13056	96	13152	96	13248	96	13344	96	13440
97	12707	97	12804	97	12901	97	12998	97	13095	97	13192	97	13289	97	13386	97	13483	97	13580
98	12838	98	12936	98	13034	98	13132	98	13230	98	13328	98	13426	98	13524	98	13622	98	13720
99	12969	99	13068	99	13167	99	13266	99	13365	99	13464	99	13563	99	13662	99	13761	99	13860
100	13100	100	13200	100	13300	100	13400	100	13500	100	13600	100	13700	100	13800	100	13900	100	14000

	141	142	143	144	145	146	147	148	149	150
1	141	142	143	144	145	146	147	148	149	150
2	282	284	286	288	290	292	294	296	298	300
3	423	426	429	432	435	438	441	444	447	450
4	564	568	572	576	580	584	588	592	596	600
5	705	710	715	720	725	730	735	740	745	750
6	846	852	858	864	870	876	882	888	894	900
7	987	994	1001	1008	1015	1022	1029	1036	1043	1050
8	1128	1136	1144	1152	1160	1168	1176	1184	1192	1200
9	1269	1278	1287	1296	1305	1314	1323	1332	1341	1350
10	1410	1420	1430	1440	1450	1460	1470	1480	1490	1500
11	1551	1562	1573	1584	1595	1606	1617	1628	1639	1650
12	1692	1704	1716	1728	1740	1752	1764	1776	1788	1800
13	1833	1846	1859	1872	1885	1898	1911	1924	1937	1950
14	1974	1988	2002	2016	2030	2044	2058	2072	2086	2100
15	2115	2130	2145	2160	2175	2190	2205	2220	2235	2250
16	2256	2272	2288	2304	2320	2336	2352	2368	2384	2400
17	2397	2414	2431	2448	2465	2482	2499	2516	2533	2550
18	2538	2556	2574	2592	2610	2628	2646	2664	2682	2700
19	2679	2698	2717	2736	2755	2774	2793	2812	2831	2850
20	2820	2840	2860	2880	2900	2920	2940	2960	2980	3000
21	2961	2982	3003	3024	3045	3066	3087	3108	3129	3150
22	3102	3124	3146	3168	3190	3212	3234	3256	3278	3300
23	3243	3266	3289	3312	3335	3358	3381	3404	3427	3450
24	3384	3408	3432	3456	3480	3504	3528	3552	3576	3600
25	3525	3550	3575	3600	3625	3650	3675	3700	3725	3750
26	3666	3692	3718	3744	3770	3796	3822	3848	3874	3900
27	3807	3834	3861	3888	3915	3942	3969	3996	4023	4050
28	3948	3976	4004	4032	4060	4088	4116	4144	4172	4200
29	4089	4118	4147	4176	4205	4234	4263	4292	4321	4350
30	4230	4260	4290	4320	4350	4380	4410	4440	4470	4500
31	4371	4402	4433	4464	4495	4526	4557	4588	4619	4650
32	4512	4544	4576	4608	4640	4672	4704	4736	4768	4800
33	4653	4686	4719	4752	4785	4818	4851	4884	4917	4950
34	4794	4828	4862	4896	4930	4964	4998	5032	5066	5100
35	4935	4970	5005	5040	5075	5110	5145	5180	5215	5250
36	5076	5112	5148	5184	5220	5256	5292	5328	5364	5400
37	5217	5254	5291	5328	5365	5402	5439	5476	5513	5550
38	5358	5396	5434	5472	5510	5548	5586	5624	5662	5700
39	5499	5538	5577	5616	5655	5694	5733	5772	5811	5850
40	5640	5680	5720	5760	5800	5840	5880	5920	5960	6000
41	5781	5822	5863	5904	5945	5986	6027	6068	6109	6150
42	5922	5964	6006	6048	6090	6132	6174	6216	6258	6300
43	6063	6106	6149	6192	6235	6278	6321	6364	6407	6450
44	6204	6248	6292	6336	6380	6424	6468	6512	6556	6600
45	6345	6390	6435	6480	6525	6570	6615	6660	6705	6750
46	6486	6532	6578	6624	6670	6716	6762	6808	6854	6900
47	6627	6674	6721	6768	6815	6862	6909	6956	7003	7050
48	6768	6816	6864	6912	6960	7008	7056	7104	7152	7200
49	6909	6958	7007	7056	7105	7154	7203	7252	7301	7350
50	7050	7100	7150	7200	7250	7300	7350	7400	7450	7500
51	7191	7242	7293	7344	7395	7446	7497	7548	7599	7650
52	7332	7384	7436	7488	7540	7592	7644	7696	7748	7800
53	7473	7526	7579	7632	7685	7738	7791	7844	7897	7950
54	7614	7668	7722	7776	7830	7884	7938	7992	8046	8100
55	7755	7810	7865	7920	7975	8030	8085	8140	8195	8250
56	7896	7952	8008	8064	8120	8176	8232	8288	8344	8400
57	8037	8094	8151	8208	8265	8322	8379	8436	8493	8550
58	8178	8236	8294	8352	8410	8468	8526	8584	8642	8700
59	8319	8378	8437	8496	8555	8614	8673	8732	8791	8850
60	8460	8520	8580	8640	8700	8760	8820	8880	8940	9000
61	8601	8662	8723	8784	8845	8906	8967	9028	9089	9150
62	8742	8804	8866	8928	8990	9052	9114	9176	9238	9300
63	8883	8946	9009	9072	9135	9198	9261	9324	9387	9450
64	9024	9088	9152	9216	9280	9344	9408	9472	9536	9600
65	9165	9230	9295	9360	9425	9490	9555	9620	9685	9750
66	9306	9372	9438	9504	9570	9636	9702	9768	9834	9900
67	9447	9514	9581	9648	9715	9782	9849	9916	9983	10050
68	9588	9656	9724	9792	9860	9928	9996	10064	10132	10200
69	9729	9798	9867	9936	10005	10074	10143	10212	10281	10350
70	9870	9940	10010	10080	10150	10220	10290	10360	10430	10500
71	10011	10082	10153	10224	10295	10366	10437	10508	10579	10650
72	10152	10224	10296	10368	10440	10512	10584	10656	10728	10800
73	10293	10366	10439	10512	10585	10658	10731	10804	10877	10950
74	10434	10508	10582	10656	10730	10804	10878	10952	11026	11100
75	10575	10650	10725	10800	10875	10950	11025	11100	11175	11250
76	10716	10792	10868	10944	11020	11096	11172	11248	11324	11400
77	10857	10934	11011	11088	11165	11242	11319	11396	11473	11550
78	10998	11076	11154	11232	11310	11388	11466	11544	11622	11700
79	11139	11218	11297	11376	11455	11534	11613	11692	11771	11850
80	11280	11360	11440	11520	11600	11680	11760	11840	11920	12000
81	11421	11502	11583	11664	11745	11826	11907	11988	12069	12150
82	11562	11644	11726	11808	11890	11972	12054	12136	12218	12300
83	11703	11786	11869	11952	12035	12118	12201	12284	12367	12450
84	11844	11928	12012	12096	12180	12264	12348	12432	12516	12600
85	11985	12070	12155	12240	12325	12410	12495	12580	12665	12750
86	12126	12212	12298	12384	12470	12556	12642	12728	12814	12900
87	12267	12354	12441	12528	12615	12702	12789	12876	12963	13050
88	12408	12496	12584	12672	12760	12848	12936	13024	13112	13200
89	12549	12638	12727	12816	12905	12994	13083	13172	13261	13350
90	12690	12780	12870	12960	13050	13140	13230	13320	13410	13500
91	12831	12922	13013	13104	13195	13286	13377	13468	13559	13650
92	12972	13064	13156	13248	13340	13432	13524	13616	13708	13800
93	13113	13206	13299	13392	13485	13578	13671	13764	13857	13950
94	13254	13348	13442	13536	13630	13724	13818	13912	14006	14100
95	13395	13490	13585	13680	13775	13870	13965	14060	14155	14250
96	13536	13632	13728	13824	13920	14016	14112	14208	14304	14400
97	13677	13774	13871	13968	14065	14162	14259	14356	14453	14550
98	13818	13916	14014	14112	14210	14308	14406	14504	14602	14700
99	13959	14058	14157	14256	14355	14454	14553	14652	14751	14850
100	14100	14200	14300	14400	14500	14600	14700	14800	14900	15000

I	151	I	152	I	153	I	154	I	155	I	156	I	157	I	158	I	159	I	160
1	151	1	152	1	153	1	154	1	155	1	156	1	157	1	158	1	159	1	160
2	302	2	304	2	306	2	308	2	310	2	312	2	314	2	316	2	318	2	320
3	453	3	456	3	459	3	462	3	465	3	468	3	471	3	474	3	477	3	480
4	604	4	608	4	612	4	616	4	620	4	624	4	628	4	632	4	636	4	640
5	755	5	760	5	765	5	770	5	775	5	780	5	785	5	790	5	795	5	800
6	906	6	912	6	918	6	924	6	930	6	936	6	942	6	948	6	954	6	960
7	1057	7	1064	7	1071	7	1078	7	1085	7	1092	7	1099	7	1106	7	1113	7	1120
8	1208	8	1216	8	1224	8	1232	8	1240	8	1248	8	1256	8	1264	8	1272	8	1280
9	1359	9	1368	9	1377	9	1386	9	1395	9	1404	9	1413	9	1422	9	1431	9	1440
10	1510	10	1520	10	1530	10	1540	10	1550	10	1560	10	1570	10	1580	10	1590	10	1600
11	1661	11	1672	11	1683	11	1694	11	1705	11	1716	11	1727	11	1738	11	1749	11	1760
12	1812	12	1824	12	1836	12	1848	12	1860	12	1872	12	1884	12	1896	12	1908	12	1920
13	1963	13	1976	13	1989	13	2002	13	2015	13	2028	13	2041	13	2054	13	2067	13	2080
14	2114	14	2128	14	2142	14	2156	14	2170	14	2184	14	2198	14	2212	14	2226	14	2240
15	2265	15	2280	15	2295	15	2310	15	2325	15	2340	15	2355	15	2370	15	2385	15	2400
16	2416	16	2432	16	2448	16	2464	16	2480	16	2496	16	2512	16	2528	16	2544	16	2560
17	2567	17	2584	17	2601	17	2618	17	2635	17	2652	17	2669	17	2686	17	2703	17	2720
18	2718	18	2736	18	2754	18	2772	18	2790	18	2808	18	2826	18	2844	18	2862	18	2880
19	2869	19	2888	19	2907	19	2926	19	2945	19	2964	19	2983	19	3002	19	3021	19	3040
20	3020	20	3040	20	3060	20	3080	20	3100	20	3120	20	3140	20	3160	20	3180	20	3200
21	3171	21	3192	21	3213	21	3234	21	3255	21	3276	21	3297	21	3318	21	3339	21	3360
22	3322	22	3344	22	3366	22	3388	22	3410	22	3432	22	3454	22	3476	22	3498	22	3520
23	3473	23	3496	23	3519	23	3542	23	3565	23	3588	23	3611	23	3634	23	3657	23	3680
24	3624	24	3648	24	3672	24	3696	24	3720	24	3744	24	3768	24	3792	24	3816	24	3840
25	3775	25	3800	25	3825	25	3850	25	3875	25	3900	25	3925	25	3950	25	3975	25	4000
26	3926	26	3952	26	3978	26	4004	26	4030	26	4056	26	4082	26	4108	26	4134	26	4160
27	4077	27	4104	27	4131	27	4158	27	4185	27	4212	27	4239	27	4266	27	4293	27	4320
28	4228	28	4256	28	4284	28	4312	28	4340	28	4368	28	4396	28	4424	28	4452	28	4480
29	4379	29	4408	29	4437	29	4466	29	4495	29	4524	29	4553	29	4582	29	4611	29	4640
30	4530	30	4560	30	4590	30	4620	30	4650	30	4680	30	4710	30	4740	30	4770	30	4800
31	4681	31	4712	31	4743	31	4774	31	4805	31	4836	31	4867	31	4898	31	4929	31	4960
32	4832	32	4864	32	4896	32	4928	32	4960	32	4992	32	5024	32	5056	32	5088	32	5120
33	4983	33	5016	33	5049	33	5082	33	5115	33	5148	33	5181	33	5214	33	5247	33	5280
34	5134	34	5168	34	5202	34	5236	34	5270	34	5304	34	5338	34	5372	34	5406	34	5440
35	5285	35	5320	35	5355	35	5390	35	5425	35	5460	35	5495	35	5530	35	5565	35	5600
36	5436	36	5472	36	5508	36	5544	36	5580	36	5616	36	5652	36	5688	36	5724	36	5760
37	5587	37	5624	37	5661	37	5698	37	5735	37	5772	37	5809	37	5846	37	5883	37	5920
38	5738	38	5776	38	5814	38	5852	38	5890	38	5928	38	5966	38	6004	38	6042	38	6080
39	5889	39	5928	39	5967	39	6006	39	6045	39	6084	39	6123	39	6162	39	6201	39	6240
40	6040	40	6080	40	6120	40	6160	40	6200	40	6240	40	6280	40	6320	40	6360	40	6400
41	6191	41	6232	41	6273	41	6314	41	6355	41	6396	41	6437	41	6478	41	6519	41	6560
42	6342	42	6384	42	6426	42	6468	42	6510	42	6552	42	6594	42	6636	42	6678	42	6720
43	6493	43	6536	43	6579	43	6622	43	6665	43	6708	43	6751	43	6794	43	6837	43	6880
44	6644	44	6688	44	6732	44	6776	44	6820	44	6864	44	6908	44	6952	44	6996	44	7040
45	6795	45	6840	45	6885	45	6930	45	6975	45	7020	45	7065	45	7110	45	7155	45	7200
46	6946	46	6992	46	7038	46	7084	46	7130	46	7176	46	7222	46	7268	46	7314	46	7360
47	7097	47	7144	47	7191	47	7238	47	7285	47	7332	47	7379	47	7426	47	7473	47	7520
48	7248	48	7296	48	7344	48	7392	48	7440	48	7488	48	7536	48	7584	48	7632	48	7680
49	7399	49	7448	49	7497	49	7546	49	7595	49	7644	49	7693	49	7742	49	7791	49	7840
50	7550	50	7600	50	7650	50	7700	50	7750	50	7800	50	7850	50	7900	50	7950	50	8000
51	7701	51	7752	51	7803	51	7854	51	7905	51	7956	51	8007	51	8058	51	8109	51	8160
52	7852	52	7904	52	7956	52	8008	52	8060	52	8112	52	8164	52	8216	52	8268	52	8320
53	8003	53	8056	53	8109	53	8162	53	8215	53	8268	53	8321	53	8374	53	8427	53	8480
54	8154	54	8208	54	8262	54	8316	54	8370	54	8424	54	8478	54	8532	54	8586	54	8640
55	8305	55	8360	55	8415	55	8470	55	8525	55	8580	55	8635	55	8690	55	8745	55	8800
56	8456	56	8512	56	8568	56	8624	56	8680	56	8736	56	8792	56	8848	56	8904	56	8960
57	8607	57	8664	57	8721	57	8778	57	8835	57	8892	57	8949	57	9006	57	9063	57	9120
58	8758	58	8816	58	8874	58	8932	58	8990	58	9048	58	9106	58	9164	58	9222	58	9280
59	8909	59	8968	59	9027	59	9086	59	9145	59	9204	59	9263	59	9322	59	9381	59	9440
60	9060	60	9120	60	9180	60	9240	60	9300	60	9360	60	9420	60	9480	60	9540	60	9600
61	9211	61	9272	61	9333	61	9394	61	9455	61	9516	61	9577	61	9638	61	9699	61	9760
62	9362	62	9424	62	9486	62	9548	62	9610	62	9672	62	9734	62	9796	62	9858	62	9920
63	9513	63	9576	63	9639	63	9702	63	9765	63	9828	63	9891	63	9954	63	10017	63	10080
64	9664	64	9728	64	9792	64	9856	64	9920	64	9984	64	10048	64	10112	64	10176	64	10240
65	9815	65	9880	65	9945	65	10010	65	10075	65	10140	65	10205	65	10270	65	10335	65	10400
66	9966	66	10032	66	10098	66	10164	66	10230	66	10296	66	10362	66	10428	66	10494	66	10560
67	10117	67	10184	67	10251	67	10318	67	10385	67	10452	67	10519	67	10586	67	10653	67	10720
68	10268	68	10336	68	10404	68	10472	68	10540	68	10608	68	10676	68	10744	68	10812	68	10880
69	10419	69	10488	69	10557	69	10626	69	10695	69	10764	69	10833	69	10902	69	10971	69	11040
70	10570	70	10640	70	10710	70	10780	70	10850	70	10920	70	10990	70	11060	70	11130	70	11200
71	10721	71	10792	71	10863	71	10934	71	11005	71	11076	71	11147	71	11218	71	11289	71	11360
72	10872	72	10944	72	11016	72	11088	72	11160	72	11232	72	11304	72	11376	72	11448	72	11520
73	11023	73	11096	73	11169	73	11242	73	11315	73	11388	73	11461	73	11534	73	11607	73	11680
74	11174	74	11248	74	11322	74	11396	74	11470	74	11544	74	11618	74	11692	74	11766	74	11840
75	11325	75	11400	75	11475	75	11550	75	11625	75	11700	75	11775	75	11850	75	11925	75	12000
76	11476	76	11552	76	11628	76	11704	76	11780	76	11856	76	11932	76	12008	76	12084	76	12160
77	11627	77	11704	77	11781	77	11858	77	11935	77	12012	77	12089	77	12166	77	12243	77	12320
78	11778	78	11856	78	11934	78	12012	78	12090	78	12168	78	12246	78	12324	78	12402	78	12480
79	11929	79	12008	79	12087	79	12166	79	12245	79	12324	79	12403	79	12482	79	12561	79	12640
80	12080	80	12160	80	12240	80	12320	80	12400	80	12480	80	12560	80	12640	80	12720	80	12800
81	12231	81	12312	81	12393	81	12474	81	12555	81	12636	81	12717	81	12798	81	12879	81	12960
82	12382	82	12464	82	12546	82	12628	82	12710	82	12792	82	12874	82	12956	82	13038	82	13120
83	12533	83	12616	83	12699	83	12782	83	12865	83	12948	83	13031	83	13114	83	13197	83	13280
84	12684	84	12768	84	12852	84	12936	84	13020	84	13104	84	13188	84	13272	84	13356	84	13440
85	12835	85	12920	85	13005	85	13090	85	13175	85	13260	85	13345	85	13430	85	13515	85	13600
86	12986	86	13072	86	13158	86	13244	86	13330	86	13416	86	13502	86	13588	86	13674	86	13760
87	13137	87	13224	87	13311	87	13398	87	13485	87	13572	87	13659	87	13746	87	13833	87	13920
88	13288	88	13376	88	13464	88	13552	88	13640	88	13728	88	13816	88	13904	88	13992	88	14080
89	13439	89	13528	89	13617	89	13706	89	13795	89	13884	89	13973	89	14062	89	14151	89	14240
90	13590	90	13680	90	13770	90	13860	90	13950	90	14040	90	14130	90	14220	90	14310	90	14400
91	13741	91	13832	91	13923	91	14014	91	14105	91	14196	91	14287	91	14378	91	14469	91	14560
92	13892	92	13984	92	14076	92	14168	92	14260	92	14352	92	14444	92	14536	92	14628	92	14720
93	14043	93	14136	93	14229	93	14322	93	14415	93	14508	93	14601	93	14694	93	14787	93	14880
94	14194	94	14288	94	14382	94	14476	94	14570	94	14664	94	14758	94	14852	94	14946	94	15040
95	14345	95	14440	95	14535	95	14630	95	14725	95	14820	95	14915	95	15010	95	15105	95	15200
96	14496	96	14592	96	14688	96	14784	96	14880	96	14976	96	15072	96	15168	96	15264	96	15360
97	14647	97	14744	97	14841	97	14938	97	15035	97	15132	97	15229	97	15326	97	15423	97	15520
98	14798	98	14896	98	14994	98	15092	98	15190	98	15288	98	15386	98	15484	98	15582	98	15680
99	14949	99	15048	99	15147	99	15246	99	15345	99	15444	99	15543	99	15642	99	15741	99	15840
100	15100	100	15200	100	15300	100	15400	100	15500	100	15600	100	15700	100	15800	100	15900	100	16000

	161	162	163	164	165	166	167	168	169	170
1	161	162	163	164	165	166	167	168	169	170
2	322	324	326	328	330	332	334	336	338	340
3	483	486	489	492	495	498	501	504	507	510
4	644	648	652	656	660	664	668	672	676	680
5	805	810	815	820	825	830	835	840	845	850
6	966	972	978	984	990	996	1002	1008	1014	1020
7	1127	1134	1141	1148	1155	1162	1169	1176	1183	1190
8	1288	1296	1304	1312	1320	1328	1336	1344	1352	1360
9	1449	1458	1467	1476	1485	1494	1503	1512	1521	1530
10	1610	1520	1630	1640	1650	1660	1670	1680	1690	1700
11	1771	1782	1793	1804	1815	1826	1837	1848	1859	1870
12	1932	1944	1956	1968	1980	1992	2004	2016	2028	2040
13	2093	2106	2119	2132	2145	2158	2171	2184	2197	2210
14	2254	2268	2282	2296	2310	2324	2338	2352	2366	2380
15	2415	2430	2445	2460	2475	2490	2505	2520	2535	2550
16	2576	2592	2608	2624	2640	2656	2672	2688	2704	2720
17	2737	2754	2771	2788	2805	2822	2839	2856	2873	2890
18	2898	2916	2934	2952	2970	2988	3006	3024	3042	3060
19	3059	3078	3097	3116	3135	3154	3173	3192	3211	3230
20	3220	3240	3260	3280	3300	3320	3340	3360	3380	3400
21	3381	3402	3423	3444	3465	3486	3507	3528	3549	3570
22	3542	3564	3586	3608	3630	3652	3674	3696	3718	3740
23	3703	3726	3749	3772	3795	3818	3841	3864	3887	3910
24	3864	3888	3912	3936	3960	3984	4008	4032	4056	4080
25	4025	4050	4075	4100	4125	4150	4175	4200	4225	4250
26	4186	4212	4238	4264	4290	4316	4342	4368	4394	4420
27	4347	4374	4401	4428	4455	4482	4509	4536	4563	4590
28	4508	4536	4564	4592	4620	4648	4676	4704	4732	4760
29	4669	4698	4727	4756	4785	4814	4843	4872	4901	4930
30	4830	4860	4890	4920	4950	4980	5010	5040	5070	5100
31	4991	5022	5053	5084	5115	5146	5177	5208	5239	5270
32	5152	5184	5216	5248	5280	5312	5344	5376	5408	5440
33	5313	5346	5379	5412	5445	5478	5511	5544	5577	5610
34	5474	5508	5542	5576	5610	5644	5678	5712	5746	5780
35	5635	5670	5705	5740	5775	5810	5845	5880	5915	5950
36	5796	5832	5868	5904	5940	5976	6012	6048	6084	6120
37	5957	5994	6031	6068	6105	6142	6179	6216	6253	6290
38	6118	6156	6194	6232	6270	6308	6346	6384	6422	6460
39	6279	6318	6357	6396	6435	6474	6513	6552	6591	6630
40	6440	6480	6520	6560	6600	6640	6680	6720	6760	6800
41	6601	6642	6683	6724	6765	6806	6847	6888	6929	6970
42	6762	6804	6846	6888	6930	6972	7014	7056	7098	7140
43	6923	6966	7009	7052	7095	7138	7181	7224	7267	7310
44	7084	7128	7172	7216	7260	7304	7348	7392	7436	7480
45	7245	7290	7335	7380	7425	7470	7515	7560	7605	7650
46	7406	7452	7498	7544	7590	7636	7682	7728	7774	7820
47	7567	7614	7661	7708	7755	7802	7849	7896	7943	7990
48	7728	7776	7824	7872	7920	7968	8016	8064	8112	8160
49	7889	7938	7987	8036	8085	8134	8183	8232	8281	8330
50	8050	8100	8150	8200	8250	8300	8350	8400	8450	8500
51	8211	8262	8313	8364	8415	8466	8517	8568	8619	8670
52	8372	8424	8476	8528	8580	8632	8684	8736	8788	8840
53	8533	8586	8639	8692	8745	8798	8851	8904	8957	9010
54	8694	8748	8802	8856	8910	8964	9018	9072	9126	9180
55	8855	8910	8965	9020	9075	9130	9185	9240	9295	9350
56	9016	9072	9128	9184	9240	9296	9352	9408	9464	9520
57	9177	9234	9291	9348	9405	9462	9519	9576	9633	9690
58	9338	9396	9454	9512	9570	9628	9686	9744	9802	9860
59	9499	9558	9617	9676	9735	9794	9853	9912	9971	10030
60	9660	9720	9780	9840	9900	9960	10020	10080	10140	10200
61	9821	9882	9943	10004	10065	10126	10187	10248	10309	10370
62	9982	10044	10106	10168	10230	10292	10354	10416	10478	10540
63	10143	10206	10269	10332	10395	10458	10521	10584	10647	10710
64	10304	10368	10432	10496	10560	10624	10688	10752	10816	10880
65	10465	10530	10595	10660	10725	10790	10855	10920	10985	11050
66	10626	10692	10758	10824	10890	10956	11022	11088	11154	11220
67	10787	10854	10921	10988	11055	11122	11189	11256	11323	11390
68	10948	11016	11084	11152	11220	11288	11356	11424	11492	11560
69	11109	11178	11247	11316	11385	11454	11523	11592	11661	11730
70	11270	11340	11410	11480	11550	11620	11690	11760	11830	11900
71	11431	11502	11573	11644	11715	11786	11857	11928	11999	12070
72	11592	11664	11736	11808	11880	11952	12024	12096	12168	12240
73	11753	11826	11899	11972	12045	12118	12191	12264	12337	12410
74	11914	11988	12062	12136	12210	12284	12358	12432	12506	12580
75	12075	12150	12225	12300	12375	12450	12525	12600	12675	12750
76	12236	12312	12388	12464	12540	12616	12692	12768	12844	12920
77	12397	12474	12551	12628	12705	12782	12859	12936	13013	13090
78	12558	12636	12714	12792	12870	12948	13026	13104	13182	13260
79	12719	12798	12877	12956	13035	13114	13193	13272	13351	13430
80	12880	12960	13040	13120	13200	13280	13360	13440	13520	13600
81	13041	13122	13203	13284	13365	13446	13527	13608	13689	13770
82	13202	13284	13366	13448	13530	13612	13694	13776	13858	13940
83	13363	13446	13529	13612	13695	13778	13861	13944	14027	14110
84	13524	13608	13692	13776	13860	13944	14028	14112	14196	14280
85	13685	13770	13855	13940	14025	14110	14195	14280	14365	14450
86	13846	13932	14018	14104	14190	14276	14362	14448	14534	14620
87	14007	14094	14181	14268	14355	14442	14529	14616	14703	14790
88	14168	14256	14344	14432	14520	14608	14696	14784	14872	14960
89	14329	14418	14507	14596	14685	14774	14863	14952	15041	15130
90	14490	14580	14670	14760	14850	14940	15030	15120	15210	15300
91	14651	14742	14833	14924	15015	15106	15197	15288	15379	15470
92	14812	14904	14996	15088	15180	15272	15364	15456	15548	15640
93	14973	15066	15159	15252	15345	15438	15531	15624	15717	15810
94	15134	15228	15322	15416	15510	15604	15698	15792	15886	15980
95	15295	15390	15485	15580	15675	15770	15865	15960	16055	16150
96	15456	15552	15648	15744	15840	15936	16032	16128	16224	16320
97	15617	15714	15811	15908	16005	16102	16199	16296	16393	16490
98	15778	15876	15974	16072	16170	16268	16366	16464	16562	16660
99	15939	16038	16137	16236	16335	16434	16533	16632	16731	16830
100	16100	16200	16300	16400	16500	16600	16700	16800	16900	17000

N	171	172	173	174	175	176	177	178	179	180
1	171	172	173	174	175	176	177	178	179	180
2	342	344	346	348	350	352	354	356	358	360
3	513	516	519	522	525	528	531	534	537	540
4	684	688	692	696	700	704	708	712	716	720
5	855	860	865	870	875	880	885	890	895	900
6	1026	1032	1038	1044	1050	1056	1062	1068	1074	1080
7	1197	1204	1211	1218	1225	1232	1239	1246	1253	1260
8	1368	1376	1384	1392	1400	1408	1416	1424	1432	1440
9	1539	1548	1557	1566	1575	1584	1593	1602	1611	1620
10	1710	1720	1730	1740	1750	1760	1770	1780	1790	1800
11	1881	1892	1903	1914	1925	1936	1947	1958	1969	1980
12	2052	2064	2076	2088	2100	2112	2124	2136	2148	2160
13	2223	2236	2249	2262	2275	2288	2301	2314	2327	2340
14	2394	2408	2422	2436	2450	2464	2478	2492	2506	2520
15	2565	2580	2595	2610	2625	2640	2655	2670	2685	2700
16	2736	2752	2768	2784	2800	2816	2832	2848	2864	2880
17	2907	2924	2941	2958	2975	2992	3009	3026	3043	3060
18	3078	3096	3114	3132	3150	3168	3186	3204	3222	3240
19	3249	3268	3287	3306	3325	3344	3363	3382	3401	3420
20	3420	3440	3460	3480	3500	3520	3540	3560	3580	3600
21	3591	3612	3633	3654	3675	3696	3717	3738	3759	3780
22	3762	3784	3806	3828	3850	3872	3894	3916	3938	3960
23	3933	3956	3979	4002	4025	4048	4071	4094	4117	4140
24	4104	4128	4152	4176	4200	4224	4248	4272	4296	4320
25	4275	4300	4325	4350	4375	4400	4425	4450	4475	4500
26	4446	4472	4498	4524	4550	4576	4602	4628	4654	4680
27	4617	4644	4671	4698	4725	4752	4779	4806	4833	4860
28	4788	4816	4844	4872	4900	4928	4956	4984	5012	5040
29	4959	4988	5017	5046	5075	5104	5133	5162	5191	5220
30	5130	5160	5190	5220	5250	5280	5310	5340	5370	5400
31	5301	5332	5363	5394	5425	5456	5487	5518	5549	5580
32	5472	5504	5536	5568	5600	5632	5664	5696	5728	5760
33	5643	5676	5709	5742	5775	5808	5841	5874	5907	5940
34	5814	5848	5882	5916	5950	5984	6018	6052	6086	6120
35	5985	6020	6055	6090	6125	6160	6195	6230	6265	6300
36	6156	6192	6228	6264	6300	6336	6372	6408	6444	6480
37	6327	6364	6401	6438	6475	6512	6549	6586	6623	6660
38	6498	6536	6574	6612	6650	6688	6726	6764	6802	6840
39	6669	6708	6747	6786	6825	6864	6903	6942	6981	7020
40	6840	6880	6920	6960	7000	7040	7080	7120	7160	7200
41	7011	7052	7093	7134	7175	7216	7257	7298	7339	7380
42	7182	7224	7266	7308	7350	7392	7434	7476	7518	7560
43	7353	7396	7439	7482	7525	7568	7611	7654	7697	7740
44	7524	7568	7612	7656	7700	7744	7788	7832	7876	7920
45	7695	7740	7785	7830	7875	7920	7965	8010	8055	8100
46	7866	7912	7958	8004	8050	8096	8142	8188	8234	8280
47	8037	8084	8131	8178	8225	8272	8319	8366	8413	8460
48	8208	8256	8304	8352	8400	8448	8496	8544	8592	8640
49	8379	8428	8477	8526	8575	8624	8673	8722	8771	8820
50	8550	8600	8650	8700	8750	8800	8850	8900	8950	9000
51	8721	8772	8823	8874	8925	8976	9027	9078	9129	9180
52	8892	8944	8996	9048	9100	9152	9204	9256	9308	9360
53	9063	9116	9169	9222	9275	9328	9381	9434	9487	9540
54	9234	9288	9342	9396	9450	9504	9558	9612	9666	9720
55	9405	9460	9515	9570	9625	9680	9735	9790	9845	9900
56	9576	9632	9688	9744	9800	9856	9912	9968	10024	10080
57	9747	9804	9861	9918	9975	10032	10089	10146	10203	10260
58	9918	9976	10034	10092	10150	10208	10266	10324	10382	10440
59	10089	10148	10207	10266	10325	10384	10443	10502	10561	10620
60	10260	10320	10380	10440	10500	10560	10620	10680	10740	10800
61	10431	10492	10553	10614	10675	10736	10797	10858	10919	10980
62	10602	10664	10726	10788	10850	10912	10974	11036	11098	11160
63	10773	10836	10899	10962	11025	11088	11151	11214	11277	11340
64	10944	11008	11072	11136	11200	11264	11328	11392	11456	11520
65	11115	11180	11245	11310	11375	11440	11505	11570	11635	11700
66	11286	11352	11418	11484	11550	11616	11682	11748	11814	11880
67	11457	11524	11591	11658	11725	11792	11859	11926	11993	12060
68	11628	11696	11764	11832	11900	11968	12036	12104	12172	12240
69	11799	11868	11937	12006	12075	12144	12213	12282	12351	12420
70	11970	12040	12110	12180	12250	12320	12390	12460	12530	12600
71	12141	12212	12283	12354	12425	12496	12567	12638	12709	12780
72	12312	12384	12456	12528	12600	12672	12744	12816	12888	12960
73	12483	12556	12629	12702	12775	12848	12921	12994	13067	13140
74	12654	12728	12802	12876	12950	13024	13098	13172	13246	13320
75	12825	12900	12975	13050	13125	13200	13275	13350	13425	13500
76	12996	13072	13148	13224	13300	13376	13452	13528	13604	13680
77	13167	13244	13321	13398	13475	13552	13629	13706	13783	13860
78	13338	13416	13494	13572	13650	13728	13806	13884	13962	14040
79	13509	13588	13667	13746	13825	13904	13983	14062	14141	14220
80	13680	13760	13840	13920	14000	14080	14160	14240	14320	14400
81	13851	13932	14013	14094	14175	14256	14337	14418	14499	14580
82	14022	14104	14186	14268	14350	14432	14514	14596	14678	14760
83	14193	14276	14359	14442	14525	14608	14691	14774	14857	14940
84	14364	14448	14532	14616	14700	14784	14868	14952	15036	15120
85	14535	14620	14705	14790	14875	14960	15045	15130	15215	15300
86	14706	14792	14878	14964	15050	15136	15222	15308	15394	15480
87	14877	14964	15051	15138	15225	15312	15399	15486	15573	15660
88	15048	15136	15224	15312	15400	15488	15576	15664	15752	15840
89	15219	15308	15397	15486	15575	15664	15753	15842	15931	16020
90	15390	15480	15570	15660	15750	15840	15930	16020	16110	16200
91	15561	15652	15743	15834	15925	16016	16107	16198	16289	16380
92	15732	15824	15916	16008	16100	16192	16284	16376	16468	16560
93	15903	15996	16089	16182	16275	16368	16461	16554	16647	16740
94	16074	16168	16262	16356	16450	16544	16638	16732	16826	16920
95	16245	16340	16435	16530	16625	16720	16815	16910	17005	17100
96	16416	16512	16608	16704	16800	16896	16992	17088	17184	17280
97	16587	16684	16781	16878	16975	17072	17169	17266	17363	17460
98	16758	16856	16954	17052	17150	17248	17346	17444	17542	17640
99	16929	17028	17127	17226	17325	17424	17523	17622	17721	17820
100	17100	17200	17300	17400	17500	17600	17700	17800	17900	18000

i	181	i	182	i	183	i	184	i	185	i	186	i	187	i	188	i	189	i	190
1	181	1	182	1	183	1	184	1	185	1	186	1	187	1	188	1	189	1	190
2	362	2	364	2	366	2	368	2	370	2	372	2	374	2	376	2	378	2	380
3	543	3	546	3	549	3	552	3	555	3	558	3	561	4	564	3	567	3	570
4	724	4	728	4	732	4	736	4	740	4	744	4	748	3	752	4	756	4	760
5	905	5	910	5	915	5	920	5	925	5	930	5	935	5	940	5	945	5	950
6	1086	6	1092	6	1098	6	1104	6	1110	6	1116	6	1122	6	1128	6	1134	6	1140
7	1267	7	1274	7	1281	7	1288	7	1295	7	1302	7	1309	7	1316	7	1323	7	1330
8	1448	8	1456	8	1464	8	1472	8	1480	8	1488	8	1496	8	1504	8	1512	8	1520
9	1629	9	1638	9	1647	9	1656	9	1665	9	1674	9	1683	9	1692	9	1701	9	1710
10	1810	10	1820	10	1830	10	1840	10	1850	10	1860	10	1870	10	1880	10	1890	10	1900
11	1991	11	2002	11	2013	11	2024	11	2035	11	2046	11	2057	11	2068	11	2079	11	2090
12	2172	12	2184	12	2196	12	2208	12	2220	12	2232	12	2244	12	2256	12	2268	12	2280
13	2353	13	2366	13	2379	13	2392	13	2405	13	2418	13	2431	13	2444	13	2457	13	2470
14	2534	14	2548	14	2562	14	2576	14	2590	14	2604	14	2618	14	2632	14	2646	14	2660
15	2715	15	2730	15	2745	15	2760	15	2775	15	2790	15	2805	15	2820	15	2835	15	2850
16	2896	16	2912	16	2928	16	2944	16	2960	16	2976	16	2992	16	3008	16	3024	16	3040
17	3077	17	3094	17	3111	17	3128	17	3145	17	3162	17	3179	17	3196	17	3213	17	3230
18	3258	18	3276	18	3294	18	3312	18	3330	18	3348	18	3366	18	3384	18	3402	18	3420
19	3439	19	3458	19	3477	19	3496	19	3515	19	3534	19	3553	19	3572	19	3591	19	3610
20	3620	20	3640	20	3660	20	3680	20	3700	20	3720	20	3740	20	3760	20	3780	20	3800
21	3801	21	3822	21	3843	21	3864	21	3885	21	3906	21	3927	21	3948	21	3969	21	3990
22	3982	22	4004	22	4026	22	4048	22	4070	22	4092	22	4114	22	4136	22	4158	22	4180
23	4163	23	4186	23	4209	23	4232	23	4255	23	4278	23	4301	23	4324	23	4347	23	4370
24	4344	24	4368	24	4392	24	4416	24	4440	24	4464	24	4488	24	4512	24	4536	24	4560
25	4525	25	4550	25	4575	25	4600	25	4625	25	4650	25	4675	25	4700	25	4725	25	4750
26	4706	26	4732	26	4758	26	4784	26	4810	26	4836	26	4862	26	4888	26	4914	26	4940
27	4887	27	4914	27	4941	27	4968	27	4995	27	5022	27	5049	27	5076	27	5103	27	5130
28	5068	28	5096	28	5124	28	5152	28	5180	28	5208	28	5236	28	5264	28	5292	28	5320
29	5249	29	5278	29	5307	29	5336	29	5365	29	5394	29	5423	29	5452	29	5481	29	5510
30	5430	30	5460	30	5490	30	5520	30	5550	30	5580	30	5610	30	5640	30	5670	30	5700
31	5611	31	5642	31	5673	31	5704	31	5735	31	5766	31	5797	31	5828	31	5859	31	5890
32	5792	32	5824	32	5856	32	5888	32	5920	32	5952	32	5984	32	6016	32	6048	32	6080
33	5973	33	6006	33	6039	33	6072	33	6105	33	6138	33	6171	33	6204	33	6237	33	6270
34	6154	34	6188	34	6222	34	6256	34	6290	34	6324	34	6358	34	6392	34	6426	34	6460
35	6335	35	6370	35	6405	35	6440	35	6475	35	6510	35	6545	35	6580	35	6615	35	6650
36	6516	36	6552	36	6588	36	6624	36	6660	36	6696	36	6732	36	6768	36	6804	36	6840
37	6697	37	6734	37	6771	37	6808	37	6845	37	6882	37	6919	37	6956	37	6993	37	7030
38	6878	38	6916	38	6954	38	6992	38	7030	38	7068	38	7106	38	7144	38	7182	38	7220
39	7059	39	7098	39	7137	39	7176	39	7215	39	7254	39	7293	39	7332	39	7371	39	7410
40	7240	40	7280	40	7320	40	7360	40	7400	40	7440	40	7480	40	7520	40	7560	40	7600
41	7421	41	7462	41	7503	41	7544	41	7585	41	7626	41	7667	41	7708	41	7749	41	7790
42	7602	42	7644	42	7686	42	7728	42	7770	42	7812	42	7854	42	7896	42	7938	42	7980
43	7783	43	7826	43	7869	43	7912	43	7955	43	7998	43	8041	43	8084	43	8127	43	8170
44	7964	44	8008	44	8052	44	8096	44	8140	44	8184	44	8228	44	8272	44	8316	44	8360
45	8145	45	8190	45	8235	45	8280	45	8325	45	8370	45	8415	45	8460	45	8505	45	8550
46	8326	46	8372	46	8418	46	8464	46	8510	46	8556	46	8602	46	8648	46	8694	46	8740
47	8507	47	8554	47	8601	47	8648	47	8695	47	8742	47	8789	47	8836	47	8883	47	8930
48	8688	48	8736	48	8784	48	8832	48	8880	48	8928	48	8976	48	9024	48	9072	48	9120
49	8869	49	8918	49	8967	49	9016	49	9065	49	9114	49	9163	49	9212	49	9261	49	9310
50	9050	50	9100	50	9150	50	9200	50	9250	50	9300	50	9350	50	9400	50	9450	50	9500
51	9231	51	9282	51	9333	51	9384	51	9435	51	9486	51	9537	51	9588	51	9639	51	9690
52	9412	52	9464	52	9516	52	9568	52	9620	52	9672	52	9724	52	9776	52	9828	52	9880
53	9593	53	9646	53	9699	53	9752	53	9805	53	9858	53	9911	53	9964	53	10017	53	10070
54	9774	54	9828	54	9882	54	9936	54	9990	54	10044	54	10098	54	10152	54	10206	54	10260
55	9955	55	10010	55	10065	55	10120	55	10175	55	10230	55	10285	55	10340	55	10395	55	10450
56	10136	56	10192	56	10248	56	10304	56	10360	56	10416	56	10472	56	10528	56	10584	56	10640
57	10317	57	10374	57	10431	57	10488	57	10545	57	10602	57	10659	57	10716	57	10773	57	10830
58	10498	58	10556	58	10614	58	10672	58	10730	58	10788	58	10846	58	10904	58	10962	58	11020
59	10679	59	10738	59	10797	59	10856	59	10915	59	10974	59	11033	59	11092	59	11151	59	11210
60	10860	60	10920	60	10980	60	11040	60	11100	60	11160	60	11220	60	11280	60	11340	60	11400
61	11041	61	11102	61	11163	61	11224	61	11285	61	11346	61	11407	61	11468	61	11529	61	11590
62	11222	62	11284	62	11346	62	11408	62	11470	62	11532	62	11594	62	11656	62	11718	62	11780
63	11403	63	11466	63	11529	63	11592	63	11655	63	11718	63	11781	63	11844	63	11907	63	11970
64	11584	64	11648	64	11712	64	11776	64	11840	64	11904	64	11968	64	12032	64	12096	64	12160
65	11765	65	11830	65	11895	65	11960	65	12025	65	12090	65	12155	65	12220	65	12285	65	12350
66	11946	66	12012	66	12078	66	12144	66	12210	66	12276	66	12342	66	12408	66	12474	66	12540
67	12127	67	12194	67	12261	67	12328	67	12395	67	12462	67	12529	67	12596	67	12663	67	12730
68	12308	68	12376	68	12444	68	12512	68	12580	68	12648	68	12716	68	12784	68	12852	68	12920
69	12489	69	12558	69	12627	69	12696	69	12765	69	12834	69	12903	69	12972	69	13041	69	13110
70	12670	70	12740	70	12810	70	12880	70	12950	70	13020	70	13090	70	13160	70	13230	70	13300
71	12851	71	12922	71	12993	71	13064	71	13135	71	13206	71	13277	71	13348	71	13419	71	13490
72	13032	72	13104	72	13176	72	13248	72	13320	72	13392	72	13464	72	13536	72	13608	72	13680
73	13213	73	13286	73	13359	73	13432	73	13505	73	13578	73	13651	73	13724	73	13797	73	13870
74	13394	74	13468	74	13542	74	13616	74	13690	74	13764	74	13838	74	13912	74	13986	74	14060
75	13575	75	13650	75	13725	75	13800	75	13875	75	13950	75	14025	75	14100	75	14175	75	14250
76	13756	76	13832	76	13908	76	13984	76	14060	76	14136	76	14212	76	14288	76	14364	76	14440
77	13937	77	14014	77	14091	77	14168	77	14245	77	14322	77	14399	77	14476	77	14553	77	14630
78	14118	78	14196	78	14274	78	14352	78	14430	78	14508	78	14586	78	14664	78	14742	78	14820
79	14299	79	14378	79	14457	79	14536	79	14615	79	14694	79	14773	79	14852	79	14931	79	15010
80	14480	80	14560	80	14640	80	14720	80	14800	80	14880	80	14960	80	15040	80	15120	80	15200
81	14661	81	14742	81	14823	81	14904	81	14985	81	15066	81	15147	81	15228	81	15309	81	15390
82	14842	82	14924	82	15006	82	15088	82	15170	82	15252	82	15334	82	15416	82	15498	82	15580
83	15023	83	15106	83	15189	83	15272	83	15355	83	15438	83	15521	83	15604	83	15687	83	15770
84	15204	84	15288	84	15372	84	15456	84	15540	84	15624	84	15708	84	15792	84	15876	84	15960
85	15385	85	15470	85	15555	85	15640	85	15725	85	15810	85	15895	85	15980	85	16065	85	16150
86	15566	86	15652	86	15738	86	15824	86	15910	86	15996	86	16082	86	16168	86	16254	86	16340
87	15747	87	15834	87	15921	87	16008	87	16095	87	16182	87	16269	87	16356	87	16443	87	16530
88	15928	88	16016	88	16104	88	16192	88	16280	88	16368	88	16456	88	16544	88	16632	88	16720
89	16109	89	16198	89	16287	89	16376	89	16465	89	16554	89	16643	89	16732	89	16821	89	16910
90	16290	90	16380	90	16470	90	16560	90	16650	90	16740	90	16830	90	16920	90	17010	90	17100
91	16471	91	16562	91	16653	91	16744	91	16835	91	16926	91	17017	91	17108	91	17199	91	17290
92	16652	92	16744	92	16836	92	16928	92	17020	92	17112	92	17204	92	17296	92	17388	92	17480
93	16833	93	16926	93	17019	93	17112	93	17205	93	17298	93	17391	93	17484	93	17577	93	17670
94	17014	94	17108	94	17202	94	17296	94	17390	94	17484	94	17578	94	17672	94	17766	94	17860
95	17195	95	17290	95	17385	95	17480	95	17575	95	17670	95	17765	95	17860	95	17955	95	18050
96	17376	96	17472	96	17568	96	17664	96	17760	96	17866	96	17952	96	18048	96	18144	96	18240
97	17557	97	17654	97	17751	97	17848	97	17945	97	18052	97	18139	97	18236	97	18333	97	18430
98	17738	98	17836	98	17934	98	18032	98	18130	98	18238	98	18326	98	18424	98	18522	98	18620
99	17919	99	18018	99	18117	99	18216	99	18315	99	18424	99	18513	99	18612	99	18711	99	18810
100	18100	100	18200	100	18300	100	18400	100	18500	100	18600	100	18700	100	18800	100	18900	100	19000

C

i	191	192	193	194	195	196	197	198	199	200
1	191	192	193	194	195	196	197	198	199	200
2	382	384	386	388	390	392	394	396	398	400
3	573	576	579	582	585	588	591	594	597	600
4	764	768	772	776	780	784	788	792	796	800
5	955	960	965	970	975	980	985	990	995	1000
6	1146	1152	1158	1164	1170	1176	1182	1188	1194	1200
7	1337	1344	1351	1358	1365	1372	1379	1386	1393	1400
8	1528	1536	1544	1552	1560	1568	1576	1584	1592	1600
9	1719	1728	1737	1746	1755	1764	1773	1782	1791	1800
10	1910	1920	1930	1940	1950	1960	1970	1980	1990	2000
11	2101	2112	2123	2134	2145	2156	2167	2178	2189	2200
12	2292	2304	2316	2328	2340	2352	2364	2376	2388	2400
13	2483	2496	2509	2522	2535	2548	2561	2574	2587	2600
14	2674	2688	2702	2716	2730	2744	2758	2772	2786	2800
15	2865	2880	2895	2910	2925	2940	2955	2970	2985	3000
16	3056	3072	3088	3104	3120	3136	3152	3168	3184	3200
17	3247	3264	3281	3298	3315	3332	3349	3366	3383	3400
18	3438	3456	3474	3492	3510	3528	3546	3564	3582	3600
19	3629	3648	3667	3686	3705	3724	3743	3762	3781	3800
20	3820	3840	3860	3880	3900	3920	3940	3960	3980	4000
21	4011	4032	4053	4074	4095	4116	4137	4158	4179	4200
22	4202	4224	4246	4268	4290	4312	4334	4356	4378	4400
23	4393	4416	4439	4462	4485	4508	4531	4554	4577	4600
24	4584	4608	4632	4656	4680	4704	4728	4752	4776	4800
25	4775	4800	4825	4850	4875	4900	4925	4950	4975	5000
26	4966	4992	5018	5044	5070	5096	5122	5148	5174	5200
27	5157	5184	5211	5238	5265	5292	5319	5346	5373	5400
28	5348	5376	5404	5432	5460	5488	5516	5544	5572	5600
29	5539	5568	5597	5626	5655	5684	5713	5742	5771	5800
30	5730	5760	5790	5820	5850	5880	5910	5940	5970	6000
31	5921	5952	5983	6014	6045	6076	6107	6138	6169	6200
32	6112	6144	6176	6208	6240	6272	6304	6336	6368	6400
33	6303	6336	6369	6402	6435	6468	6501	6534	6567	6600
34	6494	6528	6562	6596	6630	6664	6698	6732	6766	6800
35	6685	6720	6755	6790	6825	6860	6895	6930	6965	7000
36	6876	6912	6948	6984	7020	7056	7092	7128	7164	7200
37	7067	7104	7141	7178	7215	7252	7289	7326	7363	7400
38	7258	7296	7334	7372	7410	7448	7486	7524	7562	7600
39	7449	7488	7527	7566	7605	7644	7683	7722	7761	7800
40	7640	7680	7720	7760	7800	7840	7880	7920	7960	8000
41	7831	7872	7913	7954	7995	8036	8077	8118	8159	8200
42	8022	8064	8106	8148	8190	8232	8274	8316	8358	8400
43	8213	8256	8299	8342	8385	8428	8471	8514	8557	8600
44	8404	8448	8492	8536	8580	8624	8668	8712	8756	8800
45	8595	8640	8685	8730	8775	8820	8865	8910	8955	9000
46	8786	8832	8878	8924	8970	9016	9062	9108	9154	9200
47	8977	9024	9071	9118	9165	9212	9259	9306	9353	9400
48	9168	9216	9264	9312	9360	9408	9456	9504	9552	9600
49	9359	9408	9457	9506	9555	9604	9653	9702	9751	9800
50	9550	9600	9650	9700	9750	9800	9850	9900	9950	10000
51	9741	9792	9843	9894	9945	9996	10047	10098	10149	10200
52	9932	9984	10036	10088	10140	10192	10244	10296	10348	10400
53	10123	10176	10229	10282	10335	10388	10441	10494	10547	10600
54	10314	10368	10422	10476	10530	10584	10638	10692	10746	10800
55	10505	10560	10615	10670	10725	10780	10835	10890	10945	11000
56	10696	10752	10808	10864	10920	10976	11032	11088	11144	11200
57	10887	10944	11001	11058	11115	11172	11229	11286	11343	11400
58	11078	11136	11194	11252	11310	11368	11426	11484	11542	11600
59	11269	11328	11387	11446	11505	11564	11623	11682	11741	11800
60	11460	11520	11580	11640	11700	11760	11820	11880	11940	12000
61	11651	11712	11773	11834	11895	11956	12017	12078	12139	12200
62	11842	11904	11966	12028	12090	12152	12214	12276	12338	12400
63	12033	12096	12159	12222	12285	12348	12411	12474	12537	12600
64	12224	12288	12352	12416	12480	12544	12608	12672	12736	12800
65	12415	12480	12545	12610	12675	12740	12805	12870	12935	13000
66	12606	12672	12738	12804	12870	12936	13002	13068	13134	13200
67	12797	12864	12931	12998	13065	13132	13199	13266	13333	13400
68	12988	13056	13124	13192	13260	13328	13396	13464	13532	13600
69	13179	13248	13317	13386	13455	13524	13593	13662	13731	13800
70	13370	13440	13510	13580	13650	13720	13790	13860	13930	14000
71	13561	13632	13703	13774	13845	13916	13987	14058	14129	14200
72	13752	13824	13896	13968	14040	14112	14184	14256	14328	14400
73	13943	14016	14089	14162	14235	14308	14381	14454	14527	14600
74	14134	14208	14282	14356	14430	14504	14578	14652	14726	14800
75	14325	14400	14475	14550	14625	14700	14775	14850	14925	15000
76	14516	14592	14668	14744	14820	14896	14972	15048	15124	15200
77	14707	14784	14861	14938	15015	15092	15169	15246	15323	15400
78	14898	14976	15054	15132	15210	15288	15366	15444	15522	15600
79	15089	15168	15247	15326	15405	15484	15563	15642	15721	15800
80	15280	15360	15440	15520	15600	15680	15760	15840	15920	16000
81	15471	15552	15633	15714	15795	15876	15957	16038	16119	16200
82	15662	15744	15826	15908	15990	16072	16154	16236	16318	16400
83	15853	15936	16019	16102	16185	16268	16351	16434	16517	16600
84	16044	16128	16212	16296	16380	16464	16548	16632	16716	16800
85	16235	16320	16405	16490	16575	16660	16745	16830	16915	17000
86	16426	16512	16598	16684	16770	16856	16942	17028	17114	17200
87	16617	16704	16791	16878	16965	17052	17139	17226	17313	17400
88	16808	16896	16984	17072	17160	17248	17336	17424	17512	17600
89	16999	17088	17177	17266	17355	17444	17533	17622	17711	17800
90	17190	17280	17370	17460	17550	17640	17730	17820	17910	18000
91	17381	17472	17563	17654	17745	17836	17927	18018	18109	18200
92	17572	17664	17756	17848	17940	18032	18124	18216	18308	18400
93	17763	17856	17949	18042	18135	18228	18321	18414	18507	18600
94	17954	18048	18142	18236	18330	18424	18518	18612	18706	18800
95	18145	18240	18335	18430	18525	18620	18715	18810	18905	19000
96	18336	18432	18528	18624	18720	18816	18912	19008	19104	19200
97	18527	18624	18721	18818	18915	19012	19109	19206	19303	19400
98	18718	18816	18914	19012	19110	19208	19306	19404	19502	19600
99	18909	19008	19107	19206	19305	19404	19503	19602	19701	19800
100	19100	19200	19300	19400	19500	19600	19700	19800	19900	20000

	201	202	203	204	205	206	207	208	209	210
1	201	202	203	204	205	206	207	208	209	210
2	402	404	406	408	410	412	414	416	418	420
3	603	606	609	612	615	618	621	624	627	630
4	804	808	812	816	820	824	828	832	836	840
5	1005	1010	1015	1020	1025	1030	1035	1040	1045	1050
6	1206	1212	1218	1224	1230	1236	1242	1248	1254	1260
7	1407	1414	1421	1428	1435	1442	1449	1456	1463	1470
8	1608	1616	1624	1632	1640	1648	1656	1664	1672	1680
9	1809	1818	1827	1836	1845	1854	1863	1872	1881	1890
10	2010	2020	2030	2040	2050	2060	2070	2080	2090	2100
11	2211	2222	2233	2244	2255	2266	2277	2288	2299	2310
12	2412	2424	2436	2448	2460	2472	2484	2496	2508	2520
13	2613	2626	2639	2652	2665	2678	2691	2704	2717	2730
14	2814	2828	2842	2856	2870	2884	2898	2912	2926	2940
15	3015	3030	3045	3060	3075	3090	3105	3120	3135	3150
16	3216	3232	3248	3264	3280	3296	3312	3328	3344	3360
17	3417	3434	3451	3468	3485	3502	3519	3536	3553	3570
18	3618	3636	3654	3672	3690	3708	3726	3744	3762	3780
19	3819	3838	3857	3876	3895	3914	3933	3952	3971	3990
20	4020	4040	4060	4080	4100	4120	4140	4160	4180	4200
21	4221	4242	4263	4284	4305	4326	4347	4368	4389	4410
22	4422	4444	4466	4488	4510	4532	4554	4576	4598	4620
23	4623	4646	4669	4692	4715	4738	4761	4784	4807	4830
24	4824	4848	4872	4896	4920	4944	4968	4992	5016	5040
25	5025	5050	5075	5100	5125	5150	5175	5200	5225	5250
26	5226	5252	5278	5304	5330	5356	5382	5408	5434	5460
27	5427	5454	5481	5508	5535	5562	5589	5616	5643	5670
28	5628	5656	5684	5712	5740	5768	5796	5824	5852	5880
29	5829	5858	5887	5916	5945	5974	6003	6032	6061	6090
30	6030	6060	6090	6120	6150	6180	6210	6240	6270	6300
31	6231	6262	6293	6324	6355	6386	6417	6448	6479	6510
32	6432	6464	6496	6528	6560	6592	6624	6656	6688	6720
33	6633	6666	6699	6732	6765	6798	6831	6864	6897	6930
34	6834	6868	6902	6936	6970	7004	7038	7072	7106	7140
35	7035	7070	7105	7140	7175	7210	7245	7280	7315	7350
36	7236	7272	7308	7344	7380	7416	7452	7488	7524	7560
37	7437	7474	7511	7548	7585	7622	7659	7696	7733	7770
38	7638	7676	7714	7752	7790	7828	7866	7904	7942	7980
39	7839	7878	7917	7956	7995	8034	8073	8112	8151	8190
40	8040	8080	8120	8160	8200	8240	8280	8320	8360	8400
41	8241	8282	8323	8364	8405	8446	8487	8528	8569	8610
42	8442	8484	8526	8568	8610	8652	8694	8736	8778	8820
43	8643	8686	8729	8772	8815	8858	8901	8944	8987	9030
44	8844	8888	8932	8976	9020	9064	9108	9152	9196	9240
45	9045	9090	9135	9180	9225	9270	9315	9360	9405	9450
46	9246	9292	9338	9384	9430	9476	9522	9568	9614	9660
47	9447	9494	9541	9588	9635	9682	9729	9776	9823	9870
48	9648	9696	9744	9792	9840	9888	9936	9984	10032	10080
49	9849	9898	9947	9996	10045	10094	10143	10192	10241	10290
50	10050	10100	10150	10200	10250	10300	10350	10400	10450	10500
51	10251	10302	10353	10404	10455	10506	10557	10608	10659	10710
52	10452	10504	10556	10608	10660	10712	10764	10816	10868	10920
53	10653	10706	10759	10812	10865	10918	10971	11024	11077	11130
54	10854	10908	10962	11016	11070	11124	11178	11232	11286	11340
55	11055	11110	11165	11220	11275	11330	11385	11440	11495	11550
56	11256	11312	11368	11424	11480	11536	11592	11648	11704	11760
57	11457	11514	11571	11628	11685	11742	11799	11856	11913	11970
58	11658	11716	11774	11832	11890	11948	12006	12064	12122	12180
59	11859	11918	11977	12036	12095	12154	12213	12272	12331	12390
60	12060	12120	12180	12240	12300	12360	12420	12480	12540	12600
61	12261	12322	12383	12444	12505	12566	12627	12688	12749	12810
62	12462	12524	12586	12648	12710	12772	12834	12896	12958	13020
63	12663	12726	12789	12852	12915	12978	13041	13104	13167	13230
64	12864	12928	12992	13056	13120	13184	13248	13312	13376	13440
65	13065	13130	13195	13260	13325	13390	13455	13520	13585	13650
66	13266	13332	13398	13464	13530	13596	13662	13728	13794	13860
67	13467	13534	13601	13668	13735	13802	13869	13936	14003	14070
68	13668	13736	13804	13872	13940	14008	14076	14144	14212	14280
69	13869	13938	14007	14076	14145	14214	14283	14352	14421	14490
70	14070	14140	14210	14280	14350	14420	14490	14560	14630	14700
71	14271	14342	14413	14484	14555	14626	14697	14768	14839	14910
72	14472	14544	14616	14688	14760	14832	14904	14976	15048	15120
73	14673	14746	14819	14892	14965	15038	15111	15184	15257	15330
74	14874	14948	15022	15096	15170	15244	15318	15392	15466	15540
75	15075	15150	15225	15300	15375	15450	15525	15600	15675	15750
76	15276	15352	15428	15504	15580	15656	15732	15808	15884	15960
77	15477	15554	15631	15708	15785	15862	15939	16016	16093	16170
78	15678	15756	15834	15912	15990	16068	16146	16224	16302	16380
79	15879	15958	16037	16116	16195	16274	16353	16432	16511	16590
80	16080	16160	16240	16320	16400	16480	16560	16640	16720	16800
81	16281	16362	16443	16524	16605	16686	16767	16848	16929	17010
82	16482	16564	16646	16728	16810	16892	16974	17056	17138	17220
83	16683	16766	16849	16932	17015	17098	17181	17264	17347	17430
84	16884	16968	17052	17136	17220	17304	17388	17472	17556	17640
85	17085	17170	17255	17340	17425	17510	17595	17680	17765	17850
86	17286	17372	17458	17544	17630	17716	17802	17888	17974	18060
87	17487	17574	17661	17748	17835	17922	18009	18096	18183	18270
88	17688	17776	17864	17952	18040	18128	18216	18304	18392	18480
89	17889	17978	18067	18156	18245	18334	18423	18512	18601	18690
90	18090	18180	18270	18360	18450	18540	18630	18720	18810	18900
91	18291	18382	18473	18564	18655	18746	18837	18928	19019	19110
92	18492	18584	18676	18768	18860	18952	19044	19136	19228	19320
93	18693	18786	18879	18972	19065	19158	19251	19344	19437	19530
94	18894	18988	19082	19176	19270	19364	19458	19552	19646	19740
95	19095	19190	19285	19380	19475	19570	19665	19760	19855	19950
96	19296	19392	19488	19584	19680	19776	19872	19968	20064	20160
97	19497	19594	19691	19788	19885	19982	20079	20176	20273	20370
98	19698	19796	19894	19992	20090	20188	20286	20384	20482	20580
99	19899	19998	20097	20196	20295	20394	20493	20592	20691	20790
100	20100	20200	20300	20400	20500	20600	20700	20800	20900	21000

1	211	1	212	1	213	1	214	1	215	1	216	1	217	1	218	1	219	1	22
2	422	2	424	2	426	2	428	2	430	2	432	2	434	2	436	2	438	2	44
3	633	3	636	3	639	3	642	3	645	3	648	3	651	3	654	3	657	3	66
4	844	4	848	4	852	4	856	4	860	4	864	4	868	4	872	4	876	4	88
5	1055	5	1060	5	1065	5	1070	5	1075	5	1080	5	1085	5	1090	5	1095	5	110
6	1266	6	1272	6	1278	6	1284	6	1290	6	1296	6	1302	6	1308	6	1314	6	132
7	1477	7	1484	7	1491	7	1498	7	1505	7	1512	7	1519	7	1526	7	1533	7	154
8	1688	8	1696	8	1704	8	1712	8	1720	8	1728	8	1736	8	1744	8	1752	8	176
9	1899	9	1908	9	1917	9	1926	9	1935	9	1944	9	1953	9	1962	9	1971	9	198
10	2110	10	2120	10	2130	10	2140	10	2150	10	2160	10	2170	10	2180	10	2190	10	220
11	2321	11	2332	11	2343	11	2354	11	2365	11	2376	11	2387	11	2398	11	2409	11	242
12	2532	12	2544	12	2556	12	2568	12	2580	12	2592	12	2604	12	2616	12	2628	12	264
13	2743	13	2756	13	2769	13	2782	13	2795	13	2808	13	2821	13	2834	13	2847	13	286
14	2954	14	2968	14	2982	14	2996	14	3010	14	3024	14	3038	14	3052	14	3066	14	308
15	3165	15	3180	15	3195	15	3210	15	3225	15	3240	15	3255	15	3270	15	3285	15	330
16	3376	16	3392	16	3408	16	3424	16	3440	16	3456	16	3472	16	3488	16	3504	16	352
17	3587	17	3604	17	3621	17	3638	17	3655	17	3672	17	3689	17	3706	17	3723	17	374
18	3798	18	3816	18	3834	18	3852	18	3870	18	3888	18	3906	18	3924	18	3942	18	396
19	4009	19	4028	19	4047	19	4066	19	4085	19	4104	19	4123	19	4142	19	4161	19	418
20	4220	20	4240	20	4260	20	4280	20	4300	20	4320	20	4340	20	4360	20	4380	20	440
21	4431	21	4452	21	4473	21	4494	21	4515	21	4536	21	4557	21	4578	21	4599	21	462
22	4642	22	4664	22	4686	22	4708	22	4730	22	4752	22	4774	22	4796	22	4818	22	484
23	4853	23	4876	23	4899	23	4922	23	4945	23	4968	23	4991	23	5014	23	5037	23	506
24	5064	24	5088	24	5112	24	5136	24	5160	24	5184	24	5208	24	5232	24	5256	24	528
25	5275	25	5300	25	5325	25	5350	25	5375	25	5400	25	5425	25	5450	25	5475	25	550
26	5486	26	5512	26	5538	26	5564	26	5590	26	5616	26	5642	26	5668	26	5694	26	572
27	5697	27	5724	27	5751	27	5778	27	5805	27	5832	27	5859	27	5886	27	5913	27	594
28	5908	28	5936	28	5964	28	5992	28	6020	28	6048	28	6076	28	6104	28	6132	28	616
29	6119	29	6148	29	6177	29	6206	29	6235	29	6264	29	6293	29	6322	29	6351	29	638
30	6330	30	6360	30	6390	30	6420	30	6450	30	6480	30	6510	30	6540	30	6570	30	660
31	6541	31	6572	31	6603	31	6634	31	6665	31	6696	31	6727	31	6758	31	6789	31	682
32	6752	32	6784	32	6816	32	6848	32	6880	32	6912	32	6944	32	6976	32	7008	32	704
33	6963	33	6996	33	7029	33	7062	33	7095	33	7128	33	7161	33	7194	33	7227	33	726
34	7174	34	7208	34	7242	34	7276	34	7310	34	7344	34	7378	34	7412	34	7446	34	748
35	7385	35	7420	35	7455	35	7490	35	7525	35	7560	35	7595	35	7630	35	7665	35	770
36	7596	36	7632	36	7668	36	7704	36	7740	36	7776	36	7812	36	7848	36	7884	36	792
37	7807	37	7844	37	7881	37	7918	37	7955	37	7992	37	8029	37	8066	37	8103	37	814
38	8018	38	8056	38	8094	38	8132	38	8170	38	8208	38	8246	38	8284	38	8322	38	836
39	8229	39	8268	39	8307	39	8346	39	8385	39	8424	39	8463	39	8502	39	8541	39	858
40	8440	40	8480	40	8520	40	8560	40	8600	40	8640	40	8680	40	8720	40	8760	40	880
41	8651	41	8692	41	8733	41	8774	41	8815	41	8856	41	8897	41	8938	41	8979	41	902
42	8862	42	8904	42	8946	42	8988	42	9030	42	9072	42	9114	42	9156	42	9198	42	924
43	9073	43	9116	43	9159	43	9202	43	9245	43	9288	43	9331	43	9374	43	9417	43	946
44	9284	44	9328	44	9372	44	9416	44	9460	44	9504	44	9548	44	9592	44	9636	44	968
45	9495	45	9540	45	9585	45	9630	45	9675	45	9720	45	9765	45	9810	45	9855	45	990
46	9706	46	9752	46	9798	46	9844	46	9890	46	9936	46	9982	46	10028	46	10074	46	1012
47	9917	47	9964	47	10011	47	10058	47	10105	47	10152	47	10199	47	10246	47	10293	47	1034
48	10128	48	10176	48	10224	48	10272	48	10320	48	10368	48	10416	48	10464	48	10512	48	1056
49	10339	49	10388	49	10437	49	10486	49	10535	49	10584	49	10633	49	10682	49	10731	49	1078
50	10550	50	10600	50	10650	50	10700	50	10750	50	10800	50	10850	50	10900	50	10950	50	1100
51	10761	51	10812	51	10863	51	10914	51	10965	51	11016	51	11067	51	11118	51	11169	51	1122
52	10972	52	11024	52	11076	52	11128	52	11180	52	11232	52	11284	52	11336	52	11388	52	1144
53	11183	53	11236	53	11289	53	11342	53	11395	53	11448	53	11501	53	11554	53	11607	53	1166
54	11394	54	11448	54	11502	54	11556	54	11610	54	11664	54	11718	54	11772	54	11826	54	1188
55	11605	55	11660	55	11715	55	11770	55	11825	55	11880	55	11935	55	11990	55	12045	55	1210
56	11816	56	11872	56	11928	56	11984	56	12040	56	12096	56	12152	56	12208	56	12264	56	1232
57	12027	57	12084	57	12141	57	12198	57	12255	57	12312	57	12369	57	12426	57	12483	57	1254
58	12238	58	12296	58	12354	58	12412	58	12470	58	12528	58	12586	58	12644	58	12702	58	1276
59	12449	59	12508	59	12567	59	12626	59	12685	59	12744	59	12803	59	12862	59	12921	59	1298
60	12660	60	12720	60	12780	60	12840	60	12900	60	12960	60	13020	60	13080	60	13140	60	1320
61	12871	61	12932	61	12993	61	13054	61	13115	61	13176	61	13237	61	13298	61	13359	61	1342
62	13082	62	13144	62	13206	62	13268	62	13330	62	13392	62	13454	62	13516	62	13578	62	1364
63	13293	63	13356	63	13419	63	13482	63	13545	63	13608	63	13671	63	13734	63	13797	63	1386
64	13504	64	13568	64	13632	64	13696	64	13760	64	13824	64	13888	64	13952	64	14016	64	1408
65	13715	65	13780	65	13845	65	13910	65	13975	65	14040	65	14105	65	14170	65	14235	65	1430
66	13926	66	13992	66	14058	66	14124	66	14190	66	14256	66	14322	66	14388	66	14454	66	1452
67	14137	67	14204	67	14271	67	14338	67	14405	67	14472	67	14539	67	14606	67	14673	67	1474
68	14348	68	14416	68	14484	68	14552	68	14620	68	14688	68	14756	68	14824	68	14892	68	1496
69	14559	69	14628	69	14697	69	14766	69	14835	69	14904	69	14973	69	15042	69	15111	69	1518
70	14770	70	14840	70	14910	70	14980	70	15050	70	15120	70	15190	70	15260	70	15330	70	1540
71	14981	71	15052	71	15123	71	15194	71	15265	71	15336	71	15407	71	15478	71	15549	71	1562
72	15192	72	15264	72	15336	72	15408	72	15480	72	15552	72	15624	72	15696	72	15768	72	1584
73	15403	73	15476	73	15549	73	15622	73	15695	73	15768	73	15841	73	15914	73	15987	73	1606
74	15614	74	15688	74	15762	74	15836	74	15910	74	15984	74	16058	74	16132	74	16206	74	1628
75	15825	75	15900	75	15975	75	16050	75	16125	75	16200	75	16275	75	16350	75	16425	75	1650
76	16036	76	16112	76	16188	76	16264	76	16340	76	16416	76	16492	76	16568	76	16644	76	1672
77	16247	77	16324	77	16401	77	16478	77	16555	77	16632	77	16709	77	16786	77	16863	77	1694
78	16458	78	16536	78	16614	78	16692	78	16770	78	16848	78	16926	78	17004	78	17082	78	1716
79	16669	79	16748	79	16827	79	16906	79	16985	79	17064	79	17143	79	17222	79	17301	79	1738
80	16880	80	16960	80	17040	80	17120	80	17200	80	17280	80	17360	80	17440	80	17520	80	1760
81	17091	81	17172	81	17253	81	17334	81	17415	81	17496	81	17577	81	17658	81	17739	81	1782
82	17302	82	17384	82	17466	82	17548	82	17630	82	17712	82	17794	82	17876	82	17958	82	1804
83	17513	83	17596	83	17679	83	17762	83	17845	83	17928	83	18011	83	18094	83	18177	83	1826
84	17724	84	17808	84	17892	84	17976	84	18060	84	18144	84	18228	84	18312	84	18396	84	1848
85	17935	85	18020	85	18105	85	18190	85	18275	85	18360	85	18445	85	18530	85	18615	85	1870
86	18146	86	18232	86	18318	86	18404	86	18490	86	18576	86	18662	86	18748	86	18834	86	1892
87	18357	87	18444	87	18531	87	18618	87	18705	87	18792	87	18879	87	18966	87	19053	87	1914
88	18568	88	18656	88	18744	88	18832	88	18920	88	19008	88	19096	88	19184	88	19272	88	1936
89	18779	89	18868	89	18957	89	19046	89	19135	89	19224	89	19313	89	19402	89	19491	89	1958
90	18990	90	19080	90	19170	90	19260	90	19350	90	19440	90	19530	90	19620	90	19710	90	1980
91	19201	91	19292	91	19383	91	19474	91	19565	91	19656	91	19747	91	19838	91	19929	91	2002
92	19412	92	19504	92	19596	92	19688	92	19780	92	19872	92	19964	92	20056	92	20148	92	2024
93	19623	93	19716	93	19809	93	19902	93	19995	93	20088	93	20181	93	20274	93	20367	93	2046
94	19834	94	19928	94	20022	94	20116	94	20210	94	20304	94	20398	94	20492	94	20586	94	2068
95	20045	95	20140	95	20235	95	20330	95	20425	95	20520	95	20615	95	20710	95	20805	95	2090
96	20256	96	20352	96	20448	96	20544	96	20640	96	20736	96	20832	96	20928	96	21024	96	2112
97	20467	97	20564	97	20661	97	20758	97	20855	97	20952	97	21049	97	21146	97	21243	97	2134
98	20678	98	20776	98	20874	98	20972	98	21070	98	21168	98	21266	98	21364	98	21462	98	2156
99	20889	99	20988	99	21087	99	21186	99	21285	99	21384	99	21483	99	21582	99	21681	99	2178
100	21100	100	21200	100	21300	100	21400	100	21500	100	21600	100	21700	100	21800	100	21900	100	2200

I	221	I	222	I	223	I	224	I	225	I	226	I	227	I	228	I	229	I	230
1	221	1	222	1	223	1	224	1	225	1	226	1	227	1	228	1	229	1	230
2	442	2	444	2	446	2	448	2	450	2	452	2	454	2	456	2	458	2	460
3	663	3	666	3	669	3	672	3	675	3	678	3	681	3	684	3	687	3	690
4	884	4	888	4	892	4	896	4	900	4	904	4	908	4	912	4	916	4	920
5	1105	5	1110	5	1115	5	1120	5	1125	5	1130	5	1135	5	1140	5	1145	5	1150
6	1326	6	1332	6	1338	6	1344	6	1350	6	1356	6	1362	6	1368	6	1374	6	1380
7	1547	7	1554	7	1561	7	1568	7	1575	7	1582	7	1589	7	1596	7	1603	7	1610
8	1768	8	1776	8	1784	8	1792	8	1800	8	1808	8	1816	8	1824	8	1832	8	1840
9	1989	9	1998	9	2007	9	2016	9	2025	9	2034	9	2043	9	2052	9	2061	9	2070
10	2210	10	2220	10	2230	10	2240	10	2250	10	2260	10	2270	10	2280	10	2290	10	2300
11	2431	11	2442	11	2453	11	2464	11	2475	11	2486	11	2497	11	2508	11	2519	11	2530
12	2652	12	2664	12	2676	12	2688	12	2700	12	2712	12	2724	12	2736	12	2748	12	2760
13	2873	13	2886	13	2899	13	2912	13	2925	13	2938	13	2951	13	2964	13	2977	13	2990
14	3094	14	3108	14	3122	14	3136	14	3150	14	3164	14	3178	14	3192	14	3206	14	3220
15	3315	15	3330	15	3345	15	3360	15	3375	15	3390	15	3405	15	3420	15	3435	15	3450
16	3536	16	3552	16	3568	16	3584	16	3600	16	3616	16	3632	16	3648	16	3664	16	3680
17	3757	17	3774	17	3791	17	3808	17	3825	17	3842	17	3859	17	3876	17	3893	17	3910
18	3978	18	3996	18	4014	18	4032	18	4050	18	4068	18	4086	18	4104	18	4122	18	4140
19	4199	19	4218	19	4237	19	4256	19	4275	19	4294	19	4313	19	4332	19	4351	19	4370
20	4420	20	4440	20	4460	20	4480	20	4500	20	4520	20	4540	20	4560	20	4580	20	4600
21	4641	21	4662	21	4683	21	4704	21	4725	21	4746	21	4767	21	4788	21	4809	21	4830
22	4862	22	4884	22	4906	22	4928	22	4950	22	4972	22	4994	22	5016	22	5038	22	5060
23	5083	23	5106	23	5129	23	5152	23	5175	23	5198	23	5221	23	5244	23	5267	23	5290
24	5304	24	5328	24	5352	24	5376	24	5400	24	5424	24	5448	24	5472	24	5496	24	5520
25	5525	25	5550	25	5575	25	5600	25	5625	25	5650	25	5675	25	5700	25	5725	25	5750
26	5746	26	5772	26	5798	26	5824	26	5850	26	5876	26	5902	26	5928	26	5954	26	5980
27	5967	27	5994	27	6021	27	6048	27	6075	27	6102	27	6129	27	6156	27	6183	27	6210
28	6188	28	6216	28	6244	28	6272	28	6300	28	6328	28	6356	28	6384	28	6412	28	6440
29	6409	29	6438	29	6467	29	6496	29	6525	29	6554	29	6583	29	6612	29	6641	29	6670
30	6630	30	6660	30	6690	30	6720	30	6750	30	6780	30	6810	30	6840	30	6870	30	6900
31	6851	31	6882	31	6913	31	6944	31	6975	31	7006	31	7037	31	7068	31	7099	31	7130
32	7072	32	7104	32	7136	32	7168	32	7200	32	7232	32	7264	32	7296	32	7328	32	7360
33	7293	33	7326	33	7359	33	7392	33	7425	33	7458	33	7491	33	7524	33	7557	33	7590
34	7514	34	7548	34	7582	34	7616	34	7650	34	7684	34	7718	34	7752	34	7786	34	7820
35	7735	35	7770	35	7805	35	7840	35	7875	35	7910	35	7945	35	7980	35	8015	35	8050
36	7956	36	7992	36	8028	36	8064	36	8100	36	8136	36	8172	36	8208	36	8244	36	8280
37	8177	37	8214	37	8251	37	8288	37	8325	37	8362	37	8399	37	8436	37	8473	37	8510
38	8398	38	8436	38	8474	38	8512	38	8550	38	8588	38	8626	38	8664	38	8702	38	8740
39	8619	39	8658	39	8697	39	8736	39	8775	39	8814	39	8853	39	8892	39	8931	39	8970
40	8840	40	8880	40	8920	40	8960	40	9000	40	9040	40	9080	40	9120	40	9160	40	9200
41	9061	41	9102	41	9143	41	9184	41	9225	41	9266	41	9307	41	9348	41	9389	41	9430
42	9282	42	9324	42	9366	42	9408	42	9450	42	9492	42	9534	42	9576	42	9618	42	9660
43	9503	43	9546	43	9589	43	9632	43	9675	43	9718	43	9761	43	9804	43	9847	43	9890
44	9724	44	9768	44	9812	44	9856	44	9900	44	9944	44	9988	44	10032	44	10076	44	10120
45	9945	45	9990	45	10035	45	10080	45	10125	45	10170	45	10215	45	10260	45	10305	45	10350
46	10166	46	10212	46	10258	46	10304	46	10350	46	10396	46	10442	46	10488	46	10534	46	10580
47	10387	47	10434	47	10481	47	10528	47	10575	47	10622	47	10669	47	10716	47	10763	47	10810
48	10608	48	10656	48	10704	48	10752	48	10800	48	10848	48	10896	48	10944	48	10992	48	11040
49	10829	49	10878	49	10927	49	10976	49	11025	49	11074	49	11123	49	11172	49	11221	49	11270
50	11050	50	11100	50	11150	50	11200	50	11250	50	11300	50	11350	50	11400	50	11450	50	11500
51	11271	51	11322	51	11373	51	11424	51	11475	51	11526	51	11577	51	11628	51	11679	51	11730
52	11492	52	11544	52	11596	52	11648	52	11700	52	11752	52	11804	52	11856	52	11908	52	11960
53	11713	53	11766	53	11819	53	11872	53	11925	53	11978	53	12031	53	12084	53	12137	53	12190
54	11934	54	11988	54	12042	54	12096	54	12150	54	12204	54	12258	54	12312	54	12366	54	12420
55	12155	55	12210	55	12265	55	12320	55	12375	55	12430	55	12485	55	12540	55	12595	55	12650
56	12376	56	12432	56	12488	56	12544	56	12600	56	12656	56	12712	56	12768	56	12824	56	12880
57	12597	57	12654	57	12711	57	12768	57	12825	57	12882	57	12939	57	12996	57	13053	57	13110
58	12818	58	12876	58	12934	58	12992	58	13050	58	13108	58	13166	58	13224	58	13282	58	13340
59	13039	59	13098	59	13157	59	13216	59	13275	59	13334	59	13393	59	13452	59	13511	59	13570
60	13260	60	13320	60	13380	60	13440	60	13500	60	13560	60	13620	60	13680	60	13740	60	13800
61	13481	61	13542	61	13603	61	13664	61	13725	61	13786	61	13847	61	13908	61	13969	61	14030
62	13702	62	13764	62	13826	62	13888	62	13950	62	14012	62	14074	62	14136	62	14198	62	14260
63	13923	63	13986	63	14049	63	14112	63	14175	63	14238	63	14301	63	14364	63	14427	63	14490
64	14144	64	14208	64	14272	64	14336	64	14400	64	14464	64	14528	64	14592	64	14656	64	14720
65	14365	65	14430	65	14495	65	14560	65	14625	65	14690	65	14755	65	14820	65	14885	65	14950
66	14586	66	14652	66	14718	66	14784	66	14850	66	14916	66	14982	66	15048	66	15114	66	15180
67	14807	67	14874	67	14941	67	15008	67	15075	67	15142	67	15209	67	15276	67	15343	67	15410
68	15028	68	15096	68	15164	68	15232	68	15300	68	15368	68	15436	68	15504	68	15572	68	15640
69	15249	69	15318	69	15387	69	15456	69	15525	69	15594	69	15663	69	15732	69	15801	69	15870
70	15470	70	15540	70	15610	70	15680	70	15750	70	15820	70	15890	70	15960	70	16030	70	16100
71	15691	71	15762	71	15833	71	15904	71	15975	71	16046	71	16117	71	16188	71	16259	71	16330
72	15912	72	15984	72	16056	72	16128	72	16200	72	16272	72	16344	72	16416	72	16488	72	16560
73	16133	73	16206	73	16279	73	16352	73	16425	73	16498	73	16571	73	16644	73	16717	73	16790
74	16354	74	16428	74	16502	74	16576	74	16650	74	16724	74	16798	74	16872	74	16946	74	17020
75	16575	75	16650	75	16725	75	16800	75	16875	75	16950	75	17025	75	17100	75	17175	75	17250
76	16796	76	16872	76	16948	76	17024	76	17100	76	17176	76	17252	76	17328	76	17404	76	17480
77	17017	77	17094	77	17171	77	17248	77	17325	77	17402	77	17479	77	17556	77	17633	77	17710
78	17238	78	17316	78	17394	78	17472	78	17550	78	17628	78	17706	78	17784	78	17862	78	17940
79	17459	79	17538	79	17617	79	17696	79	17775	79	17854	79	17933	79	18012	79	18091	79	18170
80	17680	80	17760	80	17840	80	17920	80	18000	80	18080	80	18160	80	18240	80	18320	80	18400
81	17901	81	17982	81	18063	81	18144	81	18225	81	18306	81	18387	81	18468	81	18549	81	18630
82	18122	82	18204	82	18286	82	18368	82	18450	82	18532	82	18614	82	18696	82	18778	82	18860
83	18343	83	18426	83	18509	83	18592	83	18675	83	18758	83	18841	83	18924	83	19007	83	19090
84	18564	84	18648	84	18732	84	18816	84	18900	84	18984	84	19068	84	19152	84	19236	84	19320
85	18785	85	18870	85	18955	85	19040	85	19125	85	19210	85	19295	85	19380	85	19465	85	19550
86	19006	86	19092	86	19178	86	19264	86	19350	86	19436	86	19522	86	19608	86	19694	86	19780
87	19227	87	19314	87	19401	87	19488	87	19575	87	19662	87	19749	87	19836	87	19923	87	20010
88	19448	88	19536	88	19624	88	19712	88	19800	88	19888	88	19976	88	20064	88	20152	88	20240
89	19669	89	19758	89	19847	89	19936	89	20025	89	20114	89	20203	89	20292	89	20381	89	20470
90	19890	90	19980	90	20070	90	20160	90	20250	90	20340	90	20430	90	20520	90	20610	90	20700
91	20111	91	20202	91	20293	91	20384	91	20475	91	20566	91	20657	91	20748	91	20839	91	20930
92	20332	92	20424	92	20516	92	20608	92	20700	92	20792	92	20884	92	20976	92	21068	92	21160
93	20553	93	20646	93	20739	93	20832	93	20925	93	21018	93	21111	93	21204	93	21297	93	21390
94	20774	94	20868	94	20962	94	21056	94	21150	94	21244	94	21338	94	21432	94	21526	94	21620
95	20995	95	21090	95	21185	95	21280	95	21375	95	21470	95	21565	95	21660	95	21755	95	21850
96	21216	96	21312	96	21408	96	21504	96	21600	96	21696	96	21792	96	21888	96	21984	96	22080
97	21437	97	21534	97	21631	97	21738	97	21825	97	21922	97	22019	97	22116	97	22213	97	22310
98	21658	98	21756	98	21854	98	21952	98	22050	98	22148	98	22246	98	22344	98	22442	98	22540
99	21879	99	21978	99	22077	99	22176	99	22275	99	22374	99	22473	99	22572	99	22671	99	22770
100	22100	100	22200	100	22300	100	22400	100	22500	100	22600	100	22700	100	22800	100	22900	100	23000

D

	231	232	233	234	235	236	237	238	239	240
1	231	232	233	234	235	236	237	238	239	240
2	462	464	466	468	470	472	474	476	478	480
3	693	696	699	702	705	708	711	714	717	720
4	924	928	932	936	940	944	948	952	956	960
5	1155	1160	1165	1170	1175	1180	1185	1190	1195	1200
6	1386	1392	1398	1404	1410	1416	1422	1428	1434	1440
7	1617	1624	1631	1638	1645	1652	1659	1666	1673	1680
8	1848	1856	1864	1872	1880	1888	1896	1904	1912	1920
9	2079	2088	2097	2106	2115	2124	2133	2142	2151	2160
10	2310	2320	2330	2340	2350	2360	2370	2380	2390	2400
11	2541	2552	2563	2574	2585	2596	2607	2618	2629	2640
12	2772	2784	2796	2808	2820	2832	2844	2856	2868	2880
13	3003	3016	3029	3042	3055	3068	3081	3094	3107	3120
14	3234	3248	3262	3276	3290	3304	3318	3332	3346	3360
15	3465	3480	3495	3510	3525	3540	3555	3570	3585	3600
16	3696	3712	3728	3744	3760	3776	3792	3808	3824	3840
17	3927	3944	3961	3978	3995	4012	4029	4046	4063	4080
18	4158	4176	4194	4212	4230	4248	4266	4284	4302	4320
19	4389	4408	4427	4446	4465	4484	4503	4522	4541	4560
20	4620	4640	4660	4680	4700	4720	4740	4760	4780	4800
21	4851	4872	4893	4914	4935	4956	4977	4998	5019	5040
22	5082	5104	5126	5148	5170	5192	5214	5236	5258	5280
23	5313	5336	5359	5382	5405	5428	5451	5474	5497	5520
24	5544	5568	5592	5616	5640	5664	5688	5712	5736	5760
25	5775	5800	5825	5850	5875	5900	5925	5950	5975	6000
26	6006	6032	6058	6084	6110	6136	6162	6188	6214	6240
27	6237	6264	6291	6318	6345	6372	6399	6426	6453	6480
28	6468	6496	6524	6552	6580	6608	6636	6664	6692	6720
29	6699	6728	6757	6786	6815	6844	6873	6902	6931	6960
30	6930	6960	6990	7020	7050	7080	7110	7140	7170	7200
31	7161	7192	7223	7254	7285	7316	7347	7378	7409	7440
32	7392	7424	7456	7488	7520	7552	7584	7616	7648	7680
33	7623	7656	7689	7722	7755	7788	7821	7854	7887	7920
34	7854	7888	7922	7956	7990	8024	8058	8092	8126	8160
35	8085	8120	8155	8190	8225	8260	8295	8330	8365	8400
36	8316	8352	8388	8424	8460	8496	8532	8568	8604	8640
37	8547	8584	8621	8658	8695	8732	8769	8806	8843	8880
38	8778	8816	8854	8892	8930	8968	9006	9044	9082	9120
39	9009	9048	9087	9126	9165	9204	9243	9282	9321	9360
40	9240	9280	9320	9360	9400	9440	9480	9520	9560	9600
41	9471	9512	9553	9594	9635	9676	9717	9758	9799	9840
42	9702	9744	9786	9828	9870	9912	9954	9996	10038	10080
43	9933	9975	10019	10062	10105	10148	10191	10234	10277	10320
44	10164	10208	10252	10296	10340	10384	10428	10472	10516	10560
45	10395	10440	10485	10530	10575	10620	10665	10710	10755	10800
46	10626	10672	10718	10764	10810	10856	10902	10948	10994	11040
47	10857	10904	10951	10998	11045	11092	11139	11186	11233	11280
48	11088	11136	11184	11232	11280	11328	11376	11424	11472	11520
49	11319	11368	11417	11466	11515	11564	11613	11662	11711	11760
50	11550	11600	11650	11700	11750	11800	11850	11900	11950	12000
51	11781	11832	11883	11934	11985	12036	12087	12138	12189	12240
52	12012	12064	12116	12168	12220	12272	12324	12376	12428	12480
53	12243	12296	12349	12402	12455	12508	12561	12614	12667	12720
54	12474	12528	12582	12636	12690	12744	12798	12852	12906	12960
55	12705	12760	12815	12870	12925	12980	13035	13090	13145	13200
56	12936	12992	13048	13104	13160	13216	13272	13328	13384	13440
57	13167	13224	13281	13338	13395	13452	13509	13566	13623	13680
58	13398	13456	13514	13572	13630	13688	13746	13804	13862	13920
59	13629	13688	13747	13806	13865	13924	13983	14042	14101	14160
60	13860	13920	13980	14040	14100	14160	14220	14280	14340	14400
61	14091	14152	14213	14274	14335	14396	14457	14518	14579	14640
62	14322	14384	14446	14508	14570	14632	14694	14756	14818	14880
63	14553	14616	14679	14742	14805	14868	14931	14994	15057	15120
64	14784	14848	14912	14976	15040	15104	15168	15232	15296	15360
65	15015	15080	15145	15210	15275	15340	15405	15470	15535	15600
66	15246	15312	15378	15444	15510	15576	15642	15708	15774	15840
67	15477	15544	15611	15678	15745	15812	15879	15946	16013	16080
68	15708	15776	15844	15912	15980	16048	16116	16184	16252	16320
69	15939	16008	16077	16146	16215	16284	16353	16422	16491	16560
70	16170	16240	16310	16380	16450	16520	16590	16660	16730	16800
71	16401	16472	16543	16614	16685	16756	16827	16898	16969	17040
72	16632	16704	16776	16848	16920	16992	17064	17136	17208	17280
73	16863	16936	17009	17082	17155	17228	17301	17374	17447	17520
74	17094	17168	17242	17316	17390	17464	17538	17612	17686	17760
75	17325	17400	17475	17550	17625	17700	17775	17850	17925	18000
76	17556	17632	17708	17784	17860	17936	18012	18088	18164	18240
77	17787	17864	17941	18018	18095	18172	18249	18326	18403	18480
78	18018	18096	18174	18252	18330	18408	18486	18564	18642	18720
79	18249	18328	18407	18486	18565	18644	18723	18802	18881	18960
80	18480	18560	18640	18720	18800	18880	18960	19040	19120	19200
81	18711	18792	18873	18954	19035	19116	19197	19278	19359	19440
82	18942	19024	19106	19188	19270	19352	19434	19516	19598	19680
83	19173	19256	19339	19422	19505	19588	19671	19754	19837	19920
84	19404	19488	19572	19656	19740	19824	19908	19992	20076	20160
85	19635	19720	19805	19890	19975	20060	20145	20230	20315	20400
86	19866	19952	20038	20124	20210	20296	20382	20468	20554	20640
87	20097	20184	20271	20358	20445	20532	20619	20706	20793	20880
88	20328	20416	20504	20592	20680	20768	20856	20944	21032	21120
89	20559	20648	20737	20826	20915	21004	21093	21182	21271	21360
90	20790	20880	20970	21060	21150	21240	21330	21420	21510	21600
91	21021	21112	21203	21294	21385	21476	21567	21658	21749	21840
92	21252	21344	21436	21528	21620	21712	21804	21896	21988	22080
93	21483	21576	21669	21762	21855	21948	22041	22134	22227	22320
94	21714	21808	21902	21996	22090	22184	22278	22372	22466	22560
95	21945	22040	22135	22230	22325	22420	22515	22610	22705	22800
96	22176	22272	22368	22464	22560	22656	22752	22848	22944	23040
97	22407	22504	22601	22698	22795	22892	22989	23086	23183	23280
98	22638	22736	22834	22932	23030	23128	23226	23324	23422	23520
99	22869	22968	23067	23166	23265	23364	23463	23562	23661	23760
100	23100	23200	23300	23400	23500	23600	23700	23800	23900	24000

	241	242	243	244	245	246	247	248	249	250
1	241	242	243	244	245	246	247	248	249	250
2	482	484	486	488	490	492	494	496	498	500
3	723	726	729	732	735	738	741	744	747	750
4	964	968	972	976	980	984	988	992	996	1000
5	1205	1210	1215	1220	1225	1230	1235	1240	1245	1250
6	1446	1452	1458	1464	1470	1476	1482	1488	1494	1500
7	1687	1694	1701	1708	1715	1722	1729	1736	1743	1750
8	1928	1936	1944	1952	1960	1968	1976	1984	1992	2000
9	2169	2178	2187	2196	2205	2214	2223	2232	2241	2250
10	2410	2420	2430	2440	2450	2460	2470	2480	2490	2500
11	2651	2662	2673	2684	2695	2706	2717	2728	2739	2750
12	2892	2904	2916	2928	2940	2952	2964	2976	2988	3000
13	3133	3146	3159	3172	3185	3198	3211	3224	3237	3250
14	3374	3388	3402	3416	3430	3444	3458	3472	3486	3500
15	3615	3630	3645	3660	3675	3690	3705	3720	3735	3750
16	3856	3872	3888	3904	3920	3936	3952	3968	3984	4000
17	4097	4114	4131	4148	4165	4182	4199	4216	4233	4250
18	4338	4356	4374	4392	4410	4428	4446	4464	4482	4500
19	4579	4598	4617	4636	4655	4674	4593	4712	4731	4750
20	4820	4840	4860	4880	4900	4920	4940	4960	4980	5000
21	5061	5082	5103	5124	5145	5166	5187	5208	5229	5250
22	5302	5324	5346	5368	5390	5412	5434	5456	5478	5500
23	5543	5566	5589	5612	5635	5658	5681	5704	5727	5750
24	5784	5808	5832	5856	5880	5904	5928	5952	5976	6000
25	6025	6050	6075	6100	6125	6150	6175	6200	6225	6250
26	6266	6292	6318	6344	6370	6396	6422	6448	6474	6500
27	6507	6534	6561	6588	6615	6642	6669	6696	6723	6750
28	6748	6776	6804	6832	6860	6888	6916	6944	6972	7000
29	6989	7018	7047	7076	7105	7134	7163	7192	7221	7250
30	7230	7260	7290	7320	7350	7380	7410	7440	7470	7500
31	7471	7502	7533	7564	7595	7626	7657	7688	7719	7750
32	7712	7744	7776	7808	7840	7872	7904	7936	7968	8000
33	7953	7986	8019	8052	8085	8118	8151	8184	8217	8250
34	8194	8228	8262	8296	8330	8364	8398	8432	8466	8500
35	8435	8470	8505	8540	8575	8610	8645	8680	8715	8750
36	8676	8712	8748	8784	8820	8856	8892	8928	8964	9000
37	8917	8954	8991	9028	9065	9102	9139	9176	9213	9250
38	9158	9196	9234	9272	9310	9348	9386	9424	9462	9500
39	9399	9438	9477	9516	9555	9594	9633	9672	9711	9750
40	9640	9680	9720	9760	9800	9840	9880	9920	9960	10000
41	9881	9922	9963	10004	10045	10086	10127	10168	10209	10250
42	10122	10164	10206	10248	10290	10332	10374	10416	10458	10500
43	10363	10406	10449	10492	10535	10578	10621	10664	10707	10750
44	10604	10648	10692	10736	10780	10824	10868	10912	10956	11000
45	10845	10890	10935	10980	11025	11070	11115	11160	11205	11250
46	11086	11132	11178	11224	11270	11316	11362	11408	11454	11500
47	11327	11374	11421	11468	11515	11562	11609	11656	11703	11750
48	11568	11616	11664	11712	11760	11808	11856	11904	11952	12000
49	11809	11858	11907	11956	12005	12054	12103	12152	12201	12250
50	12050	12100	12150	12200	12250	12300	12350	12400	12450	12500
51	12291	12342	12393	12444	12495	12546	12597	12648	12699	12750
52	12532	12584	12636	12688	12740	12792	12844	12896	12948	13000
53	12773	12826	12879	12932	12985	13038	13091	13144	13197	13250
54	13014	13068	13122	13176	13230	13284	13338	13392	13446	13500
55	13255	13310	13365	13420	13475	13530	13585	13640	13695	13750
56	13496	13552	13608	13664	13720	13776	13832	13888	13944	14000
57	13737	13794	13851	13908	13965	14022	14079	14136	14193	14250
58	13978	14036	14094	14152	14210	14268	14326	14384	14442	14500
59	14219	14278	14337	14396	14455	14514	14573	14632	14691	14750
60	14460	14520	14580	14640	14700	14760	14820	14880	14940	15000
61	14701	14762	14823	14884	14945	15006	15067	15128	15189	15250
62	14942	15004	15066	15128	15190	15252	15314	15376	15438	15500
63	15183	15246	15309	15372	15435	15498	15561	15624	15687	15750
64	15424	15488	15552	15616	15680	15744	15808	15372	15936	16000
65	15665	15730	15795	15860	15925	15990	16055	16120	16185	16250
66	15906	15972	16038	16104	16170	16236	16302	16368	16434	16500
67	16147	16214	16281	16348	16415	16482	16549	16616	16683	16750
68	16388	16456	16524	16592	16660	16728	16796	16864	16932	17000
69	16629	16698	16767	16836	16905	16974	17043	17112	17181	17250
70	16870	16940	17010	17080	17150	17220	17290	17360	17430	17500
71	17111	17182	17253	17324	17395	17466	17537	17608	17679	17750
72	17352	17424	17496	17568	17640	17712	17784	17856	17928	18000
73	17593	17666	17739	17812	17885	17958	18031	18104	18177	18250
74	17834	17908	17982	18056	18130	18204	18278	18352	18426	18500
75	18075	18150	18225	18300	18375	18450	18525	18600	18675	18750
76	18316	18392	18468	18544	18620	18696	18772	18848	18924	19000
77	18557	18634	18711	18788	18865	18942	19019	19096	19173	19250
78	18798	18876	18954	19032	19110	19188	19266	19344	19422	19500
79	19039	19118	19197	19276	19355	19434	19513	19592	19671	19750
80	19280	19360	19440	19520	19600	19680	19760	19840	19920	20000
81	19521	19602	19683	19764	19845	19926	20007	20088	20169	20250
82	19762	19844	19926	20008	20090	20172	20254	20336	20418	20500
83	20003	20086	20169	20252	20335	20418	20501	20584	20667	20750
84	20244	20328	20412	20496	20580	20664	20748	20832	20916	21000
85	20485	20570	20655	20740	20825	20910	20995	21080	21165	21250
86	20726	20812	20898	20984	21070	21156	21242	21328	21414	21500
87	20967	21054	21141	21228	21315	21402	21489	21576	21663	21750
88	21208	21296	21384	21472	21560	21648	21736	21824	21912	22000
89	21449	21538	21627	21716	21805	21894	21983	22072	22161	22250
90	21690	21780	21870	21960	22050	22140	22230	22320	22410	22500
91	21931	22022	22113	22204	22295	22386	22477	22568	22659	22750
92	22172	22264	22356	22448	22540	22632	22724	22816	22908	23000
93	22413	22506	22599	22692	22785	22878	22971	23064	23157	23250
94	22654	22748	22842	22936	23030	23124	23218	23312	23406	23500
95	22895	22990	23085	23180	23275	23370	23465	23560	23655	23750
96	23136	23232	23328	23424	23520	23616	23712	23808	23904	24000
97	23377	23474	23571	23668	23765	23862	23959	24056	24153	24250
98	23618	23716	23814	23912	24010	24108	24206	24304	24402	24500
99	23859	23958	24057	24156	24255	24354	24453	24552	24651	24750
100	24100	24200	24300	24400	24500	24600	24700	24800	24900	25000

	251	252	253	254	255	256	257	258	259	260
1	251	252	253	254	255	256	257	258	259	260
2	502	504	506	508	510	512	514	516	518	520
3	753	756	759	762	765	768	771	774	777	780
4	1004	1008	1012	1016	1020	1024	1028	1032	1036	1040
5	1255	1260	1265	1270	1275	1280	1285	1290	1295	1300
6	1506	1512	1518	1524	1530	1536	1542	1548	1554	1560
7	1757	1764	1771	1778	1785	1792	1799	1806	1813	1820
8	2008	2016	2024	2032	2040	2048	2056	2064	2072	2080
9	2259	2268	2277	2286	2295	2304	2313	2322	2331	2340
10	2510	2520	2530	2540	2550	2560	2570	2580	2590	2600
11	2761	2772	2783	2794	2805	2816	2827	2838	2849	2860
12	3012	3024	3036	3048	3060	3072	3084	3096	3108	3120
13	3263	3276	3289	3302	3315	3328	3341	3354	3367	3380
14	3514	3528	3542	3556	3570	3584	3598	3612	3626	3640
15	3765	3780	3795	3810	3825	3840	3855	3870	3885	3900
16	4016	4032	4048	4064	4080	4096	4112	4128	4144	4160
17	4267	4284	4301	4318	4335	4352	4369	4386	4403	4420
18	4518	4536	4554	4572	4590	4608	4626	4644	4662	4680
19	4769	4788	4807	4826	4845	4864	4883	4902	4921	4940
20	5020	5040	5060	5080	5100	5120	5140	5160	5180	5200
21	5271	5292	5313	5334	5355	5376	5397	5418	5439	5460
22	5522	5544	5566	5588	5610	5632	5654	5676	5698	5720
23	5773	5796	5819	5842	5865	5888	5911	5934	5957	5980
24	6024	6048	6072	6096	6120	6144	6168	6192	6216	6240
25	6275	6300	6325	6350	6375	6400	6425	6450	6475	6500
26	6526	6552	6578	6604	6630	6656	6682	6708	6734	6760
27	6777	6804	6831	6858	6885	6912	6939	6966	6993	7020
28	7028	7056	7084	7112	7140	7168	7196	7224	7252	7280
29	7279	7308	7337	7366	7395	7424	7453	7482	7511	7540
30	7530	7560	7590	7620	7650	7680	7710	7740	7770	7800
31	7781	7812	7843	7874	7905	7936	7967	7998	8029	8060
32	8032	8064	8096	8128	8160	8192	8224	8256	8288	8320
33	8283	8316	8349	8382	8415	8448	8481	8514	8547	8580
34	8534	8568	8602	8636	8670	8704	8738	8772	8806	8840
35	8785	8820	8855	8890	8925	8960	8995	9030	9065	9100
36	9036	9072	9108	9144	9180	9216	9252	9288	9324	9360
37	9287	9324	9361	9398	9435	9472	9509	9546	9583	9620
38	9538	9576	9614	9652	9690	9728	9766	9804	9842	9880
39	9789	9828	9867	9906	9945	9984	10023	10062	10101	10140
40	10040	10080	10120	10160	10200	10240	10280	10320	10360	10400
41	10291	10332	10373	10414	10455	10496	10537	10578	10619	10660
42	10542	10584	10626	10668	10710	10752	10794	10836	10878	10920
43	10793	10836	10879	10922	10965	11008	11051	11094	11137	11180
44	11044	11088	11132	11176	11220	11264	11308	11352	11396	11440
45	11295	11340	11385	11430	11475	11520	11565	11610	11655	11700
46	11546	11592	11638	11684	11730	11776	11822	11868	11914	11960
47	11797	11844	11891	11938	11985	12032	12079	12126	12173	12220
48	12048	12096	12144	12192	12240	12288	12336	12384	12432	12480
49	12299	12348	12397	12446	12495	12544	12593	12642	12691	12740
50	12550	12600	12650	12700	12750	12800	12850	12900	12950	13000
51	12801	12852	12903	12954	13005	13056	13107	13158	13209	13260
52	13052	13104	13156	13208	13260	13312	13364	13416	13468	13520
53	13303	13356	13409	13462	13515	13568	13621	13674	13727	13780
54	13554	13608	13662	13716	13770	13824	13878	13932	13986	14040
55	13805	13860	13915	13970	14025	14080	14135	14190	14245	14300
56	14056	14112	14168	14224	14280	14336	14392	14448	14504	14560
57	14307	14364	14421	14478	14535	14592	14649	14706	14763	14820
58	14558	14616	14674	14732	14790	14848	14906	14964	15022	15080
59	14809	14868	14927	14986	15045	15104	15163	15222	15281	15340
60	15060	15120	15180	15240	15300	15360	15420	15480	15540	15600
61	15311	15372	15433	15494	15555	15616	15677	15738	15799	15860
62	15562	15624	15686	15748	15810	15872	15934	15996	16058	16120
63	15813	15876	15939	16002	16065	16128	16191	16254	16317	16380
64	16064	16128	16192	16256	16320	16384	16448	16512	16576	16640
65	16315	16380	16445	16510	16575	16640	16705	16770	16835	16900
66	16566	16632	16698	16764	16830	16896	16962	17028	17094	17160
67	16817	16884	16951	17018	17085	17152	17219	17286	17353	17420
68	17068	17136	17204	17272	17340	17408	17476	17544	17612	17680
69	17319	17388	17457	17526	17595	17664	17733	17802	17871	17940
70	17570	17640	17710	17780	17850	17920	17990	18060	18130	18200
71	17821	17892	17963	18034	18105	18176	18247	18318	18389	18460
72	18072	18144	18216	18288	18360	18432	18504	18576	18648	18720
73	18323	18396	18469	18542	18615	18688	18761	18834	18907	18980
74	18574	18648	18722	18796	18870	18944	19018	19092	19166	19240
75	18825	18900	18975	19050	19125	19200	19275	19350	19425	19500
76	19076	19152	19228	19304	19380	19456	19532	19608	19684	19760
77	19327	19404	19481	19558	19635	19712	19789	19866	19943	20020
78	19578	19656	19734	19812	19890	19968	20046	20124	20202	20280
79	19829	19908	19987	20066	20145	20224	20303	20382	20461	20540
80	20080	20160	20240	20320	20400	20480	20560	20640	20720	20800
81	20331	20412	20493	20574	20655	20736	20817	20898	20979	21060
82	20582	20664	20746	20828	20910	20992	21074	21156	21238	21320
83	20833	20916	20999	21082	21165	21248	21331	21414	21497	21580
84	21084	21168	21252	21336	21420	21504	21588	21672	21756	21840
85	21335	21420	21505	21590	21675	21760	21845	21930	22015	22100
86	21586	21672	21758	21844	21930	22016	22102	22188	22274	22360
87	21837	21924	22011	22098	22185	22272	22359	22446	22533	22620
88	22088	22176	22264	22352	22440	22528	22616	22704	22792	22880
89	22339	22428	22517	22606	22695	22784	22873	22962	23051	23140
90	22590	22680	22770	22860	22950	23040	23130	23220	23310	23400
91	22841	22932	23023	23114	23205	23296	23387	23478	23569	23660
92	23092	23184	23276	23368	23460	23552	23644	23736	23828	23920
93	23343	23436	23529	23622	23715	23808	23901	23994	24087	24180
94	23594	23688	23782	23876	23970	24064	24158	24252	24346	24440
95	23845	23940	24035	24130	24225	24320	24415	24510	24605	24700
96	24096	24192	24288	24384	24480	24576	24672	24758	24864	24960
97	24347	24444	24541	24638	24735	24832	24929	25026	25123	25220
98	24598	24696	24794	24892	24990	25088	25186	25284	25382	25480
99	24849	24948	25047	25146	25245	25344	25443	25542	25641	25740
100	25100	25200	25300	25400	25500	25600	25700	25800	25900	26000

N	261	262	263	264	265	266	267	268	269	270
1	261	262	263	264	265	266	267	268	269	270
2	522	524	526	528	530	532	534	536	538	540
3	783	786	789	792	795	798	801	804	807	810
4	1044	1048	1052	1056	1060	1064	1068	1072	1076	1080
5	1305	1310	1315	1320	1325	1330	1335	1340	1345	1350
6	1566	1572	1578	1584	1590	1596	1602	1608	1614	1620
7	1827	1834	1841	1848	1855	1862	1869	1876	1883	1890
8	2088	2096	2104	2112	2120	2128	2136	2144	2152	2160
9	2349	2358	2367	2376	2385	2394	2403	2412	2421	2430
10	2610	2620	2630	2640	2650	2660	2670	2680	2690	2700
11	2871	2882	2893	2904	2915	2926	2937	2948	2959	2970
12	3132	3144	3156	3168	3180	3192	3204	3216	3228	3240
13	3393	3406	3419	3432	3445	3458	3471	3484	3497	3510
14	3654	3668	3682	3696	3710	3724	3738	3752	3766	3780
15	3915	3930	3945	3960	3975	3990	4005	4020	4035	4050
16	4176	4192	4208	4224	4240	4256	4272	4288	4304	4320
17	4437	4454	4471	4488	4505	4522	4539	4556	4573	4590
18	4698	4716	4734	4752	4770	4788	4806	4824	4842	4860
19	4959	4978	4997	5016	5035	5054	5073	5092	5111	5130
20	5220	5240	5260	5280	5300	5320	5340	5360	5380	5400
21	5481	5502	5523	5544	5565	5586	5607	5628	5649	5670
22	5742	5764	5786	5808	5830	5852	5874	5896	5918	5940
23	6003	6026	6049	6072	6095	6118	6141	6164	6187	6210
24	6264	6288	6312	6336	6360	6384	6408	6432	6456	6480
25	6525	6550	6575	6600	6625	6650	6675	6700	6725	6750
26	6786	6812	6838	6864	6890	6916	6942	6968	6994	7020
27	7047	7074	7101	7128	7155	7182	7209	7236	7263	7290
28	7308	7336	7364	7392	7420	7448	7476	7504	7532	7560
29	7569	7598	7627	7656	7685	7714	7743	7772	7801	7830
30	7830	7860	7890	7920	7950	7980	8010	8040	8070	8100
31	8091	8122	8153	8184	8215	8246	8277	8308	8339	8370
32	8352	8384	8416	8448	8480	8512	8544	8576	8608	8640
33	8613	8646	8679	8712	8745	8778	8811	8844	8877	8910
34	8874	8908	8942	8976	9010	9044	9078	9112	9146	9180
35	9135	9170	9205	9240	9275	9310	9345	9380	9415	9450
36	9396	9432	9468	9504	9540	9576	9612	9648	9684	9720
37	9657	9694	9731	9768	9805	9842	9879	9916	9953	9990
38	9918	9956	9994	10032	10070	10108	10146	10184	10222	10260
39	10179	10218	10257	10296	10335	10374	10413	10452	10491	10530
40	10440	10480	10520	10560	10600	10640	10680	10720	10760	10800
41	10701	10742	10783	10824	10865	10906	10947	10988	11029	11070
42	10962	11004	11046	11088	11130	11172	11214	11256	11298	11340
43	11223	11266	11309	11352	11395	11438	11481	11524	11567	11610
44	11484	11528	11572	11616	11660	11704	11748	11792	11836	11880
45	11745	11790	11835	11880	11925	11970	12015	12060	12105	12150
46	12006	12052	12098	12144	12190	12236	12282	12328	12374	12420
47	12267	12314	12361	12408	12455	12502	12549	12596	12643	12690
48	12528	12576	12624	12672	12720	12768	12816	12864	12912	12960
49	12789	12838	12887	12936	12985	13034	13083	13132	13181	13230
50	13050	13100	13150	13200	13250	13300	13350	13400	13450	13500
51	13311	13362	13413	13464	13515	13566	13617	13668	13719	13770
52	13572	13624	13676	13728	13780	13832	13884	13936	13988	14040
53	13833	13886	13939	13992	14045	14098	14151	14204	14257	14310
54	14094	14148	14202	14256	14310	14364	14418	14472	14526	14580
55	14355	14410	14465	14520	14575	14630	14685	14740	14795	14850
56	14616	14672	14728	14784	14840	14896	14952	15008	15064	15120
57	14877	14934	14991	15048	15105	15162	15219	15276	15333	15390
58	15138	15196	15254	15312	15370	15428	15486	15544	15602	15660
59	15399	15458	15517	15576	15635	15694	15753	15812	15871	15930
60	15660	15720	15780	15840	15900	15960	16020	16080	16140	16200
61	15921	15982	16043	16104	16165	16226	16287	16348	16409	16470
62	16182	16244	16306	16368	16430	16492	16554	16616	16678	16740
63	16443	16506	16569	16632	16695	16758	16821	16884	16947	17010
64	16704	16768	16832	16896	16960	17024	17088	17152	17216	17280
65	16965	17030	17095	17160	17225	17290	17355	17420	17485	17550
66	17226	17292	17358	17424	17490	17556	17622	17688	17754	17820
67	17487	17554	17621	17688	17755	17822	17889	17956	18023	18090
68	17748	17816	17884	17952	18020	18088	18156	18224	18292	18360
69	18009	18078	18147	18216	18285	18354	18423	18492	18561	18630
70	18270	18340	18410	18480	18550	18620	18690	18760	18830	18900
71	18531	18602	18673	18744	18815	18886	18957	19028	19099	19170
72	18792	18864	18936	19008	19080	19152	19224	19296	19368	19440
73	19053	19126	19199	19272	19345	19418	19491	19564	19637	19710
74	19314	19388	19462	19536	19610	19684	19758	19832	19906	19980
75	19575	19650	19725	19800	19875	19950	20025	20100	20175	20250
76	19836	19912	19988	20064	20140	20216	20292	20368	20444	20520
77	20097	20174	20251	20328	20405	20482	20559	20636	20713	20790
78	20358	20436	20514	20592	20670	20748	20826	20904	20982	21060
79	20619	20698	20777	20856	20935	21014	21093	21172	21251	21330
80	20880	20960	21040	21120	21200	21280	21360	21440	21520	21600
81	21141	21222	21303	21384	21465	21546	21627	21708	21789	21870
82	21402	21484	21566	21648	21730	21812	21894	21976	22058	22140
83	21663	21746	21829	21912	21995	22078	22161	22244	22327	22410
84	21924	22008	22092	22176	22260	22344	22428	22512	22596	22680
85	22185	22270	22355	22440	22525	22610	22695	22780	22865	22950
86	22446	22532	22618	22704	22790	22876	22962	23048	23134	23220
87	22707	22794	22881	22968	23055	23142	23229	23316	23403	23490
88	22968	23056	23144	23232	23320	23408	23496	23584	23672	23760
89	23229	23318	23407	23496	23585	23674	23763	23852	23941	24030
90	23490	23580	23670	23760	23850	23940	24030	24120	24210	24300
91	23751	23842	23933	24024	24115	24206	24297	24388	24479	24570
92	24012	24104	24196	24288	24380	24472	24564	24656	24748	24840
93	24273	24366	24459	24552	24645	24738	24831	24924	25017	25110
94	24534	24628	24722	24816	24910	25004	25098	25192	25286	25380
95	24795	24890	24985	25080	25175	25270	25365	25460	25555	25650
96	25056	25152	25248	25344	25440	25536	25632	25728	25824	25920
97	25317	25414	25511	25608	25705	25802	25899	25996	26093	26190
98	25578	25676	25774	25872	25970	26068	26166	26264	26362	26460
99	25839	25908	26037	26136	26235	26334	26433	26532	26631	26730
100	26100	26200	26300	26400	26500	26600	26700	26800	26900	27000

E

×	271	272	273	274	275	276	277	278	279	280
1	271	272	273	274	275	276	277	278	279	280
2	542	544	546	548	550	552	554	556	558	560
3	813	816	819	822	825	828	831	834	837	840
4	1084	1088	1092	1096	1100	1104	1108	1112	1116	1120
5	1355	1360	1365	1370	1375	1380	1385	1390	1395	1400
6	1626	1632	1638	1644	1650	1656	1662	1668	1674	1680
7	1897	1904	1911	1918	1925	1932	1939	1946	1953	1960
8	2168	2176	2184	2192	2200	2208	2216	2224	2232	2240
9	2439	2448	2457	2466	2475	2484	2493	2502	2511	2520
10	2710	2720	2730	2740	2750	2760	2770	2780	2790	2800
11	2981	2992	3003	3014	3025	3036	3047	3058	3069	3080
12	3252	3264	3376	3288	3300	3312	3324	3336	3348	3360
13	3523	3536	3549	3562	3575	3588	3601	3614	3627	3640
14	3794	3808	3822	3836	3850	3864	3878	3892	3906	3920
15	4065	4080	4095	4110	4125	4140	4155	4170	4185	4200
16	4336	4352	4368	4384	4400	4416	4432	4448	4464	4480
17	4607	4624	4641	4658	4675	4692	4709	4726	4743	4760
18	4878	4896	4914	4932	4950	4968	4986	5004	5022	5040
19	5149	5168	5187	5206	5225	5244	5263	5282	5301	5320
20	5420	5440	5460	5480	5500	5520	5540	5560	5580	5600
21	5691	5712	5733	5754	5775	5796	5817	5838	5859	5880
22	5962	5984	6006	6028	6050	6072	6094	6116	6138	6160
23	6233	6256	6279	6302	6325	6348	6371	6394	6417	6440
24	6504	6528	6552	6576	6600	6624	6648	6672	6696	6720
25	6775	6800	6825	6850	6875	6900	6925	6950	6975	7000
26	7046	7072	7098	7124	7150	7176	7202	7228	7254	7280
27	7317	7344	7371	7398	7425	7452	7479	7506	7533	7560
28	7588	7616	7644	7672	7700	7728	7756	7784	7812	7840
29	7859	7888	7917	7946	7975	8004	8033	8062	8091	8120
30	8130	8160	8190	8220	8250	8280	8310	8340	8370	8400
31	8401	8432	8463	8494	8525	8556	8587	8618	8649	8680
32	8672	8704	8736	8768	8800	8832	8864	8896	8928	8960
33	8943	8976	9009	9042	9075	9108	9141	9174	9207	9240
34	9214	9248	9282	9316	9350	9384	9418	9452	9486	9520
35	9485	9520	9555	9590	9625	9660	9695	9730	9765	9800
36	9756	9792	9828	9864	9900	9936	9972	10008	10044	10080
37	10027	10064	10101	10138	10175	10212	10249	10286	10323	10360
38	10298	10336	10374	10412	10450	10488	10526	10564	10602	10640
39	10569	10608	10647	10686	10725	10764	10803	10842	10881	10920
40	10840	10880	10920	10960	11000	11040	11080	11120	11160	11200
41	11111	11152	11193	11234	11275	11316	11357	11398	11439	11480
42	11382	11424	11466	11508	11550	11592	11634	11676	11718	11760
43	11653	11696	11739	11782	11825	11868	11911	11954	11997	12040
44	11924	11968	12012	12056	12100	12144	12188	12232	12276	12320
45	12195	12240	12285	12330	12375	12420	12465	12510	12555	12600
46	12466	12512	12558	12604	12650	12696	12742	12788	12834	12880
47	12737	12784	12831	12878	12925	12972	13019	13066	13113	13160
48	13008	13056	13104	13152	13200	13248	13296	13344	13392	13440
49	13279	13328	13377	13426	13475	13524	13573	13622	13671	13720
50	13550	13600	13650	13700	13750	13800	13850	13900	13950	14000
51	13821	13872	13923	13974	14025	14075	14127	14178	14229	14280
52	14092	14144	14196	14248	14300	14352	14404	14456	14508	14560
53	14363	14416	14469	14522	14575	14628	14681	14734	14787	14840
54	14634	14688	14742	14796	14850	14904	14958	15012	15066	15120
55	14905	14960	15015	15070	15125	15180	15235	15290	15345	15400
56	15176	15232	15288	15344	15400	15456	15512	15568	15624	15680
57	15447	15504	15561	15618	15675	15732	15789	15846	15903	15960
58	15718	15776	15834	15892	15950	16008	16066	16124	16182	16240
59	15989	16048	16107	16166	16225	16284	16343	16402	16461	16520
60	16260	16320	16380	16440	16500	16560	16620	16680	16740	16800
61	16531	16592	16653	16714	16775	16836	16897	16958	17019	17080
62	16802	16864	16926	16988	17050	17112	17174	17236	17298	17360
63	17073	17136	17199	17262	17325	17388	17451	17514	17577	17640
64	17344	17408	17472	17536	17600	17654	17728	17792	17856	17920
65	17615	17680	17745	17810	17875	17940	18005	18070	18135	18200
66	17886	17952	18018	18084	18150	18216	18282	18348	18414	18480
67	18157	18224	18291	18358	18425	18492	18559	18626	18693	18760
68	18428	18496	18564	18632	18700	18768	18836	18904	18972	19040
69	18699	18768	18837	18906	18975	19044	19113	19182	19251	19320
70	18970	19040	19110	19180	19250	19310	19390	19460	19530	19600
71	19241	19312	19383	19454	19525	19596	19667	19738	19809	19880
72	19512	19584	19656	19728	19800	19872	19944	20016	20088	20160
73	19783	19856	19929	20002	20075	20148	20221	20294	20367	20440
74	20054	20128	20202	20276	20350	20424	20498	20572	20646	20720
75	20325	20400	20475	20550	20625	20700	20775	20850	20925	21000
76	20596	20672	20748	20824	20900	20976	21052	21128	21204	21280
77	20867	20944	21021	21098	21175	21252	21329	21406	21483	21560
78	21138	21216	21294	21372	21450	21528	21606	21684	21762	21840
79	21409	21488	21567	21646	21725	21804	21883	21962	22041	22120
80	21680	21760	21840	21920	22000	22080	22160	22240	22320	22400
81	21951	22032	22113	22194	22275	22356	22437	22518	22599	22680
82	22222	22304	22386	22468	22550	22632	22714	22796	22878	22960
83	22493	22576	22659	22742	22825	22908	22991	23074	23157	23240
84	22764	22848	22932	23016	23100	23184	23268	23352	23436	23520
85	23035	23120	23205	23290	23375	23460	23545	23630	23715	23800
86	23306	23392	23478	23564	23650	23736	23822	23908	23994	24080
87	23577	23664	23751	23838	23925	24012	24099	24186	24273	24360
88	23848	23936	24024	24112	24200	24288	24376	24464	24552	24640
89	24119	24208	24297	24386	24475	24564	24653	24742	24831	24920
90	24390	24480	24570	24660	24750	24840	24930	25020	25110	25200
91	24661	24752	24843	24934	25025	25116	25207	25298	25389	25480
92	24932	25024	25116	25208	25300	25392	25484	25576	25668	25760
93	25203	25296	25389	25482	25575	25668	25761	25854	25947	26040
94	25474	25568	25662	25756	25850	25944	26038	26132	26226	26320
95	25745	25840	25935	26030	26125	26220	26315	26410	26505	26600
96	26016	26112	26208	26304	26400	26496	26592	26688	26784	26880
97	26287	26384	26481	26578	26675	26772	26869	26966	27063	27160
98	26558	26656	26754	26852	26950	27048	27146	27244	27342	27440
99	26829	26928	27027	27126	27225	27324	27423	27522	27621	27720
100	27100	27200	27300	27400	27500	27600	27700	27800	27900	28000

	281		282		283		284		285		286		287		288		289		290
1	281	1	282	1	283	1	284	1	285	1	286	1	287	1	288	1	289	1	290
2	562	2	564	2	566	2	568	2	570	2	572	2	574	2	576	2	578	2	580
3	843	3	846	3	849	3	852	3	855	3	858	3	861	3	864	3	867	3	870
4	1124	4	1128	4	1132	4	1136	4	1140	4	1144	4	1148	4	1152	4	1156	4	1160
5	1405	5	1410	5	1415	5	1420	5	1325	5	1430	5	1435	5	1440	5	1445	5	1450
6	1686	6	1692	6	1698	6	1704	6	1710	6	1716	6	1722	6	1728	6	1734	6	1740
7	1967	7	1974	7	1981	7	1988	7	1995	7	2002	7	2009	7	2016	7	2023	7	2030
8	2248	8	2256	8	2264	8	2272	8	2280	8	2288	8	2296	8	2304	8	2312	8	2320
9	2529	9	2538	9	2547	9	2556	9	2565	9	2574	9	2583	9	2592	9	2601	9	2610
10	2810	10	2820	10	2830	10	2840	10	2850	10	2860	10	2870	10	2880	10	2890	10	2900
11	3091	11	3102	11	3113	11	3124	11	3135	11	3146	11	3157	11	3168	11	3179	11	3190
12	3372	12	3384	12	3396	12	3408	12	3420	12	3432	12	3444	12	3456	12	3468	12	3480
13	3653	13	3666	13	3679	13	3692	13	3705	13	3718	13	3731	13	3744	13	3757	13	3770
14	3934	14	3948	14	3962	14	3976	14	3990	14	4004	14	4018	14	4032	14	4046	14	4060
15	4215	15	4230	15	4245	15	4260	15	4275	15	4290	15	4305	15	4320	15	4335	15	4350
16	4496	16	4512	16	4528	16	4544	16	4560	16	4576	16	4592	16	4608	16	4624	16	4640
17	4777	17	4794	17	4811	17	4828	17	4845	17	4862	17	4879	17	4896	17	4913	17	4930
18	5058	18	5076	18	5094	18	5112	18	5130	18	5148	18	5166	18	5184	18	5202	18	5220
19	5339	19	5358	19	5377	19	5396	19	5415	19	5434	19	5453	19	5472	19	5491	19	5510
20	5620	20	5640	20	5660	20	5680	20	5700	20	5720	20	5740	20	5760	20	5780	20	5800
21	5901	21	5922	21	5943	21	5964	21	5985	21	6006	21	6027	21	6048	21	6069	21	6090
22	6182	22	6204	22	6226	22	6248	22	6270	22	6292	22	6314	22	6336	22	6358	22	6380
23	6463	23	6486	23	6509	23	6532	23	6555	23	6578	23	6601	23	6624	23	6647	23	6670
24	6744	24	6768	24	6792	24	6816	24	6840	24	6864	24	6888	24	6912	24	6936	24	6960
25	7025	25	7050	25	7075	25	7100	25	7125	25	7150	25	7175	25	7200	25	7225	25	7250
26	7306	26	7332	26	7358	26	7384	26	7410	26	7436	26	7462	26	7488	26	7514	26	7540
27	7587	27	7614	27	7641	27	7668	27	7695	27	7722	27	7749	27	7776	27	7803	27	7830
28	7868	28	7896	28	7924	28	7952	28	7980	28	8008	28	8036	28	8064	28	8092	28	8120
29	8149	29	8178	29	8207	29	8236	29	8265	29	8294	29	8323	29	8352	29	8381	29	8410
30	8430	30	8460	30	8490	30	8520	30	8550	30	8580	30	8610	30	8640	30	8670	30	8700
31	8711	31	8742	31	8773	31	8804	31	8835	31	8866	31	8897	31	8928	31	8959	31	8990
32	8992	32	9024	32	9056	32	9088	32	9120	32	9152	32	9184	32	9216	32	9248	32	9280
33	9273	33	9306	33	9339	33	9372	33	9405	33	9438	33	9471	33	9504	33	9537	33	9570
34	9554	34	9588	34	9622	34	9656	34	9690	34	9724	34	9758	34	9792	34	9826	34	9860
35	9835	35	9870	35	9905	35	9940	35	9975	35	10010	35	10045	35	10080	35	10115	35	10150
36	10116	36	10152	36	10188	36	10224	36	10260	36	10296	36	10332	36	10368	36	10404	36	10440
37	10397	37	10434	37	10471	37	10508	37	10545	37	10582	37	10619	37	10656	37	10693	37	10730
38	10678	38	10716	38	10754	38	10792	38	10830	38	10868	38	10906	38	10944	38	10982	38	11020
39	10959	39	10998	39	11037	39	11076	39	11115	39	11154	39	11193	39	11232	39	11271	39	11310
40	11240	40	11280	40	11320	40	11360	40	11400	40	11440	40	11480	40	11520	40	11560	40	11600
41	11521	41	11562	41	11603	41	11644	41	11685	41	11726	41	11767	41	11808	41	11849	41	11890
42	11802	42	11844	42	11886	42	11928	42	11970	42	12012	42	12054	42	12096	42	12138	42	12180
43	12083	43	12126	43	12169	43	12212	43	12255	43	12298	43	12341	43	12384	43	12427	43	12470
44	12364	44	12408	44	12452	44	12496	44	12540	44	12584	44	12628	44	12672	44	12716	44	12760
45	12645	45	12690	45	12735	45	12780	45	12825	45	12870	45	12915	45	12960	45	13005	45	13050
46	12926	46	12972	46	13018	46	13064	46	13110	46	13156	46	13202	46	13248	46	13294	46	13340
47	13207	47	13254	47	13301	47	13348	47	13395	47	13442	47	13489	47	13536	47	13583	47	13630
48	13488	48	13536	48	13584	48	13632	48	13680	48	13728	48	13776	48	13824	48	13872	48	13920
49	13769	49	13818	49	13867	49	13916	49	13965	49	14014	49	14063	49	14112	49	14161	49	14210
50	14050	50	14100	50	14150	50	14200	50	14250	50	14300	50	14350	50	14400	50	14450	50	14500
51	14331	51	14382	51	14433	51	14484	51	14535	51	14586	51	14637	51	14688	51	14739	51	14790
52	14612	52	14664	52	14716	52	14768	52	14820	52	14872	52	14924	52	14976	52	15028	52	15080
53	14893	53	14946	53	14999	53	15052	53	15105	53	15158	53	15211	53	15264	53	15317	53	15370
54	15174	54	15228	54	15282	54	15336	54	15390	54	15444	54	15498	54	15552	54	15606	54	15660
55	15455	55	15510	55	15565	55	15620	55	15675	55	15730	55	15785	55	15840	55	15895	55	15950
56	15736	56	15792	56	15848	56	15904	56	15960	56	16016	56	16072	56	16128	56	16184	56	16240
57	16017	57	16074	57	16131	57	16188	57	16245	57	16302	57	16359	57	16416	57	16473	57	16530
58	16298	58	16356	58	16414	58	16472	58	16530	58	16588	58	16646	58	16704	58	16762	58	16820
59	16579	59	16638	59	16697	59	16756	59	16815	59	16874	59	16933	59	16992	59	17051	59	17110
60	16860	60	16920	60	16980	60	17040	60	17100	60	17160	60	17220	60	17280	60	17340	60	17400
61	17141	61	17202	61	17263	61	17324	61	17385	61	17446	61	17507	61	17568	61	17629	61	17690
62	17422	62	17484	62	17546	62	17608	62	17670	62	17732	62	17794	62	17856	62	17918	62	17980
63	17703	63	17766	63	17829	63	17892	63	17955	63	18018	63	18081	63	18144	63	18207	63	18270
64	17984	64	18048	64	18112	64	18176	64	18240	64	18304	64	18368	64	18432	64	18496	64	18560
65	18265	65	18330	65	18395	65	18460	65	18525	65	18590	65	18655	65	18720	65	18785	65	18850
66	18546	66	18612	66	18678	66	18744	66	18810	66	18876	66	18942	66	19008	66	19074	66	19140
67	18827	67	18894	67	18961	67	19028	67	19095	67	19162	67	19229	67	19296	67	19363	67	19430
68	19108	68	19176	68	19244	68	19312	68	19380	68	19448	68	19516	68	19584	68	19652	68	19720
69	19389	69	19458	69	19527	69	19596	69	19665	69	19734	69	19803	69	19872	69	19941	69	20010
70	19670	70	19740	70	19810	70	19880	70	19950	70	20020	70	20090	70	20160	70	20230	70	20300
71	19951	71	20022	71	20093	71	20164	71	20235	71	20306	71	20377	71	20448	71	20519	71	20590
72	20232	72	20304	72	20376	72	20448	72	20520	72	20592	72	20664	72	20736	72	20808	72	20880
73	20513	73	20586	73	20659	73	20732	73	20805	73	20878	73	20951	73	21024	73	21097	73	21170
74	20794	74	20868	74	20942	74	21016	74	21090	74	21164	74	21238	74	21312	74	21386	74	21460
75	21075	75	21150	75	21225	75	21300	75	21375	75	21450	75	21525	75	21600	75	21675	75	21750
76	21356	76	21432	76	21508	76	21584	76	21660	76	21736	76	21812	76	21888	76	21964	76	22040
77	21637	77	21714	77	21791	77	21868	77	21945	77	22022	77	22099	77	22176	77	22253	77	22330
78	21918	78	21996	78	22074	78	22152	78	22230	78	22308	78	22386	78	22464	78	22542	78	22620
79	22199	79	22278	79	22357	79	22436	79	22515	79	22594	79	22673	79	22752	79	22831	79	22910
80	22480	80	22560	80	22640	80	22720	80	22800	80	22880	80	22960	80	23040	80	23120	80	23200
81	22761	81	22842	81	22923	81	23004	81	23085	81	23166	81	23247	81	23328	81	23409	81	23490
82	23042	82	23124	82	23206	82	23288	82	23370	82	23452	82	23534	82	23616	82	23698	82	23780
83	23323	83	23406	83	23489	83	23572	83	23655	83	23738	83	23821	83	23904	83	23987	83	24070
84	23604	84	23688	84	23772	84	23856	84	23940	84	24024	84	24108	84	24192	84	24276	84	24360
85	23885	85	23970	85	24055	85	24140	85	24225	85	24310	85	24395	85	24480	85	24565	85	24650
86	24166	86	24252	86	24338	86	24424	86	24510	86	24596	86	24682	86	24768	86	24854	86	24940
87	24447	87	24534	87	24621	87	24708	87	24795	87	24882	87	24969	87	25056	87	25143	87	25230
88	24728	88	24816	88	24904	88	24992	88	25080	88	25168	88	25256	88	25344	88	25432	88	25520
89	25009	89	25098	89	25187	89	25276	89	25365	89	25454	89	25543	89	25632	89	25721	89	25810
90	25290	90	25380	90	25470	90	25560	90	25650	90	25740	90	25830	90	25920	90	26010	90	26100
91	25571	91	25662	91	25753	91	25844	91	25935	91	26026	91	26117	91	26208	91	26299	91	26390
92	25852	92	25944	92	26036	92	26128	92	26220	92	26312	92	26404	92	26496	92	26588	92	26680
93	26133	93	26226	93	26319	93	26412	93	26505	93	26598	93	26691	93	26784	93	26877	93	26970
94	26414	94	26508	94	26602	94	26696	94	26790	94	26884	94	26978	94	27072	94	27166	94	27260
95	26695	95	26790	95	26885	95	26980	95	27075	95	27170	95	27265	95	27360	95	27455	95	27550
96	26976	96	27072	96	27168	96	27264	96	27360	96	27456	96	27552	96	27648	96	27744	96	27840
97	27257	97	27354	97	27451	97	27548	97	27645	97	27742	97	27839	97	27936	97	28033	97	28130
98	27538	98	27636	98	27734	98	27832	98	27930	98	28028	98	28126	98	28224	98	28322	98	28420
99	27819	99	27918	99	28017	90	28116	99	28215	99	28314	99	28413	99	28512	99	28611	99	28710
100	28100	100	28200	100	28300	100	28400	100	28500	100	28600	100	28700	100	28800	100	28900	100	29000

I	291	I	292	I	293	I	294	I	295	I	296	I	297	I	298	I	299	I	300
2	582	2	584	2	586	2	588	2	590	2	592	2	594	2	596	2	598	2	600
3	873	3	876	3	879	3	882	3	885	3	888	3	891	3	894	3	897	3	900
4	1164	4	1168	4	1172	4	1176	4	1180	4	1184	4	1188	4	1192	4	1196	4	1200
5	1455	5	1460	5	1465	5	1470	5	1475	5	1480	5	1485	5	1490	5	1495	5	1500
6	1746	6	1752	6	1758	6	1764	6	1770	6	1776	6	1782	6	1788	6	1794	6	1800
7	2037	7	2044	7	2051	7	2058	7	2065	7	2072	7	2079	7	2086	7	2093	7	2100
8	2328	8	2336	8	2344	8	2352	8	2360	8	2368	8	2376	8	2384	8	2392	8	2400
9	2619	9	2628	9	2637	9	2646	9	2655	9	2664	9	2673	9	2682	9	2691	9	2700
10	2910	10	2920	10	2930	10	2940	10	2950	10	2960	10	2970	10	2980	10	2990	10	3000
11	3201	11	3212	11	3223	11	3234	11	3245	11	3256	11	3267	11	3278	11	3289	11	3300
12	3492	12	3504	12	3516	12	3528	12	3540	12	3552	12	3564	12	3576	12	3588	12	3600
13	3783	13	3796	13	3809	13	3822	13	3835	13	3848	13	3861	13	3874	13	3887	13	3900
14	4074	14	4088	14	4102	14	4116	14	4130	14	4144	14	4158	14	4172	14	4186	14	4200
15	4365	15	4380	15	4395	15	4410	15	4425	15	4440	15	4455	15	4470	15	4485	15	4500
16	4656	16	4672	16	4688	16	4704	16	4720	16	4736	16	4752	16	4768	16	4784	16	4800
17	4947	17	4964	17	4981	17	4998	17	5015	17	5032	17	5049	17	5066	17	5083	17	5100
18	5238	18	5256	18	5274	18	5292	18	5310	18	5328	18	5346	18	5364	18	5382	18	5400
19	5529	19	5548	19	5567	19	5586	19	5605	19	5624	19	5643	19	5662	19	5681	19	5700
20	5820	20	5840	20	5860	20	5880	20	5900	20	5920	20	5940	20	5960	20	5980	20	6000
21	6111	21	6132	21	6153	21	6174	21	6195	21	6216	21	6237	21	6258	21	6279	21	6300
22	6402	22	6424	22	6446	22	6468	22	6490	22	6512	22	6534	22	6556	22	6578	22	6600
23	6693	23	6716	23	6739	23	6762	23	6785	23	6808	23	6831	23	6854	23	6877	23	6900
24	6984	24	7008	24	7032	24	7056	24	7080	24	7104	24	7128	24	7152	24	7176	24	7200
25	7275	25	7300	25	7325	25	7350	25	7375	25	7400	25	7425	25	7450	25	7475	25	7500
26	7566	26	7592	26	7618	26	7644	26	7670	26	7696	26	7722	26	7748	26	7774	26	7800
27	7857	27	7884	27	7911	27	7938	27	7965	27	7992	27	8019	27	8046	27	8073	27	8100
28	8148	28	8176	28	8204	28	8232	28	8260	28	8288	28	8316	28	8344	28	8372	28	8400
29	8439	29	8468	29	8497	29	8526	29	8555	29	8584	29	8613	29	8642	29	8671	29	8700
30	8730	30	8760	30	8790	30	8820	30	8850	30	8880	30	8910	30	8940	30	8970	30	9000
31	9021	31	9052	31	9083	31	9114	31	9145	31	9176	31	9207	31	9238	31	9269	31	9300
32	9312	32	9344	32	9376	32	9408	32	9440	32	9472	32	9504	32	9536	32	9568	32	9600
33	9603	33	9636	33	9669	33	9702	33	9735	33	9768	33	9801	33	9834	33	9867	33	9900
34	9894	34	9928	34	9962	34	9996	34	10030	34	10064	34	10098	34	10132	34	10166	34	10200
35	10185	35	10220	35	10255	35	10290	35	10325	35	10360	35	10395	35	10430	35	10465	35	10500
36	10476	36	10512	36	10548	36	10584	36	10620	36	10656	36	10692	36	10728	36	10764	36	10800
37	10767	37	10804	37	10841	37	10878	37	10915	37	10952	37	10989	37	11026	37	11063	37	11100
38	11058	38	11096	38	11134	38	11172	38	11210	38	11248	38	11286	38	11324	38	11362	38	11400
39	11349	39	11388	39	11427	39	11466	39	11505	39	11544	39	11583	39	11622	39	11661	39	11700
40	11640	40	11680	40	11720	40	11760	40	11800	40	11840	40	11880	40	11920	40	11960	40	12000
41	11931	41	11972	41	12013	41	12054	41	12095	41	12136	41	12177	41	12218	41	12259	41	12300
42	12222	42	12264	42	12306	42	12348	42	12390	42	12432	42	12474	42	12516	42	12558	42	12600
43	12513	43	12556	43	12599	43	12642	43	12685	43	12728	43	12771	43	12814	43	12857	43	12900
44	12804	44	12848	44	12892	44	12936	44	12980	44	13024	44	13068	44	13112	44	13156	44	13200
45	13095	45	13140	45	13185	45	13230	45	13275	45	13320	45	13365	45	13410	45	13455	45	13500
46	13386	46	13432	46	13478	46	13524	46	13570	46	13616	46	13662	46	13708	46	13754	46	13800
47	13677	47	13724	47	13771	47	13818	47	13865	47	13912	47	13959	47	14006	47	14053	47	14100
48	13968	48	14016	48	14064	48	14112	48	14160	48	14208	48	14256	48	14304	48	14352	48	14400
49	14259	49	14308	49	14357	49	14406	49	14455	49	14504	49	14553	49	14602	49	14651	49	14700
50	14550	50	14600	50	14650	50	14700	50	14750	50	14800	50	14850	50	14900	50	14950	50	15000
51	14841	51	14892	51	14943	51	14994	51	15045	51	15096	51	15147	51	15198	51	15249	51	15300
52	15132	52	15184	52	15236	52	15288	52	15340	52	15392	52	15444	52	15496	52	15548	52	15600
53	15423	53	15476	53	15529	53	15582	53	15635	53	15688	53	15741	53	15794	53	15847	53	15900
54	15714	54	15768	54	15822	54	15876	54	15930	54	15984	54	16038	54	16092	54	16146	54	16200
55	16005	55	16060	55	16115	55	16170	55	16225	55	16280	55	16335	55	16390	55	16445	55	16500
56	16296	56	16352	56	16408	56	16464	56	16520	56	16576	56	16632	56	16688	56	16744	56	16800
57	16587	57	16644	57	16701	57	16758	57	16815	57	16872	57	16929	57	16986	57	17043	57	17100
58	16878	58	16936	58	16994	58	17052	58	17110	58	17168	58	17226	58	17284	58	17342	58	17400
59	17169	59	17228	59	17287	59	17346	59	17405	59	17464	59	17523	59	17582	59	17641	59	17700
60	17460	60	17520	60	17580	60	17640	60	17700	60	17760	60	17820	60	17880	60	17940	60	18000
61	17751	61	17812	61	17873	61	17934	61	17995	61	18056	61	18117	61	18178	61	18239	61	18300
62	18042	62	18104	62	18166	62	18228	62	18290	62	18352	62	18414	62	18476	62	18538	62	18600
63	18333	63	18396	63	18459	63	18522	63	18585	63	18648	63	18711	63	18774	63	18837	63	18900
64	18624	64	18688	64	18752	64	18816	64	18880	64	18944	64	19008	64	19072	64	19136	64	19200
65	18915	65	18980	65	19045	65	19110	65	19175	65	19240	65	19305	65	19370	65	19435	65	19500
66	19206	66	19272	66	19338	66	19404	66	19470	66	19536	66	19602	66	19668	66	19734	66	19800
67	19497	67	19564	67	19631	67	19698	67	19765	67	19832	67	19899	67	19966	67	20033	67	20100
68	19788	68	19856	68	19924	68	19992	68	20060	68	20128	68	20196	68	20264	68	20332	68	20400
69	20079	69	20148	69	20217	69	20286	69	20355	69	20424	69	20493	69	20562	69	20631	69	20700
70	20370	70	20440	70	20510	70	20580	70	20650	70	20720	70	20790	70	20860	70	20930	70	21000
71	20661	71	20732	71	20803	71	20874	71	20945	71	21016	71	21087	71	21158	71	21229	71	21300
72	20952	72	21024	72	21096	72	21168	72	21240	72	21312	72	21384	72	21456	72	21528	72	21600
73	21243	73	21316	73	21389	73	21462	73	21535	73	21608	73	21681	73	21754	73	21827	73	21900
74	21534	74	21608	74	21682	74	21756	74	21830	74	21904	74	21978	74	22052	74	22126	74	22200
75	21825	75	21900	75	21975	75	22050	75	22125	75	22200	75	22275	75	22350	75	22425	75	22500
76	22116	76	22192	76	22268	76	22344	76	22420	76	22496	76	22572	76	22648	76	22724	76	22800
77	22407	77	22484	77	22561	77	22638	77	22715	77	22792	77	22869	77	22946	77	23023	77	23100
78	22698	78	22776	78	22854	78	22932	78	23010	78	23088	78	23166	78	23244	78	23322	78	23400
79	22989	79	23068	79	23147	79	23226	79	23305	79	23384	79	23463	79	23542	79	23621	79	23700
80	23280	80	23360	80	23440	80	23520	80	23600	80	23680	80	23760	80	23840	80	23920	80	24000
81	23571	81	23652	81	23733	81	23814	81	23895	81	23976	81	24057	81	24138	81	24219	81	24300
82	23862	82	23944	82	24026	82	24108	82	24190	82	24272	82	24354	82	24436	82	24518	82	24600
83	24153	83	24236	83	24319	83	24402	83	24485	83	24568	83	24651	83	24734	83	24817	83	24900
84	24444	84	24528	84	24612	84	24696	84	24780	84	24864	84	24948	84	25032	84	25116	84	25200
85	24735	85	24820	85	24905	85	24990	85	25075	85	25160	85	25245	85	25330	85	25415	85	25500
86	25026	86	25112	86	25198	86	25284	86	25370	86	25456	86	25542	86	25628	86	25714	86	25800
87	25317	87	25404	87	25491	87	25578	87	25665	87	25752	87	25839	87	25926	87	26013	87	26100
88	25608	88	25696	88	25784	88	25872	88	25960	88	26048	88	26136	88	26224	88	26312	88	26400
89	25899	89	25988	89	26077	89	26166	89	26255	89	26344	89	26433	89	26522	89	26611	89	26700
90	26190	90	26280	90	26370	90	26460	90	26550	90	26640	90	26730	90	26820	90	26910	90	27000
91	26481	91	26572	91	26663	91	26754	91	26845	91	26936	91	27027	91	27118	91	27209	91	27300
92	26772	92	26864	92	26956	92	27048	92	27140	92	27232	92	27324	92	27416	92	27508	92	27600
93	27063	93	27156	93	27249	93	27342	93	27435	93	27528	93	27621	93	27714	93	27807	93	27900
94	27354	94	27448	94	27542	94	27636	94	27730	94	27824	94	27918	94	28012	94	28106	94	28200
95	27645	95	27740	95	27835	95	27930	95	28025	95	28120	95	28215	95	28310	95	28405	95	28500
96	27936	96	28032	96	28128	96	28224	96	28320	96	28416	96	28512	96	28608	96	28704	96	28800
97	28227	97	28324	97	28421	97	28518	97	28615	97	28712	97	28809	97	28906	97	29003	97	29100
98	28518	98	28616	98	28714	98	28812	98	28910	98	29008	98	29106	98	29204	98	29302	98	29400
99	28809	99	28908	99	29007	99	29106	99	29205	99	29304	99	29403	99	29502	99	29601	99	29700
100	29100	100	29200	100	29300	100	29400	100	29500	100	29600	100	29700	100	29800	100	29900	100	30000

	301	302	303	304	305	306	307	308	309	310
1	301	302	303	304	305	306	307	308	309	310
2	602	604	606	608	610	612	614	616	618	620
3	903	906	909	912	915	918	921	924	927	930
4	1204	1208	1212	1216	1220	1224	1228	1232	1236	1240
5	1505	1510	1515	1520	1525	1530	1535	1540	1545	1550
6	1806	1812	1818	1824	1830	1836	1842	1848	1854	1860
7	2107	2114	2121	2128	2135	2142	2149	2156	2163	2170
8	2408	2416	2424	2432	2440	2448	2456	2464	2472	2480
9	2709	2718	2727	2736	2745	2754	2763	2772	2781	2790
10	3010	3020	3030	3040	3050	3060	3070	3080	3090	3100
11	3311	3322	3333	3344	3355	3366	3377	3388	3399	3410
12	3612	3624	3636	3648	3660	3672	3684	3696	3708	3720
13	3913	3926	3939	3952	3965	3978	3991	4094	4017	4030
14	4214	4228	4242	4256	4270	4284	4298	4312	4326	4340
15	4515	4530	4545	4560	4575	4590	4605	4620	4635	4650
16	4816	4832	4848	4864	4880	4896	4912	4928	4944	4960
17	5117	5134	5151	5168	5185	5202	5219	5236	5253	5270
18	5418	5436	5454	5472	5490	5508	5526	5544	5562	5580
19	5719	5738	5757	5776	5795	5814	5833	5852	5871	5890
20	6020	6040	6060	6080	6100	6120	6140	6160	6180	6200
21	6321	6342	6363	6384	6405	6426	6447	6468	6489	6510
22	6622	6644	6666	6688	6710	6732	6754	6776	6798	6820
23	6923	6946	6969	6992	7015	7038	7061	7084	7107	7130
24	7224	7248	7272	7296	7320	7344	7368	7392	7416	7440
25	7525	7550	7575	7600	7625	7650	7675	7700	7725	7750
26	7826	7852	7878	7904	7930	7956	7982	8008	8034	8060
27	8127	8154	8181	8208	8235	8262	8289	8316	8343	8370
28	8428	8456	8484	8512	8540	8568	8596	8624	8652	8680
29	8729	8758	8787	8816	8845	8874	8903	8932	8961	8990
30	9030	9060	9090	9120	9150	9180	9210	9240	9270	9300
31	9331	9362	9393	9424	9455	9486	9517	9548	9579	9610
32	9632	9664	9696	9728	9760	9792	9824	9856	9888	9920
33	9933	9966	9999	10032	10065	10098	10131	10164	10197	10230
34	10234	10268	10302	10336	10370	10404	10438	10472	10506	10540
35	10535	10570	10605	10640	10675	10710	10745	10780	10815	10850
36	10836	10872	10908	10944	10980	11016	11052	11088	11124	11160
37	11137	11174	11211	11248	11285	11322	11359	11396	11433	11470
38	11438	11476	11514	11552	11590	11628	11666	11704	11742	11780
39	11739	11778	11817	11856	11895	11934	11973	12012	12051	12090
40	12040	12080	12120	12160	12200	12240	12280	12320	12360	12400
41	12341	12382	12423	12464	12505	12546	12587	12628	12669	12710
42	12642	12684	12726	12768	12810	12852	12894	12936	12978	13020
43	12943	12986	13029	13072	13115	13158	13201	13244	13287	13330
44	13244	13288	13332	13376	13420	13464	13508	13552	13596	13640
45	13545	13590	13635	13680	13725	13770	13815	13860	13905	13950
46	13846	13892	13938	13984	14030	14076	14122	14168	14214	14260
47	14147	14194	14241	14288	14335	14382	14429	14476	14523	14570
48	14448	14496	14544	14592	14640	14688	14736	14784	14832	14880
49	14749	14798	14847	14896	14945	14994	15043	15092	15141	15190
50	15050	15100	15150	15200	15250	15300	15350	15400	15450	15500
51	15351	15402	15453	15504	15555	15606	15657	15708	15759	15810
52	15652	15704	15756	15808	15860	15912	15964	16016	16068	16120
53	15953	16006	16059	16112	16165	16218	16271	16324	16377	16430
54	16254	16308	16362	16416	16470	16524	16578	16632	16686	16740
55	16555	16610	16665	16720	16775	16830	16885	16940	16995	17050
56	16856	16912	16968	17024	17080	17136	17192	17248	17304	17360
57	17157	17214	17271	17328	17385	17442	17499	17556	17613	17670
58	17458	17516	17574	17632	17690	17748	17806	17864	17922	17980
59	17759	17818	17877	17936	17995	18054	18113	18172	18231	18290
60	18060	18120	18180	18240	18300	18360	18420	18480	18540	18600
61	18361	18422	18483	18544	18605	18666	18727	18788	18849	18910
62	18662	18724	18786	18848	18910	18972	19034	19096	19158	19220
63	18963	19026	19089	19152	19215	19278	19341	19404	19467	19530
64	19264	19328	19392	19456	19520	19584	19648	19712	19776	19840
65	19565	19630	19695	19760	19825	19890	19955	20020	20085	20150
66	19866	19932	19998	20064	20130	20196	20262	20328	20394	20460
67	20167	20234	20301	20368	20435	20502	20569	20636	20703	20770
68	20468	20536	20604	20672	20740	20808	20876	20944	21012	21080
69	20769	20838	20907	20976	21045	21114	21183	21252	21321	21390
70	21070	21140	21210	21280	21350	21420	21490	21560	21630	21700
71	21371	21442	21513	21584	21655	21726	21797	21868	21939	22010
72	21672	21744	21816	21888	21960	22032	22104	22176	22248	22320
73	21973	22046	22119	22192	22265	22338	22411	22484	22557	22630
74	22274	22348	22422	22496	22570	22644	22718	22792	22866	22940
75	22575	22650	22725	22800	22875	22950	23025	23100	23175	23250
76	22876	22952	23028	23104	23180	23256	23332	23408	23484	23560
77	23177	23254	23331	23408	23485	23562	23639	23716	23793	23870
78	23478	23556	23634	23712	23790	23868	23946	24024	24102	24180
79	23779	23858	23937	24016	24095	24174	24253	24332	24411	24490
80	24080	24160	24240	24320	24400	24480	24560	24640	24720	24800
81	24381	24462	24543	24624	24705	24786	24867	24948	25029	25110
82	24682	24764	24846	24928	25010	25092	25174	25256	25338	25420
83	24983	25066	25149	25232	25315	25398	25481	25564	25647	25730
84	25284	25368	25452	25536	25620	25704	25788	25872	25956	26040
85	25585	25670	25755	25840	25925	26010	26095	26180	26265	26350
86	25886	25972	26058	26144	26230	26316	26402	26488	26574	26660
87	26187	26274	26361	26448	26535	26622	26709	26796	26883	26970
88	26488	26576	26664	26752	26840	26928	27016	27104	27192	27280
89	26789	26878	26967	27056	27145	27234	27323	27412	27501	27590
90	27090	27180	27270	27360	27450	27540	27630	27720	27810	27900
91	27391	27482	27573	27664	27755	27846	27937	28028	28119	28210
92	27692	27784	27876	27968	28060	28152	28244	28336	28428	28520
93	27993	28086	28179	28272	28365	28458	28551	28644	28737	28830
94	28294	28388	28482	28576	28670	28764	28858	28952	29046	29140
95	28595	28690	28785	28880	28975	29070	29165	29260	29355	29450
96	28896	28992	29088	29184	29280	29376	29472	29568	29664	29760
97	29197	29294	29391	29488	29585	29682	29779	29876	29973	30070
98	29498	29596	29694	29792	29890	29988	30086	30184	30282	30380
99	29799	29898	29997	30096	30195	30294	30393	30492	30591	30690
100	30100	30200	30300	30400	30500	30600	30700	30800	30900	31000

F

	311	312	313	314	315	316	317	318	319	320
1	311	312	313	314	315	316	317	318	319	320
2	622	624	626	628	630	632	634	636	638	640
3	933	936	939	942	945	948	951	954	957	960
4	1244	1248	1252	1256	1260	1264	1268	1272	1276	1280
5	1555	1560	1565	1570	1575	1580	1585	1590	1595	1600
6	1866	1872	1878	1884	1890	1896	1902	1908	1914	1920
7	2177	2184	2191	2198	2205	2212	2219	2226	2233	2240
8	2488	2496	2504	2512	2520	2528	2536	2544	2552	2560
9	2799	2808	2817	2826	2835	2844	2853	2862	2871	2880
10	3110	3120	3130	3140	3150	3160	3170	3180	3190	3200
11	3421	3432	3443	3454	3465	3476	3487	3498	3509	3520
12	3732	3744	3756	3768	3780	3792	3804	3816	3828	3840
13	4043	4056	4069	4082	4095	4108	4121	4134	4147	4160
14	4354	4368	4382	4396	4410	4424	4438	4452	4466	4480
15	4665	4680	4695	4710	4725	4740	4755	4770	4785	4800
16	4976	4992	5008	5024	5040	5056	5072	5088	5104	5120
17	5287	5304	5321	5338	5355	5372	5389	5406	5423	5440
18	5598	5616	5634	5652	5670	5688	5706	5724	5742	5760
19	5909	5928	5947	5966	5985	6004	6023	6042	6061	6080
20	6220	6240	6260	6280	6300	6320	6340	6360	6380	6400
21	6531	6552	6573	6594	6615	6636	6657	6678	6699	6720
22	6842	6864	6886	6908	6930	6952	6974	6996	7018	7040
23	7153	7176	7199	7222	7245	7268	7291	7314	7337	7360
24	7464	7488	7512	7536	7560	7584	7608	7632	7656	7680
25	7775	7800	7825	7850	7875	7900	7925	7950	7975	8000
26	8086	8112	8138	8164	8190	8216	8242	8268	8294	8320
27	8397	8424	8451	8478	8505	8532	8559	8586	8613	8640
28	8708	8736	8764	8792	8820	8848	8876	8904	8932	8960
29	9019	9048	9077	9106	9135	9164	9193	9222	9251	9280
30	9330	9360	9390	9420	9450	9480	9510	9540	9570	9600
31	9641	9672	9703	9734	9765	9796	9827	9858	9889	9920
32	9952	9984	10016	10048	10080	10112	10144	10176	10208	10240
33	10263	10296	10329	10362	10395	10428	10461	10494	10527	10560
34	10574	10608	10642	10676	10710	10744	10778	10812	10846	10880
35	10885	10920	10955	10990	11025	11060	11095	11130	11165	11200
36	11196	11232	11268	11304	11340	11376	11412	11448	11484	11520
37	11507	11544	11581	11618	11655	11692	11729	11766	11803	11840
38	11818	11856	11894	11932	11970	12008	12046	12084	12122	12160
39	12129	12168	12207	12246	12285	12324	12363	12402	12441	12480
40	12440	12480	12520	12560	12600	12640	12680	12720	12760	12800
41	12751	12792	12833	12874	12915	12956	12997	13038	13079	13120
42	13062	13104	13146	13188	13230	13272	13314	13356	13398	13440
43	13373	13416	13459	13502	13545	13588	13631	13674	13717	13760
44	13684	13728	13772	13816	13860	13904	13948	13992	14036	14080
45	13995	14040	14085	14130	14175	14220	14265	14310	14355	14400
46	14306	14352	14398	14444	14490	14536	14582	14628	14674	14720
47	14617	14664	14711	14758	14805	14852	14899	14946	14993	15040
48	14928	14976	15024	15072	15120	15168	15216	15264	15312	15360
49	15239	15288	15337	15386	15435	15484	15533	15582	15631	15680
50	15550	15600	15650	15700	15750	15800	15850	15900	15950	16000
51	15861	15912	15963	16014	16065	16116	16167	16218	16269	16320
52	16172	16224	16276	16328	16380	16432	16484	16536	16588	16640
53	16483	16536	16589	16642	16695	16748	16801	16854	16907	16960
54	16794	16848	16902	16956	17010	17064	17118	17172	17226	17280
55	17105	17160	17215	17270	17325	17380	17435	17490	17545	17600
56	17416	17472	17528	17584	17640	17696	17752	17808	17864	17920
57	17727	17784	17841	17898	17955	18012	18069	18126	18183	18240
58	18038	18096	18154	18212	18270	18328	18386	18444	18502	18560
59	18349	18408	18467	18526	18585	18644	18703	18762	18821	18880
60	18660	18720	18780	18840	18900	18960	19020	19080	19140	19200
61	18971	19032	19093	19154	19215	19276	19337	19398	19459	19520
62	19282	19344	19406	19468	19530	19592	19654	19716	19778	19840
63	19593	19656	19719	19782	19845	19908	19971	20034	20097	20160
64	19904	19968	20032	20096	20160	20224	20288	20352	20416	20480
65	20215	20280	20345	20410	20475	20540	20605	20670	20735	20800
66	20526	20592	20658	20724	20790	20856	20922	20988	21054	21120
67	20837	20904	20971	21038	21105	21172	21239	21306	21373	21440
68	21148	21216	21284	21352	21420	21488	21556	21624	21692	21760
69	21459	21528	21597	21666	21735	21804	21873	21942	22011	22080
70	21770	21840	21910	21980	22050	22120	22190	22260	22330	22400
71	22081	22152	22223	22294	22365	22436	22507	22578	22649	22720
72	22392	22464	22536	22608	22680	22752	22824	22896	22968	23040
73	22703	22776	22849	22922	22995	23068	23141	23214	23287	23360
74	23014	23088	23162	23236	23310	23384	23458	23532	23606	23680
75	23325	23400	23475	23550	23625	23700	23775	23850	23925	24000
76	23636	23712	23788	23864	23940	24016	24092	24168	24244	24320
77	23947	24024	24101	24178	24255	24332	24409	24486	24563	24640
78	24258	24336	24414	24492	24570	24648	24726	24804	24882	24960
79	24569	24648	24727	24806	24885	24964	25043	25122	25201	25280
80	24880	24960	25040	25120	25200	25280	25360	25440	25520	25600
81	25191	25272	25353	25434	25515	25596	25677	25758	25839	25920
82	25502	25584	25666	25748	25830	25912	25994	26076	26158	26240
83	25813	25896	25979	26062	26145	26228	26311	26394	26477	26560
84	26124	26208	26292	26376	26460	26544	26628	26712	26796	26880
85	26435	26520	26605	26690	26775	26860	26945	27030	27115	27200
86	26746	26832	26918	27004	27090	27176	27262	27348	27434	27520
87	27057	27144	27231	27318	27405	27492	27579	27666	27753	27840
88	27368	27456	27544	27632	27720	27808	27896	27984	28072	28160
89	27679	27768	27857	27946	28035	28124	28213	28302	28391	28480
90	27990	28080	28170	28260	28350	28440	28530	28620	28710	28800
91	28301	28392	28483	28574	28665	28756	28847	28938	29029	29120
92	28612	28704	28796	28888	28980	29072	29164	29256	29348	29440
93	28923	29016	29109	29202	29295	29388	29481	29574	29667	29760
94	29234	29328	29422	29516	29610	29704	29798	29892	29986	30080
95	29545	29640	29735	29830	29925	30020	30115	30210	30305	30400
96	29856	29952	30048	30144	30240	30336	30432	30528	30624	30720
97	30167	30264	30361	30458	30555	30652	30749	30846	30943	31040
98	30478	30576	30674	30772	30870	30968	31066	31164	31262	31360
99	30789	30888	30987	31086	31185	31284	31383	31482	31581	31680
100	31100	31200	31300	31400	31500	31600	31700	31800	31900	32000

n	321	322	323	324	325	326	327	328	329	330
1	321	322	323	324	325	326	327	328	329	330
2	642	644	646	648	650	652	654	656	658	660
3	963	966	969	972	975	978	981	984	987	990
4	1284	1288	1292	1296	1300	1304	1308	1312	1316	1320
5	1605	1610	1615	1620	1625	1630	1635	1640	1645	1650
6	1926	1932	1938	1944	1950	1956	1962	1968	1974	1980
7	2247	2254	2261	2268	2275	2282	2289	2296	2303	2310
8	2568	2576	2584	2592	2600	2608	2616	2624	2632	2640
9	2889	2898	2907	2916	2925	2934	2943	2952	2961	2970
10	3210	3220	3230	3240	3250	3260	3270	3280	3290	3300
11	3531	3542	3553	3564	3575	3586	3597	3608	3619	3630
12	3852	3864	3876	3888	3900	3912	3924	3936	3948	3960
13	4173	4186	4199	4212	4225	4238	4251	4264	4277	4290
14	4494	4508	4522	4536	4550	4564	4578	4592	4606	4620
15	4815	4830	4845	4860	4875	4890	4905	4920	4935	4950
16	5136	5152	5168	5184	5200	5216	5232	5248	5264	5280
17	5457	5474	5491	5508	5525	5542	5559	5576	5593	5610
18	5778	5796	5814	5832	5850	5868	5886	5904	5922	5940
19	6099	6118	6137	6156	6175	6194	6213	6232	6251	6270
20	6420	6440	6460	6480	6500	6520	6540	6560	6580	6600
21	6741	6762	6783	6804	6825	6846	6867	6888	6909	6930
22	7062	7084	7106	7128	7150	7172	7194	7216	7238	7260
23	7383	7406	7429	7452	7475	7498	7521	7544	7567	7590
24	7704	7728	7752	7776	7800	7824	7848	7872	7896	7920
25	8025	8050	8075	8100	8125	8150	8175	8200	8225	8250
26	8346	8372	8398	8424	8450	8476	8502	8528	8554	8580
27	8667	8694	8721	8748	8775	8802	8829	8856	8883	8910
28	8988	9016	9044	9072	9100	9128	9156	9184	9212	9240
29	9309	9338	9357	9396	9425	9454	9483	9512	9541	9570
30	9630	9660	9690	9720	9750	9780	9810	9840	9870	9900
31	9951	9982	10013	10044	10075	10106	10137	10168	10199	10230
32	10272	10304	10336	10368	10400	10432	10464	10496	10528	10560
33	10593	10626	10659	10692	10725	10758	10791	10824	10857	10890
34	10914	10948	10982	11016	11050	11084	11118	11152	11186	11220
35	11235	11270	11305	11340	11375	11410	11445	11480	11515	11550
36	11556	11592	11628	11664	11700	11736	11772	11808	11844	11880
37	11877	11914	11951	11988	12025	12062	12099	12136	12173	12210
38	12198	12236	12274	12312	12350	12388	12426	12464	12502	12540
39	12519	12558	12597	12636	12675	12714	12753	12792	12831	12870
40	12840	12880	12920	12960	13000	13040	13080	13120	13160	13200
41	13161	13202	13243	13284	13325	13366	13407	13448	13489	13530
42	13482	13524	13566	13608	13650	13692	13734	13776	13818	13860
43	13803	13846	13889	13932	13975	14018	14061	14104	14147	14190
44	14124	14168	14212	14256	14300	14344	14388	14432	14476	14520
45	14445	14490	14535	14580	14625	14670	14715	14760	14805	14850
46	14766	14812	14858	14904	14950	14996	15042	15088	15134	15180
47	15087	15134	15181	15228	15275	15322	15369	15416	15463	15510
48	15408	15456	15504	15552	15600	15648	15696	15744	15792	15840
49	15729	15778	15827	15876	15925	15974	16023	16072	16121	16170
50	16050	16100	16150	16200	16250	16300	16350	16400	16450	16500
51	16371	16422	16473	16524	16575	16626	16677	16728	16779	16830
52	16692	16744	16796	16848	16900	16952	17004	17056	17108	17160
53	17013	17066	17119	17172	17225	17278	17331	17384	17437	17490
54	17334	17388	17442	17496	17550	17604	17658	17712	17766	17820
55	17655	17710	17765	17820	17875	17930	17985	18040	18095	18150
56	17976	18032	18088	18144	18200	18256	18312	18368	18424	18480
57	18297	18354	18411	18468	18525	18582	18639	18696	18753	18810
58	18618	18676	18734	18792	18850	18908	18966	19024	19082	19140
59	18939	18998	19057	19116	19175	19234	19293	19352	19411	19470
60	19260	19320	19380	19440	19500	19560	19620	19680	19740	19800
61	19581	19642	19703	19764	19825	19886	19947	20008	20069	20130
62	19902	19964	20026	20088	20150	20212	20274	20336	20398	20460
63	20223	20286	20349	20412	20475	20538	20601	20664	20727	20790
64	20544	20608	20672	20736	20800	20864	20928	20992	21056	21120
65	20865	20930	20995	21060	21125	21190	21255	21320	21385	21450
66	21186	21252	21318	21384	21450	21516	21582	21648	21714	21780
67	21507	21574	21641	21708	21775	21842	21909	21976	22043	22110
68	21828	21896	21964	22032	22100	22168	22236	22304	22372	22440
69	22149	22218	22287	22356	22425	22494	22563	22632	22701	22770
70	22470	22540	22610	22680	22750	22820	22890	22960	23030	23100
71	22791	22862	22933	23004	23075	23146	23217	23288	23359	23430
72	23112	23184	23256	23328	23400	23472	23544	23616	23688	23760
73	23433	23506	23579	23652	23725	23798	23871	23944	24017	24090
74	23754	23828	23902	23976	24050	24124	24198	24272	24346	24420
75	24075	24150	24225	24300	24375	24450	24525	24600	24675	24750
76	24396	24472	24548	24624	24700	24776	24852	24928	25004	25080
77	24717	24794	24871	24948	25025	25102	25179	25256	25333	25410
78	25038	25116	25194	25272	25350	25428	25506	25584	25662	25740
79	25359	25438	25517	25596	25675	25754	25833	25912	25991	26070
80	25680	25760	25840	25920	26000	26080	26160	26240	26320	26400
81	26001	26082	26163	26244	26325	26406	26487	26568	26649	26730
82	26322	26404	26486	26568	26650	26732	26814	26896	26978	27060
83	26643	26726	26809	26892	26975	27058	27141	27224	27307	27390
84	26964	27048	27132	27216	27300	27384	27468	27552	27636	27720
85	27285	27370	27455	27540	27625	27710	27795	27880	27965	28050
86	27606	27692	27778	27864	27950	28036	28122	28208	28294	28380
87	27927	28014	28101	28188	28275	28362	28449	28536	28623	28710
88	28248	28336	28424	28512	28600	28688	28776	28864	28952	29040
89	28569	28658	28747	28836	28925	29014	29103	29192	29281	29370
90	28890	28980	29070	29160	29250	29340	29430	29520	29610	29700
91	29211	29302	29393	29484	29575	29666	29757	29848	29939	30030
92	29532	29624	29716	29808	29900	29992	30084	30176	30268	30360
93	29853	29946	30039	30132	30225	30318	30411	30504	30597	30690
94	30174	30268	30362	30456	30550	30644	30738	30832	30926	31020
95	30495	30590	30685	30780	30875	30970	31065	31160	31255	31350
96	30816	30912	31008	31104	31200	31296	31392	31488	31584	31680
97	31137	31234	31331	31428	31525	31622	31719	31816	31913	32010
98	31458	31556	31654	31752	31850	31948	32046	32144	32242	32340
99	31779	31878	31977	32076	32175	32274	32373	32472	32571	32670
100	32100	32200	32300	32400	32500	32600	32700	32800	32900	33000

n	331	332	333	334	335	336	337	338	339	340
1	331	332	333	334	335	336	337	338	339	340
2	662	664	666	668	670	672	674	676	678	680
3	993	996	999	1002	1005	1008	1011	1014	1017	1020
4	1324	1328	1332	1336	1340	1344	1348	1352	1356	1360
5	1655	1660	1665	1670	1675	1680	1685	1690	1695	1700
6	1986	1992	1998	2004	2010	2016	2022	2028	2034	2040
7	2317	2324	2331	2338	2345	2352	2359	2366	2373	2380
8	2648	2656	2664	2672	2680	2688	2696	2704	2712	2720
9	2979	2988	2997	3006	3015	3024	3033	3042	3051	3060
10	3310	3320	3330	3340	3350	3360	3370	3380	3390	3400
11	3641	3652	3663	3674	3685	3696	3707	3718	3729	3740
12	3972	3984	3996	4008	4020	4032	4044	4056	4068	4080
13	4303	4316	4329	4342	4355	4368	4381	4394	4407	4420
14	4634	4648	4662	4676	4690	4704	4718	4732	4746	4760
15	4965	4980	4995	5010	5025	5040	5055	5070	5085	5100
16	5296	5312	5328	5344	5360	5376	5392	5408	5424	5440
17	5627	5644	5661	5678	5695	5712	5729	5746	5763	5780
18	5958	5976	5994	6012	6030	6048	6066	6084	6102	6120
19	6289	6308	6327	6346	6365	6384	6403	6422	6441	6460
20	6620	6640	6660	6680	6700	6720	6740	6760	6780	6800
21	6951	6972	6993	7014	7035	7056	7077	7098	7119	7140
22	7282	7304	7326	7348	7370	7392	7414	7436	7458	7480
23	7613	7636	7659	7682	7705	7728	7751	7774	7797	7820
24	7944	7968	7992	8016	8040	8064	8088	8112	8136	8160
25	8275	8300	8325	8350	8375	8400	8425	8450	8475	8500
26	8606	8632	8658	8684	8710	8736	8762	8788	8814	8840
27	8937	8964	8991	9018	9045	9072	9099	9126	9153	9180
28	9268	9296	9324	9352	9380	9408	9436	9464	9492	9520
29	9599	9628	9657	9686	9715	9744	9773	9802	9831	9860
30	9930	9960	9990	10020	10050	10080	10110	10140	10170	10200
31	10261	10292	10323	10354	10385	10416	10447	10478	10509	10540
32	10592	10624	10656	10688	10720	10752	10784	10816	10848	10880
33	10923	10956	10989	11022	11055	11088	11121	11154	11187	11220
34	11254	11288	11322	11356	11390	11424	11458	11492	11526	11560
35	11585	11620	11655	11690	11725	11760	11795	11830	11865	11900
36	11916	11952	11988	12024	12060	12096	12132	12168	12204	12240
37	12247	12284	12321	12358	12395	12432	12469	12506	12543	12580
38	12578	12616	12654	12692	12730	12768	12806	12844	12882	12920
39	12909	12948	12987	13026	13065	13104	13143	13182	13221	13260
40	13240	13280	13320	13360	13400	13440	13480	13520	13560	13600
41	13571	13612	13653	13694	13735	13776	13817	13858	13899	13940
42	13902	13944	13986	14028	14070	14112	14154	14196	14238	14280
43	14233	14276	14319	14362	14405	14448	14491	14534	14577	14620
44	14564	14608	14652	14696	14740	14784	14828	14872	14916	14960
45	14895	14940	14985	15030	15075	15120	15165	15210	15255	15300
46	15226	15272	15318	15364	15410	15456	15502	15548	15594	15640
47	15557	15604	15651	15698	15745	15792	15839	15886	15933	15980
48	15888	15936	15984	16032	16080	16128	16176	16224	16272	16320
49	16219	16268	16317	16366	16415	16464	16513	16562	16611	16660
50	16550	16600	16650	16700	16750	16800	16850	16900	16950	17000
51	16881	16932	16983	17034	17085	17136	17187	17238	17289	17340
52	17212	17264	17316	17368	17420	17472	17524	17576	17628	17680
53	17543	17596	17649	17702	17755	17808	17861	17914	17967	18020
54	17874	17928	17982	18036	18090	18144	18198	18252	18306	18360
55	18205	18260	18315	18370	18425	18480	18535	18590	18645	18700
56	18536	18592	18648	18704	18760	18816	18872	18928	18984	19040
57	18867	18924	18981	19038	19095	19152	19209	19266	19323	19380
58	19198	19256	19314	19372	19430	19488	19546	19604	19662	19720
59	19529	19588	19647	19706	19765	19824	19883	19942	20001	20060
60	19860	19920	19980	20040	20100	20160	20220	20280	20340	20400
61	20191	20252	20313	20374	20435	20496	20557	20618	20679	20740
62	20522	20584	20646	20708	20770	20832	20894	20956	21018	21080
63	20853	20916	20979	21042	21105	21168	21231	21294	21357	21420
64	21184	21248	21312	21376	21440	21504	21568	21632	21696	21760
65	21515	21580	21645	21710	21775	21840	21905	21970	22035	22100
66	21846	21912	21978	22044	22110	22176	22242	22308	22374	22440
67	22177	22244	22311	22378	22445	22512	22579	22646	22713	22780
68	22508	22576	22644	22712	22780	22848	22916	22984	23052	23120
69	22839	22908	22977	23046	23115	23184	23253	23322	23391	23460
70	23170	23240	23310	23380	23450	23520	23590	23660	23730	23800
71	23501	23572	23643	23714	23785	23856	23927	23998	24069	24140
72	23832	23904	23976	24048	24120	24192	24264	24336	24408	24480
73	24163	24236	24309	24382	24455	24528	24601	24674	24747	24820
74	24494	24568	24642	24716	24790	24864	24938	25012	25086	25160
75	24825	24900	24975	25050	25125	25200	25275	25350	25425	25500
76	25156	25232	25308	25384	25460	25536	25612	25688	25764	25840
77	25487	25564	25641	25718	25795	25872	25949	26026	26103	26180
78	25818	25896	25974	26052	26130	26208	26286	26364	26442	26520
79	26149	26228	26307	26386	26465	26544	26623	26702	26781	26860
80	26480	26560	26640	26720	26800	26880	26960	27040	27120	27200
81	26811	26892	26973	27054	27135	27216	27297	27378	27459	27540
82	27142	27224	27306	27388	27470	27552	27634	27716	27798	27880
83	27473	27556	27639	27722	27805	27888	27971	28054	28137	28220
84	27804	27888	27972	28056	28140	28224	28308	28392	28476	28560
85	28135	28220	28305	28390	28475	28560	28645	28730	28815	28900
86	28466	28552	28638	28724	28810	28896	28982	29068	29154	29240
87	28797	28884	28971	29058	29145	29232	29319	29406	29493	29580
88	29128	29216	29304	29392	29480	29568	29656	29744	29832	29920
89	29459	29548	29637	29726	29815	29904	29993	30082	30171	30260
90	29790	29880	29970	30060	30150	30240	30330	30420	30510	[cut off]
91	30121	30212	30303	30394	30485	30576	30667	30758	30849	[cut off]
92	30452	30544	30635	30728	30820	30912	31004	31096	31188	[cut off]
93	30783	30876	30969	31062	31155	31248	31341	31434	31527	[cut off]
94	31114	31208	31302	31396	31490	31584	31678	31772	31866	[cut off]
95	31445	31540	31635	31730	31825	31920	32015	32110	32205	[cut off]
96	31776	31872	31968	32064	32160	32256	32352	32448	32544	[cut off]
97	32107	32204	32301	32398	32495	32592	32689	32786	32883	[cut off]
98	32438	32536	32634	32732	32830	32928	33026	33124	33222	[cut off]
99	32769	32868	32967	33066	33165	33264	33363	33462	33561	[cut off]
100	33100	33200	33300	33400	33500	33600	33700	33800	33900	[cut off]

	341	342	343	344	345	346	347	348	349	350
1	341	342	343	344	345	346	347	348	349	350
2	682	684	686	688	690	692	694	696	698	700
3	1023	1026	1029	1032	1035	1038	1041	1044	1047	1050
4	1364	1368	1372	1376	1380	1384	1388	1392	1396	1400
5	1705	1710	1715	1720	1725	1730	1735	1740	1745	1750
6	2046	2052	2058	2064	2070	2076	2082	2088	2094	2100
7	2387	2394	2401	2408	2415	2422	2429	2436	2443	2450
8	2728	2736	2744	2752	2760	2768	2776	2784	2792	2800
9	3069	3078	3087	3096	3105	3114	3123	3132	3141	3150
10	3410	3420	3430	3440	3450	3460	3470	3480	3490	3500
11	3751	3762	3773	3784	3795	3806	3817	3828	3839	3850
12	4092	4104	4116	4128	4140	4152	4164	4176	4188	4200
13	4433	4446	4459	4472	4485	4498	4511	4524	4537	4550
14	4774	4788	4802	4816	4830	4844	4858	4872	4886	4900
15	5115	5130	5145	5160	5175	5190	5205	5220	5235	5250
16	5456	5472	5488	5504	5520	5536	5552	5568	5584	5600
17	5797	5814	5831	5848	5865	5882	5899	5916	5933	5950
18	6138	6156	6174	6192	6210	6228	6246	6264	6282	6300
19	6479	6498	6517	6536	6555	6574	6593	6612	6631	6650
20	6820	6840	6860	6880	6900	6920	6940	6960	6980	7000
21	7161	7182	7203	7224	7245	7266	7287	7308	7329	7350
22	7502	7524	7546	7568	7590	7612	7634	7656	7678	7700
23	7843	7866	7889	7912	7935	7958	7981	8004	8027	8050
24	8184	8208	8232	8256	8280	8304	8328	8352	8376	8400
25	8525	8550	8575	8600	8625	8650	8675	8700	8725	8750
26	8866	8892	8918	8944	8970	8996	9022	9048	9074	9100
27	9207	9234	9261	9288	9315	9342	9369	9396	9423	9450
28	9548	9576	9604	9632	9660	9688	9716	9744	9772	9800
29	9889	9918	9947	9976	10005	10034	10063	10092	10121	10150
30	10230	10260	10290	10320	10350	10380	10410	10440	10470	10500
31	10571	10602	10633	10664	10695	10726	10757	10788	10819	10850
32	10912	10944	10976	11008	11040	11072	11104	11136	11168	11200
33	11253	11286	11319	11352	11385	11418	11451	11484	11517	11550
34	11594	11628	11662	11696	11730	11764	11798	11832	11866	11900
35	11935	11970	12005	12040	12075	12110	12145	12180	12215	12250
36	12276	12312	12348	12384	12420	12456	12492	12528	12564	12600
37	12617	12654	12691	12728	12765	12802	12839	12876	12913	12950
38	12958	12996	13034	13072	13110	13148	13186	13224	13262	13300
39	13299	13338	13377	13416	13455	13494	13533	13572	13611	13650
40	13640	13680	13720	13760	13800	13840	13880	13920	13960	14000
41	13981	14022	14063	14104	14145	14186	14227	14268	14309	14350
42	14322	14364	14406	14448	14490	14532	14574	14616	14658	14700
43	14663	14706	14749	14792	14835	14878	14921	14964	15007	15050
44	15004	15048	15092	15136	15180	15224	15268	15312	15356	15400
45	15345	15390	15435	15480	15525	15570	15615	15660	15705	15750
46	15686	15732	15778	15824	15870	15916	15962	16008	16054	16100
47	16027	16074	16121	16168	16215	16262	16309	16356	16403	16450
48	16368	16416	16464	16512	16560	16608	16656	16704	16752	16800
49	16709	16758	16807	16856	16905	16954	17003	17052	17101	17150
50	17050	17100	17150	17200	17250	17300	17350	17400	17450	17500
51	17391	17442	17493	17544	17595	17646	17697	17748	17799	17850
52	17732	17784	17836	17888	17940	17992	18044	18096	18148	18200
53	18073	18126	18179	18232	18285	18338	18391	18444	18497	18550
54	18414	18468	18522	18576	18630	18684	18738	18792	18846	18900
55	18755	18810	18865	18920	18975	19030	19085	19140	19195	19250
56	19096	19152	19208	19264	19320	19376	19432	19488	19544	19600
57	19437	19494	19551	19608	19665	19722	19779	19836	19893	19950
58	19778	19836	19894	19952	20010	20068	20126	20184	20242	20300
59	20119	20178	20237	20296	20355	20414	20473	20532	20591	20650
60	20460	20520	20580	20640	20700	20760	20820	20880	20940	21000
61	20801	20862	20923	20984	21045	21106	21167	21228	21289	21350
62	21142	21204	21266	21328	21390	21452	21514	21576	21638	21700
63	21483	21546	21609	21672	21735	21798	21861	21924	21987	22050
64	21824	21888	21952	22016	22080	22144	22208	22272	22336	22400
65	22165	22230	22295	22360	22425	22490	22555	22620	22685	22750
66	22506	22572	22638	22704	22770	22836	22902	22968	23034	23100
67	22847	22914	22981	23048	23115	23182	23249	23316	23383	23450
68	23188	23256	23324	23392	23460	23528	23596	23664	23732	23800
69	23529	23598	23667	23736	23805	23874	23943	24012	24081	24150
70	23870	23940	24010	24080	24150	24220	24290	24360	24430	24500
71	24211	24282	24353	24424	24495	24566	24637	24708	24779	24850
72	24552	24624	24696	24768	24840	24912	24984	25056	25128	25200
73	24893	24966	25039	25112	25185	25258	25331	25404	25477	25550
74	25234	25308	25382	25456	25530	25604	25678	25752	25826	25900
75	25575	25650	25725	25800	25875	25950	26025	26100	26175	26250
76	25916	25992	26068	26144	26220	26296	26372	26448	26524	26600
77	26257	26334	26411	26488	26565	26642	26719	26796	26873	26950
78	26598	26676	26754	26832	26910	26988	27066	27144	27222	27300
79	26939	27018	27097	27176	27255	27334	27413	27492	27571	27650
80	27280	27360	27440	27520	27600	27680	27760	27840	27920	28000
81	27621	27702	27783	27864	27945	28026	28107	28188	28269	28350
82	27962	28044	28126	28208	28290	28372	28454	28536	28618	28700
83	28303	28386	28469	28552	28635	28718	28801	28884	28967	29050
84	28644	28728	28812	28896	28980	29064	29148	29232	29316	29400
85	28985	29070	29155	29240	29325	29410	29495	29580	29665	29750
86	29326	29412	29498	29584	29670	29756	29842	29928	30014	30100
87	29667	29754	29841	29928	30015	30102	30189	30276	30363	30450
88	30008	30096	30184	30272	30360	30448	30536	30624	30712	30800
89	30349	30438	30527	30616	30705	30794	30883	30972	31061	31150
90	30690	30780	30870	30960	31050	31140	31230	31320	31410	31500
91	31031	31122	31213	31304	31395	31486	31577	31668	31759	31850
92	31372	31464	31556	31648	31740	31832	31924	32016	32108	32200
93	31713	31806	31899	31992	32085	32178	32271	32364	32457	32550
94	32054	32148	32242	32336	32430	32524	32618	32712	32806	32900
95	32395	32490	32585	32680	32775	32870	32965	33060	33155	33250
96	32736	32832	32928	33024	33120	33216	33312	33408	33504	33600
97	33077	33174	33271	33368	33465	33562	33659	33756	33853	33950
98	33418	33516	33614	33712	33810	33908	34006	34104	34202	34300
99	33759	33858	33957	34056	34155	34254	34353	34452	34551	34650
100	34100	34200	34300	34400	34500	34600	34700	34800	34900	35000

G

n	351	352	353	354	355	356	357	358	359	360
1	351	352	353	354	355	356	357	358	359	360
2	702	704	706	708	710	712	714	716	718	720
3	1053	1056	1059	1062	1065	1068	1071	1074	1077	1080
4	1404	1408	1412	1416	1420	1424	1428	1432	1436	1440
5	1755	1760	1765	1770	1775	1780	1785	1790	1795	1800
6	2106	2112	2118	2124	2130	2136	2142	2148	2154	2160
7	2457	2464	2471	2478	2485	2492	2499	2506	2513	2520
8	2808	2816	2824	2832	2840	2848	2856	2864	2872	2880
9	3159	3168	3177	3186	3195	3204	3213	3222	3231	3240
10	3510	3520	3530	3540	3550	3560	3570	3580	3590	3600
11	3861	3872	3883	3894	3905	3916	3927	3938	3949	3960
12	4212	4224	4236	4248	4260	4272	4284	4296	4308	4320
13	4563	4576	4589	4602	4615	4628	4641	4654	4667	4680
14	4914	4928	4942	4956	4970	4984	4998	5012	5026	5040
15	5265	5280	5295	5310	5325	5340	5355	5370	5385	5400
16	5616	5632	5648	5664	5680	5696	5712	5728	5744	5760
17	5967	5984	6001	6018	6035	6052	6069	6086	6103	6120
18	6318	6336	6354	6372	6390	6408	6426	6444	6462	6480
19	6669	6688	6707	6726	6745	6764	6783	6802	6821	6840
20	7020	7040	7060	7080	7100	7120	7140	7160	7180	7200
21	7371	7392	7413	7434	7455	7476	7497	7518	7539	7560
22	7722	7744	7766	7788	7810	7832	7854	7876	7898	7920
23	8073	8096	8119	8142	8165	8188	8211	8234	8257	8280
24	8424	8448	8472	8496	8520	8544	8568	8592	8616	8640
25	8775	8800	8825	8850	8875	8900	8925	8950	8975	9000
26	9126	9152	9178	9204	9230	9256	9282	9308	9334	9360
27	9477	9504	9531	9558	9585	9612	9639	9666	9693	9720
28	9828	9856	9884	9912	9940	9968	9996	10024	10052	10080
29	10179	10208	10237	10266	10295	10324	10353	10382	10411	10440
30	10530	10560	10590	10620	10650	10680	10710	10740	10770	10800
31	10881	10912	10943	10974	11005	11036	11067	11098	11129	11160
32	11232	11264	11296	11328	11360	11392	11424	11456	11488	11520
33	11583	11616	11649	11682	11715	11748	11781	11814	11847	11880
34	11934	11968	12002	12036	12070	12104	12138	12172	12206	12240
35	12285	12320	12355	12390	12425	12460	12495	12530	12565	12600
36	12636	12672	12708	12744	12780	12816	12852	12888	12924	12960
37	12987	13024	13061	13098	13135	13172	13209	13246	13283	13320
38	13338	13376	13414	13452	13490	13528	13566	13604	13642	13680
39	13689	13728	13767	13806	13845	13884	13923	13962	14001	14040
40	14040	14080	14120	14160	14200	14240	14280	14320	14360	14400
41	14391	14432	14473	14514	14555	14596	14637	14678	14719	14760
42	14742	14784	14826	14868	14910	14952	14994	15036	15078	15120
43	15093	15136	15179	15222	15265	15308	15351	15394	15437	15480
44	15444	15488	15532	15576	15620	15664	15708	15752	15796	15840
45	15795	15840	15885	15930	15975	16020	16065	16110	16155	16200
46	16146	16192	16238	16284	16330	16376	16422	16468	16514	16560
47	16497	16544	16591	16638	16685	16732	16779	16826	16873	16920
48	16848	16896	16944	16992	17040	17088	17136	17184	17232	17280
49	17199	17248	17297	17346	17395	17444	17493	17542	17591	17640
50	17550	17600	17650	17700	17750	17800	17850	17900	17950	18000
51	17901	17952	18003	18054	18105	18156	18207	18258	18309	18360
52	18252	18304	18356	18408	18460	18512	18564	18616	18668	18720
53	18603	18656	18709	18762	18815	18868	18921	18974	19027	19080
54	18954	19008	19062	19116	19170	19224	19278	19332	19386	19440
55	19305	19360	19415	19470	19525	19580	19635	19690	19745	19800
56	19656	19712	19768	19824	19880	19936	19992	20048	20104	20160
57	20007	20064	20121	20178	20235	20292	20349	20406	20463	20520
58	20358	20416	20474	20532	20590	20648	20706	20764	20822	20880
59	20709	20768	20827	20886	20945	21004	21063	21122	21181	21240
60	21060	21120	21180	21240	21300	21360	21420	21480	21540	21600
61	21411	21472	21533	21594	21655	21716	21777	21838	21899	21960
62	21762	21824	21886	21948	22010	22072	22134	22196	22258	22320
63	22113	22176	22239	22302	22365	22428	22491	22554	22617	22680
64	22464	22528	22592	22656	22720	22784	22848	22912	22976	23040
65	22815	22880	22945	23010	23075	23140	23205	23270	23335	23400
66	23166	23232	23298	23364	23430	23496	23562	23628	23694	23760
67	23517	23584	23651	23718	23785	23852	23919	23986	24053	24120
68	23868	23936	24004	24072	24140	24208	24276	24344	24412	24480
69	24219	24288	24357	24426	24495	24564	24633	24702	24771	24840
70	24570	24640	24710	24780	24850	24920	24990	25060	25130	25200
71	24921	24992	25063	25134	25205	25276	25347	25418	25489	25560
72	25272	25344	25416	25488	25560	25632	25704	25776	25848	25920
73	25623	25696	25769	25842	25915	25988	26061	26134	26207	26280
74	25974	26048	26122	26196	26270	26344	26418	26492	26566	26640
75	26325	26400	26475	26550	26625	26700	26775	26850	26925	27000
76	26676	26752	26828	26904	26980	27056	27132	27208	27284	27360
77	27027	27104	27181	27258	27335	27412	27489	27566	27643	27720
78	27378	27456	27534	27612	27690	27768	27846	27924	28002	28080
79	27729	27808	27887	27966	28045	28124	28203	28282	28361	28440
80	28080	28160	28240	28320	28400	28480	28560	28640	28720	28800
81	28431	28512	28593	28674	28755	28836	28917	28998	29079	29160
82	28782	28864	28946	29028	29110	29192	29274	29356	29438	29520
83	29133	29216	29299	29382	29465	29548	29631	29714	29797	29880
84	29484	29568	29652	29736	29820	29904	29988	30072	30156	30240
85	29835	29920	30005	30090	30175	30260	30345	30430	30515	30600
86	30186	30272	30358	30444	30530	30616	30702	30788	30874	30960
87	30537	30624	30711	30798	30885	30972	31059	31146	31233	31320
88	30888	30976	31064	31152	31240	31328	31416	31504	31592	31680
89	31239	31328	31417	31506	31595	31684	31773	31862	31951	32040
90	31590	31680	31770	31860	31950	32040	32130	32220	32310	32400
91	31941	32032	32123	32214	32305	32396	32487	32578	32669	32760
92	32292	32384	32476	32568	32660	32752	32844	32936	33028	33120
93	32643	32736	32829	32922	33015	33108	33201	33294	33387	33480
94	32994	33088	33182	33276	33370	33464	33558	33652	33746	33840
95	33345	33440	33535	33630	33725	33820	33915	34010	34105	34200
96	33696	33792	33888	33984	34080	34176	34272	34368	34464	34560
97	34047	34144	34241	34338	34435	34532	34629	34726	34823	34920
98	34398	34495	34594	34692	34790	34888	34986	35084	35182	35280
99	34749	34848	34947	35046	35145	35244	35343	35442	35541	35640
100	35100	35200	35300	35400	35500	35600	35700	35800	35900	36000

	361	362	363	364	365	366	367	368	369	370
1	361	362	363	364	365	366	367	368	369	370
2	722	724	726	728	730	732	734	736	738	740
3	1083	1086	1089	1092	1095	1098	1101	1104	1107	1110
4	1444	1448	1452	1456	1460	1464	1468	1472	1476	1480
5	1805	1810	1815	1820	1825	1830	1835	1840	1845	1850
6	2166	2172	2178	2184	2190	2196	2202	2208	2214	2220
7	2537	2534	2541	2548	2555	2562	2569	2576	2583	2590
8	2888	2896	2904	2912	2920	2928	2936	2944	2952	2960
9	3249	3258	3267	3276	3285	3294	3303	3312	3321	3330
10	3610	3620	3630	3640	3650	3660	3670	3680	3690	3700
11	3971	3982	3993	4004	4015	4026	4037	4048	4059	4070
12	4332	4344	4356	4368	4380	4392	4404	4416	4428	4440
13	4693	4706	4719	4732	4745	4758	4771	4784	4797	4810
14	5054	5068	5082	5096	5110	5124	5138	5152	5166	5180
15	5415	5430	5445	5460	5475	5490	5505	5520	5535	5550
16	5776	5792	5808	5824	5840	5856	5872	5888	5904	5920
17	6137	6154	6171	6188	6205	6222	6239	6256	6273	6290
18	6498	6516	6534	6552	6570	6588	6606	6624	6642	6660
19	6859	6878	6897	6916	6935	6954	6973	6992	7011	7030
20	7220	7240	7260	7280	7300	7320	7340	7360	7380	7400
21	7581	7602	7623	7644	7665	7686	7707	7728	7749	7770
22	7942	7964	7986	8008	8030	8052	8074	8096	8118	8140
23	8303	8326	8349	8372	8395	8418	8441	8464	8487	8510
24	8664	8688	8712	8736	8760	8784	8808	8832	8856	8880
25	9025	9050	9075	9100	9125	9150	9175	9200	9225	9250
26	9386	9412	9438	9464	9490	9516	9542	9568	9594	9620
27	9747	9774	9801	9828	9855	9882	9909	9936	9963	9990
28	10108	10136	10164	10192	10220	10248	10276	10304	10332	10360
29	10469	10498	10527	10556	10585	10614	10643	10672	10701	10730
30	10830	10860	10890	10920	10950	10980	11010	11040	11070	11100
31	11191	11222	11253	11284	11315	11346	11377	11408	11439	11470
32	11552	11584	11616	11648	11680	11712	11744	11776	11808	11840
33	11913	11946	11979	12012	12045	12078	12111	12144	12177	12210
34	12274	12308	12342	12376	12410	12444	12478	12512	12546	12580
35	12635	12670	12705	12740	12775	12810	12845	12880	12915	12950
36	12996	13032	13068	13104	13140	13176	13212	13248	13284	13320
37	13357	13394	13431	13468	13505	13542	13579	13616	13653	13690
38	13718	13756	13794	13832	13870	13908	13946	13984	14022	14060
39	14079	14118	14157	14196	14235	14274	14313	14352	14391	14430
40	14440	14480	14520	14560	14600	14640	14680	14720	14760	14800
41	14801	14842	14883	14924	14965	15006	15047	15088	15129	15170
42	15162	15204	15246	15288	15330	15372	15414	15456	15498	15540
43	15523	15566	15609	15652	15695	15738	15781	15824	15867	15910
44	15884	15928	15972	16016	16060	16104	16148	16192	16236	16280
45	16245	16290	16335	16380	16425	16470	16515	16560	16605	16650
46	16606	16652	16698	16744	16790	16836	16882	16928	16974	17020
47	16967	17014	17061	17108	17155	17202	17249	17296	17343	17390
48	17328	17376	17424	17472	17520	17568	17616	17664	17712	17760
49	17689	17738	17787	17836	17885	17934	17983	18032	18081	18130
50	18050	18100	18150	18200	18250	18300	18350	18400	18450	18500
51	18411	18462	18513	18564	18615	18666	18717	18768	18819	18870
52	18772	18824	18876	18928	18980	19032	19084	19136	19188	19240
53	19133	19186	19239	19292	19345	19398	19451	19504	19557	19610
54	19494	19548	19602	19656	19710	19764	19818	19872	19926	19980
55	19855	19910	19965	20020	20075	20130	20185	20240	20295	20350
56	20216	20272	20328	20384	20440	20496	20552	20608	20664	20720
57	20577	20634	20691	20748	20805	20862	20919	20976	21033	21090
58	20938	20996	21054	21112	21170	21228	21286	21344	21402	21460
59	21299	21358	21417	21476	21535	21594	21653	21712	21771	21830
60	21660	21720	21780	21840	21900	21960	22020	22080	22140	22200
61	22021	22082	22143	22204	22265	22326	22387	22448	22509	22570
62	22382	22444	22506	22568	22630	22692	22754	22816	22878	22940
63	22743	22806	22869	22932	22995	23058	23121	23184	23247	23310
64	23104	23168	23232	23296	23360	23424	23488	23552	23616	23680
65	23465	23530	23595	23660	23725	23790	23855	23920	23985	24050
66	23826	23892	23958	24024	24090	24156	24222	24288	24354	24420
67	24187	24254	24321	24388	24455	24522	24589	24656	24723	24790
68	24548	24616	24684	24752	24820	24888	24956	25024	25092	25160
69	24909	24978	25047	25116	25185	25254	25323	25392	25461	25530
70	25270	25340	25410	25480	25550	25620	25690	25760	25830	25900
71	25631	25702	25773	25844	25915	25986	26057	26128	26199	26270
72	25992	26064	26136	26208	26280	26352	26424	26496	26568	26640
73	26353	26426	26499	26572	26645	26718	26791	26864	26937	27010
74	26714	26788	26862	26936	27010	27084	27158	27232	27306	27380
75	27075	27150	27225	27300	27375	27450	27525	27600	27675	27750
76	27436	27512	27588	27664	27740	27816	27892	27968	28044	28120
77	27797	27874	27951	28028	28105	28182	28259	28336	28413	28490
78	28158	28236	28314	28392	28470	28548	28626	28704	28782	28860
79	28519	28598	28677	28756	28835	28914	28993	29072	29151	29230
80	28880	28960	29040	29120	29200	29280	29360	29440	29520	29600
81	29241	29322	29403	29484	29565	29646	29727	29808	29889	29970
82	29602	29684	29766	29848	29930	30012	30094	30176	30258	30340
83	29963	30046	30129	30212	30295	30378	30461	30544	30627	30710
84	30324	30408	30492	30576	30660	30744	30828	30912	30996	31080
85	30685	30770	30855	30940	31025	31110	31195	31280	31365	31450
86	31046	31132	31218	31304	31390	31476	31562	31648	31734	31820
87	31407	31494	31581	31668	31755	31842	31929	32016	32103	32190
88	31768	31856	31944	32032	32120	32208	32296	32384	32472	32560
89	32129	32218	32307	32396	32485	32574	32663	32752	32841	32930
90	32490	32580	32670	32760	32850	32940	33030	33120	33210	33300
91	32851	32942	33033	33124	33215	33306	33397	33488	33579	33670
92	33212	33304	33396	33488	33580	33672	33764	33856	33948	34040
93	33573	33666	33759	33852	33945	34038	34131	34224	34317	34410
94	33934	34028	34122	34216	34310	34404	34498	34592	34686	34780
95	34295	34390	34485	34580	34675	34770	34865	34960	35055	35150
96	34656	34752	34848	34944	35040	35136	35232	35328	35424	35520
97	35017	35114	35211	35308	35405	35502	35599	35696	35793	35890
98	35378	35476	35574	35672	35770	35868	35966	36064	36162	36260
99	35739	35838	35937	36036	36135	36234	36333	36432	36531	36630
100	36100	36200	36300	36400	36500	36600	36700	36800	36900	37000

	371	372	373	374	375	376	377	378	379	380
1	371	372	373	374	375	376	377	378	379	[illegible]
2	742	744	746	748	750	752	754	756	758	[illegible]
3	1113	1116	1119	1122	1125	1128	1131	1134	1137	[illegible]
4	1484	1488	1492	1496	1500	1504	1508	1512	1516	[illegible]
5	1855	1860	1865	1870	1875	1880	1885	1890	1895	[illegible]
6	2226	2232	2238	2244	2250	2256	2262	2268	2274	[illegible]
7	2597	2604	2611	2618	2625	2632	2639	2646	2653	[illegible]
8	2968	2976	2984	2992	3000	3008	3016	3024	3032	[illegible]
9	3339	3348	3357	3366	3375	3384	3393	3402	3411	[illegible]
10	3710	3720	3730	3740	3750	3760	3770	3780	3790	[illegible]
11	4081	4092	4103	4114	4125	4136	4147	4158	4169	[illegible]
12	4452	4464	4476	4488	4500	4512	4524	4536	4548	[illegible]
13	4823	4836	4849	4862	4875	4888	4901	4914	4927	[illegible]
14	5194	5208	5222	5236	5250	5264	5278	5292	5306	[illegible]
15	5565	5580	5595	5610	5625	5640	5655	5670	5685	[illegible]
16	5936	5952	5968	5984	6000	6016	6032	6048	6064	[illegible]
17	6307	6324	6341	6358	6375	6392	6409	6426	6443	[illegible]
18	6678	6696	6714	6732	6750	6768	6786	6804	6822	[illegible]
19	7049	7068	7087	7106	7125	7144	7163	7182	7201	[illegible]
20	7420	7440	7460	7480	7500	7520	7540	7560	7580	[illegible]
21	7791	7812	7833	7854	7875	7896	7917	7938	7959	[illegible]
22	8162	8184	8206	8228	8250	8272	8294	8316	8338	[illegible]
23	8533	8556	8579	8602	8625	8648	8671	8694	8717	[illegible]
24	8904	8928	8952	8976	9000	9024	9048	9072	9096	[illegible]
25	9275	9300	9325	9350	9375	9400	9425	9450	9475	[illegible]
26	9646	9672	9698	9724	9750	9776	9802	9828	9854	[illegible]
27	10017	10044	10071	10098	10125	10152	10179	10206	10233	[illegible]
28	10388	10416	10444	10472	10500	10528	10556	10584	10612	[illegible]
29	10759	10788	10817	10846	10875	10904	10933	10962	10991	[illegible]
30	11130	11160	11190	11220	11250	11280	11310	11340	11370	[illegible]
31	11501	11532	11563	11594	11625	11656	11687	11718	11749	[illegible]
32	11872	11904	11936	11968	12000	12032	12064	12096	12128	[illegible]
33	12243	12276	12309	12342	12375	12408	12441	12474	12507	[illegible]
34	12614	12648	12682	12716	12750	12784	12818	12852	12886	[illegible]
35	12985	13020	13055	13090	13125	13160	13195	13230	13265	[illegible]
36	13356	13392	13428	13464	13500	13536	13572	13608	13644	[illegible]
37	13727	13764	13801	13838	13875	13912	13949	13986	14023	[illegible]
38	14098	14136	14174	14212	14250	14288	14326	14364	14402	[illegible]
39	14469	14508	14547	14586	14625	14664	14703	14742	14781	[illegible]
40	14840	14880	14920	14960	15000	15040	15080	15120	15160	[illegible]
41	15211	15252	15293	15334	15375	15416	15457	15498	15539	[illegible]
42	15582	15624	15666	15708	15750	15792	15834	15876	15918	[illegible]
43	15953	15996	16039	16082	16125	16168	16211	16254	16297	[illegible]
44	16324	16368	16412	16456	16500	16544	16588	16632	16676	[illegible]
45	16695	16740	16785	16830	16875	16920	16965	17010	17055	[illegible]
46	17066	17112	17158	17204	17250	17296	17342	17388	17434	[illegible]
47	17437	17484	17531	17578	17625	17672	17719	17766	17813	[illegible]
48	17808	17856	17904	17952	18000	18048	18096	18144	18192	[illegible]
49	18179	18228	18277	18326	18375	18424	18473	18522	18571	[illegible]
50	18550	18600	18650	18700	18750	18800	18850	18900	18950	[illegible]
51	18921	18972	19023	19074	19125	19176	19227	19278	19329	[illegible]
52	19292	19344	19396	19448	19500	19552	19604	19656	19708	[illegible]
53	19663	19716	19769	19822	19875	19928	19981	20034	20087	[illegible]
54	20034	20088	20142	20196	20250	20304	20358	20412	20466	[illegible]
55	20405	20460	20515	20570	20625	20680	20735	20790	20845	[illegible]
56	20776	20832	20888	20944	21000	21056	21112	21168	21224	[illegible]
57	21147	21204	21261	21318	21375	21432	21489	21546	21603	[illegible]
58	21518	21576	21634	21692	21750	21808	21866	21924	21982	[illegible]
59	21889	21948	22007	22066	22125	22184	22243	22302	22361	[illegible]
60	22260	22320	22380	22440	22500	22560	22620	22680	22740	[illegible]
61	22631	22692	22753	22814	22875	22936	22997	23058	23119	[illegible]
62	23002	23064	23126	23188	23250	23312	23374	23436	23498	[illegible]
63	23373	23436	23499	23562	23625	23688	23751	23814	23877	[illegible]
64	23744	23808	23872	23936	24000	24064	24128	24192	24256	[illegible]
65	24115	24180	24245	24310	24375	24440	24505	24570	24635	[illegible]
66	24486	24552	24618	24684	24750	24816	24882	24948	25014	[illegible]
67	24857	24924	24991	25058	25125	25192	25259	25326	25393	[illegible]
68	25228	25296	25364	25432	25500	25568	25636	25704	25772	[illegible]
69	25599	25668	25737	25806	25875	25944	26013	26082	26151	[illegible]
70	25970	26040	26110	26180	26250	26320	26390	26460	26530	[illegible]
71	26341	26412	26483	26554	26625	26696	26767	26838	26909	[illegible]
72	26712	26784	26856	26928	27000	27072	27144	27216	27288	[illegible]
73	27083	27156	27229	27302	27375	27448	27521	27594	27667	[illegible]
74	27454	27528	27602	27676	27750	27824	27898	27972	28046	[illegible]
75	27825	27900	27975	28050	28125	28200	28275	28350	28425	[illegible]
76	28196	28272	28348	28424	28500	28576	28652	28728	28804	[illegible]
77	28567	28644	28721	28798	28875	28952	29029	29106	29183	[illegible]
78	28938	29016	29094	29172	29250	29328	29406	29484	29562	[illegible]
79	29309	29388	29467	29546	29625	29704	29783	29862	29941	[illegible]
80	29680	29760	29840	29920	30000	30080	30160	30240	30320	[illegible]
81	30051	30132	30213	30294	30375	30456	30537	30618	30699	[illegible]
82	30422	30504	30586	30668	30750	30832	30914	30996	31078	[illegible]
83	30793	30876	30959	31042	31125	31208	31291	31374	31457	[illegible]
84	31164	31248	31332	31416	31500	31584	31668	31752	31836	[illegible]
85	31535	31620	31705	31790	31875	31960	32045	32130	32215	[illegible]
86	31906	31992	32078	32164	32250	32336	32422	32508	32594	[illegible]
87	32277	32364	32451	32538	32625	32712	32799	32886	32973	[illegible]
88	32648	32736	32824	32912	33000	33088	33176	33264	33352	[illegible]
89	33019	33108	33197	33286	33375	33464	33553	33642	33731	[illegible]
90	33390	33480	33570	33660	33750	33840	33930	34020	34110	[illegible]
91	33761	33852	33943	34034	34125	34216	34307	34398	34489	[illegible]
92	34132	34224	34316	34408	34500	34592	34684	34776	34868	[illegible]
93	34503	34596	34689	34782	34875	34968	35061	35154	35247	[illegible]
94	34874	34968	35062	35156	35250	35344	35438	35532	35626	[illegible]
95	35245	35340	35435	35530	35625	35720	35815	35910	36005	[illegible]
96	35616	35712	35808	35904	36000	36096	36192	36288	36384	[illegible]
97	35987	36084	36181	36278	36375	36472	36569	36666	36763	[illegible]
98	36358	36456	36554	36652	36750	36848	36946	37044	37142	[illegible]
99	36729	36828	36927	37026	37125	37224	37333	37422	37521	[illegible]
100	37100	37200	37300	37400	37500	37600	37700	37800	37900	[illegible]

n	381	382	383	384	385	386	387	388	389	390
1	381	382	383	384	385	386	387	388	389	390
2	762	764	766	768	770	772	774	776	778	780
3	1143	1146	1149	1152	1155	1158	1161	1164	1167	1170
4	1524	1528	1532	1536	1540	1544	1548	1552	1556	1560
5	1905	1910	1915	1920	1925	1930	1935	1940	1945	1950
6	2286	2292	2298	2304	2310	2316	2322	2328	2334	2340
7	2667	2674	2681	2688	2695	2702	2709	2716	2723	2730
8	3048	3056	3064	3072	3080	3088	3096	3104	3112	3120
9	3429	3438	3447	3456	3465	3474	3483	3492	3501	3510
10	3810	3820	3830	3840	3850	3860	3870	3880	3890	3900
11	4191	4202	4213	4224	4235	4246	4257	4268	4279	4290
12	4572	4584	4596	4608	4620	4632	4644	4656	4668	4680
13	4953	4966	4979	4992	5005	5018	5031	5044	5057	5070
14	5334	5348	5362	5376	5390	5404	5418	5432	5446	5460
15	5715	5730	5745	5760	5775	5790	5805	5820	5835	5850
16	6096	6112	6128	6144	6160	6176	6192	6208	6224	6240
17	6477	6494	6511	6528	6545	6562	6579	6596	6613	6630
18	6858	6876	6894	6912	6930	6948	6966	6984	7002	7020
19	7239	7258	7277	7296	7315	7334	7353	7372	7391	7410
20	7620	7640	7660	7680	7700	7720	7740	7760	7780	7800
21	8001	8022	8043	8064	8085	8106	8127	8148	8169	8190
22	8382	8404	8426	8448	8470	8492	8514	8536	8558	8580
23	8763	8786	8809	8832	8855	8878	8901	8924	8947	8970
24	9144	9168	9192	9216	9240	9264	9288	9312	9336	9360
25	9525	9550	9575	9600	9625	9650	9675	9700	9725	9750
26	9906	9932	9958	9984	10010	10036	10062	10088	10114	10140
27	10287	10314	10341	10368	10395	10422	10449	10476	10503	10530
28	10668	10696	10724	10752	10780	10808	10836	10864	10892	10920
29	11049	11078	11107	11136	11165	11194	11223	11252	11281	11310
30	11430	11460	11490	11520	11550	11580	11610	11640	11670	11700
31	11811	11842	11873	11904	11935	11966	11997	12028	12059	12090
32	12192	12224	12256	12288	12320	12352	12384	12416	12448	12480
33	12573	12606	12639	12672	12705	12738	12771	12804	12837	12870
34	12954	12988	13022	13056	13090	13124	13158	13192	13226	13260
35	13335	13370	13405	13440	13475	13510	13545	13580	13615	13650
36	13716	13752	13788	13824	13860	13896	13932	13978	14004	14040
37	14097	14134	14171	14208	14245	14282	14319	14356	14393	14430
38	14478	14516	14554	14592	14630	14668	14706	14744	14782	14820
39	14859	14898	14937	14976	15015	15054	15093	15132	15171	15210
40	15240	15280	15320	15360	15400	15440	15480	15520	15560	15600
41	15621	15662	15703	15744	15785	15826	15867	15908	15949	15990
42	16002	16044	16086	16128	16170	16212	16254	16296	16338	16380
43	16383	16426	16469	16512	16555	16598	16641	16684	16727	16770
44	16764	16808	16852	16896	16940	16984	17028	17072	17116	17160
45	17145	17190	17235	17280	17325	17370	17415	17460	17505	17550
46	17526	17572	17618	17664	17710	17756	17802	17848	17894	17940
47	17907	17954	18001	18048	18095	18142	18189	18236	18283	18330
48	18288	18336	18384	18432	18480	18528	18576	18624	18672	18720
49	18669	18718	18767	18816	18865	18914	18963	19012	19061	19110
50	19050	19100	19150	19200	19250	19300	19350	19400	19450	19500
51	19431	19482	19533	19584	19635	19686	19737	19788	19839	19890
52	19812	19864	19916	19968	20020	20072	20124	20176	20228	20280
53	20193	20246	20299	20352	20405	20458	20511	20564	20617	20670
54	20574	20628	20682	20736	20790	20844	20898	20952	21006	21060
55	20955	21010	21065	21120	21175	21230	21285	21340	21395	21450
56	21336	21392	21448	21504	21560	21616	21672	21728	21784	21840
57	21717	21774	21831	21888	21945	22002	22059	22116	22173	22230
58	22098	22156	22214	22272	22330	22388	22446	22504	22562	22620
59	22479	22538	22597	22656	22715	22774	22833	22892	22951	23010
60	22860	22920	22980	23040	23100	23160	23220	23280	23340	23400
61	23241	23302	23363	23424	23485	23546	23607	23668	23729	23790
62	23622	23684	23746	23808	23870	23932	23994	24056	24118	24180
63	24003	24066	24129	24192	24255	24318	24381	24444	24507	24570
64	24384	24448	24512	24576	24640	24704	24768	24832	24896	24960
65	24765	24830	24895	24960	25025	25090	25155	25220	25285	25350
66	25146	25212	25278	25344	25410	25476	25542	25608	25674	25740
67	25527	25594	25661	25728	25795	25862	25929	25996	26063	26130
68	25908	25976	26044	26112	26180	26248	26316	26384	26452	26520
69	26289	26358	26427	26496	26565	26634	26703	26772	26841	26910
70	26670	26740	26810	26880	26950	27020	27090	27160	27230	27300
71	27051	27122	27193	27264	27335	27406	27477	27548	27619	27690
72	27432	27504	27576	27648	27720	27792	27864	27936	28008	28080
73	27813	27886	27959	28032	28105	28178	28251	28324	28397	28470
74	28194	28268	28342	28416	28490	28564	28638	28712	18786	28860
75	28575	28650	28725	28800	28875	28950	29025	29100	29175	29250
76	28956	29032	29108	29184	29260	29336	29412	29488	29564	29640
77	29337	29414	29491	29568	29645	29722	29799	29876	29953	30030
78	29718	29796	29874	29952	30030	30108	30186	30264	30342	30420
79	30099	30178	30257	30336	30415	30494	30573	30652	30731	30810
80	30480	30560	30640	30720	30800	30880	30960	31040	31120	31200
81	30861	30942	31023	31104	31185	31266	31347	31428	31509	31590
82	31242	31324	31406	31488	31570	31652	31734	31816	31898	31980
83	31623	31706	31789	31872	31955	32038	32121	32204	32287	32370
84	32004	32088	32172	32256	32340	32424	32508	32592	32676	32760
85	32385	32470	32555	32640	32725	32810	32895	32980	33065	33150
86	32766	32852	32938	33024	33110	33196	33282	33368	33464	33540
87	33147	33234	33321	33408	33495	33582	33669	33756	33843	33930
88	33528	33616	33704	33792	33880	33968	34056	34144	34232	34320
89	33909	33998	34087	34176	34265	34354	34443	34532	34621	34710
90	34290	34380	34470	34560	34650	34740	34830	34920	35010	35100
91	34671	34762	34853	34944	35035	35126	35217	35308	35399	35490
92	35052	35144	35236	35328	35420	35512	35604	35696	35788	35880
93	35433	35526	35619	35712	35805	35898	35991	36084	36177	36270
94	35814	35908	36002	36096	36190	36284	36378	36472	36566	36666
95	36195	36290	36385	36480	36575	36670	36765	36860	36955	37050
96	36576	36672	36768	36864	36960	37056	37152	37248	37344	37440
97	36957	37054	37151	37248	37345	37442	37539	37636	37733	37830
98	37338	37436	37534	37632	37730	37828	37926	38024	38122	38220
99	37719	37818	37917	38016	38115	38214	38313	38412	38511	38610
100	38100	38200	38300	38400	38500	38600	38700	38800	38900	39000

H

	391	392	393	394	395	396	397	398	399
1	391	392	393	394	395	396	397	398	399
2	782	784	786	788	790	792	794	796	798
3	1173	1176	1179	1182	1185	1188	1191	1194	1197
4	1564	1568	1572	1576	1580	1584	1588	1592	1596
5	1955	1960	1965	1970	1975	1980	1985	1990	1995
6	2346	2352	2358	2364	2370	2376	2382	2388	2394
7	2737	2744	2751	2758	2765	2772	2779	2786	2793
8	3128	3136	3144	3152	3160	3168	3176	3184	3192
9	3519	3528	3537	3546	3555	3564	3573	3582	3591
10	3910	3920	3930	3940	3950	3960	3970	3980	3990
11	4301	4312	4323	4334	4345	4356	4367	4378	4389
12	4692	4704	4716	4728	4740	4752	4764	4776	4788
13	5083	5096	5109	5122	5135	5148	5161	5174	5187
14	5474	5488	5502	5516	5530	5544	5558	5572	5586
15	5865	5880	5895	5910	5925	5940	5955	5970	5985
16	6256	6272	6288	6304	6320	6336	6352	6368	6384
17	6647	6664	6681	6698	6715	6732	6749	6766	6783
18	7038	7056	7074	7092	7110	7128	7146	7164	7182
19	7429	7448	7467	7486	7505	7524	7543	7562	7581
20	7820	7840	7860	7880	7900	7920	7940	7960	7980
21	8211	8232	8253	8274	8295	8316	8337	8358	8379
22	8602	8624	8646	8668	8690	8712	8734	8756	8778
23	8993	9016	9039	9062	9085	9108	9131	9154	9177
24	9384	9408	9432	9456	9480	9504	9528	9552	9576
25	9775	9800	9825	9850	9875	9900	9925	9950	9975
26	10166	10192	10218	10244	10270	10296	10322	10348	10374
27	10557	10584	10611	10638	10665	10692	10719	10746	10773
28	10948	10976	11004	11032	11060	11088	11116	11144	11172
29	11339	11368	11397	11426	11455	11484	11513	11542	11571
30	11730	11760	11790	11820	11850	11880	11910	11940	11970
31	12121	12152	12183	12214	12245	12276	12307	12338	12369
32	12512	12544	12576	12608	12640	12672	12704	12736	12768
33	12903	12936	12969	13002	13035	13068	13101	13134	13167
34	13294	13328	13362	13396	13430	13464	13498	13532	13566
35	13685	13720	13755	13790	13825	13860	13895	13930	13965
36	14076	14112	14148	14184	14220	14256	14292	14328	14364
37	14467	14504	14541	14578	14615	14652	14689	14726	14763
38	14858	14896	14934	14972	15010	15048	15086	15124	15162
39	15249	15288	15327	15366	15405	15444	15483	15522	15561
40	15640	15680	15720	15760	15800	15840	15880	15920	15960
41	16031	16072	16113	16154	16195	16236	16277	16318	16359
42	16422	16464	16506	16548	16590	16632	16674	16716	16758
43	16813	16856	16899	16942	16985	17028	17071	17114	17157
44	17204	17248	17292	17336	17380	17424	17468	17512	17556
45	17595	17640	17685	17730	17775	17820	17865	17910	17955
46	17986	18032	18078	18124	18170	18216	18262	18308	18354
47	18377	18424	18471	18518	18565	18612	18659	18706	18753
48	18768	18816	18864	18912	18960	19008	19056	19104	19152
49	19159	19208	19257	19306	19355	19404	19453	19502	19551
50	19550	19600	19650	19700	19750	19800	19850	19900	19950
51	19941	19992	20043	20094	20145	20196	20247	20298	20349
52	20332	20384	20436	20488	20540	20592	20644	20696	20748
53	20723	20776	20829	20882	20935	20988	21041	21094	21147
54	21114	21168	21222	21276	21330	21384	21438	21492	21546
55	21505	21560	21615	21670	21725	21780	21835	21890	21945
56	21896	21952	22008	22064	22120	22176	22232	22288	22344
57	22287	22344	22401	22458	22515	22572	22629	22686	22743
58	22678	22736	22794	22852	22910	22968	23026	23084	23142
59	23069	23128	23187	23246	23305	23364	23423	23482	23541
60	23460	23520	23580	23640	23700	23760	23820	23880	23940
61	23851	23912	23973	24034	24095	24156	24217	24278	24339
62	24242	24304	24366	24428	24490	24552	24614	24676	24738
63	24633	24696	24759	24822	24885	24948	25011	25074	25137
64	25024	25088	25152	25216	25280	25344	25408	25472	25536
65	25415	25480	25545	25610	25675	25740	25805	25870	25935
66	25806	25872	25938	26004	26070	26136	26202	26268	26334
67	26197	26264	26331	26398	26465	26532	26599	26666	26733
68	26588	26656	26724	26792	26860	26928	26996	27064	27132
69	26979	27048	27117	27186	27255	27324	27393	27462	27531
70	27370	27440	27510	27580	27650	27720	27790	27860	27930
71	27761	27832	27903	27974	28045	28116	28187	28258	28329
72	28152	28224	28296	28368	28440	28512	28584	28656	28728
73	28543	28616	28689	28762	28835	28908	28981	29054	29127
74	28934	29008	29082	29156	29230	29304	29378	29452	29526
75	29325	29400	29475	29550	29625	29700	29775	29850	29925
76	29716	29792	29868	29944	30020	30096	30172	30248	30324
77	30107	30184	30261	30338	30415	30492	30569	30646	30723
78	30498	30576	30654	30732	30810	30888	30966	31044	31122
79	30889	30968	31047	31126	31205	31284	31363	31442	31521
80	31280	31360	31440	31520	31600	31680	31760	31840	31920
81	31671	31752	31833	31914	31995	32076	32157	32238	32319
82	32062	32144	32226	32308	32390	32472	32554	32636	32718
83	32453	32536	32619	32702	32785	32868	32951	33034	33117
84	32844	32928	33012	33096	33180	33264	33348	33432	33516
85	33235	33320	33405	33490	33575	33660	33745	33830	33915
86	33626	33712	33798	33884	33970	34056	34142	34228	34314
87	34017	34104	34191	34278	34365	34452	34539	34626	34713
88	34408	34496	34584	34672	34760	34848	34936	35024	35112
89	34799	34888	34977	35066	35155	35244	35333	35422	35511
90	35190	35280	35370	35460	35550	35640	35730	35820	35910
91	35581	35672	35763	35854	35945	36036	36127	36218	36309
92	35972	36064	36156	36248	36340	36432	36524	36616	36708
93	36363	36456	36549	36642	36735	36828	36921	37014	37107
94	36754	36848	36942	37036	37130	37224	37318	37412	37506
95	37145	37240	37335	37430	37525	37620	37715	37810	37905
96	37536	37632	37728	37824	37920	38016	38112	38208	38304
97	37927	38024	38121	38218	38315	38412	38509	38606	38703
98	38318	38416	38514	38612	38710	38808	38906	39004	39102
99	38709	38808	38907	39006	39105	39204	39303	39402	39501
100	39100	39200	39300	39400	39500	39600	39700	39800	39900

I	401	402	403	404	405	406	407	408	409	410
1	401	402	403	404	405	406	407	408	409	410
2	802	804	806	808	810	812	814	816	818	820
3	1203	1206	1209	1212	1215	1218	1221	1224	1227	1230
4	1604	1608	1612	1616	1620	1624	1628	1632	1636	1640
5	2005	2010	2015	2020	2025	2030	2035	2040	2045	2050
6	2406	2412	2418	2424	2430	2436	2442	2448	2454	2460
7	2807	2814	2821	2828	2835	2842	2849	2856	2863	2870
8	3208	3216	3224	3232	3240	3248	3256	3264	3272	3280
9	3609	3618	3627	3636	3645	3654	3663	3672	3681	3690
10	4010	4020	4030	4040	4050	4060	4070	4080	4090	4100
11	4411	4422	4433	4444	4455	4466	4477	4488	4499	4510
12	4812	4824	4836	4848	4860	4872	4884	4896	4908	4920
13	5213	5226	5239	5252	5265	5278	5291	5304	5317	5330
14	5614	5628	5642	5656	5670	5684	5698	5712	5726	5740
15	6015	6030	6045	6060	6075	6090	6105	6120	6135	6150
16	6416	6432	6448	6464	6480	6496	6512	6528	6544	6560
17	6817	6834	6851	6868	6885	6902	6919	6936	6953	6970
18	7218	7236	7254	7272	7290	7308	7326	7344	7362	7380
19	7619	7638	7657	7676	7695	7714	7733	7752	7771	7790
20	8020	8040	8060	8080	8100	8120	8140	8160	8180	8200
21	8421	8442	8463	8484	8505	8526	8547	8568	8589	8610
22	8822	8844	8866	8888	8910	8932	8954	8976	8998	9020
23	9223	9246	9269	9292	9315	9338	9361	9384	9407	9430
24	9624	9648	9672	9696	9720	9744	9768	9792	9816	9840
25	10025	10050	10075	10100	10125	10150	10175	10200	10225	10250
26	10426	10452	10478	10504	10530	10556	10582	10608	10634	10660
27	10827	10854	10881	10908	10935	10962	10989	11016	11043	11070
28	11228	11256	11284	11312	11340	11368	11396	11424	11452	11480
29	11629	11658	11687	11716	11745	11774	11803	11832	11861	11890
30	12030	12060	12090	12120	12150	12180	12210	12240	12270	12300
31	12431	12462	12493	12524	12555	12586	12617	12648	12679	12710
32	12832	12864	12896	12928	12960	12992	13024	13056	13088	13120
33	13233	13266	13299	13332	13365	13398	13431	13464	13497	13530
34	13634	13668	13702	13736	13770	13804	13838	13872	13906	13940
35	14035	14070	14105	14140	14175	14210	14245	14280	14315	14350
36	14436	14472	14508	14544	14580	14616	14652	14688	14724	14760
37	14837	14874	14911	14948	14985	15022	15059	15096	15133	15170
38	15238	15276	15314	15352	15390	15428	15466	15504	15542	15580
39	15639	15678	15717	15756	15795	15834	15873	15912	15951	15990
40	16040	16080	16120	16160	16200	16240	16280	16320	16360	16400
41	16441	16482	16523	16564	16605	16646	16687	16728	16769	16810
42	16842	16884	16926	16968	17010	17052	17094	17136	17178	17220
43	17243	17286	17329	17372	17415	17458	17501	17544	17587	17630
44	17644	17688	17732	17776	17820	17864	17908	17952	17996	18040
45	18045	18090	18135	18180	18225	18270	18315	18360	18405	18450
46	18446	18492	18538	18584	18630	18676	18722	18768	18814	18860
47	18847	18894	18941	18988	19035	19082	19129	19176	19223	19270
48	19248	19296	19344	19392	19440	19488	19536	19584	19632	19680
49	19649	19698	19747	19796	19845	19894	19943	19992	20041	20090
50	20050	20100	20150	20200	20250	20300	20350	20400	20450	20500
51	20451	20502	20553	20604	20655	20706	20757	20808	20859	20910
52	20852	20904	20956	21008	21060	21112	21164	21216	21268	21320
53	21253	21306	21359	21412	21465	21518	21571	21624	21677	21730
54	21654	21708	21762	21816	21870	21924	21978	22032	22086	22140
55	22055	22110	22165	22220	22275	22330	22385	22440	22495	22550
56	22456	22512	22568	22624	22680	22736	22792	22848	22904	22960
57	22857	22914	22971	23028	23085	23142	23199	23256	23313	23370
58	23258	23316	23374	23432	23490	23548	23606	23664	23722	23780
59	23659	23718	23777	23836	23895	23954	24013	24072	24131	24190
60	24060	24120	24180	24240	24300	24360	24420	24480	24540	24600
61	24461	24522	24583	24644	24705	24766	24827	24888	24949	25010
62	24862	24924	24986	25048	25110	25172	25234	25296	25358	25420
63	25263	25326	25389	25452	25515	25578	25641	25704	25767	25830
64	25664	25728	25792	25856	25920	25984	26048	26112	26176	26240
65	26065	26130	26195	26260	26325	26390	26455	26520	26585	26650
66	26466	26532	26598	26664	26730	26796	26862	26928	26994	27060
67	26867	26934	27001	27068	27135	27202	27269	27336	27403	27470
68	27268	27336	27404	27472	27540	27608	27676	27744	27812	27880
69	27669	27738	27807	27876	27945	28014	28083	28152	28221	28290
70	28070	28140	28210	28280	28350	28420	28490	28560	28630	28700
71	28471	28542	28613	28684	28755	28826	28897	28968	29039	29110
72	28872	28944	29016	29088	29166	29232	29304	29376	29448	29520
73	29273	29346	29419	29492	29565	29638	29711	29784	29857	29930
74	29674	29748	29822	29896	29970	30044	30118	30192	30266	30340
75	30075	30150	30225	30300	30375	30450	30525	30600	30675	30750
76	30476	30552	30628	30704	30780	30856	30932	31008	31084	31160
77	30877	30954	31031	31108	31185	31262	31339	31416	31493	31570
78	31278	31356	31434	31512	31590	31668	31746	31824	31902	31980
79	31679	31758	31837	31916	31995	32074	32153	32232	32311	32390
80	32080	32160	32240	32320	32400	32480	32560	32640	32720	32800
81	32481	32562	32643	32724	32805	32886	32967	33048	33129	33210
82	32882	32964	33046	33128	33210	33292	33374	33456	33538	33620
83	33283	33366	33449	33532	33615	33698	33781	33864	33947	34030
84	33684	33768	33852	33936	34020	34104	34188	34272	34356	34440
85	34085	34170	34255	34340	34425	34510	34595	34680	34765	34850
86	34486	34572	34658	34744	34830	34916	35002	35088	35174	35260
87	34887	34974	35061	35148	35235	35322	35409	35496	35583	35670
88	35288	35376	35464	35552	35640	35728	35816	35904	35992	36080
89	35689	35778	35867	35956	36045	36134	36223	36312	36401	36490
90	36090	36180	36270	36360	36450	36540	36630	36720	36810	36900
91	36491	36582	36673	36764	36855	36946	37037	37128	37219	37310
92	36892	36984	37076	37168	37260	37352	37444	37536	37628	37720
93	37293	37386	37479	37572	37665	37758	37851	37944	38037	38130
94	37694	37788	37882	37976	38070	38164	38258	38352	38446	38540
95	38095	38190	38285	38380	38475	38570	38665	38760	38855	38950
96	38496	38592	38688	38784	38880	38976	39072	39168	39264	39360
97	38897	38994	39091	39188	39285	39382	39479	39576	39673	39770
98	39298	39396	39494	39592	39690	39788	39886	39984	40082	40180
99	39699	39798	39897	39996	40095	40194	40293	40392	40491	40590
100	40100	40200	40300	40400	40500	40600	40700	40800	40900	41000

	411	412	413	414	415	416	417	418	419	420
1	411	412	413	414	415	416	417	418	419	420
2	822	824	826	828	830	832	834	836	838	840
3	1233	1236	1239	1242	1245	1248	1251	1254	1257	1260
4	1644	1648	1652	1656	1660	1664	1668	1672	1676	1680
5	2055	2060	2065	2070	2075	2080	2085	2090	2095	2100
6	2466	2472	2478	2484	2490	2496	2502	2508	2514	2520
7	2877	2884	2891	2898	2905	2912	2919	2926	2933	2940
8	3288	3296	3304	3312	3320	3328	3336	3344	3352	3360
9	3699	3708	3717	3726	3735	3744	3753	3762	3771	3780
10	4110	4120	4130	4140	4150	4160	4170	4180	4190	4200
11	4521	4532	4543	4554	4565	4576	4587	4598	4609	4620
12	4932	4944	4956	4968	4980	4992	5004	5016	5028	5040
13	5343	5356	5369	5382	5395	5408	5421	5434	5447	5460
14	5754	5768	5782	5796	5810	5824	5838	5852	5866	5880
15	6165	6180	6195	6210	6225	6240	6255	6270	6285	6300
16	6576	6592	6608	6624	6640	6656	6672	6688	6704	6720
17	6987	7004	7021	7038	7055	7072	7089	7106	7123	7140
18	7398	7416	7434	7452	7470	7488	7506	7524	7542	7560
19	7809	7828	7847	7866	7885	7904	7923	7942	7961	7980
20	8220	8240	8260	8280	8300	8320	8340	8360	8380	8400
21	8631	8652	8673	8694	8715	8736	8757	8778	8799	8820
22	9042	9064	9086	9108	9130	9152	9174	9196	9218	9240
23	9453	9476	9499	9522	9545	9568	9591	9614	9637	9660
24	9864	9888	9912	9936	9960	9984	10008	10032	10056	10080
25	10275	10300	10325	10350	10375	10400	10425	10450	10475	10500
26	10686	10712	10738	10764	10790	10816	10842	10868	10894	10920
27	11097	11124	11151	11178	11205	11232	11259	11286	11313	11340
28	11508	11536	11564	11592	11620	11648	11676	11704	11732	11760
29	11919	11948	11977	12006	12035	12064	12093	12122	12151	12180
30	12330	12360	12390	12420	12450	12480	12510	12540	12570	12600
31	12741	12772	12803	12834	12865	12896	12927	12958	12989	13020
32	13152	13184	13216	13248	13280	13312	13344	13376	13408	13440
33	13563	13596	13629	13662	13695	13728	13761	13794	13827	13860
34	13974	14008	14042	14076	14110	14144	14178	14212	14246	14280
35	14385	14420	14455	14490	14525	14560	14595	14630	14665	14700
36	14796	14832	14868	14904	14940	14976	15012	15048	15084	15120
37	15207	15244	15281	15318	15355	15392	15429	15466	15503	15540
38	15618	15656	15694	15732	15770	15808	15846	15884	15922	15960
39	16029	16068	16107	16146	16185	16224	16263	16302	16341	16380
40	16440	16480	16520	16560	16600	16640	16680	16720	16760	16800
41	16851	16892	16933	16974	17015	17056	17097	17138	17179	17220
42	17262	17304	17346	17388	17430	17472	17514	17556	17598	17640
43	17673	17716	17759	17802	17845	17888	17931	17974	18017	18060
44	18084	18128	18172	18216	18260	18304	18348	18392	18436	18480
45	18495	18540	18585	18630	18675	18720	18765	18810	18855	18900
46	18906	18952	18998	19044	19090	19136	19182	19228	19274	19320
47	19317	19364	19411	19458	19505	19552	19599	19646	19693	19740
48	19728	19776	19824	19872	19920	19968	20016	20064	20112	20160
49	20139	20188	20237	20286	20335	20384	20433	20482	20531	20580
50	20550	20600	20650	20700	20750	20800	20850	20900	20950	21000
51	20961	21012	21063	21114	21165	21216	21267	21318	21369	21420
52	21372	21424	21476	21528	21580	21632	21684	21736	21788	21840
53	21783	21836	21889	21942	21995	22048	22101	22154	22207	22260
54	22194	22248	22302	22356	22410	22464	22518	22572	22626	22680
55	22605	22660	22715	22770	22825	22880	22935	22990	23045	23100
56	23016	23072	23128	23184	23240	23296	23352	23408	23464	23520
57	23427	23484	23541	23598	23655	23712	23769	23826	23883	23940
58	23838	23896	23954	24012	24070	24128	24186	24244	24302	24360
59	24249	24308	24367	24426	24485	24544	24603	24662	24721	24780
60	24660	24720	24780	24840	24900	24960	25020	25080	25140	25200
61	25071	25132	25193	25254	25315	25376	25437	25498	25559	25620
62	25482	25544	25606	25668	25730	25792	25854	25916	25978	26040
63	25893	25956	26019	26082	26145	26208	26271	26334	26397	26460
64	26304	26368	26432	26496	26560	26624	26688	26752	26816	26880
65	26715	26780	26845	26910	26975	27040	27105	27170	27235	27300
66	27126	27192	27258	27324	27390	27456	27522	27588	27654	27720
67	27537	27604	27671	27738	27805	27872	27939	28006	28073	28140
68	27948	28016	28084	28152	28220	28288	28356	28424	28492	28560
69	28359	28428	28497	28566	28635	28704	28773	28842	28911	28980
70	28770	28840	28910	28980	29050	29120	29190	29260	29330	29400
71	29181	29252	29323	29394	29465	29536	29607	29678	29749	29820
72	29592	29664	29736	29808	29880	29952	30024	30096	30168	30240
73	30003	30076	30149	30222	30295	30368	30441	30514	30587	30660
74	30414	30488	30562	30636	30710	30784	30858	30932	31006	31080
75	30825	30900	30975	31050	31125	31200	31275	31350	31425	31500
76	31236	31312	31388	31464	31540	31616	31692	31768	31844	31920
77	31647	31724	31801	31878	31955	32032	32109	32186	32263	32340
78	32058	32136	32214	32292	32370	32448	32526	32604	32682	32760
79	32469	32548	32627	32706	32785	32864	32943	33022	33101	33180
80	32880	32960	33040	33120	33200	33280	33360	33440	33520	33600
81	33291	33372	33453	33534	33615	33696	33777	33858	33939	34020
82	33702	33784	33866	33948	34030	34112	34194	34276	34358	34440
83	34113	34196	34279	34362	34445	34528	34611	34694	34777	34860
84	34524	34608	34692	34776	34860	34944	35028	35112	35196	35280
85	34935	35020	35105	35190	35275	35360	35445	35530	35615	35700
86	35346	35432	35518	35604	35690	35776	35862	35948	36034	36120
87	35757	35844	35931	36018	36105	36192	36279	36366	36453	36540
88	36168	36256	36344	36432	36520	36608	36696	36784	36872	36960
89	36579	36668	36757	36846	36935	37024	37113	37202	37291	37380
90	36990	37080	37170	37260	37350	37440	37530	37620	37710	37800
91	37401	37492	37583	37674	37765	37856	37947	38038	38129	38220
92	37812	37904	37996	38088	38180	38272	38364	38456	38548	38640
93	38223	38316	38409	38502	38595	38688	38781	38874	38967	39060
94	38634	38728	38822	38916	39010	39104	39198	39292	39386	39480
95	39045	39140	39235	39330	39425	39520	39615	39710	39805	39900
96	39456	39552	39648	39744	39840	39936	40032	40128	40224	40320
97	39867	39964	40061	40158	40255	40352	40449	40546	40643	40740
98	40278	40376	40474	40572	40670	40768	40866	40964	41062	41160
99	40689	40788	40887	40986	41085	41184	41283	41382	41481	41580
100	41100	41200	41300	41400	41500	41600	41700	41800	41900	42000

	421	422	423	424	425	426	427	428	429	430
1	421	422	423	424	425	426	427	428	429	430
2	842	844	846	848	850	852	854	856	858	860
3	1263	1266	1269	1272	1275	1278	1281	1284	1287	1290
4	1684	1688	1692	1696	1700	1704	1708	1712	1716	1720
5	2105	2110	2115	2120	2125	2130	2135	2140	2145	2150
6	2526	2532	2538	2544	2550	2556	2562	2568	2574	2580
7	2947	2954	2961	2968	2975	2982	2989	2996	3003	3010
8	3368	3376	3384	3392	3400	3408	3416	3424	3432	3440
9	3789	3798	3807	3816	3825	3834	3843	3852	3861	3870
10	4210	4220	4230	4240	4250	4260	4270	4280	4290	4300
11	4631	4642	4653	4664	4675	4686	4697	4708	4719	4730
12	5052	5064	5076	5088	5100	5112	5124	5136	5148	5160
13	5473	5486	5499	5512	5525	5538	5551	5564	5577	5590
14	5894	5908	5922	5936	5950	5964	5978	5992	6006	6020
15	6315	6330	6345	6360	6375	6390	6405	6420	6435	6450
16	6736	6752	6768	6784	6800	6816	6832	6848	6864	6880
17	7157	7174	7191	7208	7225	7242	7259	7276	7293	7310
18	7578	7596	7614	7632	7650	7668	7686	7704	7722	7740
19	7999	8018	8037	8056	8075	8094	8113	8132	8151	8170
20	8420	8440	8460	8480	8500	8520	8540	8560	8580	8600
21	8841	8862	8883	8904	8925	8946	8967	8988	9009	9030
22	9262	9284	9306	9328	9350	9372	9394	9416	9438	9460
23	9683	9706	9729	9752	9775	9798	9821	9844	9867	9890
24	10104	10128	10152	10176	10200	10224	10248	10272	10296	10320
25	10525	10550	10575	10600	10625	10650	10675	10700	10725	10750
26	10946	10972	10998	11024	11050	11076	11102	11128	11154	11180
27	11367	11394	11421	11448	11475	11502	11529	11556	11583	11610
28	11788	11816	11844	11872	11900	11928	11956	11984	12012	12040
29	12209	12238	12267	12296	12325	12354	12383	12412	12441	12470
30	12630	12660	12690	12720	12750	12780	12810	12840	12870	12900
31	13051	13082	13113	13144	13175	13206	13237	13268	13299	13330
32	13472	13504	13536	13568	13600	13632	13664	13696	13728	13760
33	13893	13926	13959	13992	14025	14058	14091	14124	14157	14190
34	14314	14348	14382	14416	14450	14484	14518	14552	14586	14620
35	14735	14770	14805	14840	14875	14910	14945	14980	15015	15050
36	15156	15192	15228	15264	15300	15336	15372	15408	15444	15480
37	15577	15614	15651	15688	15725	15762	15799	15836	15873	15910
38	15998	16036	16074	16112	16150	16188	16226	16264	16302	16340
39	16419	16458	16497	16536	16575	16614	16653	16692	16731	16770
40	16840	16880	16920	16960	17000	17040	17080	17120	17160	17200
41	17261	17302	17343	17384	17425	17466	17507	17548	17589	17630
42	17682	17724	17766	17808	17850	17892	17934	17976	18018	18060
43	18103	18146	18189	18232	18275	18318	18361	18404	18447	18490
44	18524	18568	18612	18656	18700	18744	18788	18832	18876	18920
45	18945	18990	19035	19080	19125	19170	19215	19260	19305	19350
46	19366	19412	19458	19504	19550	19596	19642	19688	19734	19780
47	19787	19834	19881	19928	19975	20022	20069	20116	20163	20210
48	20208	20256	20304	20352	20400	20448	20496	20544	20592	20640
49	20629	20678	20727	20776	20825	20874	20923	20972	21021	21070
50	21050	21100	21150	21200	21250	21300	21350	21400	21450	21500
51	21471	21522	21573	21624	21675	21726	21777	21828	21879	21930
52	21892	21944	21996	22048	22100	22152	22204	22256	22308	22360
53	22313	22366	22419	22472	22525	22578	22631	22684	22737	22790
54	22734	22788	22842	22896	22950	23004	23058	23112	23166	23220
55	23155	23210	23265	23320	23375	23430	23485	23540	23595	23650
56	23576	23632	23688	23744	23800	23856	23912	23968	24024	24080
57	23997	24054	24111	24168	24225	24282	24339	24396	24453	24510
58	24418	24476	24534	24592	24650	24708	24766	24824	24882	24940
59	24839	24898	24957	25016	25075	25134	25193	25252	25311	25370
60	25260	25320	25380	25440	25500	25560	25620	25680	25740	25800
61	25681	25742	25803	25864	25925	25986	26047	26108	26169	26230
62	26102	26164	26226	26288	26350	26412	26474	26536	26598	26660
63	26523	26586	26649	26712	26775	26838	26901	26964	27027	27090
64	26944	27008	27072	27136	27200	27264	27328	27392	27456	27520
65	27365	27430	27495	27560	27625	27690	27755	27820	27885	27950
66	27786	27852	27918	27984	28050	28116	28182	28248	28314	28380
67	28207	28274	28341	28408	28475	28542	28609	28676	28743	28810
68	28628	28696	28764	28832	28900	28968	29036	29104	29172	29240
69	29049	29118	29187	29256	29325	29394	29463	29532	29601	29670
70	29470	29540	29610	29680	29750	29820	29890	29960	30030	30100
71	29891	29962	30033	30104	30175	30246	30317	30388	30459	30530
72	30312	30384	30456	30528	30600	30672	30744	30816	30888	30960
73	30733	30806	30879	30952	31025	31098	31171	31244	31317	31390
74	31154	31228	31302	31376	31450	31524	31598	31672	31746	31820
75	31575	31650	31725	31800	31875	31950	32025	32100	32175	32250
76	31996	32072	32148	32224	32300	32376	32452	32528	32604	32680
77	32417	32494	32571	32648	32725	32802	32879	32956	33033	33110
78	32838	32916	32994	33072	33150	33228	33306	33384	33462	33540
79	33259	33338	33417	33496	33575	33654	33733	33812	33891	33970
80	33680	33760	33840	33920	34000	34080	34160	34240	34320	34400
81	34101	34182	34263	34344	34425	34506	34587	34668	34749	34830
82	34522	34604	34686	34768	34850	34932	35014	35096	35178	35260
83	34943	35026	35109	35192	35275	35358	35441	35524	35607	35690
84	35364	35448	35532	35616	35700	35784	35868	35952	36036	36120
85	35785	35870	35955	36040	36125	36210	36295	36380	36465	36550
86	36206	36292	36378	36464	36550	36636	36722	36808	36894	36980
87	36627	36714	36801	36888	36975	37062	37149	37236	37323	37410
88	37048	37136	37224	37312	37400	37488	37576	37664	37752	37840
89	37469	37558	37647	37736	37825	37914	38003	38092	38181	38270
90	37890	37980	38070	38160	38250	38340	38430	38520	38610	38700
91	38311	38402	38493	38584	38675	38766	38857	38948	39039	39130
92	38732	38824	38916	39008	39100	39192	39284	39376	39468	39560
93	39153	39246	39339	39432	39525	39618	39711	39804	39897	39990
94	39574	39668	39762	39856	39950	40044	40138	40232	40326	40420
95	39995	40090	40185	40280	40375	40470	40565	40660	40755	40850
96	40416	40512	40608	40704	40800	40896	40992	41088	41184	41280
97	40837	40934	41031	41128	41225	41322	41419	41516	41613	41710
98	41258	41356	41454	41552	41650	41748	41846	41944	42042	42140
99	41679	41778	41877	41976	42075	42174	42273	42372	42471	42570
100	42100	42200	42300	42400	42500	42600	42700	42800	42900	43000

I	431	I	432	I	433	I	434	I	435	I	436	I	437	I	438	I	439	I	440
1	431	1	432	1	433	1	434	1	435	1	436	1	437	1	438	1	439	1	440
2	862	2	864	2	866	2	868	2	870	2	872	2	874	2	876	2	878	2	880
3	1293	3	1296	3	1299	3	1302	3	1305	3	1308	3	1311	3	1314	3	1317	3	1320
4	1724	4	1728	4	1732	4	1736	4	1740	4	1744	4	1748	4	1752	4	1756	4	1760
5	2155	5	2160	5	2165	5	2170	5	2175	5	2180	5	2185	5	2190	5	2195	5	2200
6	2586	6	2592	6	2598	6	2604	6	2610	6	2616	6	2622	6	2628	6	2634	6	2640
7	3017	7	3024	7	3031	7	3038	7	3045	7	3052	7	3059	7	3066	7	3073	7	3080
8	3448	8	3456	8	3464	8	3472	8	3480	8	3488	8	3496	8	3504	8	3512	8	3520
9	3879	9	3888	9	3897	9	3906	9	3915	9	3924	9	3933	9	3942	9	3951	9	3960
10	4310	10	4320	10	4330	10	4340	10	4350	10	4360	10	4370	10	4380	10	4390	10	4400
11	4741	11	4752	11	4763	11	4774	11	4785	11	4796	11	4807	11	4818	11	4829	11	4840
12	5172	12	5184	12	5196	12	5208	12	5220	12	5232	12	5244	12	5256	12	5268	12	5280
13	5603	13	5616	13	5629	13	5642	13	5655	13	5668	13	5681	13	5694	13	5707	13	5720
14	6034	14	6048	14	6062	14	6076	14	6090	14	6104	14	6118	14	6132	14	6146	14	6160
15	6465	15	6480	15	6495	15	6510	15	6525	15	6540	15	6555	15	6570	15	6585	15	6600
16	6896	16	6912	16	6928	16	6944	16	6960	16	6976	16	6992	16	7008	16	7024	16	7040
17	7327	17	7344	17	7361	17	7378	17	7395	17	7412	17	7429	17	7446	17	7463	17	7480
18	7758	18	7776	18	7794	18	7812	18	7830	18	7848	18	7866	18	7884	18	7902	18	7920
19	8189	19	8208	19	8227	19	8246	19	8265	19	8284	19	8303	19	8322	19	8341	19	8360
20	8620	20	8640	20	8660	20	8680	20	8700	20	8720	20	8740	20	8760	20	8780	20	8800
21	9051	21	9072	21	9093	21	9114	21	9135	21	9156	21	9177	21	9198	21	9219	21	9240
22	9482	22	9504	22	9526	22	9548	22	9570	22	9592	22	9614	22	9636	22	9658	22	9680
23	9913	23	9936	23	9959	23	9982	23	10005	23	10028	23	10051	23	10074	23	10097	23	10120
24	10344	24	10368	24	10392	24	10416	24	10440	24	10464	24	10488	24	10512	24	10536	24	10560
25	10775	25	10800	25	10825	25	10850	25	10875	25	10900	25	10925	25	10950	25	10975	25	11000
26	11206	26	11232	26	11258	26	11284	26	11310	26	11336	26	11362	26	11388	26	11414	26	11440
27	11637	27	11664	27	11691	27	11718	27	11745	27	11772	27	11799	27	11826	27	11853	27	11880
28	12068	28	12096	28	12124	28	12152	28	12180	28	12208	28	12236	28	12264	28	12292	28	12320
29	12499	29	12528	29	12557	29	12586	29	12615	29	12644	29	12673	29	12702	29	12731	29	12760
30	12930	30	12960	30	12990	30	13020	30	13050	30	13080	30	13110	30	13140	30	13170	30	13200
31	13361	31	13392	31	13423	31	13454	31	13485	31	13516	31	13547	31	13578	31	13609	31	13640
32	13792	32	13824	32	13856	32	13888	32	13920	32	13952	32	13984	32	14016	32	14048	32	14080
33	14223	33	14256	33	14289	33	14322	33	14355	33	14388	33	14421	33	14454	33	14487	33	14520
34	14654	34	14688	34	14722	34	14756	34	14790	34	14824	34	14858	34	14892	34	14926	34	14960
35	15085	35	15120	35	15155	35	15190	35	15225	35	15260	35	15295	35	15330	35	15365	35	15400
36	15516	36	15552	36	15588	36	15624	36	15660	36	15696	36	15732	36	15768	36	15804	36	15840
37	15947	37	15984	37	16021	37	16058	37	16095	37	16132	37	16169	37	16206	37	16243	37	16280
38	16378	38	16416	38	16454	38	16492	38	16530	38	16568	38	16606	38	16644	38	16682	38	16720
39	16809	39	16848	39	16887	39	16926	39	16965	39	17004	39	17043	39	17082	39	17121	39	17160
40	17240	40	17280	40	17320	40	17360	40	17400	40	17440	40	17480	40	17520	40	17560	40	17600
41	17671	41	17712	41	17753	41	17794	41	17835	41	17876	41	17917	41	17958	41	17999	41	18040
42	18102	42	18144	42	18186	42	18228	42	18270	42	18312	42	18354	42	18396	42	18438	42	18480
43	18533	43	18576	43	18619	43	18662	43	18705	43	18748	43	18791	43	18834	43	18877	43	18920
44	18964	44	19008	44	19052	44	19096	44	19140	44	19184	44	19228	44	19272	44	19316	44	19360
45	19395	45	19440	45	19485	45	19530	45	19575	45	19620	45	19665	45	19710	45	19755	45	19800
46	19826	46	19872	46	19918	46	19964	46	20010	46	20056	46	20102	46	20148	46	20194	46	20240
47	20257	47	20304	47	20351	47	20398	47	20445	47	20492	47	20539	47	20586	47	20633	47	20680
48	20688	48	20736	48	20784	48	20832	48	20880	48	20928	48	20976	48	21024	48	21072	48	21120
49	21119	49	21168	49	21217	49	21266	49	21315	49	21364	49	21413	49	21462	49	21511	49	21560
50	21550	50	21600	50	21650	50	21700	50	21750	50	21800	50	21850	50	21900	50	21950	50	22000
51	21981	51	22032	51	22083	51	22134	51	22185	51	22236	51	22287	51	22338	51	22389	51	22440
52	22412	52	22464	52	22516	52	22568	52	22620	52	22672	52	22724	52	22776	52	22828	52	22880
53	22843	53	22896	53	22949	53	23002	53	23055	53	23108	53	23161	53	23214	53	23267	53	23320
54	23274	54	23328	54	23382	54	23436	54	23490	54	23544	54	23598	54	23652	54	23706	54	23760
55	23705	55	23760	55	23815	55	23870	55	23925	55	23980	55	24035	55	24090	55	24145	55	24200
56	24136	56	24192	56	24248	56	24304	56	24360	56	24416	56	24472	56	24528	56	24584	56	24640
57	24567	57	24624	57	24681	57	24738	57	24795	57	24852	57	24909	57	24966	57	25023	57	25080
58	24998	58	25056	58	25114	58	25172	58	25230	58	25288	58	25346	58	25404	58	25462	58	25520
59	25429	59	25488	59	25547	59	25606	59	25665	59	25724	59	25783	59	25842	59	25901	59	25960
60	25860	60	25920	60	25980	60	26040	60	26100	60	26160	60	26220	60	26280	60	26340	60	26400
61	26291	61	26352	61	26413	61	26474	61	26535	61	26596	61	26657	61	26718	61	26779	61	26840
62	26722	62	26784	62	26846	62	26908	62	26970	62	27032	62	27094	62	27156	62	27218	62	27280
63	27153	63	27216	63	27279	63	27342	63	27405	63	27468	63	27531	63	27594	63	27657	63	27720
64	27584	64	27648	64	27712	64	27776	64	27840	64	27904	64	27968	64	28032	64	28096	64	28160
65	28015	65	28080	65	28145	65	28210	65	28275	65	28340	65	28405	65	28470	65	28535	65	28600
66	28446	66	28512	66	28578	66	28644	66	28710	66	28776	66	28842	66	28908	66	28974	66	29040
67	28877	67	28944	67	29011	67	29078	67	29145	67	29212	67	29279	67	29346	67	29413	67	29480
68	29308	68	29376	68	29444	68	29512	68	29580	68	29648	68	29716	68	29784	68	29852	68	29920
69	29739	69	29808	69	29877	69	29946	69	30015	69	30084	69	30153	69	30222	69	30291	69	30360
70	30170	70	30240	70	30310	70	30380	70	30450	70	30520	70	30590	70	30660	70	30730	70	30800
71	30601	71	30672	71	30743	71	30814	71	30885	71	30956	71	31027	71	31098	71	31169	71	31240
72	31032	72	31104	72	31176	72	31248	72	31320	72	31392	72	31464	72	31536	72	31608	72	31680
73	31463	73	31536	73	31609	73	31682	73	31755	73	31828	73	31901	73	31974	73	32047	73	32120
74	31894	74	31968	74	32042	74	32116	74	32190	74	32264	74	32338	74	32412	74	32486	74	32560
75	32325	75	32400	75	32475	75	32550	75	32625	75	32700	75	32775	75	32850	75	32925	75	33000
76	32756	76	32832	76	32908	76	32984	76	33060	76	33136	76	33212	76	33288	76	33364	76	33440
77	33187	77	33264	77	33341	77	33418	77	33495	77	33572	77	33649	77	33726	77	33803	77	33880
78	33618	78	33696	78	33774	78	33852	78	33930	78	34008	78	34086	78	34164	78	34242	78	34320
79	34049	79	34128	79	34207	79	34286	79	34365	79	34444	79	34523	79	34602	79	34681	79	34760
80	34480	80	34560	80	34640	80	34720	80	34800	80	34880	80	34960	80	35040	80	35120	80	35200
81	34911	81	34992	81	35073	81	35154	81	35235	81	35316	81	35397	81	35478	81	35559	81	35640
82	35342	82	35424	82	35506	82	35588	82	35670	82	35752	82	35834	82	35916	82	35998	82	36080
83	35773	83	35856	83	35939	83	36022	83	36105	83	36188	83	36271	83	36354	83	36437	83	36520
84	36204	84	36288	84	36372	84	36456	84	36540	84	36624	84	36708	84	36792	84	36876	84	36960
85	36635	85	36720	85	36805	85	36890	85	36975	85	37060	85	37145	85	37230	85	37315	85	37400
86	37066	86	37152	86	37238	86	37324	86	37410	86	37496	86	37582	86	37668	86	37754	86	37840
87	37497	87	37584	87	37671	87	37758	87	37845	87	37932	87	38019	87	38106	87	38193	87	38280
88	37928	88	38016	88	38104	88	38192	88	38280	88	38368	88	38456	88	38544	88	38632	88	38720
89	38359	89	38448	89	38537	89	38626	89	38715	89	38804	89	38893	89	38982	89	39071	89	39160
90	38790	90	38880	90	38970	90	39060	90	39150	90	39240	90	39330	90	39420	90	39510	90	39600
91	39221	91	39312	91	39403	91	39494	91	39585	91	39676	91	39767	91	39858	91	39949	91	40040
92	39652	92	39744	92	39836	92	39928	92	40020	92	40112	92	40204	92	40296	92	40388	92	40480
93	40083	93	40176	93	40269	93	40362	93	40455	93	40548	93	40641	93	40734	93	40827	93	40920
94	40514	94	40608	94	40702	94	40796	94	40890	94	40984	94	41078	94	41172	94	41266	94	41360
95	40945	95	41040	95	41135	95	41230	95	41325	95	41420	95	41515	95	41610	95	41705	95	41800
96	41376	96	41472	96	41568	96	41664	96	41760	96	41856	96	41952	96	42048	96	42144	96	42240
97	41807	97	41904	97	42001	97	42098	97	42195	97	42292	97	42389	97	42486	97	42583	97	42680
98	42238	98	42336	98	42434	98	42532	98	42630	98	42728	98	42826	98	42924	98	43022	98	43120
99	42669	99	42768	99	42867	99	42966	99	43065	99	43164	99	43263	99	43362	99	43461	99	43560
100	43100	100	43200	100	43300	100	43400	100	43500	100	43600	100	43700	100	43800	100	43900	100	44000

i	441	442	443	444	445	446	447	448	449	450
1	441	442	443	444	445	446	447	448	449	450
2	882	884	886	888	890	892	894	896	898	900
3	1323	1326	1329	1332	1335	1338	1341	1344	1347	1350
4	1764	1768	1772	1776	1780	1784	1788	1792	1796	1800
5	2205	2210	2215	2220	2225	2230	2235	2240	2245	2250
6	2646	2652	2658	2664	2670	2676	2682	2688	2694	2700
7	3087	3094	3101	3108	3115	3122	3129	3136	3143	3150
8	3528	3536	3544	3552	3560	3568	3576	3584	3592	3600
9	3969	3978	3987	3996	4005	4014	4023	4032	4041	4050
10	4410	4420	4430	4440	4450	4460	4470	4480	4490	4500
11	4851	4862	4873	4884	4895	4906	4917	4928	4939	4950
12	5292	5304	5316	5328	5340	5352	5364	5376	5388	5400
13	5733	5746	5759	5772	5785	5798	5811	5824	5837	5850
14	6174	6188	6202	6216	6230	6244	6258	6272	6286	6300
15	6615	6630	6645	6660	6675	6690	6705	6720	6735	6750
16	7056	7072	7088	7104	7120	7136	7152	7168	7184	7200
17	7497	7514	7531	7548	7565	7582	7599	7616	7633	7650
18	7938	7956	7974	7992	8010	8028	8046	8064	8082	8100
19	8379	8398	8417	8436	8455	8474	8493	8512	8531	8550
20	8820	8840	8860	8880	8900	8920	8940	8960	8980	9000
21	9261	9282	9303	9324	9345	9366	9387	9408	9429	9450
22	9702	9724	9746	9768	9790	9812	9834	9856	9878	9900
23	10143	10166	10189	10212	10235	10258	10281	10304	10327	10350
24	10584	10608	10632	10656	10680	10704	10728	10752	10776	10800
25	11025	11050	11075	11100	11125	11150	11175	11200	11225	11250
26	11466	11492	11518	11544	11570	11596	11622	11648	11674	11700
27	11907	11934	11961	11988	12015	12042	12069	12096	12123	12150
28	12348	12376	12404	12432	12460	12488	12516	12544	12572	12600
29	12789	12818	12847	12876	12905	12934	12963	12992	13021	13050
30	13230	13260	13290	13320	13350	13380	13410	13440	13470	13500
31	13671	13702	13733	13764	13795	13826	13857	13888	13919	13950
32	14112	14144	14176	14208	14240	14272	14304	14336	14368	14400
33	14553	14586	14619	14652	14685	14718	14751	14784	14817	14850
34	14994	15028	15062	15096	15130	15164	15198	15232	15266	15300
35	15435	15470	15505	15540	15575	15610	15645	15680	15715	15750
36	15876	15912	15948	15984	16020	16056	16092	16128	16164	16200
37	16317	16354	16391	16428	16465	16502	16539	16576	16613	16650
38	16758	16796	16834	16872	16910	16948	16986	17024	17062	17100
39	17199	17238	17277	17316	17355	17394	17433	17472	17511	17550
40	17640	17680	17720	17760	17800	17840	17880	17920	17960	18000
41	18081	18122	18163	18204	18245	18286	18327	18368	18409	18450
42	18522	18564	18606	18648	18690	18732	18774	18816	18858	18900
43	18963	19006	19049	19092	19135	19178	19221	19264	19307	19350
44	19404	19448	19492	19536	19580	19624	19668	19712	19756	19800
45	19845	19890	19935	19980	20025	20070	20115	20160	20205	20250
46	20286	20332	20378	20424	20470	20516	20562	20608	20654	20700
47	20727	20774	20821	20868	20915	20962	21009	21056	21103	21150
48	21168	21216	21264	21312	21360	21408	21456	21504	21552	21600
49	21609	21658	21707	21756	21805	21854	21903	21952	22001	22050
50	22050	22100	22150	22200	22250	22300	22350	22400	22450	22500
51	22491	22542	22593	22644	22695	22746	22797	22848	22899	22950
52	22932	22984	23036	23088	23140	23192	23244	23296	23348	23400
53	23373	23426	23479	23532	23585	23638	23691	23744	23797	23850
54	23814	23868	23922	23976	24030	24084	24138	24192	24246	24300
55	24255	24310	24365	24420	24475	24530	24585	24640	24695	24750
56	24696	24752	24808	24864	24920	24976	25032	25088	25144	25200
57	25137	25194	25251	25308	25365	25422	25479	25536	25593	25650
58	25578	25636	25694	25752	25810	25868	25926	25984	26042	26100
59	26019	26078	26137	26196	26255	26314	26373	26432	26491	26550
60	26460	26520	26580	26640	26700	26760	26820	26880	26940	27000
61	26901	26962	27023	27084	27145	27206	27267	27328	27389	27450
62	27342	27404	27466	27528	27590	27652	27714	27776	27838	27900
63	27783	27846	27909	27972	28035	28098	28161	28224	28287	28350
64	28224	28288	28352	28416	28480	28544	28608	28672	28736	28800
65	28665	28730	28795	28860	28925	28990	29055	29120	29185	29250
66	29106	29172	29238	29304	29370	29436	29502	29568	29634	29700
67	29547	29614	29681	29748	29815	29882	29949	30016	30083	30150
68	29988	30056	30124	30192	30260	30328	30396	30464	30532	30600
69	30429	30498	30567	30636	30705	30774	30843	30912	30981	31050
70	30870	30940	31010	31080	31150	31220	31290	31360	31430	31500
71	31311	31382	31453	31524	31595	31666	31737	31808	31879	31950
72	31752	31824	31896	31968	32040	32112	32184	32256	32328	32400
73	32193	32266	32339	32412	32485	32558	32631	32704	32777	32850
74	32634	32708	32782	32856	32930	33004	33078	33152	33226	33300
75	33075	33150	33225	33300	33375	33450	33525	33600	33675	33750
76	33516	33592	33668	33744	33820	33896	33972	34048	34124	34200
77	33957	34034	34111	34188	34265	34342	34419	34496	34573	34650
78	34398	34476	34554	34632	34710	34788	34866	34944	35022	35100
79	34839	34918	34997	35076	35155	35234	35313	35392	35471	35550
80	35280	35360	35440	35520	35600	35680	35760	35840	35920	36000
81	35721	35802	35883	35964	36045	36126	36207	36288	36369	36450
82	36162	36244	36326	36408	36490	36572	36654	36736	36818	36900
83	36603	36686	36769	36852	36935	37018	37101	37184	37267	37350
84	37044	37128	37212	37296	37380	37464	37548	37632	37716	37800
85	37485	37570	37655	37740	37825	37910	37995	38080	38165	38250
86	37926	38012	38098	38184	38270	38356	38442	38528	38614	38700
87	38367	38454	38541	38628	38715	38802	38889	38976	39063	39150
88	38808	38896	38984	39072	39160	39248	39336	39424	39512	39600
89	39249	39338	39427	39516	39605	39694	39783	39872	39961	40050
90	39690	39780	39870	39960	40050	40140	40230	40320	40410	40500
91	40131	40222	40313	40404	40495	40586	40677	40768	40859	40950
92	40572	40664	40756	40848	40940	41032	41124	41216	41308	41400
93	41013	41106	41199	41292	41385	41478	41571	41664	41757	41850
94	41454	41548	41642	41736	41830	41924	42018	42112	42206	42300
95	41895	41990	42085	42180	42275	42370	42465	42560	42655	42750
96	42336	42432	42528	42624	42720	42816	42912	43008	43104	43200
97	42777	42874	42971	43068	43165	43262	43359	43456	43553	43650
98	43218	43316	43414	43512	43610	43708	43806	43904	44002	44100
99	43659	43758	43857	43956	44055	44154	44253	44352	44451	44550
100	44100	44200	44300	44400	44500	44600	44700	44800	44900	45000

1	451	2	452	3	453	4	454	5	455	6	456	7	457	8	458	9	459	10	460
1	451	1	452	1	453	1	454	1	455	1	456	1	457	1	458	1	459	1	460
2	902	2	904	2	906	2	908	2	910	2	912	2	914	2	916	2	918	2	920
3	1353	3	1356	3	1359	3	1362	3	1365	3	1368	3	1371	4	1374	3	1377	3	1380
4	1804	4	1808	4	1812	4	1816	4	1820	4	1824	4	1828	3	1832	4	1836	4	1840
5	2255	5	2260	5	2265	5	2270	5	2275	5	2280	5	2285	5	2290	5	2295	5	2300
6	2706	6	2712	6	2718	6	2724	6	2730	6	2736	6	2742	6	2748	6	2754	6	2760
7	3157	7	3164	7	3171	7	3178	7	3185	7	3192	7	3199	7	3206	7	3213	7	3220
8	3608	8	3616	8	3624	8	3632	8	3640	8	3648	8	3656	8	3664	8	3672	8	3680
9	4059	9	4068	9	4077	9	4086	9	4095	9	4104	9	4113	9	4122	9	4131	9	4140
10	4510	10	4520	10	4530	10	4540	10	4550	10	4560	10	4570	10	4580	10	4590	10	4600
11	4961	11	4972	11	4983	11	4994	11	5005	11	5016	11	5027	11	5038	11	5049	11	5060
12	5412	12	5424	12	5436	12	5448	12	5460	12	5472	12	5484	12	5496	12	5508	12	5520
13	5863	13	5876	13	5889	13	5902	13	5915	13	5928	13	5941	13	5954	13	5967	13	5980
14	6314	14	6328	14	6342	14	6356	14	6370	14	6384	14	6398	14	6412	14	6426	14	6440
15	6765	15	6780	15	6795	15	6810	15	6825	15	6840	15	6855	15	6870	15	6885	15	6900
16	7216	16	7232	16	7248	16	7264	16	7280	16	7296	16	7312	16	7328	16	7344	16	7360
17	7667	17	7684	17	7701	17	7718	17	7735	17	7752	17	7769	17	7786	17	7803	17	7820
18	8118	18	8136	18	8154	18	8172	18	8190	18	8208	18	8226	18	8244	18	8262	18	8280
19	8569	19	8588	19	8607	19	8626	19	8645	19	8664	19	8683	19	8702	19	8721	19	8740
20	9020	20	9040	20	9060	20	9080	20	9100	20	9120	20	9140	20	9160	20	9180	20	9200
21	9471	21	9492	21	9513	21	9534	21	9555	21	9576	21	9597	21	9618	21	9639	21	9660
22	9922	22	9944	22	9966	22	9988	22	10010	22	10032	22	10054	22	10076	22	10098	22	10120
23	10373	23	10396	23	10419	23	10442	23	10465	23	10488	23	10511	23	10534	23	10557	23	10580
24	10824	24	10848	24	10872	24	10896	24	10920	24	10944	24	10968	24	10992	24	11016	24	11040
25	11275	25	11300	25	11325	25	11350	25	11375	25	11400	25	11425	25	11450	25	11475	25	11500
26	11726	26	11752	26	11778	26	11804	26	11830	26	11856	26	11882	26	11908	26	11934	26	11960
27	12177	27	12204	27	12231	27	12258	27	12285	27	12312	27	12339	27	12366	27	12393	27	12420
28	12628	28	12656	28	12684	28	12712	28	12740	28	12768	28	12796	28	12824	28	12852	28	12880
29	13079	29	13108	29	13137	29	13166	29	13195	29	13224	29	13253	29	13282	29	13311	29	13340
30	13530	30	13560	30	13590	30	13620	30	13650	30	13680	30	13710	30	13740	30	13770	30	13800
31	13981	31	14012	31	14043	31	14074	31	14105	31	14136	31	14167	31	14198	31	14229	31	14260
32	14432	32	14464	32	14496	32	14528	32	14560	32	14592	32	14624	32	14656	32	14688	32	14720
33	14883	33	14916	33	14949	33	14982	33	15015	33	15048	33	15081	33	15114	33	15147	33	15180
34	15334	34	15368	34	15402	34	15436	34	15470	34	15504	34	15538	34	15572	34	15606	34	15640
35	15785	35	15820	35	15855	35	15890	35	15925	35	15960	35	15995	35	16030	35	16065	35	16100
36	16236	36	16272	36	16308	36	16344	36	16380	36	16416	36	16452	36	16488	36	16524	36	16560
37	16687	37	16724	37	16761	37	16798	37	16835	37	16872	37	16909	37	16946	37	16983	37	17020
38	17138	38	17176	38	17214	38	17252	38	17290	38	17328	38	17366	38	17404	38	17442	38	17480
39	17589	39	17628	39	17667	39	17706	39	17745	39	17784	39	17823	39	17862	39	17901	39	17940
40	18040	40	18080	40	18120	40	18160	40	18200	40	18240	40	18280	40	18320	40	18360	40	18400
41	18491	41	18532	41	18573	41	18614	41	18655	41	18696	41	18737	41	18778	41	18819	41	18860
42	18942	42	18984	42	19026	42	19068	42	19110	42	19152	42	19194	42	19236	42	19278	42	19320
43	19393	43	19436	43	19479	43	19522	43	19565	43	19608	43	19651	43	19694	43	19737	43	19780
44	19844	44	19888	44	19932	44	19976	44	20020	44	20064	44	20108	44	20152	44	20196	44	20240
45	20295	45	20340	45	20385	45	20430	45	20475	45	20520	45	20565	45	20610	45	20655	45	20700
46	20746	46	20792	46	20838	46	20884	46	20930	46	20976	46	21022	46	21068	46	21114	46	21160
47	21197	47	21244	47	21291	47	21338	47	21385	47	21432	47	21479	47	21526	47	21573	47	21620
48	21648	48	21696	48	21744	48	21792	48	21840	48	21888	48	21936	48	21984	48	22032	48	22080
49	22099	49	22148	49	22197	49	22246	49	22295	49	22344	49	22393	49	22442	49	22491	49	22540
50	22550	50	22600	50	22650	50	22700	50	22750	50	22800	50	22850	50	22900	50	22950	50	23000
51	23001	51	23052	51	23103	51	23154	51	23205	51	23256	51	23307	51	23358	51	23409	51	23460
52	23452	52	23504	52	23556	52	23608	52	23660	52	23712	52	23764	52	23816	52	23868	52	23920
53	23903	53	23956	53	24009	53	24062	53	24115	53	24168	53	24221	53	24274	53	24327	53	24380
54	24354	54	24408	54	24462	54	24516	54	24570	54	24624	54	24678	54	24732	54	24786	54	24840
55	24805	55	24860	55	24915	55	24970	55	25025	55	25080	55	25135	55	25190	55	25245	55	25300
56	25256	56	25312	56	25368	56	25424	56	25480	56	25536	56	25592	56	25648	56	25704	56	25760
57	25707	57	25764	57	25821	57	25878	57	25935	57	25992	57	26049	57	26106	57	26163	57	26220
58	26158	58	26216	58	26274	58	26332	58	26390	58	26448	58	26506	58	26564	58	26622	58	26680
59	26609	59	26668	59	26727	59	26786	59	26845	59	26904	59	26963	59	27022	59	27081	59	27140
60	27060	60	27120	60	27180	60	27240	60	27300	60	27360	60	27420	60	27480	60	27540	60	27600
61	27511	61	27572	61	27633	61	27694	61	27755	61	27816	61	27877	61	27938	61	27999	61	28060
62	27962	62	28024	62	28086	62	28148	62	28210	62	28272	62	28334	62	28396	62	28458	62	28520
63	28413	63	28476	63	28539	63	28602	63	28665	63	28728	63	28791	63	28854	63	28917	63	28980
64	28864	64	28928	64	28992	64	29056	64	29120	64	29184	64	29248	64	29312	64	29376	64	29440
65	29315	65	29380	65	29445	65	29510	65	29575	65	29640	65	29705	65	29770	65	29835	65	29900
66	29766	66	29832	66	29898	66	29964	66	30030	66	30096	66	30162	66	30228	66	30294	66	30360
67	30217	67	30284	67	30351	67	30418	67	30485	67	30552	67	30619	67	30686	67	30753	67	30820
68	30668	68	30736	68	30804	68	30872	68	30940	68	31008	68	31076	68	31144	68	31212	68	31280
69	31119	69	31188	69	31257	69	31326	69	31395	69	31464	69	31533	69	31602	69	31671	69	31740
70	31570	70	31640	70	31710	70	31780	70	31850	70	31920	70	31990	70	32060	70	32130	70	32200
71	32021	71	32092	71	32163	71	32234	71	32305	71	32376	71	32447	71	32518	71	32589	71	32660
72	32472	72	32544	72	32616	72	32688	72	32760	72	32832	72	32904	72	32976	72	33048	72	33120
73	32923	73	32996	73	33069	73	33142	73	33215	73	33288	73	33361	73	33434	73	33507	73	33580
74	33374	74	33448	74	33522	74	33596	74	33670	74	33744	74	33818	74	33892	74	33966	74	34040
75	33825	75	33900	75	33975	75	34050	75	34125	75	34200	75	34275	75	34350	75	34425	75	34500
76	34276	76	34352	76	34428	76	34504	76	34580	76	34656	76	34732	76	34808	76	34884	76	34960
77	34727	77	34804	77	34881	77	34958	77	35035	77	35112	77	35189	77	35266	77	35343	77	35420
78	35178	78	35256	78	35334	78	35412	78	35490	78	35568	78	35646	78	35724	78	35802	78	35880
79	35629	79	35708	79	35787	79	35866	79	35945	79	36024	79	36103	79	36182	79	36261	79	36340
80	36080	80	36160	80	36240	80	36320	80	36400	80	36480	80	36560	80	36640	80	36720	80	36800
81	36531	81	36612	81	36693	81	36774	81	36855	81	36936	81	37017	81	37098	81	37179	81	37260
82	36982	82	37064	82	37146	82	37228	82	37310	82	37392	82	37474	82	37556	82	37638	82	37720
83	37433	83	37516	83	37599	83	37682	83	37765	83	37848	83	37931	83	38014	83	38097	83	38180
84	37884	84	37968	84	38052	84	38136	84	38220	84	38304	84	38388	84	38472	84	38556	84	38640
85	38335	85	38420	85	38505	85	38590	85	38675	85	38760	85	38845	85	38930	85	39015	85	39100
86	38786	86	38872	86	38958	86	39044	86	39130	86	39216	86	39302	86	39388	86	39474	86	39560
87	39237	87	39324	87	39411	87	39498	87	39585	87	39672	87	39759	87	39846	87	39933	87	40020
88	39688	88	39776	88	39864	88	39952	88	40040	88	40128	88	40216	88	40304	88	40392	88	40480
89	40139	89	40228	89	40317	89	40406	89	40495	89	40584	89	40673	89	40762	89	40851	89	40940
90	40590	90	40680	90	40770	90	40860	90	40950	90	41040	90	41130	90	41220	90	41310	90	41400
91	41041	91	41132	91	41223	91	41314	91	41405	91	41496	91	41587	91	41678	91	41769	91	41860
92	41492	92	41584	92	41676	92	41768	92	41860	92	41952	92	42044	92	42136	92	42228	92	42320
93	41943	93	42036	93	42129	93	42222	93	42315	93	42408	93	42501	93	42594	93	42687	93	42780
94	42394	94	42488	94	42582	94	42676	94	42770	94	42864	94	42958	94	43052	94	43146	94	43240
95	42845	95	42940	95	43035	95	43130	95	43225	95	43320	95	43415	95	43510	95	43605	95	43700
96	43296	96	43392	96	43488	96	43584	96	43680	96	43776	96	43872	96	43968	96	44064	96	44160
97	43747	97	43844	97	43941	97	44038	97	44135	97	44232	97	44329	97	44426	97	44523	97	44620
98	44198	98	44296	98	44394	98	44492	98	44590	98	44688	98	44786	98	44884	98	44982	98	45080
99	44649	99	44748	99	44847	99	44946	99	45045	99	45144	99	45243	99	45342	99	45441	99	45540
100	45100	100	45200	100	45300	100	45400	100	45500	100	45600	100	45700	100	45800	100	45900	100	46000

I	461	462	463	464	465	466	467	468	469	470
1	461	462	463	464	465	466	467	468	469	470
2	922	924	926	928	930	932	934	936	938	940
3	1383	1386	1389	1392	1395	1398	1401	1404	1407	1410
4	1844	1848	1852	1856	1860	1864	1868	1872	1876	1880
5	2305	2310	2315	2320	2325	2330	2335	2340	2345	2350
6	2766	2772	2778	2784	2790	2796	2802	2808	2814	2820
7	3227	3234	3241	3248	3255	3262	3269	3276	3283	3290
8	3688	3696	3704	3712	3720	3728	3736	3744	3752	3760
9	4149	4158	4167	4176	4185	4194	4203	4212	4221	4230
10	4610	4620	4630	4640	4650	4660	4670	4680	4690	4700
11	5071	5082	5093	5104	5115	5126	5137	5148	5159	5170
12	5532	5544	5556	5568	5580	5592	5604	5616	5628	5640
13	5993	6006	6019	6032	6045	6058	6071	6084	6097	6110
14	6454	6468	6482	6496	6510	6524	6538	6552	6566	6580
15	6915	6930	6945	6960	6975	6990	7005	7020	7035	7050
16	7376	7392	7408	7424	7440	7456	7472	7488	7504	7520
17	7837	7854	7871	7888	7905	7922	7939	7956	7973	7990
18	8298	8316	8334	8352	8370	8388	8406	8424	8442	8460
19	8759	8778	8797	8816	8835	8854	8873	8892	8911	8930
20	9220	9240	9260	9280	9300	9320	9340	9360	9380	9400
21	9681	9702	9723	9744	9765	9786	9807	9828	9849	9870
22	10142	10164	10186	10208	10230	10252	10274	10296	10318	10340
23	10603	10626	10649	10672	10695	10718	10741	10764	10787	10810
24	11064	11088	11112	11136	11160	11184	11208	11232	11256	11280
25	11525	11550	11575	11600	11625	11650	11675	11700	11725	11750
26	11986	12012	12038	12064	12090	12116	12142	12168	12194	12220
27	12447	12474	12501	12528	12555	12582	12609	12636	12663	12690
28	12908	12936	12964	12992	13020	13048	13076	13104	13132	13160
29	13369	13398	13427	13456	13485	13514	13543	13572	13601	13630
30	13830	13860	13890	13920	13950	13980	14010	14040	14070	14100
31	14291	14322	14353	14384	14415	14446	14477	14508	14539	14570
32	14752	14784	14816	14848	14880	14912	14944	14976	15008	15040
33	15213	15246	15279	15312	15345	15378	15411	15444	15477	15510
34	15674	15708	15742	15776	15810	15844	15878	15912	15946	15980
35	16135	16170	16205	16240	16275	16310	16345	16380	16415	16450
36	16596	16632	16668	16704	16740	16776	16812	16848	16884	16920
37	17057	17094	17131	17168	17205	17242	17279	17316	17353	17390
38	17518	17556	17594	17632	17670	17708	17746	17784	17822	17860
39	17979	18018	18057	18096	18135	18174	18213	18252	18291	18330
40	18440	18480	18520	18560	18600	18640	18680	18720	18760	18800
41	18901	18942	18983	19024	19065	19106	19147	19188	19229	19270
42	19362	19404	19446	19488	19530	19572	19614	19656	19698	19740
43	19823	19866	19909	19952	19995	20038	20081	20124	20167	20210
44	20284	20328	20372	20416	20460	20504	20548	20592	20636	20680
45	20745	20790	20835	20880	20925	20970	21015	21060	21105	21150
46	21206	21252	21298	21344	21390	21436	21482	21528	21574	21620
47	21667	21714	21761	21808	21855	21902	21949	21996	22043	22090
48	22128	22176	22224	22272	22320	22368	22416	22464	22512	22560
49	22589	22638	22687	22736	22785	22834	22883	22932	22981	23030
50	23050	23100	23150	23200	23250	23300	23350	23400	23450	23500
51	23511	23562	23613	23664	23715	23766	23817	23868	23919	23970
52	23972	24024	24076	24128	24180	24232	24284	24336	24388	24440
53	24433	24486	24539	24592	24645	24698	24751	24804	24857	24910
54	24894	24948	25002	25056	25110	25164	25218	25272	25326	25380
55	25355	25410	25465	25520	25575	25630	25685	25740	25795	25850
56	25816	25872	25928	25984	26040	26096	26152	26208	26264	26320
57	26277	26334	26391	26448	26505	26562	26619	26676	26733	26790
58	26738	26796	26854	26912	26970	27028	27086	27144	27202	27260
59	27199	27258	27317	27376	27435	27494	27553	27612	27671	27730
60	27660	27720	27780	27840	27900	27960	28020	28080	28140	28200
61	28121	28182	28243	28304	28365	28426	28487	28548	28609	28670
62	28582	28644	28706	28768	28830	28892	28954	29016	29078	29140
63	29043	29106	29169	29232	29295	29358	29421	29484	29547	29610
64	29504	29568	29632	29696	29760	29824	29888	29952	30016	30080
65	29965	30030	30095	30160	30225	30290	30355	30420	30485	30550
66	30426	30492	30558	30624	30690	30756	30822	30888	30954	31020
67	30887	30954	31021	31088	31155	31222	31289	31356	31423	31490
68	31348	31416	31484	31552	31620	31688	31756	31824	31892	31960
69	31809	31878	31947	32016	32085	32154	32223	32292	32361	32430
70	32270	32340	32410	32480	32550	32620	32690	32760	32830	32900
71	32731	32802	32873	32944	33015	33086	33157	33228	33299	33370
72	33192	33264	33336	33408	33480	33552	33624	33696	33768	33840
73	33653	33726	33799	33872	33945	34018	34091	34164	34237	34310
74	34114	34188	34262	34336	34410	34484	34558	34632	34706	34780
75	34575	34650	34725	34800	34875	34950	35025	35100	35175	35250
76	35036	35112	35188	35264	35340	35416	35492	35568	35644	35720
77	35497	35574	35651	35728	35805	35882	35959	36036	36113	36190
78	35958	36036	36114	36192	36270	36348	36426	36504	36582	36660
79	36419	36498	36577	36656	36735	36814	36893	36972	37051	37130
80	36880	36960	37040	37120	37200	37280	37360	37440	37520	37600
81	37341	37422	37503	37584	37665	37746	37827	37908	37989	38070
82	37802	37884	37966	38048	38130	38212	38294	38376	38458	38540
83	38263	38346	38429	38512	38595	38678	38761	38844	38927	39010
84	38724	38808	38892	38976	39060	39144	39228	39312	39396	39480
85	39185	39270	39355	39440	39525	39610	39695	39780	39865	39950
86	39646	39732	39818	39904	39990	40076	40162	40248	40334	40420
87	40107	40194	40281	40368	40455	40542	40629	40716	40803	40890
88	40568	40656	40744	40832	40920	41008	41096	41184	41272	41360
89	41029	41118	41207	41296	41385	41474	41563	41652	41741	41830
90	41490	41580	41670	41760	41850	41940	42030	42120	42210	42300
91	41951	42042	42133	42224	42315	42406	42497	42588	42679	42770
92	42412	42504	42596	42688	42780	42872	42964	43056	43148	43240
93	42873	42966	43059	43152	43245	43338	43431	43524	43617	43710
94	43334	43428	43522	43616	43710	43804	43898	43992	44085	44180
95	43795	43890	43985	44080	44175	44270	44365	44460	44555	44650
96	44256	44352	44448	44544	44640	44736	44832	44928	45024	45120
97	44717	44814	44911	45008	45105	45202	45299	45396	45493	45590
98	45178	45276	45374	45472	45570	45668	45766	45864	45962	46060
99	45639	45738	45837	45936	46035	46134	46233	46332	46431	46530
100	46100	46200	46300	46400	46500	46600	46700	46800	46900	47000

n	471	472	473	474	475	476	477	478	479	480
1	471	472	473	474	475	476	477	478	479	480
2	942	944	946	948	950	952	954	956	958	960
3	1413	1416	1419	1422	1425	1428	1431	1434	1437	1440
4	1884	1888	1892	1896	1900	1904	1908	1912	1916	1920
5	2355	2360	2365	2370	2375	2380	2385	2390	2395	2400
6	2826	2832	2838	2844	2850	2856	2862	2868	2874	2880
7	3297	3304	3311	3318	3325	3332	3339	3346	3353	3360
8	3768	3776	3784	3792	3800	3808	3816	3824	3832	3840
9	4239	4248	4257	4266	4275	4284	4293	4302	4311	4320
10	4710	4720	4730	4740	4750	4760	4770	4780	4790	4800
11	5181	5192	5203	5214	5225	5236	5247	5258	5269	5280
12	5652	5664	5676	5688	5700	5712	5724	5736	5748	5760
13	6123	6136	6149	6162	6175	6188	6201	6214	6227	6240
14	6594	6608	6622	6636	6650	6664	6678	6692	6706	6720
15	7065	7080	7095	7110	7125	7140	7155	7170	7185	7200
16	7536	7552	7568	7584	7600	7616	7632	7648	7664	7680
17	8007	8024	8041	8058	8075	8092	8109	8126	8143	8160
18	8478	8496	8514	8532	8550	8568	8586	8604	8622	8640
19	8949	8968	8987	9006	9025	9044	9063	9082	9101	9120
20	9420	9440	9460	9480	9500	9520	9540	9560	9580	9600
21	9891	9912	9933	9954	9975	9996	10017	10038	10059	10080
22	10362	10384	10406	10428	10450	10472	10494	10516	10538	10560
23	10833	10856	10879	10902	10925	10948	10971	10994	11017	11040
24	11304	11328	11352	11376	11400	11424	11448	11472	11496	11520
25	11775	11800	11825	11850	11875	11900	11925	11950	11975	12000
26	12246	12272	12298	12324	12350	12376	12402	12428	12454	12480
27	12717	12744	12771	12798	12825	12852	12879	12906	12933	12960
28	13188	13216	13244	13272	13300	13328	13356	13384	13412	13440
29	13659	13688	13717	13746	13775	13804	13833	13862	13891	13920
30	14130	14160	14190	14220	14250	14280	14310	14340	14370	14400
31	14601	14632	14663	14694	14725	14756	14787	14818	14849	14880
32	15072	15104	15136	15168	15200	15232	15264	15296	15328	15360
33	15543	15576	15609	15642	15675	15708	15741	15774	15807	15840
34	16014	16048	16082	16116	16150	16184	16218	16252	16286	16320
35	16485	16520	16555	16590	16625	16660	16695	16730	16765	16800
36	16956	16992	17028	17064	17100	17136	17172	17208	17244	17280
37	17427	17464	17501	17538	17575	17612	17649	17686	17723	17760
38	17898	17936	17974	18012	18050	18088	18126	18164	18202	18240
39	18369	18408	18447	18486	18525	18564	18603	18642	18681	18720
40	18840	18880	18920	18960	19000	19040	19080	19120	19160	19200
41	19311	19352	19393	19434	19475	19516	19557	19598	19639	19680
42	19782	19824	19866	19908	19950	19992	20034	20076	20118	20160
43	20253	20296	20339	20382	20425	20468	20511	20554	20597	20640
44	20724	20768	20812	20856	20900	20944	20988	21032	21076	21120
45	21195	21240	21285	21330	21375	21420	21465	21510	21555	21600
46	21666	21712	21758	21804	21850	21896	21942	21988	22034	22080
47	22137	22184	22231	22278	22325	22372	22419	22466	22513	22560
48	22608	22656	22704	22752	22800	22848	22896	22944	22992	23040
49	23079	23128	23177	23226	23275	23324	23373	23422	23471	23520
50	23550	23600	23650	23700	23750	23800	23850	23900	23950	24000
51	24021	24072	24123	24174	24225	24276	24327	24378	24429	24480
52	24492	24544	24596	24648	24700	24752	24804	24856	24908	24960
53	24963	25016	25069	25122	25175	25228	25281	25334	25387	25440
54	25434	25488	25542	25596	25650	25704	25758	25812	25866	25920
55	25905	25960	26015	26070	26125	26180	26235	26290	26345	26400
56	26376	26432	26488	26544	26600	26656	26712	26768	26824	26880
57	26847	26904	26961	27018	27075	27132	27189	27246	27303	27360
58	27318	27376	27434	27492	27550	27608	27666	27724	27782	27840
59	27789	27848	27907	27966	28025	28084	28143	28202	28261	28320
60	28260	28320	28380	28440	28500	28560	28620	28680	28740	28800
61	28731	28792	28853	28914	28975	29036	29097	29158	29219	29280
62	29202	29264	29326	29388	29450	29512	29574	29636	29698	29760
63	29673	29736	29799	29862	29925	29988	30051	30114	30177	30240
64	30144	30208	30272	30336	30400	30464	30528	30592	30656	30720
65	30615	30680	30745	30810	30875	30940	31005	31070	31135	31200
66	31086	31152	31218	31284	31350	31416	31482	31548	31614	31680
67	31557	31624	31691	31758	31825	31892	31959	32026	32093	32160
68	32028	32096	32164	32232	32300	32368	32436	32504	32572	32640
69	32499	32568	32637	32706	32775	32844	32913	32982	33051	33120
70	32970	33040	33110	33180	33250	33320	33390	33460	33530	33600
71	33441	33512	33583	33654	33725	33796	33867	33938	34009	34080
72	33912	33984	34056	34128	34200	34272	34344	34416	34488	34560
73	34383	34456	34529	34602	34675	34748	34821	34894	34967	35040
74	34854	34928	35002	35076	35150	35224	35298	35372	35446	35520
75	35325	35400	35475	35550	35625	35700	35775	35850	35925	36000
76	35796	35872	35948	36024	36100	36176	36252	36328	36404	36480
77	36267	36344	36421	36498	36575	36652	36729	36806	36883	36960
78	36738	36816	36894	36972	37050	37128	37206	37284	37362	37440
79	37209	37288	37367	37446	37525	37604	37683	37762	37841	37920
80	37680	37760	37840	37920	38000	38080	38160	38240	38320	38400
81	38151	38232	38313	38394	38475	38556	38637	38718	38799	38880
82	38622	38704	38786	38868	38950	39032	39114	39196	39278	39360
83	39093	39176	39259	39342	39425	39508	39591	39674	39757	39840
84	39564	39648	39732	39816	39900	39984	40068	40152	40236	40320
85	40035	40120	40205	40290	40375	40460	40545	40630	40715	40800
86	40506	40592	40678	40764	40850	40936	41022	41108	41194	41280
87	40977	41064	41151	41238	41325	41412	41499	41586	41673	41760
88	41448	41536	41624	41712	41800	41888	41976	42064	42152	42240
89	41919	42008	42097	42186	42275	42364	42453	42542	42631	42720
90	42390	42480	42570	42660	42750	42840	42930	43020	43110	43200
91	42861	42952	43043	43134	43225	43316	43407	43498	43589	43680
92	43332	43424	43516	43608	43700	43792	43884	43976	44068	44160
93	43803	43896	43989	44082	44175	44268	44361	44454	44547	44640
94	44274	44368	44462	44556	44650	44744	44838	44932	45026	45120
95	44745	44840	44935	45030	45125	45220	45315	45410	45505	45600
96	45216	45312	45408	45504	45600	45696	45792	45888	45984	46080
97	45687	45784	45881	45978	46075	46172	46269	46366	46463	46560
98	46158	46256	46354	46452	46550	46648	46746	46844	46942	47040
99	46629	46728	46827	46926	47025	47124	47223	47322	47421	47520
100	47100	47200	47300	47400	47500	47600	47700	47800	47900	48000

I	481	482	483	484	485	486	487	488	489	490
1	481	482	483	484	485	486	487	488	489	490
2	962	964	966	968	970	972	974	976	978	980
3	1443	1446	1449	1452	1455	1458	1461	1464	1467	1470
4	1924	1928	1932	1936	1940	1944	1948	1952	1956	1960
5	2405	2410	2415	2420	2425	2430	2435	2440	2445	2450
6	2886	2892	2898	2904	2910	2916	2922	2928	2934	2940
7	3367	3374	3381	3388	3395	3402	3409	3416	3423	3430
8	3848	3856	3864	3872	3880	3888	3896	3904	3912	3920
9	4329	4338	4347	4356	4365	4374	4383	4392	4401	4410
10	4810	4820	4830	4840	4850	4860	4870	4880	4890	4900
11	5291	5302	5313	5324	5335	5346	5357	5368	5379	5390
12	5772	5784	5796	5808	5820	5832	5844	5856	5868	5880
13	6253	6266	6279	6292	6305	6318	6331	6344	6357	6370
14	6734	6748	6762	6776	6790	6804	6818	6832	6846	6860
15	7215	7230	7245	7260	7275	7290	7305	7320	7335	7350
16	7696	7712	7728	7744	7760	7776	7792	7808	7824	7840
17	8177	8194	8211	8228	8245	8262	8279	8296	8313	8330
18	8658	8676	8694	8712	8730	8748	8766	8784	8802	8820
19	9139	9158	9177	9196	9215	9234	9253	9272	9291	9310
20	9620	9640	9660	9680	9700	9720	9740	9760	9780	9800
21	10101	10122	10143	10164	10185	10206	10227	10248	10269	10290
22	10582	10604	10626	10648	10670	10692	10714	10736	10758	10780
23	11063	11086	11109	11132	11155	11178	11201	11224	11247	11270
24	11544	11568	11592	11616	11640	11664	11688	11712	11736	11760
25	12025	12050	12075	12100	12125	12150	12175	12200	12225	12250
26	12506	12532	12558	12584	12610	12636	12662	12688	12714	12740
27	12987	13014	13041	13068	13095	13122	13149	13176	13203	13230
28	13468	13496	13524	13552	13580	13608	13636	13664	13692	13720
29	13949	13978	14007	14036	14065	14094	14123	14152	14181	14210
30	14430	14460	14490	14520	14550	14580	14610	14640	14670	14700
31	14911	14942	14973	15004	15035	15066	15097	15128	15159	15190
32	15392	15424	15456	15488	15520	15552	15584	15616	15648	15680
33	15873	15906	15939	15972	16005	16038	16071	16104	16137	16170
34	16354	16388	16422	16456	16490	16524	16558	16592	16626	16660
35	16835	16870	16905	16940	16975	17010	17045	17080	17115	17150
36	17316	17352	17388	17424	17460	17496	17532	17568	17604	17640
37	17797	17834	17871	17908	17945	17982	18019	18056	18093	18130
38	18278	18316	18354	18392	18430	18468	18506	18544	18582	18620
39	18759	18798	18837	18876	18915	18954	18993	19032	19071	19110
40	19240	19280	19320	19360	19400	19440	19480	19520	19560	19600
41	19721	19762	19803	19844	19885	19926	19967	20008	20049	20090
42	20202	20244	20286	20328	20370	20412	20454	20496	20538	20580
43	20683	20726	20769	20812	20855	20898	20941	20984	21027	21070
44	21164	21208	21252	21296	21340	21384	21428	21472	21516	21560
45	21645	21690	21735	21780	21825	21870	21915	21960	22005	22050
46	22126	22172	22218	22264	22310	22356	22402	22448	22494	22540
47	22607	22654	22701	22748	22795	22842	22889	22936	22983	23030
48	23088	23136	23184	23232	23280	23328	23376	23424	23472	23520
49	23569	23618	23667	23716	23765	23814	23863	23912	23961	24010
50	24050	24100	24150	24200	24250	24300	24350	24400	24450	24500
51	24531	24582	24633	24684	24735	24786	24837	24888	24939	24990
52	25012	25064	25116	25168	25220	25272	25324	25376	25428	25480
53	25493	25546	25599	25652	25705	25758	25811	25864	25917	25970
54	25974	26028	26082	26136	26190	26244	26298	26352	26406	26460
55	26455	26510	26565	26620	26675	26730	26785	26840	26895	26950
56	26936	26992	27048	27104	27160	27216	27272	27328	27384	27440
57	27417	27474	27531	27588	27645	27702	27759	27816	27873	27930
58	27898	27956	28014	28072	28130	28188	28246	28304	28362	28420
59	28379	28438	28497	28556	28615	28674	28733	28792	28851	28910
60	28860	28920	28980	29040	29100	29160	29220	29280	29340	29400
61	29341	29402	29463	29524	29585	29646	29707	29768	29829	29890
62	29822	29884	29946	30008	30070	30132	30194	30256	30318	30380
63	30303	30366	30429	30492	30555	30618	30681	30744	30807	30870
64	30784	30848	30912	30976	31040	31104	31168	31232	31296	31360
65	31265	31330	31395	31460	31525	31590	31655	31720	31785	31850
66	31746	31812	31878	31944	32010	32076	32142	32208	32274	32340
67	32227	32294	32361	32428	32495	32562	32629	32696	32763	32830
68	32708	32776	32844	32912	32980	33048	33116	33184	33252	33320
69	33189	33258	33327	33396	33465	33534	33603	33672	33741	33810
70	33670	33740	33810	33880	33950	34020	34090	34160	34230	34300
71	34151	34222	34293	34364	34435	34506	34577	34648	34719	34790
72	34632	34704	34776	34848	34920	34992	35064	35136	35208	35280
73	35113	35186	35259	35332	35405	35478	35551	35624	35697	35770
74	35594	35668	35742	35816	35890	35964	36038	36112	36186	36260
75	36075	36150	36225	36300	36375	36450	36525	36600	36675	36750
76	36556	36632	36708	36784	36860	36936	37012	37088	37164	37240
77	37037	37114	37191	37268	37345	37422	37499	37576	37653	37730
78	37518	37596	37674	37752	37830	37908	37986	38064	38142	38220
79	37999	38078	38157	38236	38315	38394	38473	38552	38631	38710
80	38480	38560	38640	38720	38800	38880	38960	39040	39120	39200
81	38961	39042	39123	39204	39285	39366	39447	39528	39609	39690
82	39442	39524	39606	39688	39770	39852	39934	40016	40098	40180
83	39923	40006	40089	40172	40255	40338	40421	40504	40587	40670
84	40404	40488	40572	40656	40740	40824	40908	40992	41076	41160
85	40885	40970	41055	41140	41225	41310	41395	41480	41565	41650
86	41366	41452	41538	41624	41710	41796	41882	41968	42054	42140
87	41847	41934	42021	42108	42195	42282	42369	42456	42543	42630
88	42328	42416	42504	42592	42680	42768	42856	42944	43032	43120
89	42809	42898	42987	43076	43165	43254	43343	43432	43521	43610
90	43290	43380	43470	43560	43650	43740	43830	43920	44010	44100
91	43771	43862	43953	44044	44135	44226	44317	44408	44499	44590
92	44252	44344	44436	44528	44620	44712	44804	44896	44988	45080
93	44733	44826	44919	45012	45105	45198	45291	45384	45477	45570
94	45214	45308	45402	45496	45590	45684	45778	45872	45966	46060
95	45695	45790	45885	45980	46075	46170	46265	46360	46455	46550
96	46176	46272	46368	46464	46560	46656	46752	46848	46944	47040
97	46657	46754	46851	46948	47045	47142	47239	47336	47433	47530
98	47138	47236	47334	47432	47530	47628	47726	47824	47922	48020
99	47619	47718	47817	47916	48015	48114	48213	48312	48411	48510
100	48100	48200	48300	48400	48500	48600	48700	48800	48900	49000

	491		492		493		494		495		496		497		498		499		500
1	491	1	492	1	493	1	494	1	495	1	496	1	497	1	498	1	499	1	500
2	982	2	984	2	986	2	988	2	990	2	992	2	994	2	996	2	998	2	1000
3	1473	3	1476	3	1479	3	1482	3	1485	3	1488	3	1491	3	1494	3	1497	3	1500
4	1964	4	1968	4	1972	4	1976	4	1980	4	1984	4	1988	4	1992	4	1996	4	2000
5	2455	5	2460	5	2465	5	2470	5	2475	5	2480	5	2485	5	2490	5	2495	5	2500
6	2946	6	2952	6	2958	6	2964	6	2970	6	2976	6	2982	6	2988	6	2994	6	3000
7	3437	7	3444	7	3451	7	3458	7	3465	7	3472	7	3479	7	3486	7	3493	7	3500
8	3928	8	3936	8	3944	8	3952	8	3960	8	3968	8	3976	8	3984	8	3992	8	4000
9	4419	9	4428	9	4437	9	4446	9	4455	9	4464	9	4473	9	4482	9	4491	9	4500
10	4910	10	4920	10	4930	10	4940	10	4950	10	4960	10	4970	10	4980	10	4990	10	5000
11	5401	11	5412	11	5423	11	5434	11	5445	11	5456	11	5467	11	5478	11	5489	11	5500
12	5892	12	5904	12	5916	12	5928	12	5940	12	5952	12	5964	12	5970	12	5988	12	6000
13	6383	13	6396	13	6409	13	6422	13	6435	13	6448	13	6461	13	6474	13	6487	13	6500
14	6874	14	6888	14	6902	14	6916	14	6930	14	6944	14	6958	14	6972	14	6986	14	7000
15	7365	15	7380	15	7395	15	7410	15	7425	15	7440	15	7455	15	7470	15	7485	15	7500
16	7856	16	7872	16	7888	16	7904	16	7920	16	7936	16	7952	16	7968	16	7984	16	8000
17	8347	17	8364	17	8381	17	8398	17	8415	17	8432	17	8449	17	8466	17	8483	17	8500
18	8838	18	8856	18	8874	18	8892	18	8910	18	8928	18	8946	18	8964	18	8982	18	9000
19	9329	19	9348	19	9367	19	9386	19	9405	19	9424	19	9443	19	9462	19	9481	19	9500
20	9820	20	9840	20	9860	20	9880	20	9900	20	9920	20	9940	20	9960	20	9980	20	10000
21	10311	21	10332	21	10353	21	10374	21	10395	21	10416	21	10437	21	10458	21	10479	21	10500
22	10802	22	10824	22	10846	22	10868	22	10890	22	10912	22	10934	22	10956	22	10978	22	11000
23	11293	23	11316	23	11339	23	11362	23	11385	23	11408	23	11431	23	11454	23	11477	23	11500
24	11784	24	11808	24	11832	24	11856	24	11880	24	11904	24	11928	24	11952	24	11976	24	12000
25	12275	25	12300	25	12325	25	12350	25	12375	25	12400	25	12425	25	12450	25	12475	25	12500
26	12766	26	12792	26	12818	26	12844	26	12870	26	12896	26	12922	26	12948	26	12974	26	13000
27	13257	27	13284	27	13311	27	13338	27	13365	27	13392	27	13419	27	13446	27	13473	27	13500
28	13748	28	13776	28	13804	28	13832	28	13860	28	13888	28	13916	28	13944	28	13972	28	14000
29	14239	29	14268	29	14297	29	14326	29	14355	29	14384	29	14413	29	14442	29	14471	29	14500
30	14730	30	14760	30	14790	30	14820	30	14850	30	14880	30	14910	30	14940	30	14970	30	15000
31	15221	31	15252	31	15283	31	15314	31	15345	31	15376	31	15407	31	15438	31	15469	31	15500
32	15712	32	15744	32	15776	32	15808	32	15840	32	15872	32	15904	32	15936	32	15968	32	16000
33	16203	33	16236	33	16269	33	16302	33	16335	33	16368	33	16401	33	16434	33	16467	33	16500
34	16694	34	16728	34	16762	34	16796	34	16830	34	16864	34	16898	34	16932	34	16966	34	17000
35	17185	35	17220	35	17255	35	17290	35	17325	35	17360	35	17395	35	17430	35	17465	35	17500
36	17676	36	17712	36	17748	36	17784	36	17820	36	17856	36	17892	36	17928	36	17964	36	18000
37	18167	37	18204	37	18241	37	18278	37	18315	37	18352	37	18389	37	18426	37	18463	37	18500
38	18658	38	18696	38	18734	38	18772	38	18810	38	18848	38	18886	38	18924	38	18962	38	19000
39	19149	39	19188	39	19227	39	19266	39	19305	39	19344	39	19383	39	19422	39	19461	39	19500
40	19640	40	19680	40	19720	40	19760	40	19800	40	19840	40	19880	40	19920	40	19960	40	20000
41	20131	41	20172	41	20213	41	20254	41	20295	41	20335	41	20377	41	20418	41	20459	41	20500
42	20622	42	20664	42	20706	42	20748	42	20790	42	20832	42	20874	42	20916	42	20958	42	21000
43	21113	43	21156	43	21199	43	21242	43	21285	43	21328	43	21371	43	21414	43	21457	43	21500
44	21604	44	21648	44	21692	44	21736	44	21780	44	21824	44	21868	44	21912	44	21956	44	22000
45	22095	45	22140	45	22185	45	22230	45	22275	45	22320	45	22365	45	22410	45	22455	45	22500
46	22586	46	22632	46	22678	46	22724	46	22770	46	22816	46	22862	46	22908	46	22954	46	23000
47	23077	47	23124	47	23171	47	23218	47	23265	47	23312	47	23359	47	23406	47	23453	47	23500
48	23568	48	23616	48	23664	48	23712	48	23760	48	23808	48	23856	48	23904	48	23952	48	24000
49	24059	49	24108	49	24157	49	24206	49	24255	49	24304	49	24353	49	24402	49	24451	49	24500
50	24550	50	24600	50	24650	50	24700	50	24750	50	24800	50	24850	50	24900	50	24950	50	25000
51	25041	51	25092	51	25143	51	25194	51	25245	51	25296	51	25347	51	25398	51	25449	51	25500
52	25532	52	25584	52	25636	52	25688	52	25740	52	25792	52	25844	52	25896	52	25948	52	26000
53	26023	53	26076	53	26129	53	26182	53	26235	53	26288	53	26341	53	26394	53	26447	53	26500
54	26514	54	26568	54	26622	54	26676	54	26730	54	26784	54	26838	54	26892	54	26946	54	27000
55	27005	55	27060	55	27115	55	27170	55	27225	55	27280	55	27335	55	27390	55	27445	55	27500
56	27496	56	27552	56	27608	56	27664	56	27720	56	27776	56	27832	56	27888	56	27944	56	28000
57	27987	57	28044	57	28101	57	28158	57	28215	57	28272	57	28329	57	28386	57	28443	57	28500
58	28478	58	28536	58	28594	58	28652	58	28710	58	28768	58	28826	58	28884	58	28942	58	29000
59	28969	59	29028	59	29087	59	29146	59	29205	59	29264	59	29323	59	29382	59	29441	59	29500
60	29460	60	29520	60	29580	60	29640	60	29700	60	29760	60	29820	60	29880	60	29940	60	30000
61	29951	61	30012	61	30073	61	30134	61	30195	61	30256	61	30317	61	30378	61	30439	61	30500
62	30442	62	30504	62	30566	62	30628	62	30690	62	30752	62	30814	62	30876	62	30938	62	31000
63	30933	63	30996	63	31059	63	31122	63	31185	63	31248	63	31311	63	31374	63	31437	63	31500
64	31424	64	31488	64	31552	64	31616	64	31680	64	31744	64	31808	64	31872	64	31936	64	32000
65	31915	65	31980	65	32045	65	32110	65	32175	65	32240	65	32305	65	32370	65	32435	65	32500
66	32406	66	32472	66	32538	66	32604	66	32670	66	32736	66	32802	66	32868	66	32934	66	33000
67	32897	67	32964	67	33031	67	33098	67	33165	67	33232	67	33299	67	33366	67	33433	67	33500
68	33388	68	33456	68	33524	68	33592	68	33660	68	33728	68	33796	68	33864	68	33932	68	34000
69	33879	69	33948	69	34017	69	34086	69	34155	69	34224	69	34293	69	34362	69	34431	69	34500
70	34370	70	34440	70	34510	70	34580	70	34650	70	34720	70	34790	70	34860	70	34930	70	35000
71	34861	71	34932	71	35003	71	35074	71	35145	71	35216	71	35287	71	35358	71	35429	71	35500
72	35352	72	35424	72	35496	72	35568	72	35640	72	35712	72	35784	72	35856	72	35928	72	36000
73	35843	73	35916	73	35989	73	36062	73	36135	73	36208	73	36281	73	36354	73	36427	73	36500
74	36334	74	36408	74	36482	74	36556	74	36630	74	36704	74	36778	74	36852	74	36926	74	37000
75	36825	75	36900	75	36975	75	37050	75	37125	75	37200	75	37275	75	37350	75	37425	75	37500
76	37316	76	37392	76	37468	76	37544	76	37620	76	37696	76	37772	76	37848	76	37924	76	38000
77	37807	77	37884	77	37961	77	38038	77	38115	77	38192	77	38269	77	38346	77	38423	77	38500
78	38298	78	38376	78	38454	78	38532	78	38610	78	38688	78	38766	78	38844	78	38922	78	39000
79	38789	79	38868	79	38947	79	39026	79	39105	79	39184	79	39263	79	39342	79	39421	79	39500
80	39280	80	39360	80	39440	80	39520	80	39600	80	39680	80	39760	80	39840	80	39920	80	40000
81	39771	81	39852	81	39933	81	40014	81	40095	81	40176	81	40257	81	40338	81	40419	81	40500
82	40262	82	40344	82	40426	82	40508	82	40590	82	40672	82	40754	82	40836	82	40918	82	41000
83	40753	83	40836	83	40919	83	41002	83	41085	83	41168	83	41251	83	41334	83	41417	83	41500
84	41244	84	41328	84	41412	84	41496	84	41580	84	41664	84	41748	84	41832	84	41916	84	42000
85	41735	85	41820	85	41905	85	41990	85	42075	85	42160	85	42245	85	42330	85	42415	85	42500
86	42226	86	42312	86	42398	86	42484	86	42570	86	42656	86	42742	86	42828	86	42914	86	43000
87	42717	87	42804	87	42891	87	42978	87	43065	87	43152	87	43239	87	43326	87	43413	87	43500
88	43208	88	43296	88	43384	88	43472	88	43560	88	43648	88	43736	88	43824	88	43912	88	44000
89	43699	89	43788	89	43877	89	43966	89	44055	89	44144	89	44233	89	44322	89	44411	89	44500
90	44190	90	44280	90	44370	90	44460	90	44550	90	44640	90	44730	90	44820	90	44910	90	45000
91	44681	91	44772	91	44863	91	44954	91	45045	91	45136	91	45227	91	45318	91	45409	91	45500
92	45172	92	45264	92	45356	92	45448	92	45540	92	45632	92	45724	92	45816	92	45908	92	46000
93	45663	93	45756	93	45849	93	45942	93	46035	93	46128	93	46221	93	46314	93	46407	93	46500
94	46154	94	46248	94	46342	94	46436	94	46530	94	46624	94	46718	94	46812	94	46906	94	47000
95	46645	95	46740	95	46835	95	46930	95	47025	95	47120	95	47215	95	47310	95	47405	95	47500
96	47136	96	47232	96	47328	96	47424	96	47520	96	47616	96	47712	96	47808	96	47904	96	48000
97	47627	97	47724	97	47821	97	47918	97	48015	97	48112	97	48209	97	48306	97	48403	97	48500
98	48118	98	48216	98	48314	98	48412	98	48510	98	48608	98	48706	98	48804	98	48902	98	49000
99	48609	99	48708	99	48807	99	48906	99	49005	99	49104	99	49203	99	49302	99	49401	99	49500
100	49100	100	49200	100	49300	100	49400	100	49500	100	49600	100	49700	100	49800	100	49900	100	50000

×	501	502	503	504	505	506	507	508	509	510
1	501	502	503	504	505	506	507	508	509	510
2	1002	1004	1006	1008	1010	1012	1014	1016	1018	1020
3	1503	1506	1509	1512	1515	1518	1521	1524	1527	1530
4	2004	2008	2012	2016	2020	2024	2028	2032	2036	2040
5	2505	2510	2515	2520	2525	2530	2535	2540	2545	2550
6	3006	3012	3018	3024	3030	3036	3042	3048	3054	3060
7	3507	3514	3521	3528	3535	3542	3549	3556	3563	3570
8	4008	4016	4024	4032	4040	4048	4056	4064	4072	4080
9	4509	4518	4527	4536	4545	4554	4563	4572	4581	4590
10	5010	5020	5030	5040	5050	5060	5070	5080	5090	5100
11	5511	5522	5533	5544	5555	5566	5577	5588	5599	5610
12	6012	6024	6036	6048	6060	6072	6084	6096	6108	6120
13	6513	6526	6539	6552	6565	6578	6591	6604	6617	6630
14	7014	7028	7042	7056	7070	7084	7098	7112	7126	7140
15	7515	7530	7545	7560	7575	7590	7605	7620	7635	7650
16	8016	8032	8048	8064	8080	8096	8112	8128	8144	8160
17	8517	8534	8551	8568	8585	8602	8619	8636	8653	8670
18	9018	9036	9054	9072	9090	9108	9126	9144	9162	9180
19	9519	9538	9557	9576	9595	9614	9633	9652	9671	9690
20	10020	10040	10060	10080	10100	10120	10140	10160	10180	10200
21	10521	10542	10563	10584	10605	10626	10647	10668	10689	10710
22	11022	11044	11066	11088	11110	11132	11154	11176	11198	11220
23	11523	11546	11569	11592	11615	11638	11661	11684	11707	11730
24	12024	12048	12072	12096	12120	12144	12168	12192	12216	12240
25	12525	12550	12575	12600	12625	12650	12675	12700	12725	12750
26	13026	13052	13078	13104	13130	13156	13182	13208	13234	13260
27	13527	13554	13581	13608	13635	13662	13689	13716	13743	13770
28	14028	14056	14084	14112	14140	14168	14196	14224	14252	14280
29	14529	14558	14587	14616	14645	14674	14703	14732	14761	14790
30	15030	15060	15090	15120	15150	15180	15210	15240	15270	15300
31	15531	15562	15593	15624	15655	15686	15717	15748	15779	15810
32	16032	16064	16096	16128	16160	16192	16224	16256	16288	16320
33	16533	16566	16599	16632	16665	16698	16731	16764	16797	16830
34	17034	17068	17102	17136	17170	17204	17238	17272	17306	17340
35	17535	17570	17605	17640	17675	17710	17745	17780	17815	17850
36	18036	18072	18108	18144	18180	18216	18252	18288	18324	18360
37	18537	18574	18611	18648	18685	18722	18759	18796	18833	18870
38	19038	19076	19114	19152	19190	19228	19266	19304	19342	19380
39	19539	19578	19617	19656	19695	19734	19773	19812	19851	19890
40	20040	20080	20120	20160	20200	20240	20280	20320	20360	20400
41	20541	20582	20623	20664	20705	20746	20787	20828	20869	20910
42	21042	21084	21126	21168	21210	21252	21294	21336	21378	21420
43	21543	21586	21629	21672	21715	21758	21801	21844	21887	21930
44	22044	22088	22132	22176	22220	22264	22308	22352	22396	22440
45	22545	22590	22635	22680	22725	22770	22815	22860	22905	22950
46	23046	23092	23138	23184	23230	23276	23322	23368	23414	23460
47	23547	23594	23641	23688	23735	23782	23829	23876	23923	23970
48	24048	24096	24144	24192	24240	24288	24336	24384	24432	24480
49	24549	24598	24647	24696	24745	24794	24843	24892	24941	24990
50	25050	25100	25150	25200	25250	25300	25350	25400	25450	25500
51	25551	25602	25653	25704	25755	25806	25857	25908	25959	26010
52	26052	26104	26156	26208	26260	26312	26364	26416	26468	26520
53	26553	26606	26659	26712	26765	26818	26871	26924	26977	27030
54	27054	27108	27162	27216	27270	27324	27378	27432	27486	27540
55	27555	27610	27665	27720	27775	27830	27885	27940	27995	28050
56	28056	28112	28168	28224	28280	28336	28392	28448	28504	28560
57	28557	28614	28671	28728	28785	28842	28899	28956	29013	29070
58	29058	29116	29174	29232	29290	29348	29406	29464	29522	29580
59	29559	29618	29677	29736	29795	29854	29913	29972	30031	30090
60	30060	30120	30180	30240	30300	30360	30420	30480	30540	30600
61	30561	30622	30683	30744	30805	30866	30927	30988	31049	31110
62	31062	31124	31186	31248	31310	31372	31434	31496	31558	31620
63	31563	31626	31689	31752	31815	31878	31941	32004	32067	32130
64	32064	32128	32192	32256	32320	32384	32448	32512	32576	32640
65	32565	32630	32695	32760	32825	32890	32955	33020	33085	33150
66	33066	33132	33198	33264	33330	33396	33462	33528	33594	33660
67	33567	33634	33701	33768	33835	33902	33969	34036	34103	34170
68	34068	34136	34204	34272	34340	34408	34476	34544	34612	34680
69	34569	34638	34707	34776	34845	34914	34983	35052	35121	35190
70	35070	35140	35210	35280	35350	35420	35490	35560	35630	35700
71	35571	35642	35713	35784	35855	35926	35997	36068	36139	36210
72	36072	36144	36216	36288	36360	36432	36504	36576	36648	36720
73	36573	36646	36719	36792	36865	36938	37011	37084	37157	37230
74	37074	37148	37222	37296	37370	37444	37518	37592	37666	37740
75	37575	37650	37725	37800	37875	37950	38025	38100	38175	38250
76	38076	38152	38228	38304	38380	38456	38532	38608	38684	38760
77	38577	38654	38731	38808	38885	38962	39039	39116	39193	39270
78	39078	39156	39234	39312	39390	39468	39546	39624	39702	39780
79	39579	39658	39737	39816	39895	39974	40053	40132	40211	40290
80	40080	40160	40240	40320	40400	40480	40560	40640	40720	40800
81	40581	40662	40743	40824	40905	40986	41067	41148	41229	41310
82	41082	41164	41246	41328	41410	41492	41574	41656	41738	41820
83	41583	41666	41749	41832	41915	41998	42081	42164	42247	42330
84	42084	42168	42252	42336	42420	42504	42588	42672	42756	42840
85	42585	42670	42755	42840	42925	43010	43095	43180	43265	43350
86	43086	43172	43258	43344	43430	43516	43602	43688	43774	43860
87	43587	43674	43761	43848	43935	44022	44109	44196	44283	44370
88	44088	44176	44264	44352	44440	44528	44616	44704	44792	44880
89	44589	44678	44767	44856	44945	45034	45123	45212	45301	45390
90	45090	45180	45270	45360	45450	45540	45630	45720	45810	45900
91	45591	45682	45773	45864	45955	46046	46137	46228	46319	46410
92	46092	46184	46276	46368	46460	46552	46644	46736	46828	46920
93	46593	46686	46779	46872	46965	47058	47151	47244	47337	47430
94	47094	47188	47282	47376	47470	47564	47658	47752	47846	47940
95	47595	47690	47785	47880	47975	48070	48165	48260	48355	48450
96	48096	48192	48288	48384	48480	48576	48672	48768	48864	48960
97	48597	48694	48791	48888	48985	49082	49179	49276	49373	49470
98	49098	49196	49294	49392	49490	49588	49686	49784	49882	49980
99	49599	49698	49797	49896	49995	50094	50193	50292	50391	50490
100	50100	50200	50300	50400	50500	50600	50700	50800	50900	51000

n	511	512	513	514	515	516	517	518	519	520
1	511	512	513	514	515	516	517	518	519	520
2	1022	1024	1026	1028	1030	1032	1034	1036	1038	1040
3	1533	1536	1539	1542	1545	1548	1551	1554	1557	1560
4	2044	2048	2052	2056	2060	2064	2068	2072	2076	2080
5	2555	2560	2565	2570	2575	2580	2585	2590	2595	2600
6	3066	3072	3078	3084	3090	3096	3102	3108	3114	3120
7	3577	3584	3591	3598	3605	3612	3619	3626	3633	3640
8	4088	4096	4104	4112	4120	4128	4136	4144	4152	4160
9	4599	4608	4617	4626	4635	4644	4653	4662	4671	4680
10	5110	5120	5130	5140	5150	5160	5170	5180	5190	5200
11	5621	5632	5643	5654	5665	5676	5687	5698	5709	5720
12	6132	6144	6156	6168	6180	6192	6204	6216	6228	6240
13	6643	6656	6669	6682	6695	6708	6721	6734	6747	6760
14	7154	7168	7182	7196	7210	7224	7238	7252	7266	7280
15	7665	7680	7695	7710	7725	7740	7755	7770	7785	7800
16	8176	8192	8208	8224	8240	8256	8272	8288	8304	8320
17	8687	8704	8721	8738	8755	8772	8789	8806	8823	8840
18	9198	9216	9234	9252	9270	9288	9306	9324	9342	9360
19	9709	9728	9747	9766	9785	9804	9823	9842	9861	9880
20	10220	10240	10260	10280	10300	10320	10340	10360	10380	10400
21	10731	10752	10773	10794	10815	10836	10857	10878	10899	10920
22	11242	11264	11286	11308	11330	11352	11374	11396	11418	11440
23	11753	11776	11799	11822	11845	11868	11891	11914	11937	11960
24	12264	12288	12312	12336	12360	12384	12408	12432	12456	12480
25	12775	12800	12825	12850	12875	12900	12925	12950	12975	13000
26	13286	13312	13338	13364	13390	13416	13442	13468	13494	13520
27	13797	13824	13851	13878	13905	13932	13959	13986	14013	14040
28	14308	14336	14364	14392	14420	14448	14476	14504	14532	14560
29	14819	14848	14877	14906	14935	14964	14993	15022	15051	15080
30	15330	15360	15390	15420	15450	15480	15510	15540	15570	15600
31	15841	15872	15903	15934	15965	15996	16027	16058	16089	16120
32	16352	16384	16416	16448	16480	16512	16544	16576	16608	16640
33	16863	16896	16929	16962	16995	17028	17061	17094	17127	17160
34	17374	17408	17442	17476	17510	17544	17578	17612	17646	17680
35	17885	17920	17955	17990	18025	18060	18095	18130	18165	18200
36	18396	18432	18468	18504	18540	18576	18612	18648	18684	18720
37	18907	18944	18981	19018	19055	19092	19129	19166	19203	19240
38	19418	19456	19494	19532	19570	19608	19646	19684	19722	19760
39	19929	19968	20007	20046	20085	20124	20163	20202	20241	20280
40	20440	20480	20520	20560	20600	20640	20680	20720	20760	20800
41	20951	20992	21033	21074	21115	21156	21197	21238	21279	21320
42	21462	21504	21546	21588	21630	21672	21714	21756	21798	21840
43	21973	22016	22059	22102	22145	22188	22231	22274	22317	22360
44	22484	22528	22572	22616	22660	22704	22748	22792	22836	22880
45	22995	23040	23085	23130	23175	23220	23265	23310	23355	23400
46	23506	23552	23598	23644	23690	23736	23782	23828	23874	23920
47	24017	24064	24111	24158	24205	24252	24299	24346	24393	24440
48	24528	24576	24624	24672	24720	24768	24816	24864	24912	24960
49	25039	25088	25137	25186	25235	25284	25333	25382	25431	25480
50	25550	25600	25650	25700	25750	25800	25850	25900	25950	26000
51	26061	26112	26163	26214	26265	26316	26367	26418	26469	26520
52	26572	26624	26676	26728	26780	26832	26884	26936	26988	27040
53	27083	27136	27189	27242	27295	27348	27401	27454	27507	27560
54	27594	27648	27702	27756	27810	27864	27918	27972	28026	28080
55	28105	28160	28215	28270	28325	28380	28435	28490	28545	28600
56	28616	28672	28728	28784	28840	28896	28952	29008	29064	29120
57	29127	29184	29241	29298	29355	29412	29469	29526	29583	29640
58	29638	29696	29754	29812	29870	29928	29986	30044	30102	30160
59	30149	30208	30267	30326	30385	30444	30503	30562	30621	30680
60	30660	30720	30780	30840	30900	30960	31020	31080	31140	31200
61	31171	31232	31293	31354	31415	31476	31537	31598	31659	31720
62	31682	31744	31806	31868	31930	31992	32054	32116	32178	32240
63	32193	32256	32319	32382	32445	32508	32571	32634	32697	32760
64	32704	32768	32832	32896	32960	33024	33088	33152	33216	33280
65	33215	33280	33345	33410	33475	33540	33605	33670	33735	33800
66	33726	33792	33858	33924	33990	34056	34122	34188	34254	34320
67	34237	34304	34371	34438	34505	34572	34639	34706	34773	34840
68	34748	34816	34884	34952	35020	35088	35156	35224	35292	35360
69	35259	35328	35397	35466	35535	35604	35673	35742	35811	35880
70	35770	35840	35910	35980	36050	36120	36190	36260	36330	36400
71	36281	36352	36423	36494	36565	36636	36707	36778	36849	36920
72	36792	36864	36936	37008	37080	37152	37224	37296	37368	37440
73	37303	37376	37449	37522	37595	37668	37741	37814	37887	37960
74	37814	37888	37962	38036	38110	38184	38258	38332	38406	38480
75	38325	38400	38475	38550	38625	38700	38775	38850	38925	39000
76	38836	38912	38988	39064	39140	39216	39292	39368	39444	39520
77	39347	39424	39501	39578	39655	39732	39809	39886	39963	40040
78	39858	39936	40014	40092	40170	40248	40326	40404	40482	40560
79	40369	40448	40527	40606	40685	40764	40843	40922	41001	41080
80	40880	40960	41040	41120	41200	41280	41360	41440	41520	41600
81	41391	41472	41553	41634	41715	41796	41877	41958	42039	42120
82	41902	41984	42066	42148	42230	42312	42394	42476	42558	42640
83	42413	42496	42579	42662	42745	42828	42911	42994	43077	43160
84	42924	43008	43092	43176	43260	43344	43428	43512	43596	43680
85	43435	43520	43605	43690	43775	43860	43945	44030	44115	44200
86	43946	44032	44118	44204	44290	44376	44462	44548	44634	44720
87	44457	44544	44631	44718	44805	44892	44979	45066	45153	45240
88	44968	45056	45144	45232	45320	45408	45496	45584	45672	45760
89	45479	45568	45657	45746	45835	45924	46013	46102	46191	46280
90	45990	46080	46170	46260	46350	46440	46530	46620	46710	46800
91	46501	46592	46683	46774	46865	46956	47047	47138	47229	47320
92	47012	47104	47196	47288	47380	47472	47564	47656	47748	47840
93	47523	47616	47709	47802	47895	47988	48081	48174	48267	48360
94	48034	48128	48222	48316	48410	48504	48598	48692	48786	48880
95	48545	48640	48735	48830	48925	49020	49115	49210	49305	49400
96	49056	49152	49248	49344	49440	49536	49632	49728	49824	49920
97	49567	49664	49761	49858	49955	50052	50149	50246	50343	50440
98	50078	50176	50274	50372	50470	50568	50666	50764	50862	50960
99	50589	50688	50787	50886	50985	51084	51183	51282	51381	51480
100	51100	51200	51300	51400	51500	51600	51700	51800	51900	52000

n	521	522	523	524	525	526	527	528	529	530
1	521	522	523	524	525	526	527	528	529	530
2	1042	1044	1046	1048	1050	1052	1054	1056	1058	1060
3	1563	1566	1569	1572	1575	1578	1581	1584	1587	1590
4	2084	2088	2092	2096	2100	2104	2108	2112	2116	2120
5	2605	2610	2615	2620	2625	2630	2635	2640	2645	2650
6	3126	3132	3138	3144	3150	3156	3162	3168	3174	3180
7	3647	3654	3661	3668	3675	3682	3689	3696	3703	3710
8	4168	4176	4184	4192	4200	4208	4216	4224	4232	4240
9	4689	4698	4707	4716	4725	4734	4743	4752	4761	4770
10	5210	5220	5230	5240	5250	5260	5270	5280	5290	5300
11	5731	5742	5753	5764	5775	5786	5797	5808	5819	5830
12	6252	6264	6276	6288	6300	6312	6324	6336	6348	6360
13	6773	6786	6799	6812	6825	6838	6851	6864	6877	6890
14	7294	7308	7322	7336	7350	7364	7378	7392	7406	7420
15	7815	7830	7845	7860	7875	7890	7905	7920	7935	7950
16	8336	8352	8368	8384	8400	8416	8432	8448	8464	8480
17	8857	8874	8891	8908	8925	8942	8959	8976	8993	9010
18	9378	9396	9414	9432	9450	9468	9486	9504	9522	9540
19	9899	9918	9937	9956	9975	9994	10013	10032	10051	10070
20	10420	10440	10460	10480	10500	10520	10540	10560	10580	10600
21	10941	10962	10983	11004	11025	11046	11067	11088	11109	11130
22	11462	11484	11506	11528	11550	11572	11594	11616	11638	11660
23	11983	12006	12029	12052	12075	12098	12121	12144	12167	12190
24	12504	12528	12552	12576	12600	12624	12648	12672	12696	12720
25	13025	13050	13075	13100	13125	13150	13175	13200	13225	13250
26	13546	13572	13598	13624	13650	13676	13702	13728	13754	13780
27	14067	14094	14121	14148	14175	14202	14229	14256	14283	14310
28	14588	14616	14644	14672	14700	14728	14756	14784	14812	14840
29	15109	15138	15167	15196	15225	15254	15283	15312	15341	15370
30	15630	15660	15690	15720	15750	15780	15810	15840	15870	15900
31	16151	16182	16213	16244	16275	16306	16337	16368	16399	16430
32	16672	16704	16736	16768	16800	16832	16864	16896	16928	16960
33	17193	17226	17259	17292	17325	17358	17391	17424	17457	17490
34	17714	17748	17782	17816	17850	17884	17918	17952	17986	18020
35	18235	18270	18305	18340	18375	18410	18445	18480	18515	18550
36	18756	18792	18828	18864	18900	18936	18972	19008	19044	19080
37	19277	19314	19351	19388	19425	19462	19499	19536	19573	19610
38	19798	19836	19874	19912	19950	19988	20026	20064	20102	20140
39	20319	20358	20397	20436	20475	20514	20553	20592	20631	20670
40	20840	20880	20920	20960	21000	21040	21080	21120	21160	21200
41	21361	21402	21443	21484	21525	21566	21607	21648	21689	21730
42	21882	21924	21966	22008	22050	22092	22134	22176	22218	22260
43	22403	22446	22489	22532	22575	22618	22661	22704	22747	22790
44	22924	22968	23012	23056	23100	23144	23188	23232	23276	23320
45	23445	23490	23535	23580	23625	23670	23715	23760	23805	23850
46	23966	24012	24058	24104	24150	24196	24242	24288	24334	24380
47	24487	24534	24581	24628	24675	24722	24769	24816	24863	24910
48	25008	25056	25104	25152	25200	25248	25296	25344	25392	25440
49	25529	25578	25627	25676	25725	25774	25823	25872	25921	25970
50	26050	26100	26150	26200	26250	26300	26350	26400	26450	26500
51	26571	26622	26673	26724	26775	26826	26877	26928	26979	27030
52	27092	27144	27196	27248	27300	27352	27404	27456	27508	27560
53	27613	27666	27719	27772	27825	27878	27931	27984	28037	28090
54	28134	28188	28242	28296	28350	28404	28458	28512	28566	28620
55	28655	28710	28765	28820	28875	28930	28985	29040	29095	29150
56	29176	29232	29288	29344	29400	29456	29512	29568	29624	29680
57	29697	29754	29811	29868	29925	29982	30039	30096	30153	30210
58	30218	30276	30334	30392	30450	30508	30566	30624	30682	30740
59	30739	30798	30857	30916	30975	31034	31093	31152	31211	31270
60	31260	31320	31380	31440	31500	31560	31620	31680	31740	31800
61	31781	31842	31903	31964	32025	32086	32147	32208	32269	32330
62	32302	32364	32426	32488	32550	32612	32674	32736	32798	32860
63	32823	32886	32949	33012	33075	33138	33201	33264	33327	33390
64	33344	33408	33472	33536	33600	33664	33728	33792	33856	33920
65	33865	33930	33995	34060	34125	34190	34255	34320	34385	34450
66	34386	34452	34518	34584	34650	34716	34782	34848	34914	34980
67	34907	34974	35041	35108	35175	35242	35309	35376	35443	35510
68	35428	35496	35564	35632	35700	35768	35836	35904	35972	36040
69	35949	36018	36087	36156	36225	36294	36363	36432	36501	36570
70	36470	36540	36610	36680	36750	36820	36890	36960	37030	37100
71	36991	37062	37133	37204	37275	37346	37417	37488	37559	37630
72	37512	37584	37656	37728	37800	37872	37944	38016	38088	38160
73	38033	38106	38179	38252	38325	38398	38471	38544	38617	38690
74	38554	38628	38702	38776	38850	38924	38998	39072	39146	39220
75	39075	39150	39225	39300	39375	39450	39525	39600	39675	39750
76	39596	39672	39748	39824	39900	39976	40052	40128	40204	40280
77	40117	40194	40271	40348	40425	40502	40579	40656	40733	40810
78	40638	40716	40794	40872	40950	41028	41106	41184	41262	41340
79	41159	41238	41317	41396	41475	41554	41633	41712	41791	41870
80	41680	41760	41840	41920	42000	42080	42160	42240	42320	42400
81	42201	42282	42363	42444	42525	42606	42687	42768	42849	42930
82	42722	42804	42886	42968	43050	43132	43214	43296	43378	43460
83	43243	43326	43409	43492	43575	43658	43741	43824	43907	43990
84	43764	43848	43932	44016	44100	44184	44268	44352	44436	44520
85	44285	44370	44455	44540	44625	44710	44795	44880	44965	45050
86	44806	44892	44978	45064	45150	45236	45322	45408	45494	45580
87	45327	45414	45501	45588	45675	45762	45849	45936	46023	46110
88	45848	45936	46024	46112	46200	46288	46376	46464	46552	46640
89	46369	46458	46547	46636	46725	46814	46903	46992	47081	47170
90	46890	46980	47070	47160	47250	47340	47430	47520	47610	47700
91	47411	47502	47593	47684	47775	47866	47957	48048	48139	48230
92	47932	48024	48116	48208	48300	48392	48484	48576	48668	48760
93	48453	48546	48639	48732	48825	48918	49011	49104	49197	49290
94	48974	49068	49162	49256	49350	49444	49538	49632	49726	49820
95	49495	49590	49685	49780	49875	49970	50065	50160	50255	50350
96	50016	50112	50208	50304	50400	50496	50592	50688	50784	50880
97	50537	50634	50731	50828	50925	51022	51119	51216	51313	51410
98	51058	51156	51254	51352	51450	51548	51646	51744	51842	51940
99	51579	51678	51777	51876	51975	52074	52173	52272	52371	52470
100	52100	52200	52300	52400	52500	52600	52700	52800	52900	53000

	531	532	533	534	535	536	537	538	539	540
1	531	532	533	534	535	536	537	538	539	540
2	1062	1064	1066	1068	1070	1072	1074	1076	1078	1080
3	1593	1596	1599	1602	1605	1608	1611	1614	1617	1620
4	2124	2128	2132	2136	2140	2144	2148	2152	2156	2160
5	2655	2660	2665	2670	2675	2680	2685	2690	2695	2700
6	3186	3192	3198	3204	3210	3216	3222	3228	3234	3240
7	3717	3724	3731	3738	3745	3752	3759	3766	3773	3780
8	4248	4256	4264	4272	4280	4288	4296	4304	4312	4320
9	4779	4788	4797	4806	4815	4824	4833	4842	4851	4860
10	5310	5320	5330	5340	5350	5360	5370	5380	5390	5400
11	5841	5852	5863	5874	5885	5896	5907	5918	5929	5940
12	6372	6384	6396	6408	6420	6432	6444	6456	6468	6480
13	6903	6916	6929	6942	6955	6968	6981	6994	7007	7020
14	7434	7448	7462	7476	7490	7504	7518	7532	7546	7560
15	7965	7980	7995	8010	8025	8040	8055	8070	8085	8100
16	8496	8512	8528	8544	8560	8576	8592	8608	8624	8640
17	9027	9044	9061	9078	9095	9112	9129	9146	9163	9180
18	9558	9576	9594	9612	9630	9648	9666	9684	9702	9720
19	10089	10108	10127	10146	10165	10184	10203	10222	10241	10260
20	10620	10640	10660	10680	10700	10720	10740	10760	10780	10800
21	11151	11172	11193	11214	11235	11256	11277	11298	11319	11340
22	11682	11704	11726	11748	11770	11792	11814	11836	11858	11880
23	12213	12236	12259	12282	12305	12328	12351	12374	12397	12420
24	12744	12768	12792	12816	12840	12864	12888	12912	12936	12960
25	13275	13300	13325	13350	13375	13400	13425	13450	13475	13500
26	13806	13832	13858	13884	13910	13936	13962	13988	14014	14040
27	14337	14364	14391	14418	14445	14472	14499	14526	14553	14580
28	14868	14896	14924	14952	14980	15008	15036	15064	15092	15120
29	15399	15428	15457	15486	15515	15544	15573	15602	15631	15660
30	15930	15960	15990	16020	16050	16080	16110	16140	16170	16200
31	16461	16492	16523	16554	16585	16616	16647	16678	16709	16740
32	16992	17024	17056	17088	17120	17152	17184	17216	17248	17280
33	17523	17556	17589	17622	17655	17688	17721	17754	17787	17820
34	18054	18088	18122	18156	18190	18224	18258	18292	18326	18360
35	18585	18620	18655	18690	18725	18760	18795	18830	18865	18900
36	19116	19152	19188	19224	19260	19296	19332	19368	19404	19440
37	19647	19684	19721	19758	19795	19832	19869	19906	19943	19980
38	20178	20216	20254	20292	20330	20368	20406	20444	20482	20520
39	20709	20748	20787	20826	20865	20904	20943	20982	21021	21060
40	21240	21280	21320	21360	21400	21440	21480	21520	21560	21600
41	21771	21812	21853	21894	21935	21976	22017	22058	22099	22140
42	22302	22344	22386	22428	22470	22512	22554	22596	22638	22680
43	22833	22876	22919	22962	23005	23048	23091	23134	23177	23220
44	23364	23408	23452	23496	23540	23584	23628	23672	23716	23760
45	23895	23940	23985	24030	24075	24120	24165	24210	24255	24300
46	24426	24472	24518	24564	24610	24656	24702	24748	24794	24840
47	24957	25004	25051	25098	25145	25192	25239	25286	25333	25380
48	25488	25536	25584	25632	25680	25728	25776	25824	25872	25920
49	26019	26058	26117	26166	26215	26264	26313	26362	26411	26460
50	26550	26600	26650	26700	26750	26800	26850	26900	26950	27000
51	27081	27132	27183	27234	27285	27336	27387	27438	27489	27540
52	27612	27664	27716	27768	27820	27872	27924	27976	28028	28080
53	28143	28196	28249	28302	28355	28408	28461	28514	28567	28620
54	28674	28728	28782	28836	28890	28944	28998	29052	29106	29160
55	29205	29260	29315	29370	29425	29480	29535	29590	29645	29700
56	29736	29792	29848	29904	29960	30016	30072	30128	30184	30240
57	30267	30324	30381	30438	30495	30552	30609	30666	30723	30780
58	30798	30856	30914	30972	31030	31088	31146	31204	31262	31320
59	31329	31388	31447	31506	31565	31624	31683	31742	31801	31860
60	31860	31920	31980	32040	32100	32160	32220	32280	32340	32400
61	32391	32452	32513	32574	32635	32696	32757	32818	32879	32940
62	32922	32984	33046	33108	33170	33232	33294	33356	33418	33480
63	33453	33516	33579	33642	33705	33768	33831	33894	33957	34020
64	33984	34048	34112	34176	34240	34304	34368	34432	34496	34560
65	34515	34580	34645	34710	34775	34840	34905	34970	35035	35100
66	35046	35112	35178	35244	35310	35376	35442	35508	35574	35640
67	35577	35644	35711	35778	35845	35912	35979	36046	36113	36180
68	36108	36176	36244	36312	36380	36448	36516	36584	36652	36720
69	36639	36708	36777	36846	36915	36984	37053	37122	37191	37260
70	37170	37240	37310	37380	37450	37520	37590	37660	37730	37800
71	37701	37772	37843	37914	37985	38056	38127	38198	38269	38340
72	38232	38304	38376	38448	38520	38592	38664	38736	38808	38880
73	38763	38836	38909	38982	39055	39128	39201	39274	39347	39420
74	39294	39368	39442	39516	39590	39664	39738	39812	39886	39960
75	39825	39900	39975	40050	40125	40200	40275	40350	40425	40500
76	40356	40432	40508	40584	40660	40736	40812	40888	40964	41040
77	40887	40964	41041	41118	41195	41272	41349	41426	41503	41580
78	41418	41496	41574	41652	41730	41808	41886	41964	42042	42120
79	41949	42028	42107	42186	42265	42344	42423	42502	42581	42660
80	42480	42560	42640	42720	42800	42880	42960	43040	43120	43200
81	43011	43092	43173	43254	43335	43416	43497	43578	43659	43740
82	43542	43624	43706	43788	43870	43952	44034	44116	44198	44280
83	44073	44156	44239	44322	44405	44488	44571	44654	44737	44820
84	44604	44688	44772	44856	44940	45024	45108	45192	45276	45360
85	45135	45220	45305	45390	45475	45560	45645	45730	45815	45900
86	45666	45752	45838	45924	46010	46096	46182	46268	46354	46440
87	46197	46284	46371	46458	46545	46632	46719	46806	46893	46980
88	46728	46816	46904	46992	47080	47168	47256	47344	47432	47520
89	47259	47348	47437	47526	47615	47704	47793	47882	47971	48060
90	47790	47880	47970	48060	48150	48240	48330	48420	48510	48600
91	48321	48412	48503	48594	48685	48776	48867	48958	49049	49140
92	48852	48944	49036	49128	49220	49312	49404	49496	49588	49680
93	49383	49476	49569	49662	49755	49848	49941	50034	50127	50220
94	49914	50008	50102	50196	50290	50384	50478	50572	50666	50760
95	50445	50540	50635	50730	50825	50920	51015	51110	51205	51300
96	50976	51072	51168	51264	51360	51456	51552	51648	51744	51840
97	51507	51604	51701	51798	51895	51992	52089	52186	52283	52380
98	52038	52136	52234	52332	52430	52528	52626	52724	52822	52920
99	52569	52668	52767	52866	52965	53064	53163	53262	53361	53460
100	53100	53200	53300	53400	53500	53600	53700	53800	53900	54000

n	541	542	543	544	545	546	547	548	549	550
1	541	542	543	544	545	546	547	548	549	550
2	1082	1084	1086	1088	1090	1092	1094	1096	1098	1100
3	1623	1626	1629	1632	1635	1638	1641	1644	1647	1650
4	2164	2168	2172	2176	2180	2184	2188	2192	2196	2200
5	2705	2710	2715	2720	2725	2730	2735	2740	2745	2750
6	3246	3252	3258	3264	3270	3276	3282	3288	3294	3300
7	3787	3794	3801	3808	3815	3822	3829	3836	3843	3850
8	4328	4336	4344	4352	4360	4368	4376	4384	4392	4400
9	4869	4878	4887	4896	4905	4914	4923	4932	4941	4950
10	5410	5420	5430	5440	5450	5460	5470	5480	5490	5500
11	5951	5962	5973	5984	5995	6006	6017	6028	6039	6050
12	6492	6504	6516	6528	6540	6552	6564	6576	6588	6600
13	7033	7046	7059	7072	7085	7098	7111	7124	7137	7150
14	7574	7588	7602	7616	7630	7644	7658	7672	7686	7700
15	8115	8130	8145	8160	8175	8190	8205	8220	8235	8250
16	8656	8672	8688	8704	8720	8736	8752	8768	8784	8800
17	9197	9214	9231	9248	9265	9282	9299	9316	9333	9350
18	9738	9756	9774	9792	9810	9828	9846	9864	9882	9900
19	10279	10298	10317	10336	10355	10374	10393	10412	10431	10450
20	10820	10840	10860	10880	10900	10920	10940	10960	10980	11000
21	11361	11382	11403	11424	11445	11466	11487	11508	11529	11550
22	11902	11924	11946	11968	11990	12012	12034	12056	12078	12100
23	12443	12466	12489	12512	12535	12558	12581	12604	12627	12650
24	12984	13008	13032	13056	13080	13104	13128	13152	13176	13200
25	13525	13550	13575	13600	13625	13650	13675	13700	13725	13750
26	14066	14092	14118	14144	14170	14196	14222	14248	14274	14300
27	14607	14634	14661	14688	14715	14742	14769	14796	14823	14850
28	15148	15176	15204	15232	15260	15288	15316	15344	15372	15400
29	15689	15718	15747	15776	15805	15834	15863	15892	15921	15950
30	16230	16260	16290	16320	16350	16380	16410	16440	16470	16500
31	16771	16802	16833	16864	16895	16926	16957	16988	17019	17050
32	17312	17344	17376	17408	17440	17472	17504	17536	17568	17600
33	17853	17886	17919	17952	17985	18018	18051	18084	18117	18150
34	18394	18428	18462	18496	18530	18564	18598	18632	18666	18700
35	18935	18970	19005	19040	19075	19110	19145	19180	19215	19250
36	19476	19512	19548	19584	19620	19656	19692	19728	19764	19800
37	20017	20054	20091	20128	20165	20202	20239	20276	20313	20350
38	20558	20596	20634	20672	20710	20748	20786	20824	20862	20900
39	21099	21138	21177	21216	21255	21294	21333	21372	21411	21450
40	21640	21680	21720	21760	21800	21840	21880	21920	21960	22000
41	22181	22222	22263	22304	22345	22386	22427	22468	22509	22550
42	22722	22764	22806	22848	22890	22932	22974	23016	23058	23100
43	23263	23306	23349	23392	23435	23478	23521	23564	23607	23650
44	23804	23848	23892	23936	23980	24024	24068	24112	24156	24200
45	24345	24390	24435	24480	24525	24570	24615	24660	24705	24750
46	24886	24932	24978	25024	25070	25116	25162	25208	25254	25300
47	25427	25474	25521	25568	25615	25662	25709	25756	25803	25850
48	25968	26016	26064	26112	26160	26208	26256	26304	26352	26400
49	26509	26558	26607	26656	26705	26754	26803	26852	26901	26950
50	27050	27100	27150	27200	27250	27300	27350	27400	27450	27500
51	27591	27642	27693	27744	27795	27846	27897	27948	27999	28050
52	28132	28184	28236	28288	28340	28392	28444	28496	28548	28600
53	28673	28726	28779	28832	28885	28938	28991	29044	29097	29150
54	29214	29268	29322	29376	29430	29484	29538	29592	29646	29700
55	29755	29810	29865	29920	29975	30030	30085	30140	30195	30250
56	30296	30352	30408	30464	30520	30576	30632	30688	30744	30800
57	30837	30894	30951	31008	31065	31122	31179	31236	31293	31350
58	31378	31436	31494	31552	31610	31668	31726	31784	31842	31900
59	31919	31978	32037	32096	32155	32214	32273	32332	32391	32450
60	32460	32520	32580	32640	32700	32760	32820	32880	32940	33000
61	33001	33062	33123	33184	33245	33306	33367	33428	33489	33550
62	33542	33604	33666	33728	33790	33852	33914	33976	34038	34100
63	34083	34146	34209	34272	34335	34398	34461	34524	34587	34650
64	34624	34688	34752	34816	34880	34944	35008	35072	35136	35200
65	35165	35230	35295	35360	35425	35490	35555	35620	35685	35750
66	35706	35772	35838	35904	35970	36036	36102	36168	36234	36300
67	36247	36314	36381	36448	36515	36582	36649	36716	36783	36850
68	36788	36856	36924	36992	37060	37128	37196	37264	37332	37400
69	37329	37398	37467	37536	37605	37674	37743	37812	37881	37950
70	37870	37940	38010	38080	38150	38220	38290	38360	38430	38500
71	38411	38482	38553	38624	38695	38766	38837	38908	38979	39050
72	38952	39024	39096	39168	39240	39312	39384	39456	39528	39600
73	39493	39566	39639	39712	39785	39858	39931	40004	40077	40150
74	40034	40108	40182	40256	40330	40404	40478	40552	40626	40700
75	40575	40650	40725	40800	40875	40950	41025	41100	41175	41250
76	41116	41192	41268	41344	41420	41496	41572	41648	41724	41800
77	41657	41734	41811	41888	41965	42042	42119	42196	42273	42350
78	42198	42276	42354	42432	42510	42588	42666	42744	42822	42900
79	42739	42818	42897	42976	43055	43134	43213	43292	43371	43450
80	43280	43360	43440	43520	43600	43680	43760	43840	43920	44000
81	43821	43902	43983	44064	44145	44226	44307	44388	44469	44550
82	44362	44444	44526	44608	44690	44772	44854	44936	45018	45100
83	44903	44986	45069	45152	45235	45318	45401	45484	45567	45650
84	45444	45528	45612	45696	45780	45864	45948	46032	46116	46200
85	45985	46070	46155	46240	46325	46410	46495	46580	46665	46750
86	46526	46612	46698	46784	46870	46956	47042	47128	47214	47300
87	47067	47154	47241	47328	47415	47502	47589	47676	47763	47850
88	47608	47696	47784	47872	47960	48048	48136	48224	48312	48400
89	48149	48238	48327	48416	48505	48594	48683	48772	48861	48950
90	48690	48780	48870	48960	49050	49140	49230	49320	49410	49500
91	49231	49322	49413	49504	49595	49686	49777	49868	49959	50050
92	49772	49864	49956	50048	50140	50232	50324	50416	50508	50600
93	50313	50406	50499	50592	50685	50778	50871	50964	51057	51150
94	50854	50948	51042	51136	51230	51324	51418	51512	51606	51700
95	51395	51490	51585	51680	51775	51870	51965	52060	52155	52250
96	51936	52032	52128	52224	52320	52416	52512	52608	52704	52800
97	52477	52574	52671	52768	52865	52962	53059	53156	53253	53350
98	53018	53116	53214	53312	53410	53508	53606	53704	53802	53900
99	53559	53658	53757	53856	53955	54054	54153	54252	54351	54450
100	54100	54200	54300	54400	54500	54600	54700	54800	54900	55000

M

(46)

	551	552	553	554	555	556	557	558	559	560
1	551	552	553	554	555	556	557	558	559	560
2	1102	1104	1106	1108	1110	1112	1114	1116	1118	1120
3	1653	1656	1659	1662	1665	1668	1671	1674	1677	1680
4	2204	2208	2212	2216	2220	2224	2228	2232	2236	2240
5	2755	2760	2765	2770	2775	2780	2785	2790	2795	2800
6	3306	3312	3318	3324	3330	3336	3342	3348	3354	3360
7	3857	3864	3871	3878	3885	3892	3899	3906	3913	3920
8	4408	4416	4424	4432	4440	4448	4456	4464	4472	4480
9	4959	4968	4977	4986	4995	5004	5013	5022	5031	5040
10	5510	5520	5530	5540	5550	5560	5570	5580	5590	5600
11	6061	6072	6083	6094	6105	6116	6127	6138	6149	6160
12	6612	6624	6636	6648	6660	6672	6684	6696	6708	6720
13	7163	7176	7189	7202	7215	7228	7241	7254	7267	7280
14	7714	7728	7742	7756	7770	7784	7798	7812	7826	7840
15	8265	8280	8295	8310	8325	8340	8355	8370	8385	8400
16	8816	8832	8848	8864	8880	8896	8912	8928	8944	8960
17	9367	9384	9401	9418	9435	9452	9469	9486	9503	9520
18	9918	9936	9954	9972	9990	10008	10026	10044	10062	10080
19	10469	10488	10507	10526	10545	10564	10583	10602	10621	10640
20	11020	11040	11060	11080	11100	11120	11140	11160	11180	11200
21	11571	11592	11613	11634	11655	11676	11697	11718	11739	11760
22	12122	12144	12166	12188	12210	12232	12254	12276	12298	12320
23	12673	12696	12719	12742	12765	12788	12811	12834	12857	12880
24	13224	13248	13272	13296	13320	13344	13368	13392	13416	13440
25	13775	13800	13825	13850	13875	13900	13925	13950	13975	14000
26	14326	14352	14378	14404	14430	14456	14482	14508	14534	14560
27	14877	14904	14931	14958	14985	15012	15039	15066	15093	15120
28	15428	15456	15484	15512	15540	15568	15596	15624	15652	15680
29	15979	16008	16037	16066	16095	16124	16153	16182	16211	16240
30	16530	16560	16590	16620	16650	16680	16710	16740	16770	16800
31	17081	17112	17143	17174	17205	17236	17267	17298	17329	17360
32	17632	17664	17696	17728	17760	17792	17824	17856	17888	17920
33	18183	18216	18249	18282	18315	18348	18381	18414	18447	18480
34	18734	18768	18802	18836	18870	18904	18938	18972	19006	19040
35	19285	19320	19355	19390	19425	19460	19495	19530	19565	19600
36	19836	19872	19908	19944	19980	20016	20052	20088	20124	20160
37	20387	20424	20461	20498	20535	20572	20609	20646	20683	20720
38	20938	20976	21014	21052	21090	21128	21166	21204	21242	21280
39	21489	21528	21567	21606	21645	21684	21723	21762	21801	21840
40	22040	22080	22120	22160	22200	22240	22280	22320	22360	22400
41	22591	22632	22673	22714	22755	22796	22837	22878	22919	22960
42	23142	23184	23226	23268	23310	23352	23394	23436	23478	23520
43	23693	23736	23779	23822	23865	23908	23951	23994	24037	24080
44	24244	24288	24332	24376	24420	24464	24508	24552	24596	24640
45	24795	24840	24885	24930	24975	25020	25065	25110	25155	25200
46	25346	25392	25438	25484	25530	25576	25622	25668	25714	25760
47	25897	25944	25991	26038	26085	26132	26179	26226	26273	26320
48	26448	26496	26544	26592	26640	26688	26736	26784	26832	26880
49	26999	27048	27097	27146	27195	27244	27293	27342	27391	27440
50	27550	27600	27650	27700	27750	27800	27850	27900	27950	28000
51	28101	28152	28203	28254	28305	28356	28407	28458	28509	28560
52	28652	28704	28756	28808	28860	28912	28964	29016	29068	29120
53	29203	29256	29309	29362	29415	29468	29521	29574	29627	29680
54	29754	29808	29862	29916	29970	30024	30078	30132	30186	30240
55	30305	30360	30415	30470	30525	30580	30635	30690	30745	30800
56	30856	30912	30968	31024	31080	31136	31192	31248	31304	31360
57	31407	31464	31521	31578	31635	31692	31749	31806	31863	31920
58	31958	32016	32074	32132	32190	32248	32306	32364	32422	32480
59	32509	32568	32627	32686	32745	32804	32863	32922	32981	33040
60	33060	33120	33180	33240	33300	33360	33420	33480	33540	33600
61	33611	33672	33733	33794	33855	33916	33977	34038	34099	34160
62	34162	34224	34286	34348	34410	34472	34534	34596	34658	34720
63	34713	34776	34839	34902	34965	35028	35091	35154	35217	35280
64	35264	35328	35392	35456	35520	35584	35648	35712	35776	35840
65	35815	35880	35945	36010	36075	36140	36205	36270	36335	36400
66	36366	36432	36498	36564	36630	36696	36762	36828	36894	36960
67	36917	36984	37051	37118	37185	37252	37319	37386	37453	37520
68	37468	37536	37604	37672	37740	37808	37876	37944	38012	38080
69	38019	38088	38157	38226	38295	38364	38433	38502	38571	38640
70	38570	38640	38710	38780	38850	38920	38990	39060	39130	39200
71	39121	39192	39263	39334	39405	39476	39547	39618	39689	39760
72	39672	39744	39816	39888	39960	40032	40104	40176	40248	40320
73	40223	40296	40369	40442	40515	40588	40661	40734	40807	40880
74	40774	40848	40922	40996	41070	41144	41218	41292	41366	41440
75	41325	41400	41475	41550	41625	41700	41775	41850	41925	42000
76	41876	41952	42028	42104	42180	42256	42332	42408	42484	42560
77	42427	42504	42581	42658	42735	42812	42889	42966	43043	43120
78	42978	43056	43134	43212	43290	43368	43446	43524	43602	43680
79	43529	43608	43687	43766	43845	43924	44003	44082	44161	44240
80	44080	44160	44240	44320	44400	44480	44560	44640	44720	44800
81	44631	44712	44793	44874	44955	45036	45117	45198	45279	45360
82	45182	45264	45346	45428	45510	45592	45674	45756	45838	45920
83	45733	45816	45899	45982	46065	46148	46231	46314	46397	46480
84	46284	46368	46452	46536	46620	46704	46788	46872	46956	47040
85	46835	46920	47005	47090	47175	47260	47345	47430	47515	47600
86	47386	47472	47558	47644	47730	47816	47902	47988	48074	48160
87	47937	48024	48111	48198	48285	48372	48459	48546	48633	48720
88	48488	48576	48664	48752	48840	48928	49016	49104	49192	49280
89	49039	49128	49217	49306	49395	49484	49573	49662	49751	49840
90	49590	49680	49770	49860	49950	50040	50130	50220	50310	50400
91	50141	50232	50323	50414	50505	50596	50687	50778	50869	50960
92	50692	50784	50876	50968	51060	51152	51244	51336	51428	51520
93	51243	51336	51429	51522	51615	51708	51801	51894	51987	52080
94	52794	51888	51982	52076	52170	52264	52358	52452	52546	52640
95	52345	52440	52535	52630	52725	52820	52915	53010	53105	53200
96	52896	52992	53088	53184	53280	53376	53472	53568	53664	53760
97	53447	53544	53641	53738	53835	53932	54029	54126	54223	54320
98	53998	54096	54194	54292	54390	54488	54586	54684	54782	54880
99	54549	54648	54747	54846	54945	55044	55143	55242	55341	55440
100	55100	55200	55300	55400	55500	55600	55700	55800	55900	56000

	561	562	563	564	565	566	567	668	569	570
1	561	562	563	564	565	566	567	568	569	570
2	1122	1124	1126	1128	1130	1132	1134	1136	1138	1140
3	1683	1686	1689	1692	1695	1698	1701	1704	1707	1710
4	2244	2248	2252	2256	2260	2264	2268	2272	2276	2280
5	2805	2810	2815	2820	2825	2830	2835	2840	2845	2850
6	3366	3372	3378	3384	3390	3396	3402	3408	3414	3420
7	3927	3934	3941	3948	3955	3962	3969	3976	3983	3990
8	4488	4496	4504	4512	4520	4528	4536	4544	4552	4560
9	5049	5058	5067	5076	5085	5094	5103	5112	5121	5130
10	5610	5620	5630	5640	5650	5660	5670	5680	5690	5700
11	6171	6182	6193	6204	6215	6226	6237	6248	6259	6270
12	6732	6744	6756	6768	6780	6792	6804	6816	6828	6840
13	7293	7306	7319	7332	7345	7358	7371	7384	7397	7410
14	7854	7868	7882	7896	7910	7924	7938	7952	7966	7980
15	8415	8430	8445	8460	8475	8490	8505	8520	8535	8550
16	8976	8992	9008	9024	9040	9056	9072	9088	9104	9120
17	9537	9554	9571	9588	9605	9622	9639	9656	9673	9690
18	10098	10116	10134	10152	10170	10188	10206	10224	10242	10260
19	10659	10678	10697	10716	10735	10754	10773	10792	10811	10830
20	11220	11240	11260	11280	11300	11320	11340	11360	11380	11400
21	11781	11802	11823	11844	11865	11886	11907	11928	11949	11970
22	12342	12364	12386	12408	12430	12452	12474	12496	12518	12540
23	12903	12926	12949	12972	12995	13018	13041	13064	13087	13110
24	13464	13488	13512	13536	13560	13584	13608	13632	13656	13680
25	14025	14050	14075	14100	14125	14150	14175	14200	14225	14250
26	14586	14612	14638	14664	14690	14716	14742	14768	14794	14820
27	15147	15174	15201	15228	15255	15282	15309	15336	15363	15390
28	15708	15736	15764	15792	15820	15848	15876	15904	15932	15960
29	16269	16298	16327	16356	16385	16414	16443	16472	16501	16530
30	16830	16860	16890	16920	16950	16980	17010	17040	17070	17100
31	17391	17422	17453	17484	17515	17546	17577	17608	17639	17670
32	17952	17984	18016	18048	18080	18112	18144	18176	18208	18240
33	18513	18546	18579	18612	18645	18678	18711	18744	18777	18810
34	19074	19108	19142	19176	19210	19244	19278	19312	19346	19380
35	19635	19670	19705	19740	19775	19810	19845	19880	19915	19950
36	20196	20232	20268	20304	20340	20376	20412	20448	20484	20520
37	20757	20794	20831	20868	20905	20942	20979	21016	21053	21090
38	21318	21356	21394	21432	21470	21508	21546	21584	21622	21660
39	21879	21918	21957	21996	22035	22074	22113	22152	22191	22230
40	22440	22480	22520	22560	22600	22640	22680	22720	22760	22800
41	23001	23042	23083	23124	23165	23206	23247	23288	23329	23370
42	23562	23604	23646	23688	23630	23772	23814	23856	23898	23940
43	24123	24166	24209	24252	24295	24338	24381	24424	24467	24510
44	24684	24728	24772	24816	24860	24904	24948	24992	25036	25080
45	25245	25290	25335	25380	25425	25470	25515	25560	25605	25650
46	25806	25852	25898	25944	25990	26036	26082	26128	26174	26220
47	26367	26414	26461	26508	26555	26602	26649	26696	26743	26790
48	26928	26976	27024	27072	27120	27168	27216	27264	27312	27360
49	27489	27538	27587	27636	27685	27734	27783	27832	27881	27930
50	28050	28100	28150	28200	28250	28300	28350	28400	28450	28500
51	28611	28662	28713	28764	28815	28866	28917	28968	29019	29070
52	29172	29224	29276	29328	29380	29432	29484	29536	29588	29640
53	29733	29786	29839	29892	29945	29998	30051	30104	30157	30210
54	30294	30348	30402	30456	30510	30564	30618	30672	30726	30780
55	30855	30910	30965	31020	31075	31130	31185	31240	31295	31350
56	31416	31472	31528	31584	31640	31696	31752	31808	31864	31920
57	31977	32034	32091	32148	32205	32262	32319	32376	32433	32490
58	32538	32596	32654	32712	32770	32828	32886	32944	33002	33060
59	33099	33158	33217	33276	33335	33394	33453	33512	33571	33630
60	33660	33720	33780	33840	33900	33960	34020	34080	34140	34200
61	34221	34282	34343	34404	34465	34526	34587	34648	34709	34770
62	34782	34844	34906	34968	35030	35092	35154	35216	35278	35340
63	35343	35406	35469	35532	35595	35658	35721	35784	35847	35910
64	35904	35968	36032	36096	36160	36224	36288	36352	36416	36480
65	36465	36530	36595	36660	36725	36790	36855	36920	36985	37050
66	37026	37092	37158	37224	37290	37356	37422	37488	37554	37620
67	37587	37654	37721	37788	37855	37922	37989	38056	38123	38190
68	38148	38216	38284	38352	38420	38488	38556	38624	38692	38760
69	38709	38778	38847	38916	38985	39054	39123	39192	39261	39330
70	39270	39340	39410	39480	39550	39620	39690	39760	39830	39900
71	39831	39902	39973	40044	40115	40186	40257	40328	40399	40470
72	40392	40464	40536	40608	40680	40752	40824	40896	40968	41040
73	40953	41026	41099	41172	41245	41318	41391	41464	41537	41610
74	41514	41588	41662	41736	41810	41884	41958	42032	42106	42180
75	42075	42150	42225	42300	42375	42450	42525	42600	42675	42750
76	42636	42712	42788	42864	42940	43016	43092	43168	43244	43320
77	43197	43274	43351	43428	43505	43582	43659	43736	43813	43890
78	43758	43836	43914	43992	44070	44148	44226	44304	44382	44460
79	44319	44398	44477	44556	44635	44714	44793	44872	44951	45030
80	44880	44960	45040	45120	45200	45280	45360	45440	45520	45600
81	45441	45522	45603	45684	45765	45846	45927	46008	46089	46170
82	46002	46084	46166	46248	46330	46412	46494	46576	46658	46740
83	46563	46646	46729	46812	46895	46978	47061	47144	47227	47310
84	47124	47208	47292	47376	47460	47544	47628	47712	47796	47880
85	47685	47770	47855	47940	48025	48110	48195	48280	48365	48450
86	48246	48332	48418	48504	48590	48676	48762	48848	48934	49020
87	48807	48894	48981	49068	49155	49242	49329	49416	49503	49590
88	49368	49456	49544	49632	49720	49808	49896	49984	50072	50160
89	49929	50018	50107	50196	50285	50374	50463	50552	50641	50730
90	50490	50580	50670	50760	50850	50940	51030	51120	51210	51300
91	51051	51142	51233	51324	51415	51506	51597	51688	51779	51870
92	51612	51704	51796	51888	51980	52072	52164	52256	52348	52440
93	52173	52266	52359	52452	52545	52638	52731	52824	52917	53010
94	52734	52828	52922	53016	53110	53204	53298	53392	53486	53580
95	53295	53390	53485	53580	53675	53770	53865	53960	54055	54150
96	53856	53952	54048	54144	54240	54336	54432	54528	54624	54720
97	54417	54514	54611	54708	54805	54902	54999	55096	55193	55290
98	54978	55076	55174	55272	55370	55468	55566	55664	55762	55860
99	55539	55638	55737	55836	55935	56034	56133	56232	56331	56430
100	56100	56200	56300	56400	56500	56600	56700	56800	56900	57000

	571	572	573	574	575	576	577	578	579	580
1	571	572	573	574	575	576	577	578	579	580
2	1142	1144	1146	1148	1150	1152	1154	1156	1158	1160
3	1713	1716	1719	1722	1725	1728	1731	1734	1737	1740
4	2284	2288	2292	2296	2300	2304	2308	2312	2316	2320
5	2855	2860	2865	2870	2875	2880	2885	2890	2895	2900
6	3426	3432	3438	3444	3450	3456	3462	3468	3474	3480
7	3997	4004	4011	4018	4025	4032	4039	4046	4053	4060
8	4568	4576	4584	4592	4600	4608	4616	4624	4632	4640
9	5139	5148	5157	5166	5175	5184	5193	5202	5211	5220
10	5710	5720	5730	5740	5750	5760	5770	5780	5790	5800
11	6281	6292	6303	6314	6325	6336	6347	6358	6369	6380
12	6852	6864	6876	6888	6900	6912	6924	6936	6948	6960
13	7423	7436	7449	7462	7475	7488	7501	7514	7527	7540
14	7994	8008	8022	8036	8050	8064	8078	8092	8106	8120
15	8565	8580	8595	8610	8625	8640	8655	8670	8685	8700
16	9136	9152	9168	9184	9200	9216	9232	9248	9264	9280
17	9707	9724	9741	9758	9775	9792	9809	9826	9843	9860
18	10278	10296	10314	10332	10350	10368	10386	10404	10422	10440
19	10849	10868	10887	10906	10925	10944	10963	10982	11001	11020
20	11420	11440	11460	11480	11500	11520	11540	11560	11580	11600
21	11991	12012	12033	12054	12075	12096	12117	12138	12159	12180
22	12562	12584	12606	12628	12650	12672	12694	12716	12738	12760
23	13133	13156	13179	13202	13225	13248	13271	13294	13317	13340
24	13704	13728	13752	13776	13800	13824	13848	13872	13896	13920
25	14275	14300	14325	14350	14375	14400	14425	14450	14475	14500
26	14846	14872	14898	14924	14950	14976	15002	15028	15054	15080
27	15417	15444	15471	15498	15525	15552	15579	15606	15633	15660
28	15988	16016	16044	16072	16100	16128	16156	16184	16212	16240
29	16559	16588	16617	16646	16675	16704	16733	16762	16791	16820
30	17130	17160	17190	17220	17250	17280	17310	17340	17370	17400
31	17701	17732	17763	17794	17825	17856	17887	17918	17949	17980
32	18272	18304	18336	18368	18400	18432	18464	18496	18528	18560
33	18843	18876	18909	18942	18975	19008	19041	19074	19107	19140
34	19414	19448	19482	19516	19550	19584	19618	19652	19686	19720
35	19985	20020	20055	20090	20125	20160	20195	20230	20265	20300
36	20556	20592	20628	20664	20700	20736	20772	20808	20844	20880
37	21127	21164	21201	21238	21275	21312	21349	21386	21423	21460
38	21698	21736	21774	21812	21850	21888	21926	21964	22002	22040
39	22269	22308	22347	22386	22425	22464	22503	22542	22581	22620
40	22840	22880	22920	22960	23000	23040	23080	23120	23160	23200
41	23411	23452	23493	23534	23575	23616	23657	23698	23739	23780
42	23982	24024	24066	24108	24150	24192	24234	24276	24318	24360
43	24553	24596	24639	24682	24725	24768	24811	24854	24897	24940
44	25124	25168	25212	25256	25300	25344	25388	25432	25476	25520
45	25695	25740	25785	25830	25875	25920	25965	26010	26055	26100
46	26266	26312	26358	26404	26450	26496	26542	26588	26634	26680
47	26837	26884	26931	26978	27025	27072	27119	27166	27213	27260
48	27408	27456	27504	27552	27600	27648	27696	27744	27792	27840
49	27979	28028	28077	28126	28175	28224	28273	28322	28371	28420
50	28550	28600	28650	28700	28750	28800	28850	28900	28950	29000
51	29121	29172	29223	29274	29325	29376	29427	29478	29529	29580
52	29692	29744	29796	29848	29900	29952	30004	30056	30108	30160
53	30263	30316	30369	30422	30475	30528	30581	30634	30687	30740
54	30834	30888	30942	30996	31050	31104	31158	31212	31266	31320
55	31405	31460	31515	31570	31625	31680	31735	31790	31845	31900
56	31976	32032	32088	32144	32200	32256	32312	32368	32424	32480
57	32547	32604	32661	32718	32775	32832	32889	32946	33003	33060
58	33118	33176	33234	33292	33350	33408	33466	33524	33582	33640
59	33689	33748	33807	33866	33925	33984	34043	34102	34161	34220
60	34260	34320	34380	34440	34500	34560	34620	34680	34740	34800
61	34831	34892	34953	35014	35075	35136	35197	35258	35319	35380
62	35402	35464	35526	35588	35650	35712	35774	35836	35898	35960
63	35973	36036	36099	36162	36225	36288	36351	36414	36477	36540
64	36544	36608	36672	36736	36800	36864	36928	36992	37056	37120
65	37115	37180	37245	37310	37375	37440	37505	37570	37635	37700
66	37686	37752	37818	37884	37950	38016	38082	38148	38214	38280
67	38257	38324	38391	38458	38525	38592	38659	38726	38793	38860
68	38828	38896	38964	39032	39100	39168	39236	39304	39372	39440
69	39399	39468	39537	39606	39675	39744	39813	39882	39951	40020
70	39970	40040	40110	40180	40250	40320	40390	40460	40530	40600
71	40541	40612	40683	40754	40825	40896	40967	41038	41109	41180
72	41112	41184	41256	41328	41400	41472	41544	41616	41688	41760
73	41683	41756	41829	41902	41975	42048	42121	42194	42267	42340
74	42254	42328	42402	42476	42550	42624	42698	42772	42846	42920
75	42825	42900	42975	43050	43125	43200	43275	43350	43425	43500
76	43396	43472	43548	43624	43700	43776	43852	43928	44004	44080
77	43967	44044	44121	44198	44275	44352	44429	44506	44583	44660
78	44538	44616	44694	44772	44850	44928	45006	45084	45162	45240
79	45109	45188	45267	45346	45425	45504	45583	45662	45741	45820
80	45680	45760	45840	45920	46000	46080	46160	46240	46320	46400
81	46251	46332	46413	46494	46575	46656	46737	46818	46899	46980
82	46822	46904	46986	47068	47150	47232	47314	47396	47478	47560
83	47393	47476	47559	47642	47725	47808	47891	47974	48057	48140
84	47964	48048	48132	48216	48300	48384	48468	48552	48636	48720
85	48535	48620	48705	48790	48875	48960	49045	49130	49215	49300
86	49106	49192	49278	49364	49450	49536	49622	49708	49794	49880
87	49677	49764	49851	49938	50025	50112	50199	50286	50373	50460
88	50248	50336	50424	50512	50600	50688	50776	50864	50952	51040
89	50819	50908	50997	51086	51175	51264	51353	51442	51531	51620
90	51390	51480	51570	51660	51750	51840	51930	52020	52110	52200
91	51961	52052	52143	52234	52325	52416	52507	52598	52689	52780
92	52532	52624	52716	52808	52900	52992	53084	53176	53268	53360
93	53103	53196	53289	53382	53475	53568	53661	53754	53847	53940
94	53674	53768	53862	53956	54050	54144	54238	54332	54426	54520
95	54245	54340	54435	54530	54625	54720	54815	54910	55005	55100
96	54816	54912	55008	55104	55200	55296	55392	55488	55584	55680
97	55387	55484	55581	55678	55775	55872	55969	56066	56163	56260
98	55958	56056	56154	56252	56350	56448	56546	56644	56742	56840
99	56529	56628	56727	56826	56925	57024	57123	57222	57321	57420
100	57100	57200	57300	57400	57500	57600	57700	57800	57900	58000

r	581	r	582	r	583	r	584	r	585	r	586	r	587	r	588	r	589	r	590
2	1162	2	1164	2	1166	2	1168	2	1170	2	1172	2	1174	2	1176	2	1178	2	1180
3	1743	3	1746	3	1749	3	1752	3	1755	3	1758	3	1761	3	1764	3	1767	3	1770
4	2324	4	2328	4	2332	4	2336	4	2340	4	2344	4	2348	4	2352	4	2356	4	2360
5	2905	5	2910	5	2915	5	2920	5	2925	5	2930	5	2935	5	2940	5	2945	5	2950
6	3486	6	3492	6	3498	6	3504	6	3510	6	3516	6	3522	6	3528	6	3534	6	3540
7	4067	7	4074	7	4081	7	4088	7	4095	7	4102	7	4109	7	4116	7	4123	7	4130
8	4648	8	4656	8	4664	8	4672	8	4680	8	4688	8	4696	8	4704	8	4712	8	4720
9	5229	9	5238	9	5247	9	5256	9	5265	9	5274	9	5283	9	5292	9	5301	9	5310
10	5810	10	5820	10	5830	10	5840	10	5850	10	5860	10	5870	10	5880	10	5890	10	5900
11	6391	11	6402	11	6413	11	6424	11	6435	11	6446	11	6457	11	6468	11	6479	11	6490
12	6972	12	6984	12	6996	12	7008	12	7020	12	7032	12	7044	12	7056	12	7068	12	7080
13	7553	13	7566	13	7579	13	7592	13	7605	13	7618	13	7631	13	7644	13	7657	13	7670
14	8134	14	8148	14	8162	14	8176	14	8190	14	8204	14	8218	14	8232	14	8246	14	8260
15	8715	15	8730	15	8745	15	8760	15	8775	15	8790	15	8805	15	8820	15	8835	15	8850
16	9296	16	9312	16	9328	16	9344	16	9360	16	9376	16	9392	16	9408	16	9424	16	9440
17	9877	17	9894	17	9911	17	9928	17	9945	17	9962	17	9979	17	9996	17	10013	17	10030
18	10458	18	10476	18	10494	18	10512	18	10530	18	10548	18	10566	18	10584	18	10602	18	10620
19	11039	19	11058	19	11077	19	11096	19	11115	19	11134	19	11153	19	11172	19	11191	19	11210
20	11620	20	11640	20	11660	20	11680	20	11700	20	11720	20	11740	20	11760	20	11780	20	11800
21	12201	21	12222	21	12243	21	12264	21	12285	21	12306	21	12327	21	12348	21	12369	21	12390
22	12782	22	12804	22	12826	22	12848	22	12870	22	12892	22	12914	22	12936	22	12958	22	12980
23	13363	23	13386	23	13409	23	13432	23	13455	23	13478	23	13501	23	13524	23	13547	23	13570
24	13944	24	13968	24	13992	24	14016	24	14040	24	14064	24	14088	24	14112	24	14136	24	14160
25	14525	25	14550	25	14575	25	14600	25	14625	25	14650	25	14675	25	14700	25	14725	25	14750
26	15106	26	15132	26	15158	26	15184	26	15210	26	15236	26	15262	26	15288	26	15314	26	15340
27	15687	27	15714	27	15741	27	15768	27	15795	27	15822	27	15849	27	15876	27	15903	27	15930
28	16268	28	16296	28	16324	28	16352	28	16380	28	16408	28	16436	28	16464	28	16492	28	16520
29	16849	29	16878	29	16907	29	16936	29	16965	29	16994	29	17023	29	17052	29	17081	29	17110
30	17430	30	17460	30	17490	30	17520	30	17550	30	17580	30	17610	30	17640	30	17670	30	17700
31	18011	31	18042	31	18073	31	18104	31	18135	31	18166	31	18197	31	18228	31	18259	31	18290
32	18592	32	18624	32	18656	32	18688	32	18720	32	18752	32	18784	32	18816	32	18848	32	18880
33	19173	33	19206	33	19239	33	19272	33	19305	33	19338	33	19371	33	19404	33	19437	33	19470
34	19754	34	19788	34	19822	34	19856	34	19890	34	19924	34	19958	34	19992	34	20026	34	20060
35	20335	35	20370	35	20405	35	20440	35	20475	35	20510	35	20545	35	20580	35	20615	35	20650
36	20916	36	20952	36	20988	36	21024	36	21060	36	21096	36	21132	36	21168	36	21204	36	21240
37	21497	37	21534	37	21571	37	21608	37	21645	37	21682	37	21719	37	21756	37	21793	37	21830
38	22078	38	22116	38	22154	38	22192	38	22230	38	22268	38	22306	38	22344	38	22382	38	22420
39	22659	39	22698	39	22737	39	22776	39	22815	39	22854	39	22893	39	22932	39	22971	39	23010
40	23240	40	23280	40	23320	40	23360	40	23400	40	23440	40	23480	40	23520	40	23560	40	23600
41	23821	41	23862	41	23903	41	23944	41	23985	41	24026	41	24067	41	24108	41	24149	41	24190
42	24402	42	24444	42	24486	42	24528	42	24570	42	24612	42	24654	42	24696	42	24738	42	24780
43	24983	43	25026	43	25069	43	25112	43	25155	43	25198	43	25241	43	25284	43	25327	43	25370
44	25564	44	25608	44	25652	44	25696	44	25740	44	25784	44	25828	44	25872	44	25916	44	25960
45	26145	45	26190	45	26235	45	26280	45	26325	45	26370	45	26415	45	26460	45	26505	45	26550
46	26726	46	26772	46	26818	46	26864	46	26910	46	26956	46	27002	46	27048	46	27094	46	27140
47	27307	47	27354	47	27401	47	27448	47	27495	47	27542	47	27589	47	27636	47	27683	47	27730
48	27888	48	27936	48	27984	48	28032	48	28080	48	28128	48	28176	48	28224	48	28272	48	28320
49	28469	49	28518	49	28567	49	28616	49	28665	49	28714	49	28763	49	28812	49	28861	49	28910
50	29050	50	29100	50	29150	50	29200	50	29250	50	29300	50	29350	50	29400	50	29450	50	29500
51	29631	51	29682	51	29733	51	29784	51	29835	51	29886	51	29937	51	29988	51	30039	51	30090
52	30212	52	30264	52	30316	52	30368	52	30420	52	30472	52	30524	52	30576	52	30628	52	30680
53	30793	53	30846	53	30899	53	30952	53	31005	53	31058	53	31111	53	31164	53	31217	53	31270
54	31374	54	31428	54	31482	54	31536	54	31590	54	31644	54	31698	54	31752	54	31806	54	31860
55	31955	55	32010	55	32065	55	32120	55	32175	55	32230	55	32285	55	32340	55	32395	55	32450
56	32536	56	32592	56	32648	56	32704	56	32760	56	32816	56	32872	56	32928	56	32984	56	33040
57	33117	57	33174	57	33231	57	33288	57	33345	57	33402	57	33459	57	33516	57	33573	57	33630
58	33698	58	33756	58	33814	58	33872	58	33930	58	33988	58	34046	58	34104	58	34162	58	34220
59	34279	59	34338	59	34397	59	34456	59	34515	59	34574	59	34633	59	34692	59	34751	59	34810
60	34860	60	34920	60	34980	60	35040	60	35100	60	35160	60	35220	60	35280	60	35340	60	35400
61	35441	61	35502	61	35563	61	35624	61	35685	61	35746	61	35807	61	35868	61	35929	61	35990
62	36022	62	36084	62	36146	62	36208	62	36270	62	36332	62	36394	62	36456	62	36518	62	36580
63	36603	63	36666	63	36729	63	36792	63	36855	63	36918	63	36981	63	37044	63	37107	63	37170
64	37184	64	37248	64	37312	64	37376	64	37440	64	37504	64	37568	64	37632	64	37696	64	37760
65	37765	65	37830	65	37895	65	37960	65	38025	65	38090	65	38155	65	38220	65	38285	65	38350
66	38346	66	38412	66	38478	66	38544	66	38610	66	38676	66	38742	66	38808	66	38874	66	38940
67	38927	67	38994	67	39061	67	39128	67	39195	67	39262	67	39329	67	39396	67	39463	67	39530
68	39508	68	39576	68	39644	68	39712	68	39780	68	39848	68	39916	68	39984	68	40052	68	40120
69	40089	69	40158	69	40227	69	40296	69	40365	69	40434	69	40503	69	40572	69	40641	69	40710
70	40670	70	40740	70	40810	70	40880	70	40950	70	41020	70	41090	70	41160	70	41230	70	41300
71	41251	71	41322	71	41393	71	41464	71	41535	71	41606	71	41677	71	41748	71	41819	71	41890
72	41832	72	41904	72	41976	72	42048	72	42120	72	42192	72	42264	72	42336	72	42408	72	42480
73	42413	73	42486	73	42559	73	42632	73	42705	73	42778	73	42851	73	42924	73	42997	73	43070
74	42994	74	43068	74	43142	74	43216	74	43290	74	43364	74	43438	74	43512	74	43586	74	43660
75	43575	75	43650	75	43725	75	43800	75	43875	75	43950	75	44025	75	44100	75	44175	75	44250
76	44156	76	44232	76	44308	76	44384	76	44460	76	44536	76	44612	76	44688	76	44764	76	44840
77	44737	77	44814	77	44891	77	44968	77	45045	77	45122	77	45199	77	45276	77	45353	77	45430
78	45318	78	45396	78	45474	78	45552	78	45630	78	45708	78	45786	78	45864	78	45942	78	46020
79	45899	79	45978	79	46057	79	46136	79	46215	79	46294	79	46373	79	46452	79	46531	79	46610
80	46480	80	46560	80	46640	80	46720	80	46800	80	46880	80	46960	80	47040	80	47120	80	47200
81	47061	81	47142	81	47223	81	47304	81	47385	81	47466	81	47547	81	47628	81	47709	81	47790
82	47642	82	47724	82	47806	82	47888	82	47970	82	48052	82	48134	82	48216	82	48298	82	48380
83	48223	83	48306	83	48389	83	48472	83	48555	83	48638	83	48721	83	48804	83	48887	83	48970
84	48804	84	48888	84	48972	84	49056	84	49140	84	49224	84	49308	84	49392	84	49476	84	49560
85	49385	85	49470	85	49555	85	49640	85	49725	85	49810	85	49895	85	49980	85	50065	85	50150
86	49966	86	50052	86	50138	86	50224	86	50310	86	50396	86	50482	86	50568	86	50654	86	50740
87	50547	87	50634	87	50721	87	50808	87	50895	87	50982	87	51069	87	51156	87	51243	87	51330
88	51128	88	51216	88	51304	88	51392	88	51480	88	51568	88	51656	88	51744	88	51832	88	51920
89	51709	89	51798	89	51887	89	51976	89	52065	89	52154	89	52243	89	52332	89	52421	89	52510
90	52290	90	52380	90	52470	90	52560	90	52650	90	52740	90	52830	90	52920	90	53010	90	53100
91	52871	91	52962	91	53053	91	53144	91	53235	91	53326	91	53417	91	53508	91	53599	91	53690
92	53452	92	53544	92	53636	92	53728	92	53820	92	53912	92	54004	92	54096	92	54188	92	54280
93	54033	93	54126	93	54219	93	54312	93	54405	93	54498	93	54591	93	54684	93	54777	93	54870
94	54614	94	54708	94	54802	94	54896	94	54990	94	55084	94	55178	94	55272	94	55366	94	55460
95	55195	95	55290	95	55385	95	55480	95	55575	95	55670	95	55765	95	55860	95	55955	95	56050
96	55776	96	55872	96	55968	96	56064	96	56160	96	56256	96	56352	96	56448	96	56544	96	56640
97	56357	97	56454	97	56551	97	56648	97	56745	97	56842	97	56939	97	57036	97	57133	97	57230
98	56938	98	57036	98	57134	98	57232	98	57330	98	57428	98	57526	98	57624	98	57722	98	57820
99	57519	99	57618	99	57717	99	57816	99	57915	99	58014	99	58113	99	58212	99	58311	99	58410
100	58100	100	58200	100	58300	100	58400	100	58500	100	58600	100	58700	100	58800	100	58900	100	59000

N

n	591	592	593	594	595	596	597	598	599	600
1	591	592	593	594	595	596	597	598	599	600
2	1182	1184	1186	1188	1190	1192	1194	1196	1198	1200
3	1773	1776	1779	1782	1785	1788	1791	1794	1797	1800
4	2364	2368	2372	2376	2380	2384	2388	2392	2396	2400
5	2955	2960	2965	2970	2975	2980	2985	2990	2995	3000
6	3546	3552	3558	3564	3570	3576	3582	3588	3594	3600
7	4137	4144	4151	4158	4165	4172	4179	4186	4193	4200
8	4728	4736	4744	4752	4760	4768	4776	4784	4792	4800
9	5319	5328	5337	5346	5355	5364	5373	5382	5391	5400
10	5910	5920	5930	5940	5950	5960	5970	5980	5990	6000
11	6501	6512	6523	6534	6545	6556	6567	6578	6589	6600
12	7092	7104	7116	7128	7140	7152	7164	7176	7188	7200
13	7683	7696	7709	7722	7735	7748	7761	7774	7787	7800
14	8274	8288	8302	8316	8330	8344	8358	8372	8386	8400
15	8865	8880	8895	8910	8925	8940	8955	8970	8985	9000
16	9456	9472	9488	9504	9520	9536	9552	9568	9584	9600
17	10047	10064	10081	10098	10115	10132	10149	10166	10183	10200
18	10638	10656	10674	10692	10710	10728	10746	10764	10782	10800
19	11229	11248	11267	11286	11305	11324	11343	11362	11381	11400
20	11820	11840	11860	11880	11900	11920	11940	11960	11980	12000
21	12411	12432	12453	12474	12495	12516	12537	12558	12579	12600
22	13002	13024	13046	13068	13090	13112	13134	13156	13178	13200
23	13593	13616	13639	13662	13685	13708	13731	13754	13777	13800
24	14184	14208	14232	14256	14280	14304	14328	14352	14376	14400
25	14775	14800	14825	14850	14875	14900	14925	14950	14975	15000
26	15366	15392	15418	15444	15470	15496	15522	15548	15574	15600
27	15957	15984	16011	16038	16065	16092	16119	16146	16173	16200
28	16548	16576	16604	16632	16660	16688	16716	16744	16772	16800
29	17139	17168	17197	17226	17255	17284	17313	17342	17371	17400
30	17730	17760	17790	17820	17850	17880	17910	17940	17970	18000
31	18321	18352	18383	18414	18445	18476	18507	18538	18569	18600
32	18912	18944	18976	19008	19040	19072	19104	19136	19168	19200
33	19503	19536	19569	19602	19635	19668	19701	19734	19767	19800
34	20094	20128	20162	20196	20230	20264	20298	20332	20366	20400
35	20685	20720	20755	20790	20825	20860	20895	20930	20965	21000
36	21276	21312	21348	21384	21420	21456	21492	21528	21564	21600
37	21867	21904	21941	21978	22015	22052	22089	22126	22163	22200
38	22458	22496	22534	22572	22610	22648	22686	22724	22762	22800
39	23049	23088	23127	23166	23205	23244	23283	23322	23361	23400
40	23640	23680	23720	23760	23800	23840	23880	23920	23960	24000
41	24231	24272	24313	24354	24395	24436	24477	24518	24559	24600
42	24822	24864	24906	24948	24990	25032	25074	25116	25158	25200
43	25413	25456	25499	25542	25585	25628	25671	25714	25757	25800
44	26004	26048	26092	26136	26180	26224	26268	26312	26356	26400
45	26595	26640	26685	26730	26775	26820	26865	26910	26955	27000
46	27186	27232	27278	27324	27370	27416	27462	27508	27554	27600
47	27777	27824	27871	27918	27965	28012	28059	28106	28153	28200
48	28368	28416	28464	28512	28560	28608	28656	28704	28752	28800
49	28959	29008	29057	29106	29155	29204	29253	29302	29351	29400
50	29550	29600	29650	29700	29750	29800	29850	29900	29950	30000
51	30141	30192	30243	30294	30345	30396	30447	30498	30549	30600
52	30732	30784	30836	30888	30940	30992	31044	31096	31148	31200
53	31323	31376	31429	31482	31535	31588	31641	31694	31747	31800
54	31914	31968	32022	32076	32130	32184	32238	32292	32346	32400
55	32505	32560	32615	32670	32725	32780	32835	32890	32945	33000
56	33096	33152	33208	33264	33320	33376	33432	33488	33544	33600
57	33687	33744	33801	33858	33915	33972	34029	34086	34143	34200
58	34278	34336	34394	34452	34510	34568	34626	34684	34742	34800
59	34869	34928	34987	35046	35105	35164	35223	35282	35341	35400
60	35460	35520	35580	35640	35700	35760	35820	35880	35940	36000
61	36051	36112	36173	36234	36295	36356	36417	36478	36539	36600
62	36642	36704	36766	36828	36890	36952	37014	37076	37138	37200
63	37233	37296	37359	37422	37485	37548	37611	37674	37737	37800
64	37824	37888	37952	38016	38080	38144	38208	38272	38336	38400
65	38415	38480	38545	38610	38675	38740	38805	38870	38935	39000
66	39006	39072	39138	39204	39270	39336	39402	39468	39534	39600
67	39597	39664	39731	39798	39865	39932	39999	40066	40133	40200
68	40188	40256	40324	40392	40460	40528	40596	40664	40732	40800
69	40779	40848	40917	40986	41055	41124	41193	41262	41331	41400
70	41370	41440	41510	41580	41650	41720	41790	41860	41930	42000
71	41961	42032	42103	42174	42245	42316	42387	42458	42529	42600
72	42552	42624	42696	42768	42840	42912	42984	43056	43128	43200
73	43143	43216	43289	43362	43435	43508	43581	43654	43727	43800
74	43734	43808	43882	43956	44030	44104	44178	44252	44326	44400
75	44325	44400	44475	44550	44625	44700	44775	44850	44925	45000
76	44916	44992	45068	45144	45220	45296	45372	45448	45524	45600
77	45507	45584	45661	45738	45815	45892	45969	46046	46123	46200
78	46098	46176	46254	46332	46410	46488	46566	46644	46722	46800
79	46689	46768	46847	46926	47005	47084	47163	47242	47321	47400
80	47280	47360	47440	47520	47600	47680	47760	47840	47920	48000
81	47871	47952	48033	48114	48195	48276	48357	48438	48519	48600
82	48462	48544	48626	48708	48790	48872	48954	49036	49118	49200
83	49053	49136	49219	49302	49385	49468	49551	49634	49717	49800
84	49644	49728	49812	49896	49980	50064	50148	50232	50316	50400
85	50235	50320	50405	50490	50575	50660	50745	50830	50915	51000
86	50826	50912	50998	51084	51170	51256	51342	51428	51514	51600
87	51417	51504	51591	51678	51765	51852	51939	52026	52113	52200
88	52008	52096	52184	52272	52360	52448	52536	52624	52712	52800
89	52599	52688	52777	52866	52955	53044	53133	53222	53311	53400
90	53190	53280	53370	53460	53550	53640	53730	53820	53910	54000
91	53781	53872	53963	54054	54145	54236	54327	54418	54509	54600
92	54372	54464	54556	54648	54740	54832	54924	55016	55108	55200
93	54963	55056	55149	55242	55335	55428	55521	55614	55707	55800
94	55554	55648	55742	55836	55930	56024	56118	56212	56306	56400
95	56145	56240	56335	56430	56525	56620	56715	56810	56905	57000
96	56736	56832	56928	57024	57120	57216	57312	57408	57504	57600
97	57327	57424	57521	57618	57715	57812	57909	58006	58103	58200
98	57918	58016	58114	58212	58310	58408	58506	58604	58702	58800
99	58509	58608	58707	58806	58905	59004	59103	59202	59301	59400
100	59100	59200	59300	59400	59500	59600	59700	59800	59900	60000

	601	602	603	604	605	606	607	608	609	610
1	601	602	603	604	605	606	607	608	609	610
2	1202	1204	1206	1208	1210	1212	1214	1216	1218	1220
3	1803	1806	1809	1812	1815	1818	1821	1824	1827	1830
4	2404	2408	2412	2416	2420	2424	2428	2432	2436	2440
5	3005	3010	3015	3020	3025	3030	3035	3040	3045	3050
6	3606	3612	3618	3624	3630	3636	3642	3648	3654	3660
7	4207	4214	4221	4228	4235	4242	4249	4256	4263	4270
8	4808	4816	4824	4832	4840	4848	4856	4864	4872	4880
9	5409	5418	5427	5436	5445	5454	5463	5472	5481	5490
10	6010	6020	6030	6040	6050	6060	6070	6080	6090	6100
11	6611	6622	6633	6644	6655	6666	6677	6688	6699	6710
12	7212	7224	7236	7248	7260	7272	7284	7296	7308	7320
13	7813	7826	7839	7852	7865	7878	7891	7904	7917	7930
14	8414	8428	8442	8456	8470	8484	8498	8512	8526	8540
15	9015	9030	9045	9060	9075	9090	9105	9120	9135	9150
16	9616	9632	9648	9664	9680	9696	9712	9728	9744	9760
17	10217	10234	10251	10268	10285	10302	10319	10336	10353	10370
18	10818	10836	10854	10872	10890	10908	10926	10944	10962	10980
19	11419	11438	11457	11476	11495	11514	11533	11552	11571	11590
20	12020	12040	12060	12080	12100	12120	12140	12160	12180	12200
21	12621	12642	12663	12684	12705	12726	12747	12768	12789	12810
22	13222	13244	13266	13288	13310	13332	13354	13376	13398	13420
23	13823	13846	13869	13892	13915	13938	13961	13984	14007	14030
24	14424	14448	14472	14496	14520	14544	14568	14592	14616	14640
25	15025	15050	15075	15100	15125	15150	15175	15200	15225	15250
26	15626	15652	15678	15704	15730	15756	15782	15808	15834	15860
27	16227	16254	16281	16308	16335	16362	16389	16416	16443	16470
28	16828	16856	16884	16912	16940	16968	16996	17024	17052	17080
29	17429	17458	17487	17516	17545	17574	17603	17632	17661	17690
30	18030	18060	18090	18120	18150	18180	18210	18240	18270	18300
31	18631	18662	18693	18724	18755	18786	18817	18848	18879	18910
32	19232	19264	19296	19328	19360	19392	19424	19456	19488	19520
33	19833	19866	19899	19932	19965	19998	20031	20064	20097	20130
34	20434	20468	20502	20536	20570	20604	20638	20672	20706	20740
35	21035	21070	21105	21140	21175	21210	21245	21280	21315	21350
36	21636	21672	21708	21744	21780	21816	21852	21888	21924	21960
37	22237	22274	22311	22348	22385	22422	22459	22496	22533	22570
38	22838	22876	22914	22952	22990	23028	23066	23104	23142	23180
39	23439	23478	23517	23556	23595	23634	23673	23712	23751	23790
40	24040	24080	24120	24160	24200	24240	24280	24320	24360	24400
41	24641	24682	24723	24764	24805	24846	24887	24928	24969	25010
42	25242	25284	25326	25368	25410	25452	25494	25536	25578	25620
43	25843	25886	25929	25972	26015	26058	26101	26144	26187	26230
44	26444	26488	26532	26576	26620	26664	26708	26752	26796	26840
45	27045	27090	27135	27180	27225	27270	27315	27360	27405	27450
46	27646	27692	27738	27784	27830	27876	27922	27968	28014	28060
47	28247	28294	28341	28388	28435	28482	28529	28576	28623	28670
48	28848	28896	28944	28992	29040	29088	29136	29184	29232	29280
49	29449	29498	29547	29596	29645	29694	29743	29792	29841	29890
50	30050	30100	30150	30200	30250	30300	30350	30400	30450	30500
51	30651	30702	30753	30804	30855	30906	30957	31008	31059	31110
52	31252	31304	31356	31408	31460	31512	31564	31616	31668	31720
53	31853	31906	31959	32012	32065	32118	32171	32224	32277	32330
54	32454	32508	32562	32616	32670	32724	32778	32832	32886	32940
55	33055	33110	33165	33220	33275	33330	33385	33440	33495	33550
56	33656	33712	33768	33824	33880	33936	33992	34048	34104	34160
57	34257	34314	34371	34428	34485	34542	34599	34656	34713	34770
58	34858	34916	34974	35032	35090	35148	35206	35264	35322	35380
59	35459	35518	35577	35636	35695	35754	35813	35872	35931	35990
60	36060	36120	36180	36240	36300	36360	36420	36480	36540	36600
61	36661	36722	36783	36844	36905	36966	37027	37088	37149	37210
62	37262	37324	37386	37448	37510	37572	37634	37696	37758	37820
63	37863	37926	37989	38052	38115	38178	38241	38304	38367	38430
64	38464	38528	38592	38656	38720	38784	38848	38912	38976	39040
65	39065	39130	39195	39260	39325	39390	39455	39520	39585	39650
66	39666	39732	39798	39864	39930	39996	40062	40128	40194	40260
67	40267	40334	40401	40468	40535	40602	40669	40736	40803	40870
68	40868	40936	41004	41072	41140	41208	41276	41344	41412	41480
69	41469	41538	41607	41676	41745	41814	41883	41952	42021	42090
70	42070	42140	42210	42280	42350	42420	42490	42560	42630	42700
71	42671	42742	42813	42884	42955	43026	43097	43168	43239	43310
72	43272	43344	43416	43488	43560	43632	43704	43776	43848	43920
73	43873	43946	44019	44092	44165	44238	44311	44384	44457	44530
74	44474	44548	44622	44696	44770	44844	44918	44992	45066	45140
75	45075	45150	45225	45300	45375	45450	45525	45600	45675	45750
76	45676	45752	45828	45904	45980	46056	46132	46208	46284	46360
77	46277	46354	46431	46508	46585	46662	46739	46816	46893	46970
78	46878	46956	47034	47112	47190	47268	47346	47424	47502	47580
79	47479	47558	47637	47716	47795	47874	47953	48032	48111	48190
80	48080	48160	48240	48320	48400	48480	48560	48640	48720	48800
81	48681	48762	48843	48924	49005	49086	49167	49248	49329	49410
82	49282	49364	49446	49528	49610	49692	49774	49856	49938	50020
83	49883	49966	50049	50132	50215	50298	50381	50464	50547	50630
84	50484	50568	50652	50736	50820	50904	50988	51072	51156	51240
85	51085	51170	51255	51340	51425	51510	51595	51680	51765	51850
86	51686	51772	51858	51944	52030	52116	52202	52288	52374	52460
87	52287	52374	52461	52548	52635	52722	52809	52896	52983	53070
88	52888	52976	53064	53152	53240	53328	53416	53504	53592	53680
89	53489	53578	53667	53756	53845	53934	54023	54112	54201	54290
90	54090	54180	54270	54360	54450	54540	54630	54720	54810	54900
91	54691	54782	54873	54964	55055	55146	55237	55328	55419	55510
92	55292	55384	55476	55568	55660	55752	55844	55936	56028	56120
93	55893	55986	56079	56172	56265	56358	56451	56544	56637	56730
94	56494	56588	56682	56776	56870	56964	57058	57152	57246	57340
95	57095	57190	57285	57380	57475	57570	57665	57760	57855	57950
96	57696	57792	57888	57984	58080	58176	58272	58368	58464	58560
97	58297	58394	58491	58588	58685	58782	58879	58976	59073	59170
98	58898	58996	59094	59192	59290	59388	59486	59584	59682	59780
99	59499	59598	59697	59796	59895	59994	60093	60192	60291	60390
100	60100	60200	60300	60400	60500	60600	60700	60800	60900	61000

n	611	612	613	614	615	616	617	618	619	620
1	611	612	613	614	615	616	617	618	619	620
2	1222	1224	1226	1228	1230	1232	1234	1236	1238	1240
3	1833	1836	1839	1842	1845	1848	1851	1854	1857	1860
4	2444	2448	2452	2456	2460	2464	2468	2472	2476	2480
5	3055	3060	3065	3070	3075	3080	3085	3090	3095	3100
6	3666	3672	3678	3684	3690	3696	3702	3708	3714	3720
7	4277	4284	4291	4298	4305	4312	4319	4326	4333	4340
8	4888	4896	4904	4912	4920	4928	4936	4944	4952	4960
9	5499	5508	5517	5526	5535	5544	5553	5562	5571	5580
10	6110	6120	6130	6140	6150	6160	6170	6180	6190	6200
11	6721	6732	6743	6754	6765	6776	6787	6798	6809	6820
12	7332	7344	7356	7368	7380	7392	7404	7416	7428	7440
13	7943	7956	7969	7982	7995	8008	8021	8034	8047	8060
14	8554	8568	8582	8596	8610	8624	8638	8652	8566	8680
15	9165	9180	9195	9210	5245	9240	9255	9270	9285	9300
16	9776	9792	9808	9824	9840	9856	9872	9888	9904	9920
17	10387	10404	10421	10438	10455	10472	10489	10506	10523	10540
18	10998	11016	11034	11052	11070	11088	11106	11124	11142	11160
19	11609	11628	11647	11666	11685	11704	11723	11742	11761	11780
20	12220	12240	12260	12280	12300	12320	12340	12360	12380	12400
21	12831	12852	12873	12894	12915	12936	12957	12978	12999	13020
22	13442	13464	13486	13508	13530	13552	13574	13596	13618	13640
23	14053	14076	14099	14122	14145	14168	14191	14214	14237	14260
24	14664	14688	14712	14736	14760	14784	14808	14832	14856	14880
25	15275	15300	15325	15350	15375	15400	15425	15450	15475	15500
26	15886	15912	15938	15964	15990	16016	16042	16068	16094	16120
27	16497	16524	16551	16578	16605	16632	16659	16686	16713	16740
28	17108	17136	17164	17192	17220	17248	17276	17304	17332	17360
29	17719	17748	17777	17806	17835	17864	17893	17922	17951	17980
30	18330	18360	18390	18420	18450	18480	18510	18540	18570	18600
31	18941	18972	19003	19034	19065	19096	19127	19158	19189	19220
32	19552	19584	19616	19648	19680	19712	19744	19776	19808	19840
33	20163	20196	20229	20262	20295	20328	20361	20394	20427	20460
34	20774	20808	20842	20876	20910	20944	20978	21012	21046	21080
35	21385	21420	21455	21490	21525	21560	21595	21630	21665	21700
36	21996	22032	22068	22104	22140	22176	22212	22248	22284	22320
37	22607	22644	22681	22718	22755	22792	22829	22866	22903	22940
38	23218	23256	23294	23332	23370	23408	23446	23484	23522	23560
39	23829	23868	23907	23946	23985	24024	24063	24102	24141	24180
40	24440	24480	24520	24560	24600	24640	24680	24720	24760	24800
41	25051	25092	25133	25174	25215	25256	25297	25338	25379	25420
42	25662	25704	25746	25788	25830	25872	25914	25956	25998	26040
43	26273	26316	26359	26402	26445	26488	26531	26574	26617	26660
44	26884	26928	26972	27016	27060	27104	27148	27192	27236	27280
45	27495	27540	27585	27630	27675	27720	27765	27810	27855	27900
46	28106	28152	28198	28244	28290	28336	28382	28428	28474	28520
47	28717	28764	28811	28858	28905	28952	28999	29046	29093	29140
48	29328	29376	29424	29472	29520	29568	29616	29664	29712	29760
49	29939	29988	30037	30086	30135	30184	30233	30282	30331	30380
50	30550	30600	30650	30700	30750	30800	30850	30900	30950	31000
51	31161	31212	31263	31314	31365	31416	31467	31518	31569	31620
52	31772	31824	31876	31928	31980	32032	32084	32136	32188	32240
53	32383	32436	32489	32542	32595	32648	32701	32754	32807	32860
54	32994	33048	33102	33156	33210	33264	33318	33372	33426	33480
55	33605	33660	33715	33770	33825	33880	33935	33990	34045	34100
56	34216	34272	34328	34384	34440	34496	34552	34608	34564	34720
57	34827	34884	34941	34998	35055	35112	35169	35226	35283	35340
58	35438	35496	35554	35612	35670	35728	35786	35844	35902	35960
59	36049	36108	36167	36226	36285	36344	36403	36462	36521	36580
60	36660	36720	36780	36840	36900	36960	37020	37080	37140	37200
61	37271	37332	37393	37454	37515	37576	37637	37698	37759	37820
62	37882	37944	38006	38068	38130	38192	38254	38316	38378	38440
63	38493	38556	38619	38682	38745	38808	38871	38934	38997	39060
64	39104	39168	39232	39296	39360	39424	39488	39552	39616	39680
65	39715	39780	39845	39910	39975	40040	40105	40170	40235	40300
66	40326	40392	40458	40524	40590	40656	40722	40788	40854	40920
67	40937	41004	41071	41138	41205	41272	41339	41406	41473	41540
68	41548	41616	41684	41752	41820	41888	41956	42024	42092	42160
69	42159	42228	42297	42366	42435	42504	42573	42642	42711	42780
70	42770	42840	42910	42980	43050	43120	43190	43260	43330	43400
71	43381	43452	43523	43594	43665	43736	43807	43878	43949	44020
72	43992	44064	44136	44208	44280	44352	44424	44496	44568	44640
73	44603	44676	44749	44822	44895	44968	45041	45114	45187	45260
74	45214	45288	45362	45436	45510	45584	45658	45732	45806	45880
75	45825	45900	45975	46050	46125	46200	46275	46350	46425	46500
76	46436	46512	46588	46664	46740	46816	46892	46968	47044	47120
77	47047	47124	47201	47278	47355	47432	47509	47586	47663	47740
78	47658	47736	47814	47892	47970	48048	48126	48204	48282	48360
79	48269	48348	48427	48506	48585	48664	48743	48822	48901	48980
80	48880	48960	49040	49120	49200	49280	49360	49440	49520	49600
81	49491	49572	49653	49734	49815	49896	49977	50058	50139	50220
82	50102	50184	50266	50348	50430	50512	50594	50676	50758	50840
83	50713	50796	50879	50962	51045	51128	51211	51294	51377	51460
84	51324	51408	51492	51576	51660	51744	51828	51912	51996	52080
85	51935	52020	52105	52190	52275	52360	52445	52530	52615	52700
86	52546	52632	52718	52804	52890	52976	53062	53148	53234	53320
87	53157	53244	53331	53418	53505	53592	53679	53766	53853	53940
88	53768	53856	53944	54032	54120	54208	54296	54384	54472	54560
89	54379	54468	54557	54646	54735	54824	54913	55002	55091	55180
90	54990	55080	55170	55260	55350	55440	55530	55620	55710	55800
91	55601	55692	55783	55874	55965	56056	56147	56238	56329	56420
92	56212	56304	56396	56488	56580	56672	56764	56856	56948	57040
93	56823	56916	57009	57102	57195	57288	57381	57474	57567	57660
94	57434	57528	57622	57716	57810	57904	57998	58092	58186	58280
95	58045	58140	58235	58330	58425	58520	58615	58710	58805	58900
96	58656	58752	58848	58944	59040	59136	59232	59328	59424	59520
97	59267	59364	59461	59558	59655	59752	59849	59946	60043	60140
98	59878	59976	60074	60172	60270	60368	60466	60564	60662	60760
99	60489	60588	60687	60786	60885	60984	61083	61182	61281	61380
100	61100	61200	61300	61400	61500	61600	61700	61800	61900	62000

	621	622	623	624	625	626	627	628	629	630
1	621	622	623	624	625	626	627	628	629	630
2	1242	1244	1246	1248	1250	1252	1254	1256	1258	1260
3	1863	1866	1869	1872	1875	1878	1881	1884	1887	1890
4	2484	2488	2492	2496	2500	2504	2508	2512	2516	2520
5	3105	3110	3115	3120	3125	3130	3135	3140	3145	3150
6	3726	3732	3738	3744	3750	3756	3762	3768	3774	3780
7	4347	4354	4361	4368	4375	4382	4389	4396	4403	4410
8	4968	4976	4984	4992	5000	5008	5016	5024	5032	5040
9	5589	5598	5607	5616	5625	5634	5643	5652	5661	5670
10	6210	6220	6230	6240	6250	6260	6270	6280	6290	6300
11	6831	6842	6853	6864	6875	6886	6897	6908	6919	6930
12	7452	7464	7476	7488	7500	7512	7524	7536	7548	7560
13	8073	8086	8099	8112	8125	8138	8151	8164	8177	8190
14	8694	8708	8722	8736	8750	8764	8778	8792	8806	8820
15	9315	9330	9345	9360	9375	9390	9405	9420	9435	9450
16	9936	9952	9968	9984	10000	10016	10032	10048	10064	10080
17	10557	10574	10591	10608	10625	10642	10659	10676	10693	10710
18	11178	11196	11214	11232	11250	11268	11286	11304	11322	11340
19	11799	11818	11837	11856	11875	11894	11913	11932	11951	11970
20	12420	12440	12460	12480	12500	12520	12540	12560	12580	12600
21	13041	13062	13083	13104	13125	13146	13167	13188	13209	13230
22	13662	13684	13706	13728	13750	13772	13794	13816	13838	13860
23	14283	14306	14329	14352	14375	14398	14421	14444	14467	14490
24	14904	14928	14952	14976	15000	15024	15048	15072	15096	15120
25	15525	15550	15575	15600	15625	15650	15675	15700	15725	15750
26	16146	16172	16198	16224	16250	16276	16302	16328	16354	16380
27	16767	16794	16821	16848	16875	16902	16929	16956	16983	17010
28	17388	17416	17444	17472	17500	17528	17556	17584	17612	17640
29	18009	18038	18067	18096	18125	18154	18183	18212	18241	18270
30	18630	18660	18690	18720	18750	18780	18810	18840	18870	18900
31	19251	19282	19313	19344	19375	19406	19437	19468	19499	19530
32	19872	19904	19936	19968	20000	20032	20064	20096	20128	20160
33	20493	20526	20559	20592	20625	20658	20691	20724	20757	20790
34	21114	21148	21182	21216	21250	21284	21318	21352	21386	21420
35	21735	21770	21805	21840	21875	21910	21945	21980	22015	22050
36	22356	22392	22428	22464	22500	22536	22572	22608	22644	22680
37	22977	23014	23051	23088	23125	23162	23199	23236	23273	23310
38	23598	23636	23674	23712	23750	23788	23826	23864	23902	23940
39	24219	24258	24297	24336	24375	24414	24453	24492	24531	24570
40	24840	24880	24920	24960	25000	25040	25080	25120	25160	25200
41	25461	25502	25543	25584	25625	25666	25707	25748	25789	25830
42	26082	26124	26166	26208	26250	26292	26334	26376	26418	26460
43	26703	26746	26789	26832	26875	26918	26961	27004	27047	27090
44	27324	27368	27412	27456	27500	27544	27588	27632	27676	27720
45	27945	27990	28035	28080	28125	28170	28215	28260	28305	28350
46	28566	28612	28658	28704	28750	28796	28842	28888	28934	28980
47	29187	29234	29281	29328	29375	29422	29469	29516	29563	29610
48	29808	29856	29904	29952	30000	30048	30096	30144	30192	30240
49	30429	30478	30527	30576	30625	30674	30723	30772	30821	30870
50	31050	31100	31150	31200	31250	31300	31350	31400	31450	31500
51	31671	31722	31773	31824	31875	31926	31977	32028	32079	32130
52	32292	32344	32396	32448	32500	32552	32604	32656	32708	32760
53	32913	32966	33019	33072	33125	33178	33231	33284	33337	33390
54	33534	33588	33642	33696	33750	33804	33858	33912	33966	34020
55	34155	34210	34265	34320	34375	34430	34485	34540	34595	34650
56	34776	34832	34888	34944	35000	35056	35112	35168	35224	35280
57	35397	35454	35511	35568	35625	35682	35739	35796	35853	35910
58	36018	36076	36134	36192	36250	36308	36366	36424	36482	36540
59	36639	36698	36757	36816	36875	36934	36993	37052	37111	37170
60	37260	37320	37380	37440	37500	37560	37620	37680	37740	37800
61	37881	37942	38003	38064	38125	38186	38247	38308	38369	38430
62	38502	38564	38626	38688	38750	38812	38874	38936	38998	39060
63	39123	39186	39249	39312	39375	39438	39501	39564	39627	39690
64	39744	39808	39872	39936	40000	40064	40128	40192	40256	40320
65	40365	40430	40495	40560	40625	40690	40755	40820	40885	40950
66	40986	41052	41118	41184	41250	41316	41382	41448	41514	41580
67	41607	41674	41741	41808	41875	41942	42009	42076	42143	42210
68	42228	42296	42364	42432	42500	42568	42636	42704	42772	42840
69	42849	42918	42987	43056	43125	43194	43263	43332	43401	43470
70	43470	43540	43610	43680	43750	43820	43890	43960	44030	44100
71	44091	44162	44233	44304	44375	44446	44517	44588	44659	44730
72	44712	44784	44856	44928	45000	45072	45144	45216	45288	45360
73	45333	45406	45479	45552	45625	45698	45771	45844	45917	45990
74	45954	46028	46102	46176	46250	46324	46398	46472	46546	46620
75	46575	46650	46725	46800	46875	46950	47025	47100	47175	47250
76	47196	47272	47348	47424	47500	47576	47652	47728	47804	47880
77	47817	47894	47971	48048	48125	48202	48279	48356	48433	48510
78	48438	48516	48594	48672	48750	48828	48906	48984	49062	49140
79	49059	49138	49217	49296	49375	49454	49533	49612	49691	49770
80	49680	49760	49840	49920	50000	50080	50160	50240	50320	50400
81	50301	50382	50463	50544	50625	50706	50787	50868	50949	51030
82	50922	51004	51086	51168	51250	51332	51414	51496	51578	51660
83	51543	51626	51709	51792	51875	51958	52041	52124	52207	52290
84	52164	52248	52332	52416	52500	52584	52668	52752	52836	52920
85	52785	52870	52955	53040	53125	53210	53295	53380	53465	53550
86	53406	53492	53578	53664	53750	53836	53922	54008	54094	54180
87	54027	54114	54201	54288	54375	54462	54549	54636	54723	54810
88	54648	54736	54824	54912	55000	55088	55176	55264	55352	55440
89	55269	55358	55447	55536	55625	55714	55803	55892	55981	56070
90	55890	55980	56070	56160	56250	56340	56430	56520	56610	56700
91	56511	56602	56693	56784	56875	56966	57057	57148	57239	57330
92	57132	57224	57316	57408	57500	57592	57684	57776	57868	57960
93	57753	57846	57939	58032	58125	58218	58311	58404	58497	58590
94	58374	58468	58562	58656	58750	58844	58938	59032	59126	59220
95	58995	59090	59185	59280	59375	59470	59565	59660	59755	59850
96	59616	59712	59808	59904	60000	60096	60192	60288	60384	60480
97	60237	60334	60431	60528	60625	60722	60819	60916	61013	61110
98	60858	60956	61054	61152	61250	61348	61446	61544	61642	61740
99	61479	61578	61677	61776	61875	61974	62073	62172	62271	62370
100	62100	62200	62300	62400	62500	62600	62700	62800	62900	63000

n	631	632	633	634	635	636	637	638	639	640
1	631	632	633	634	635	636	637	638	639	640
2	1262	1264	1266	1268	1270	1272	1274	1276	1278	1280
3	1893	1896	1899	1902	1905	1908	1911	1914	1917	1920
4	2524	2528	2532	2536	2540	2544	2548	2552	2556	2560
5	3155	3160	3165	3170	3175	3180	3185	3190	3195	3200
6	3786	3792	3798	3804	3810	3816	3822	3828	3834	3840
7	4417	4424	4431	4438	4445	4452	4459	4466	4473	4480
8	5048	5056	5064	5072	5080	5088	5096	5104	5112	5120
9	5679	5688	5697	5706	5715	5724	5733	5742	5751	5760
10	6310	6320	6330	6340	6350	6360	6370	6380	6390	6400
11	6941	6952	6963	6974	6985	6996	7007	7018	7029	7040
12	7572	7584	7596	7608	7620	7632	7644	7656	7668	7680
13	8203	8216	8229	8242	8255	8268	8281	8294	8307	8320
14	8834	8848	8862	8876	8890	8904	8918	8932	8946	8960
15	9465	9480	9495	9510	9525	9540	9555	9570	9585	9600
16	10096	10112	10128	10144	10160	10176	10192	10208	10224	10240
17	10727	10744	10761	10778	10795	10812	10829	10846	10863	10880
18	11358	11376	11394	11412	11430	11448	11466	11484	11502	11520
19	11989	12008	12027	12046	12065	12084	12103	12122	12141	12160
20	12620	12640	12660	12680	12700	12720	12740	12760	12780	12800
21	13251	13272	13293	13314	13335	13356	13377	13398	13419	13440
22	13882	13904	13926	13948	13970	13992	14014	14036	14058	14080
23	14513	14536	14559	14582	14605	14628	14651	14674	14697	14720
24	15144	15168	15192	15216	15240	15264	15288	15312	15336	15360
25	15775	15800	16825	15850	15875	15900	15925	15950	15975	16000
26	16406	16432	16458	16484	16510	16536	16562	16588	16614	16640
27	17037	17064	17091	17118	17145	17172	17199	17226	17253	17280
28	17668	17696	17724	17752	17780	17808	17836	17864	17892	17920
29	18299	18328	18357	18386	18415	18444	18473	18502	18531	18560
30	18930	18960	18990	19020	19050	19080	19110	19140	19170	19200
31	19561	19592	19623	19654	19685	19716	19747	19778	19809	19840
32	20192	20224	20256	20288	20320	20352	20384	20416	20448	20480
33	20823	20856	20889	20922	20955	20988	21021	21054	21087	21120
34	21454	21488	21522	21556	21590	21624	21658	21692	21726	21760
35	22085	22120	22155	22190	22225	22260	22295	22330	22365	22400
36	22716	22752	22788	22824	22860	22896	22932	22968	23004	23040
37	23347	23384	23421	23458	23495	23532	23569	23606	23643	23680
38	23978	24016	24054	24092	24130	24168	24206	24244	24282	24320
39	24609	24648	24687	24726	24765	24804	24843	24882	24921	24960
40	25240	25280	25320	25360	25400	25440	25480	25520	25560	25600
41	25871	25912	25953	25994	26035	26076	26117	26158	26199	26240
42	26502	26544	26586	26628	26670	26712	26754	26796	26838	26880
43	27133	27176	27219	27262	27305	27348	27391	27434	27477	27520
44	27764	27808	27852	27896	27940	27984	28028	28072	28116	28160
45	28395	28440	28485	28530	28575	28620	28665	28710	28755	28800
46	29026	29072	29118	29164	29210	29256	29302	29348	29394	29440
47	29657	29704	29751	29798	29845	29892	29939	29986	30033	30080
48	30288	30336	30384	30432	30480	30528	30576	30624	30672	30720
49	30819	30968	31017	31056	31115	31164	31213	31262	31311	31360
50	31550	31600	31650	31700	31750	31800	31850	31900	31950	32000
51	32181	32232	32283	32334	32385	32436	32487	32538	32589	32640
52	32812	32864	32916	32968	33020	33072	33124	33176	33228	33280
53	33443	33496	33549	33602	33655	33708	33761	33814	33867	33920
54	34074	34128	34182	34236	34290	34344	34398	34452	34506	34560
55	34705	34760	34815	34870	34925	34980	35035	35090	35145	35200
56	35336	35392	35448	35504	35560	35616	35672	35728	35784	35840
57	35967	36024	36081	36138	36195	36252	36309	36366	36423	36480
58	36598	36656	36714	36772	36830	36888	36946	37004	37062	37120
59	37229	37288	37347	37406	37465	37524	37583	37642	37701	37760
60	37860	37920	37980	38040	38100	38160	38220	38280	38340	38400
61	38491	38552	38613	38674	38735	38796	38857	38918	38979	39040
62	39122	39184	39246	39308	39370	39432	39494	39556	39618	39680
63	39753	39816	39879	39942	40005	40068	40131	40194	40257	40320
64	40384	40448	40512	40576	40640	40704	40768	40832	40896	40960
65	41015	41080	41145	41210	41275	41340	41405	41470	41535	41600
66	41646	41712	41778	41844	41910	41976	42042	42108	42174	42240
67	42277	42344	42411	42478	42545	42612	42679	42746	42813	42880
68	42908	42976	43044	43112	43180	43248	43316	43384	43452	43520
69	43539	43608	43677	43746	43815	43884	43953	44022	44091	44160
70	44170	44240	44310	44380	44450	44520	44590	44660	44730	44800
71	44801	44872	44943	45014	45085	45156	45227	45298	45369	45440
72	45432	45504	45576	45648	45720	45792	45864	45936	46008	46080
73	46063	46136	46209	46282	46355	46428	46501	46574	46647	46720
74	46694	46768	46842	46916	46990	47064	47138	47212	47286	47360
75	47325	47400	47475	47550	47625	47700	47775	47850	47925	48000
76	47956	48032	48108	48184	48260	48336	48412	48488	48564	48640
77	48587	48664	48741	48818	48895	48972	49049	49126	49203	49280
78	49218	49296	49374	49452	49530	49608	49686	49764	49842	49920
79	49849	49928	50007	50086	50165	50244	50323	50402	50481	50560
80	50480	50560	50640	50720	50800	50880	50960	51040	51120	51200
81	51111	51192	51273	51354	51435	51516	51597	51678	51759	51840
82	51742	51824	51906	51988	52070	52152	52234	52316	52398	52480
83	52373	52456	52539	52622	52705	52788	52871	52954	53037	53120
84	53004	53088	53172	53256	53340	53424	53508	53592	53676	53760
85	53635	53720	53805	53890	53975	54060	54145	54230	54315	54400
86	54266	54352	54438	54524	54610	54696	54782	54868	54954	55040
87	54897	54984	55071	55158	55245	55332	55419	55506	55593	55680
88	55528	55616	55704	55792	55880	55968	56056	56144	56232	56320
89	56159	56248	56337	56426	56515	56604	56693	56782	56871	56960
90	56790	56880	56970	57060	57150	57240	57330	57420	57510	57600
91	57421	57512	57603	57694	57785	57876	57967	58058	58149	58240
92	58052	58144	58236	58328	58420	58512	58604	58696	58788	58880
93	58683	58776	58869	58962	59055	59148	59241	59334	59427	59520
94	59314	59408	59502	59596	59690	59784	59878	59972	60066	60160
95	59945	60040	60135	60230	60325	60420	60515	60610	60705	60800
96	60576	60672	60768	60864	60960	61056	61152	61248	61344	61440
97	61207	61304	61401	61498	61595	61692	61789	61886	61983	62080
98	61838	61936	62034	62132	62230	62328	62426	62524	62622	62720
99	62469	62568	62667	62766	62865	62964	63063	63162	63261	63360
100	63100	63200	63300	63400	63500	63600	63700	63800	63900	64000

	641	642	643	644	645	646	647	648	649	650
1	641	642	643	644	645	646	647	648	649	650
2	1282	1284	1286	1288	1290	1292	1294	1296	1298	1300
3	1923	1926	1929	1932	1935	1938	1941	1944	1947	1950
4	2564	2568	2572	2576	2580	2584	2588	2592	2596	2600
5	3205	3210	3215	3220	3225	3230	3235	3240	3245	3250
6	3846	3852	3858	3864	3870	3876	3882	3888	3894	3900
7	4487	4494	4501	4508	4515	4522	4529	4536	4543	4550
8	5128	5136	5144	5152	5160	5168	5176	5184	5192	5200
9	5769	5778	5787	5796	5805	5814	5823	5832	5841	5850
10	6410	6420	6430	6440	6450	6460	6470	6480	6490	6500
11	7051	7062	7073	7084	7095	7106	7117	7128	7139	7150
12	7692	7704	7716	7728	7740	7752	7764	7776	7788	7800
13	8333	8346	8359	8372	8385	8398	8411	8424	8437	8450
14	8974	8988	9002	9016	9030	9044	9058	9072	9086	9100
15	9615	9630	9645	9660	9675	9690	9705	9720	9735	9750
16	10256	10272	10288	10304	10320	10336	10352	10368	10384	10400
17	10897	10914	10931	10948	10965	10982	10999	11016	11033	11050
18	11538	11556	11574	11592	11610	11628	11646	11664	11682	11700
19	12179	12198	12217	12236	12255	12274	12293	12312	12331	12350
20	12820	12840	12860	12880	12900	12920	12940	12960	12980	13000
21	13461	13482	13503	13524	13545	13566	13587	13608	13629	13650
22	14102	14124	14146	14168	14190	14212	14234	14256	14278	14300
23	14743	14766	14789	14812	14835	14858	14881	14904	14927	14950
24	15384	15408	15432	15456	15480	15504	15528	15552	15576	15600
25	16025	16050	16075	16100	16125	16150	16175	16200	16225	16250
26	16666	16692	16718	16744	16770	16796	16822	16848	16874	16900
27	17307	17334	17361	17388	17415	17442	17469	17496	17523	17550
28	17948	17976	18004	18032	18060	18088	18116	18144	18172	18200
29	18589	18618	18647	18676	18705	18734	18763	18792	18821	18850
30	19230	19260	19290	19320	19350	19380	19410	19440	19470	19500
31	19871	19902	19933	19964	19995	20026	20057	20088	20119	20150
32	20512	20544	20576	20608	20640	20672	20704	20736	20768	20800
33	21153	21186	21219	21252	21285	21318	21351	21384	21417	21450
34	21794	21828	21862	21896	21930	21964	21998	22032	22066	22100
35	22435	22470	22505	22540	22575	22610	22645	22680	22715	22750
36	23076	23112	23148	23184	23220	23256	23292	23328	23364	23400
37	23717	23754	23791	23828	23865	23902	23939	23976	24013	24050
38	24358	24396	24434	24472	24510	24548	24586	24624	24662	24700
39	24999	25038	25077	25116	25155	25194	25233	25272	25311	25350
40	25640	25680	25720	25760	25800	25840	25880	25920	25960	26000
41	26281	26322	26363	26404	26445	26486	26527	26568	26609	26650
42	26922	26964	27006	27048	27090	27132	27174	27216	27258	27300
43	27563	27606	27649	27692	27735	27778	27821	27864	27907	27950
44	28204	28248	28292	28336	28380	28424	28468	28512	28556	28600
45	28845	28890	28935	28980	29025	29070	29115	29160	29205	29250
46	29486	29532	29578	29624	29670	29716	29762	29808	29854	29900
47	30127	30174	30221	30268	30315	30362	30409	30456	30503	30550
48	30768	30816	30864	30912	30960	31008	31056	31104	31152	31200
49	31409	31458	31507	31556	31605	31654	31703	31752	31801	31850
50	32050	32100	32150	32200	32250	32300	32350	32400	32450	32500
51	32691	32742	32793	32844	32895	32946	32997	33048	33099	33150
52	33332	33384	33436	33488	33540	33592	33644	33696	33748	33800
53	33973	34026	34079	34132	34185	34238	34291	34344	34397	34450
54	34614	34668	34722	34776	34830	34884	34938	34992	35046	35100
55	35255	35310	35365	35420	35475	35530	35585	35640	35695	35750
56	35896	35952	36008	36064	36120	36176	36232	36288	36344	36400
57	36537	36594	36651	36708	36765	36822	36879	36936	36993	37050
58	37178	37236	37294	37352	37410	37468	37526	37584	37642	37700
59	37819	37878	37937	37996	38055	38114	38173	38232	38291	38350
60	38460	38520	38580	38640	38700	38760	38820	38880	38940	39000
61	39101	39162	39223	39284	39345	39406	39467	39528	39589	39650
62	39742	39804	39866	39928	39990	40052	40114	40176	40238	40300
63	40383	40446	40509	40572	40635	40698	40761	40824	40887	40950
64	41024	41088	41152	41216	41280	41344	41408	41472	41536	41600
65	41665	41730	41795	41860	41925	41990	42055	42120	42185	42250
66	42306	42372	42438	42504	42570	42636	42702	42768	42834	42900
67	42947	43014	43081	43148	43215	43282	43349	43416	43483	43550
68	43588	43656	43724	43792	43860	43928	43996	44064	44132	44200
69	44229	44298	44367	44436	44505	44574	44643	44712	44781	44850
70	44870	44940	45010	45080	45150	45220	45290	45360	45430	45500
71	45511	45582	45653	45724	45795	45866	45937	46008	46079	46150
72	46152	46224	46296	46368	46440	46512	46584	46656	46728	46800
73	46793	46866	46939	47012	47085	47158	47231	47304	47377	47450
74	47434	47508	47582	47656	47730	47804	47878	47952	48026	48100
75	48075	48150	48225	48300	48375	48450	48525	48600	48675	48750
76	48716	48792	48868	48944	49020	49096	49172	49248	49324	49400
77	49357	49434	49511	49588	49665	49742	49819	49896	49973	50050
78	49998	50076	50154	50232	50310	50388	50466	50544	50622	50700
79	50639	50718	50797	50876	50955	51034	51113	51192	51271	51350
80	51280	51360	51440	51520	51600	51680	51760	51840	51920	52000
81	51921	52002	52083	52164	52245	52326	52407	52488	52569	52650
82	52562	52644	52726	52808	52890	52972	53054	53136	53218	53300
83	53203	53286	53369	53452	53535	53618	53701	53784	53867	53950
84	53844	53928	54012	54096	54180	54264	54348	54432	54516	54600
85	54485	54570	54655	54740	54825	54910	54995	55080	55165	55250
86	55126	55212	55298	55384	55470	55556	55642	55728	55814	55900
87	55767	55854	55941	56028	56115	56202	56289	56376	56463	56550
88	56408	56496	56584	56672	56760	56848	56936	57024	57112	57200
89	57049	57138	57227	57316	57405	57494	57583	57672	57761	57850
90	57690	57780	57870	57960	58050	58140	58230	58320	58410	58500
91	58331	58422	58513	58604	58695	58786	58877	58968	59059	59150
92	58972	59064	59156	59248	59340	59432	59524	59616	59708	59800
93	59613	59706	59799	59892	59985	60078	60171	60264	60357	60450
94	60254	60348	60442	60536	60630	60724	60818	60912	61006	61100
95	60895	60990	61085	61180	61275	61370	61465	61560	61655	61750
96	61536	61632	61728	61824	61920	62016	62112	62208	62304	62400
97	62177	62274	62371	62468	62565	62662	62759	62856	62953	63050
98	62818	62916	63014	63112	63210	63308	63406	63504	63602	63700
99	63459	63558	63657	63756	63855	63954	64053	64152	64251	64350
100	64100	64200	64300	64400	64500	64600	64700	64800	64900	65000

I	651	I	652	I	653	I	654	I	655	I	656	I	657	I	658	I	659	I	660
1	651	1	652	1	653	1	654	1	655	1	656	1	657	1	658	1	659	1	660
2	1302	2	1304	2	1306	2	1308	2	1310	2	1312	2	1314	2	1316	2	1318	2	1320
3	1953	3	1956	3	1959	3	1962	3	1965	3	1968	3	1971	3	1974	3	1977	3	1980
4	2604	4	2608	4	2612	4	2616	4	2620	4	2624	4	2628	4	2632	4	2636	4	2640
5	3255	5	3260	5	3265	5	3270	5	3275	5	3280	5	3285	5	3290	5	3295	5	3300
6	3906	6	3912	6	3918	6	3924	6	3930	6	3936	6	3942	6	3948	6	3954	6	3960
7	4557	7	4564	7	4571	7	4578	7	4585	7	4592	7	4599	7	4606	7	4613	7	4620
8	5208	8	5216	8	5224	8	5232	8	5240	8	5248	8	5256	8	5264	8	5272	8	5280
9	5859	9	5868	9	5877	9	5886	9	5895	9	5904	9	5913	9	5922	9	5931	9	5940
10	6510	10	6520	10	6530	10	6540	10	6550	10	6560	10	6570	10	6580	10	6590	10	6600
11	7161	11	7172	11	7183	11	7194	11	7205	11	7216	11	7227	11	7238	11	7249	11	7260
12	7812	12	7824	12	7836	12	7848	12	7860	12	7872	12	7884	12	7896	12	7908	12	7920
13	8463	13	8476	13	8489	13	8502	13	8515	13	8528	13	8541	13	8554	13	8567	13	8580
14	9114	14	9128	14	9142	14	9156	14	9170	14	9184	14	9198	14	9212	14	9226	14	9240
15	9765	15	9780	15	9795	15	9810	15	9825	15	9840	15	9855	15	9870	15	9885	15	9900
16	10416	16	10432	16	10448	16	10464	16	10480	16	10496	16	10512	16	10528	16	10544	16	10560
17	11067	17	11084	17	11101	17	11118	17	11135	17	11152	17	11169	17	11186	17	11203	17	11220
18	11718	18	11736	18	11754	18	11772	18	11790	18	11808	18	11826	18	11844	18	11862	18	11880
19	12369	19	12388	19	12407	19	12426	19	12445	19	12464	19	12483	19	12502	19	12521	19	12540
20	13020	20	13040	20	13060	20	13080	20	13100	20	13120	20	13140	20	13160	20	13180	20	13200
21	13671	21	13692	21	13713	21	13734	21	13755	21	13776	21	13797	21	13818	21	13839	21	13860
22	14322	22	14344	22	14366	22	14388	22	14410	22	14432	22	14454	22	14476	22	14498	22	14520
23	14973	23	14996	23	15019	23	15042	23	15065	23	15088	23	15111	23	15134	23	15157	23	15180
24	15624	24	15648	24	15672	24	15696	24	15720	24	15744	24	15768	24	15792	24	15816	24	15840
25	16275	25	16300	25	16325	25	16350	25	16375	25	16400	25	16425	25	16450	25	16475	25	16500
26	16926	26	16952	26	16978	26	17004	26	17030	26	17056	26	17082	26	17108	26	17134	26	17160
27	17577	27	17604	27	17631	27	17658	27	17685	27	17712	27	17739	27	17766	27	17793	27	17820
28	18228	28	18256	28	18284	28	18312	28	18340	28	18368	28	18396	28	18424	28	18452	28	18480
29	18879	29	18908	29	18937	29	18966	29	18995	29	19024	29	19053	29	19082	29	19111	29	19140
30	19530	30	19560	30	19590	30	19620	30	19650	30	19680	30	19710	30	19740	30	19770	30	19800
31	20181	31	20212	31	20243	31	20274	31	20305	31	20336	31	20367	31	20398	31	20429	31	20460
32	20832	32	20864	32	20896	32	20928	32	20960	32	20992	32	21024	32	21056	32	21088	32	21120
33	21483	33	21516	33	21549	33	21582	33	21615	33	21648	33	21681	33	21714	33	21747	33	21780
34	22134	34	22168	34	22202	34	22236	34	22270	34	22304	34	22338	34	22372	34	22406	34	22440
35	22785	35	22820	35	22855	35	22890	35	22925	35	22960	35	22995	35	23030	35	23065	35	23100
36	23436	36	23472	36	23508	36	23544	36	23580	36	23616	36	23652	36	23688	36	23724	36	23760
37	24087	37	24124	37	24161	37	24198	37	24235	37	24272	37	24309	37	24346	37	24383	37	24420
38	24738	38	24776	38	24814	38	24852	38	24890	38	24928	38	24966	38	25004	38	25042	38	25080
39	25389	39	25428	39	25467	39	25506	39	25545	39	25584	39	25623	39	25662	39	25701	39	25740
40	26040	40	26080	40	26120	40	26160	40	26200	40	26240	40	26280	40	26320	40	26360	40	26400
41	26691	41	26732	41	26773	41	26814	41	26855	41	26896	41	26937	41	26978	41	27019	41	27060
42	27342	42	27384	42	27426	42	27468	42	27510	42	27552	42	27594	42	27636	42	27678	42	27720
43	27993	43	28036	43	28079	43	28122	43	28165	43	28208	43	28251	43	28294	43	28337	43	28380
44	28644	44	28688	44	28732	44	28776	44	28820	44	28864	44	28908	44	28952	44	28996	44	29040
45	29295	45	29340	45	29385	45	29430	45	29475	45	29520	45	29565	45	29610	45	29655	45	29700
46	29946	46	29992	46	30038	46	30084	46	30130	46	30176	46	30222	46	30268	46	30314	46	30360
47	30597	47	30644	47	30691	47	30738	47	30785	47	30832	47	30879	47	30926	47	30973	47	31020
48	31248	48	31296	48	31344	48	31392	48	31440	48	31488	48	31536	48	31584	48	31632	48	31680
49	31899	49	31948	49	31997	49	32046	49	32095	49	32144	49	32193	49	32242	49	32291	49	32340
50	32550	50	32600	50	32650	50	32700	50	32750	50	32800	50	32850	50	32900	50	32950	50	33000
51	33201	51	33252	51	33303	51	33354	51	33405	51	33456	51	33507	51	33558	51	33609	51	33660
52	33852	52	33904	52	33956	52	34008	52	34060	52	34112	52	34164	52	34216	52	34268	52	34320
53	34503	53	34556	53	34609	53	34662	53	34715	53	34768	53	34821	53	34874	53	34927	53	34980
54	35154	54	35208	54	35262	54	35316	54	35370	54	35424	54	35478	54	35532	54	35586	54	35640
55	35805	55	35860	55	35915	55	35970	55	36025	55	36080	55	36135	55	36190	55	36245	55	36300
56	36456	56	36512	56	36568	56	36624	56	36680	56	36736	56	36792	56	36848	56	36904	56	36960
57	37107	57	37164	57	37221	57	37278	57	37335	57	37392	57	37449	57	37506	57	37563	57	37620
58	37758	58	37816	58	37874	58	37932	58	37990	58	38048	58	38106	58	38164	58	38222	58	38280
59	38409	59	38468	59	38527	59	38585	59	38645	59	38704	59	38763	59	38822	59	38881	59	38940
60	39060	60	39120	60	39180	60	39240	60	39300	60	39360	60	39420	60	39480	60	39540	60	39600
61	39711	61	39772	61	39833	61	39894	61	39955	61	40016	61	40077	61	40138	61	40199	61	40260
62	40362	62	40424	62	40486	62	40548	62	40610	62	40672	62	40734	62	40796	62	40858	62	40920
63	41013	63	41076	63	41139	63	41202	63	41265	63	41328	63	41391	63	41454	63	41517	63	41580
64	41664	64	41728	64	41792	64	41856	64	41920	64	41984	64	42048	64	42112	64	42176	64	42240
65	42315	65	42380	65	42445	65	42510	65	42575	65	42640	65	42705	65	42770	65	42835	65	42900
66	42966	66	43032	66	43098	66	43164	66	43230	66	43296	66	43362	66	43428	66	43494	66	43560
67	43617	67	43684	67	43751	67	43818	67	43885	67	43952	67	44019	67	44086	67	44153	67	44220
68	44268	68	44336	68	44404	68	44472	68	44540	68	44608	68	44676	68	44744	68	44812	68	44880
69	44919	69	44988	69	45057	69	45126	69	45195	69	45264	69	45333	69	45402	69	45471	69	45540
70	45570	70	45640	70	45710	70	45780	70	45850	70	45920	70	45990	70	46060	70	46130	70	46200
71	46221	71	46292	71	46363	71	46434	71	46505	71	46576	71	46647	71	46718	71	46789	71	46860
72	46872	72	46944	72	47016	72	47088	72	47160	72	47232	72	47304	72	47376	72	47448	72	47520
73	47523	73	47596	73	47669	73	47742	73	47815	73	47888	73	47961	73	48034	73	48107	73	48180
74	48174	74	48248	74	48322	74	48396	74	48470	74	48544	74	48618	74	48692	74	48766	74	48840
75	48825	75	48900	75	48975	75	49050	75	49125	75	49200	75	49275	75	49350	75	49425	75	49500
76	49476	76	49552	76	49628	76	49704	76	49780	76	49856	76	49932	76	50008	76	50084	76	50160
77	50127	77	50204	77	50281	77	50358	77	50435	77	50512	77	50589	77	50666	77	50743	77	50820
78	50778	78	50856	78	50934	78	51012	78	51090	78	51168	78	51246	78	51324	78	51402	78	51480
79	51429	79	51508	79	51587	79	51666	79	51745	79	51824	79	51903	79	51982	79	52061	79	52140
80	52080	80	52160	80	52240	80	52320	80	52400	80	52480	80	52560	80	52640	80	52720	80	52800
81	52731	81	52812	81	52893	81	52974	81	53055	81	53136	81	53217	81	53298	81	53379	81	53460
82	53382	82	53464	82	53546	82	53628	82	53710	82	53792	82	53874	82	53956	82	54038	82	54120
83	54033	83	54116	83	54199	83	54282	83	54365	83	54448	83	54531	83	54614	83	54697	83	54780
84	54684	84	54768	84	54852	84	54936	84	55020	84	55104	84	55188	84	55272	84	55356	84	55440
85	55335	85	55420	85	55505	85	55590	85	55675	85	55760	85	55845	85	55930	85	56015	85	56100
86	55986	86	56072	86	56158	86	56244	86	56330	86	56416	86	56502	86	56588	86	56674	86	56760
87	56637	87	56724	87	56811	87	56898	87	56985	87	57072	87	57159	87	57246	87	57333	87	57420
88	57288	88	57376	88	57464	88	57552	88	57640	88	57728	88	57816	88	57904	88	57992	88	58080
89	57939	89	58028	89	58117	89	58206	89	58295	89	58384	89	58473	89	58562	89	58651	89	58740
90	58590	90	58680	90	58770	90	58860	90	58950	90	59040	90	59130	90	59220	90	59310	90	59400
91	59241	91	59332	91	59423	91	59514	91	59605	91	59696	91	59787	91	59878	91	59969	91	60060
92	59892	92	59984	92	60076	92	60168	92	60260	92	60352	92	60444	92	60536	92	60628	92	60720
93	60543	93	60636	93	60729	93	60822	93	60915	93	61008	93	61101	93	61194	93	61287	93	61380
94	61194	94	61288	94	61382	94	61476	94	61570	94	61664	94	61758	94	61852	94	61946	94	62040
95	61845	95	61940	95	62035	95	62130	95	62225	95	62320	95	62415	95	62510	95	62605	95	62700
96	62496	96	62592	96	62688	96	62784	96	62880	96	62976	96	63072	96	63168	96	63264	96	63360
97	63147	97	63244	97	63341	97	63438	97	63535	97	63632	97	63729	97	63826	97	63923	97	64020
98	63798	98	63896	98	63994	98	64092	98	64190	98	64288	98	64386	98	64484	98	64582	98	64680
99	64449	99	64548	99	64647	99	64746	99	64845	99	64944	99	65043	99	65142	99	65241	99	65340
100	65100	100	65200	100	65300	100	65400	100	65500	100	65600	100	65700	100	65800	100	65900	100	66000

	661	662	663	664	665	666	667	668	669	670
1	661	662	663	664	665	666	667	668	669	670
2	1322	1324	1326	1328	1330	1332	1334	1336	1338	1340
3	1983	1986	1989	1992	1995	1998	2001	2004	2007	2010
4	2644	2648	2652	2656	2660	2664	2668	2672	2676	2680
5	3305	3310	3315	3320	3325	3330	3335	3340	3345	3350
6	3966	3972	3978	3984	3990	3996	4002	4008	4014	4020
7	4627	4634	4641	4648	4655	4662	4669	4676	4683	4690
8	5288	5296	5304	5312	5320	5328	5336	5344	5352	5360
9	5949	5958	5967	5976	5985	5994	6003	6012	6021	6030
10	6610	6620	6630	6640	6650	6660	6670	6680	6690	6700
11	7271	7282	7293	7304	7315	7326	7337	7348	7359	7370
12	7932	7944	7956	7968	7980	7992	8004	8016	8028	8040
13	8593	8606	8619	8632	8645	8658	8671	8684	8697	8710
14	9254	9268	9282	9296	9310	9324	9338	9352	9366	9380
15	9915	9930	9945	9960	9975	9990	10005	10020	10035	10050
16	10576	10592	10608	10624	10640	10656	10672	10688	10704	10720
17	11237	11254	11271	11288	11305	11322	11339	11356	11373	11390
18	11898	11916	11934	11952	11970	11988	12006	12024	12042	12060
19	12559	12578	12597	12616	12635	12654	12673	12692	12711	12730
20	13220	13240	13260	13280	13300	13320	13340	13360	13380	13400
21	13881	13902	13923	13944	13965	13986	14007	14028	14049	14070
22	14542	14564	14586	14608	14630	14652	14674	14696	14718	14740
23	15203	15226	15249	15272	15295	15318	15341	15364	15387	15410
24	15864	15888	15912	15936	15960	15984	16008	16032	16056	16080
25	16525	16550	16575	16600	16625	16650	16675	16700	16725	16750
26	17186	17212	17238	17264	17290	17316	17342	17368	17394	17420
27	17847	17874	17901	17928	17955	17982	18009	18036	18063	18090
28	18508	18536	18564	18592	18620	18648	18676	18704	18732	18760
29	19169	19198	19227	19256	19285	19314	19343	19372	19401	19430
30	19830	19860	19890	19920	19950	19980	20010	20040	20070	20100
31	20491	20522	20553	20584	20615	20646	20677	20708	20739	20770
32	21152	21184	21216	21248	21280	21312	21344	21376	21408	21440
33	21813	21846	21879	21912	21945	21978	22011	22044	22077	22110
34	22474	22508	22542	22576	22610	22644	22678	22712	22746	22780
35	23135	23170	23205	23240	23275	23310	23345	23380	23415	23450
36	23796	23832	23868	23904	23940	23976	24012	24048	24084	24120
37	24457	24494	24531	24568	24605	24642	24679	24716	24753	24790
38	25118	25156	25194	25232	25270	25308	25346	25384	25422	25460
39	25779	25818	25857	25896	25935	25974	26013	26052	26091	26130
40	26440	26480	26520	26560	26600	26640	26680	26720	26760	26800
41	27101	27142	27183	27224	27265	27306	27347	27388	27429	27470
42	27762	27804	27846	27888	27930	27972	28014	28056	28098	28140
43	28423	28466	28509	28552	28595	28638	28681	28724	28767	28810
44	29084	29128	29172	29216	29260	29304	29348	29392	29436	29480
45	29745	29790	29835	29880	29925	29970	30015	30060	30105	30150
46	30406	30452	30498	30544	30590	30636	30682	30728	30774	30820
47	31067	31114	31161	31208	31255	31302	31349	31396	31443	31490
48	31728	31776	31824	31872	31920	31968	32016	32064	32112	32160
49	32389	32438	32487	32536	32585	32634	32683	32732	32781	32830
50	33050	33100	33150	33200	33250	33300	33350	33400	33450	33500
51	33711	33762	33813	33864	33915	33966	34017	34068	34119	34170
52	34372	34424	34476	34528	34580	34632	34684	34736	34788	34840
53	35033	35086	35139	35192	35245	35298	35351	35404	35457	35510
54	35694	35748	35802	35856	35910	35964	36018	36072	36126	36180
55	36355	36410	36465	36520	36575	36630	36685	36740	36795	36850
56	37016	37072	37128	37184	37240	37296	37352	37408	37464	37520
57	37677	37734	37791	37848	37905	37962	38019	38076	38133	38190
58	38338	38396	38454	38512	38570	38628	38686	38744	38802	38860
59	38999	39058	39117	39176	39235	39294	39353	39412	39471	39530
60	39660	39720	39780	39840	39900	39960	40020	40080	40140	40200
61	40321	40382	40443	40504	40565	40626	40687	40748	40809	40870
62	40982	41044	41106	41168	41230	41292	41354	41416	41478	41540
63	41643	41706	41769	41832	41895	41958	42021	42084	42147	42210
64	42304	42368	42432	42496	42560	42624	42688	42752	42816	42880
65	42965	43030	43095	43160	43225	43290	43355	43420	43485	43550
66	43626	43692	43758	43824	43890	43956	44022	44088	44154	44220
67	44287	44354	44421	44488	44555	44622	44689	44756	44823	44890
68	44948	45016	45084	45152	45220	45288	45356	45424	45492	45560
69	45609	45678	45747	45816	45885	45954	46023	46092	46161	46230
70	46270	46340	46410	46480	46550	46620	46690	46760	46830	46900
71	46931	47002	47073	47144	47215	47286	47357	47428	47499	47570
72	47592	47664	47736	47808	47880	47952	48024	48096	48168	48240
73	48253	48326	48399	48472	48545	48618	48691	48764	48837	48910
74	48914	48988	49062	49136	49210	49284	49358	49432	49506	49580
75	49575	49650	49725	49800	49875	49950	50025	50100	50175	50250
76	50236	50312	50388	50464	50540	50616	50692	50768	50844	50920
77	50897	50974	51051	51128	51205	51282	51359	51436	51513	51590
78	51558	51636	51714	51792	51870	51948	52026	52104	52182	52260
79	52219	52298	52377	52456	52535	52614	52693	52772	52851	52930
80	52880	52960	53040	53120	53200	53280	53360	53440	53520	53600
81	53541	53622	53703	53784	53865	53946	54027	54108	54189	54270
82	54202	54284	54366	54448	54530	54612	54694	54776	54858	54940
83	54863	54946	55029	55112	55195	55278	55361	55444	55527	55610
84	55524	55608	55692	55776	55860	55944	56028	56112	56196	56280
85	56185	56270	56355	56440	56525	56610	56695	56780	56865	56950
86	56846	56932	57018	57104	57190	57276	57362	57448	57534	57620
87	57507	57594	57681	57768	57855	57942	58029	58116	58203	58290
88	58168	58256	58344	58432	58520	58608	58696	58784	58872	58960
89	58829	58918	59007	59096	59185	59274	59363	59452	59541	59630
90	59490	59580	59670	59760	59850	59940	60030	60120	60210	60300
91	60151	60242	60333	60424	60515	60606	60697	60788	60879	60970
92	60812	60904	60996	61088	61180	61272	61364	61456	61548	61640
93	61473	61566	61659	61752	61845	61938	62031	62124	62217	62310
94	62134	62228	62322	62416	62510	62604	62698	62792	62886	62980
95	62795	62890	62985	63080	63175	63270	63365	63460	63555	63650
96	63456	63552	63648	63744	63840	63936	64032	64128	64224	64320
97	64117	64214	64311	64408	64505	64602	64699	64796	64893	64990
98	64778	64876	64974	65072	65170	65268	65366	65464	65562	65660
99	65439	65538	65637	65736	65835	65934	66033	66132	66231	66330
100	66100	66200	66300	66400	66500	66600	66700	66800	66900	67000

×n	671	672	673	674	675	676	677	678	679	680
1	671	672	673	674	675	676	677	678	679	680
2	1342	1344	1346	1348	1350	1352	1354	1356	1358	1360
3	2013	2016	2019	2022	2025	2028	2031	2034	2037	2040
4	2684	2688	2692	2696	2700	2704	2708	2712	2716	2720
5	3355	3360	3365	3370	3375	3380	3385	3390	3395	3400
6	4026	4032	4038	4044	4050	4056	4062	4068	4074	4080
7	4697	4704	4711	4718	4725	4732	4739	4746	4753	4760
8	5368	5376	5384	5392	5400	5408	5416	5424	5432	5440
9	6039	6048	6057	6066	6075	6084	6093	6102	6111	6120
10	6710	6720	6730	6740	6750	6760	6770	6780	6790	6800
11	7381	7392	7403	7414	7425	7436	7447	7458	7469	7480
12	8052	8064	8076	8088	8100	8112	8124	8136	8148	8160
13	8723	8736	8749	8762	8775	8788	8801	8814	8827	8840
14	9394	9408	9422	9436	9450	9464	9478	9492	9506	9520
15	10065	10080	10095	10110	10125	10140	10155	10170	10185	10200
16	10736	10752	10768	10784	10800	10816	10832	10848	10864	10880
17	11407	11424	11441	11458	11475	11492	11509	11526	11543	11560
18	12078	12096	12114	12132	12150	12168	12186	12204	12222	12240
19	12749	12768	12787	12806	12825	12844	12863	12882	12901	12920
20	13420	13440	13460	13480	13500	13520	13540	13560	13580	13600
21	14091	14112	14133	14154	14175	14196	14217	14238	14259	14280
22	14762	14784	14806	14828	14850	14872	14894	14916	14938	14960
23	15433	15456	15479	15502	15525	15548	15571	15594	15617	15640
24	16104	16128	16152	16176	16200	16224	16248	16272	16296	16320
25	16775	16800	16825	16850	16875	16900	16925	16950	16975	17000
26	17446	17472	17498	17524	17550	17576	17602	17628	17654	17680
27	18117	18144	18171	18198	18225	18252	18279	18306	18333	18360
28	18788	18816	18844	18872	18900	18928	18956	18984	19012	19040
29	19459	19488	19517	19546	19575	19604	19633	19662	19691	19720
30	20130	20160	20190	20220	20250	20280	20310	20340	20370	20400
31	20801	20832	20863	20894	20925	20956	20987	21018	21049	21080
32	21472	21504	21536	21568	21600	21632	21664	21696	21728	21760
33	22143	22176	22209	22242	22275	22308	22341	22374	22407	22440
34	22814	22848	22882	22916	22950	22984	23018	23052	23086	23120
35	23485	23520	23555	23590	23625	23660	23695	23730	23765	23800
36	24156	24192	24228	24264	24300	24336	24372	24408	24444	24480
37	24827	24864	24901	24938	24975	25012	25049	25086	25123	25160
38	25498	25536	25574	25612	25650	25688	25726	25764	25802	25840
39	26169	26208	26247	26286	26325	26364	26403	26442	26481	26520
40	26840	26880	26920	26960	27000	27040	27080	27120	27160	27200
41	27511	27552	27593	27634	27675	27716	27757	27798	27839	27880
42	28182	28224	28266	28308	28350	28392	28434	28476	28518	28560
43	28853	28896	28939	28982	29025	29068	29111	29154	29197	29240
44	29524	29568	29612	29656	29700	29744	29788	29832	29876	29920
45	30195	30240	30285	30330	30375	30420	30465	30510	30555	30600
46	30866	30912	30958	31004	31050	31096	31142	31188	31234	31280
47	31537	31584	31631	31678	31725	31772	31819	31866	31913	31960
48	32208	32256	32304	32352	32400	32448	32496	32544	32592	32640
49	32879	32928	32977	33026	33075	33124	33173	33222	33271	33320
50	33550	33600	33650	33700	33750	33800	33850	33900	33950	34000
51	34221	34272	34323	34374	34425	34476	34527	34578	34629	34680
52	34892	34944	34996	35048	35100	35152	35204	35256	35308	35360
53	35563	35616	35669	35722	35775	35828	35881	35934	35987	36040
54	36234	36288	36342	36396	36450	36504	36558	36612	36666	36720
55	36905	36960	37015	37070	37125	37180	37235	37290	37345	37400
56	37576	37632	37688	37744	37800	37856	37912	37968	38024	38080
57	38247	38304	38361	38418	38475	38532	38589	38646	38703	38760
58	38918	38976	39034	39092	39150	39208	39266	39324	39382	39440
59	39589	39648	39707	39766	39825	39884	39943	40002	40061	40120
60	40260	40320	40380	40440	40500	40560	40620	40680	40740	40800
61	40931	40992	41053	41114	41175	41236	41297	41358	41419	41480
62	41602	41664	41726	41788	41850	41912	41974	42036	42098	42160
63	42273	42336	42399	42462	42525	42588	42651	42714	42777	42840
64	42944	43008	43072	43136	43200	43264	43328	43392	43456	43520
65	43615	43680	43745	43810	43875	43940	44005	44070	44135	44200
66	44286	44352	44418	44484	44550	44616	44682	44748	44814	44880
67	44957	45024	45091	45158	45225	45292	45359	45426	45493	45560
68	45628	45696	45764	45832	45900	45968	46036	46104	46172	46240
69	46299	46368	46437	46506	46575	46644	46713	46782	46851	46920
70	46970	47040	47110	47180	47250	47320	47390	47460	47530	47600
71	47641	47712	47783	47854	47925	47996	48067	48138	48209	48280
72	48312	48384	48456	48528	48600	48672	48744	48816	48888	48960
73	48983	49056	49129	49202	49275	49348	49421	49494	49567	49640
74	49654	49728	49802	49876	49950	50024	50098	50172	50246	50320
75	50325	50400	50475	50550	50625	50700	50775	50850	50925	51000
76	50996	51072	51148	51224	51300	51376	51452	51528	51604	51680
77	51667	51744	51821	51898	51975	52052	52129	52206	52283	52360
78	52338	52416	52494	52572	52650	52728	52806	52884	52962	53040
79	53009	53088	53167	53246	53325	53404	53483	53562	53641	53720
80	53680	53760	53840	53920	54000	54080	54160	54240	54320	54400
81	54351	54432	54513	54594	54675	54756	54837	54918	54999	55080
82	55022	55104	55186	55268	55350	55432	55514	55596	55678	55760
83	55693	55776	55859	55942	56025	56108	56191	56274	56357	56440
84	56364	56448	56532	56616	56700	56784	56868	56952	57036	57120
85	57035	57120	57205	57290	57375	57460	57545	57630	57715	57800
86	57706	57792	57878	57964	58050	58136	58222	58308	58394	58480
87	58377	58464	58551	58638	58725	58812	58899	58986	59073	59160
88	59048	59136	59224	59312	59400	59488	59576	59664	59752	59840
89	59719	59808	59897	59986	60075	60164	60253	60342	60431	60520
90	60390	60480	60570	60660	60750	60840	60930	61020	61110	61200
91	61061	61152	61243	61334	61425	61516	61607	61698	61789	61880
92	61732	61824	61916	62008	62100	62192	62284	62376	62468	62560
93	62403	62496	62589	62682	62775	62868	62961	63054	63147	63240
94	63074	63168	63262	63356	63450	63544	63638	63732	63826	63920
95	63745	63840	63935	64030	64125	64220	64315	64410	64505	64600
96	64416	64512	64608	64704	64800	64896	64992	65088	65184	65280
97	65087	65184	65281	65378	65475	65572	65669	65766	65863	65960
98	65758	65856	65954	66052	66150	66248	66346	66444	66542	66640
99	66429	66528	66627	66726	66825	66924	67023	67122	67221	67320
100	67100	67200	67300	67400	67500	67600	67700	67800	67900	68000

r	681	r	682	r	683	r	684	r	685	r	686	r	687	r	688	r	689	r	690
1	681	1	682	1	683	1	684	1	685	1	686	1	687	1	688	1	689	1	690
2	1362	2	1364	2	1366	2	1368	2	1370	2	1372	2	1374	2	1376	2	1378	2	1380
3	2043	3	2046	3	2049	3	2052	3	2055	3	2058	3	2061	3	2064	3	2067	3	2070
4	2724	4	2728	4	2732	4	2736	4	2740	4	2744	4	2748	4	2752	4	2756	4	2760
5	3405	5	3410	5	3415	5	3420	5	3425	5	3430	5	3435	5	3440	5	3445	5	3450
6	4086	6	4092	6	4098	6	4104	6	4110	6	4116	6	4122	6	4128	6	4134	6	4140
7	4767	7	4774	7	4781	7	4788	7	4795	7	4802	7	4809	7	4816	7	4823	7	4830
8	5448	8	5456	8	5464	8	5472	8	5480	8	5488	8	5496	8	5504	8	5512	8	5520
9	6129	9	6138	9	6147	9	6156	9	6165	9	6174	9	6183	9	6192	9	6201	9	6210
10	6810	10	6820	10	6830	10	6840	10	6850	10	6860	10	6870	10	6880	10	6890	10	6900
11	7491	11	7502	11	7513	11	7524	11	7535	11	7546	11	7557	11	7568	11	7579	11	7590
12	8172	12	8184	12	8196	12	8208	12	8220	12	8232	12	8244	12	8256	12	8268	12	8280
13	8853	13	8866	13	8879	13	8892	13	8905	13	8918	13	8931	13	8944	13	8957	13	8970
14	9534	14	9548	14	9562	14	9576	14	9590	14	9604	14	9618	14	9532	14	9646	14	9660
15	10215	15	10230	15	10245	15	10260	15	10275	15	10290	15	10305	15	10320	15	10335	15	10350
16	10896	16	10912	16	10928	16	10944	16	10960	16	10976	16	10992	16	11008	16	11024	16	11040
17	11577	17	11594	17	11611	17	11628	17	11645	17	11662	17	11679	17	11696	17	11713	17	11730
18	12258	18	12276	18	12294	18	12312	18	12330	18	12348	18	12366	18	12384	18	12402	18	12420
19	12939	19	12958	19	12977	19	12996	19	13015	19	13034	19	13053	19	13072	19	13091	19	13110
20	13620	20	13640	20	13660	20	13680	20	13700	20	13720	20	13740	20	13760	20	13780	20	13800
21	14301	21	14322	21	14343	21	14364	21	14385	21	14406	21	14427	21	14448	21	14469	21	14490
22	14982	22	15004	22	15026	22	15048	22	15070	22	15092	22	15114	22	15136	22	15158	22	15180
23	15663	23	15686	23	15709	23	15732	23	15755	23	15778	23	15801	23	15824	23	15847	23	15870
24	16344	24	16368	24	16392	24	16416	24	16440	24	16464	24	16488	24	16512	24	16536	24	16560
25	17025	25	17050	25	17075	25	17100	25	17125	25	17150	25	17175	25	17200	25	17225	25	17250
26	17706	26	17732	26	17758	26	17784	26	17810	26	17836	26	17862	26	17888	26	17914	26	17940
27	18387	27	18414	27	18441	27	18468	27	18495	27	18522	27	18549	27	18576	27	18603	27	18630
28	19068	28	19096	28	19124	28	19152	28	19180	28	19208	28	19236	28	19264	28	19292	28	19320
29	19749	29	19778	29	19807	29	19836	29	19865	29	19894	29	19923	29	19952	29	19981	29	20010
30	20430	30	20460	30	20490	30	20520	30	20550	30	20580	30	20610	30	20640	30	20670	30	20700
31	21111	31	21142	31	21173	31	21204	31	21235	31	21266	31	21297	31	21328	31	21359	31	21390
32	21792	32	21824	32	21856	32	21888	32	21920	32	21952	32	21984	32	22016	32	22048	32	22080
33	22473	33	22506	33	22539	33	22572	33	22605	33	22638	33	22671	33	22704	33	22737	33	22770
34	23154	34	23188	34	23222	34	23256	34	23290	34	23324	34	23358	34	23392	34	23426	34	23460
35	23835	35	23870	35	23905	35	23940	35	23975	35	24010	35	24045	35	24080	35	24115	35	24150
36	24516	36	24552	36	24588	36	24624	36	24660	36	24696	36	24732	36	24768	36	24804	36	24840
37	25197	37	25234	37	25271	37	25308	37	25345	37	25382	37	25419	37	25456	37	25493	37	25530
38	25878	38	25916	38	25954	38	25992	38	26030	38	26068	38	26106	38	26144	38	26182	38	26220
39	26559	39	26598	39	26637	39	26676	39	26715	39	26754	39	26793	39	26832	39	26871	39	26910
40	27240	40	27280	40	27320	40	27360	40	27400	40	27440	40	27480	40	27520	40	27560	40	27600
41	27921	41	27962	41	28003	41	28044	41	28085	41	28126	41	28167	41	28208	41	28249	41	28290
42	28602	42	28644	42	28686	42	28728	42	28770	42	28812	42	28854	42	28896	42	28938	42	28980
43	29283	43	29326	43	29369	43	29412	43	29455	43	29498	43	29541	43	29584	43	29627	43	29670
44	29964	44	30008	44	30052	44	30096	44	30140	44	30184	44	30228	44	30272	44	30316	44	30360
45	30645	45	30690	45	30735	45	30780	45	30825	45	30870	45	30915	45	30960	45	31005	45	31050
46	31326	46	31372	46	31418	46	31464	46	31510	46	31556	46	31602	46	31648	46	31694	46	31740
47	32007	47	32054	47	32101	47	32148	47	32195	47	32242	47	32289	47	32336	47	32383	47	32430
48	32688	48	32736	48	32784	48	32832	48	32880	48	32928	48	32976	48	33024	48	33072	48	33120
49	33369	49	33418	49	33467	49	33516	49	33565	49	33614	49	33663	49	33712	49	33761	49	33810
50	34050	50	34100	50	34150	50	34200	50	34250	50	34300	50	34350	50	34400	50	34450	50	34500
51	34731	51	34782	51	34833	51	34884	51	34935	51	34986	51	35037	51	35088	51	35139	51	35190
52	35412	52	35464	52	35516	52	35568	52	35620	52	35672	52	35724	52	35776	52	35828	52	35880
53	36093	53	36146	53	36199	53	36252	53	36305	53	36358	53	36411	53	36464	53	36517	53	36570
54	36774	54	36828	54	36882	54	36936	54	36990	54	37044	54	37098	54	37152	54	37206	54	37260
55	37455	55	37510	55	37565	55	37620	55	37675	55	37730	55	37785	55	37840	55	37895	55	37950
56	38136	56	38192	56	38248	56	38304	56	38360	56	38416	56	38472	56	38528	56	38584	56	38640
57	38817	57	38874	57	38931	57	38988	57	39045	57	39102	57	39159	57	39216	57	39273	57	39330
58	39498	58	39556	58	39614	58	39672	58	39730	58	39788	58	39846	58	39904	58	39962	58	40020
59	40179	59	40238	59	40297	59	40356	59	40415	59	40474	59	40533	59	40592	59	40651	59	40710
60	40860	60	40920	60	40980	60	41040	60	41100	60	41160	60	41220	60	41280	60	41340	60	41400
61	41541	61	41602	61	41663	61	41724	61	41785	61	41846	61	41907	61	41968	61	42029	61	42090
62	42222	62	42284	62	42346	62	42408	62	42470	62	42532	62	42594	62	42656	62	42718	62	42780
63	42903	63	42966	63	43029	63	43092	63	43155	63	43218	63	43281	63	43344	63	43407	63	43470
64	43584	64	43648	64	43712	64	43776	64	43840	64	43904	64	43968	64	44032	64	44096	64	44160
65	44265	65	44330	65	44395	65	44460	65	44525	65	44590	65	44655	65	44720	65	44785	65	44850
66	44946	66	45012	66	45078	66	45144	66	45210	66	45276	66	45342	66	45408	66	45474	66	45540
67	45627	67	45694	67	45761	67	45828	67	45895	67	45962	67	46029	67	46096	67	46163	67	46230
68	46308	68	46376	68	46444	68	46512	68	46580	68	46648	68	46716	68	46784	68	46852	68	46920
69	46989	69	47058	69	47127	69	47196	69	47265	69	47334	69	47403	69	47472	69	47541	69	47610
70	47670	70	47740	70	47810	70	47880	70	47950	70	48020	70	48090	70	48160	70	48230	70	48300
71	48351	71	48422	71	48493	71	48564	71	48635	71	48706	71	48777	71	48848	71	48919	71	48990
72	49032	72	49104	72	49176	72	49248	72	49320	72	49392	72	49464	72	49536	72	49608	72	49680
73	49713	73	49786	73	49859	73	49932	73	50005	73	50078	73	50151	73	50224	73	50297	73	50370
74	50394	74	50468	74	50542	74	50616	74	50690	74	50764	74	50838	74	50912	74	50986	74	51060
75	51075	75	51150	75	51225	75	51300	75	51375	75	51450	75	51525	75	51600	75	51675	75	51750
76	51756	76	51832	76	51908	76	51984	76	52060	76	52136	76	52212	76	52288	76	52364	76	52440
77	52437	77	52514	77	52591	77	52668	77	52745	77	52822	77	52899	77	52976	77	53053	77	53130
78	53118	78	53196	78	53274	78	53352	78	53430	78	53508	78	53586	78	53664	78	53742	78	53820
79	53799	79	53878	79	53957	79	54036	79	54115	79	54194	79	54273	79	54352	79	54431	79	54510
80	54480	80	54560	80	54640	80	54720	80	54800	80	54880	80	54960	80	55040	80	55120	80	55200
81	55161	81	55242	81	55323	81	55404	81	55485	81	55566	81	55647	81	55728	81	55809	81	55890
82	55842	82	55924	82	56006	82	56088	82	56170	82	56252	82	56334	82	56416	82	56498	82	56580
83	56523	83	56606	83	56689	83	56772	83	56855	83	56938	83	57021	83	57104	83	57187	83	57270
84	57204	84	57288	84	57372	84	57456	84	57540	84	57624	84	57708	84	57792	84	57876	84	57960
85	57885	85	57970	85	58055	85	58140	85	58225	85	58310	85	58395	85	58480	85	58565	85	58650
86	58566	86	58652	86	58738	86	58824	86	58910	86	58996	86	59082	86	59168	86	59254	86	59340
87	59247	87	59334	87	59421	87	59508	87	59595	87	59682	87	59769	87	59856	87	59943	87	60030
88	59928	88	60016	88	60104	88	60192	88	60280	88	60368	88	60456	88	60544	88	60632	88	60720
89	60609	89	60698	89	60787	89	60876	89	60965	89	61054	89	61143	89	61232	89	61321	89	61410
90	61290	90	61380	90	61470	90	61560	90	61650	90	61740	90	61830	90	61920	90	62010	90	62100
91	61971	91	62062	91	62153	91	62244	91	62335	91	62426	91	62517	91	62608	91	62699	91	62790
92	62652	92	62744	92	62836	92	62928	92	63020	92	63112	92	63204	92	63296	92	63388	92	63480
93	63333	93	63426	93	63519	93	63612	93	63705	93	63798	93	63891	93	63984	93	64077	93	64170
94	64014	94	64108	94	64202	94	64296	94	64390	94	64484	94	64578	94	64672	94	64766	94	64860
95	64695	95	64790	95	64885	95	64980	95	65075	95	65170	95	65265	95	65360	95	65455	95	65550
96	65376	96	65472	96	65568	96	65664	96	65760	96	65856	96	65952	96	66048	96	66144	96	66240
97	66057	97	66154	97	66251	97	66348	97	66445	97	66542	97	66639	97	66736	97	66833	97	66930
98	66738	98	66836	98	66934	98	67032	98	67130	98	67228	98	67326	98	67424	98	67522	98	67620
99	67419	99	67518	99	67617	99	67716	99	67815	99	67914	99	68013	99	68112	99	68211	99	68310
100	68100	100	68200	100	68300	100	68400	100	68500	100	68600	100	68700	100	68800	100	68900	100	69000

1	691	1	692	1	693	1	694	1	695	1	696	1	697	1	698	1	699	1	7
2	1382	2	1384	2	1386	2	1388	2	1390	2	1392	2	1394	2	1396	2	1398	2	14
3	2073	3	2076	3	2079	3	2082	3	2085	3	2088	3	2091	3	2094	3	2097	3	21
4	2764	4	2768	4	2772	4	2776	4	2780	4	2784	4	2788	4	2792	4	2796	4	28
5	3455	5	3460	5	3465	5	3470	5	3475	5	3480	5	3485	5	3490	5	3495	5	35
6	4146	6	4152	6	4158	6	4164	6	4170	6	4176	6	4182	6	4188	6	4194	6	42
7	4837	7	4844	7	4851	7	4858	7	4865	7	4872	7	4879	7	4886	7	4893	7	49
8	5528	8	5536	8	5544	8	5552	8	5560	8	5568	8	5576	8	5584	8	5592	8	56
9	6219	9	6228	9	6237	9	6246	9	6255	9	6264	9	6273	9	6282	9	6291	9	63
10	6910	10	6920	10	6930	10	6940	10	6950	10	6960	10	6970	10	6980	10	6990	10	70
11	7601	11	7612	11	7623	11	7634	11	7645	11	7656	11	7667	11	7678	11	7689	11	77
12	8292	12	8304	12	8316	12	8328	12	8340	12	8352	12	8364	12	8376	12	8388	12	84
13	8983	13	8996	13	9009	13	9022	13	9035	13	9048	13	9061	13	9074	13	9087	13	91
14	9674	14	9688	14	9702	14	9716	14	9730	14	9744	14	9758	14	9772	14	9786	14	98
15	10365	15	10380	15	10395	15	10410	15	10425	15	10440	15	10455	15	10470	15	10485	15	105
16	11056	16	11072	16	11088	16	11104	16	11120	16	11136	16	11152	16	11168	16	11184	16	112
17	11747	17	11764	17	11781	17	11798	17	11815	17	11832	17	11849	17	11866	17	11883	17	119
18	12438	18	12456	18	12474	18	12492	18	12510	18	12528	18	12546	18	12564	18	12582	18	126
19	13129	19	13148	19	13167	19	13186	19	13205	19	13224	19	13243	19	13262	19	13281	19	133
20	13820	20	13840	20	13860	20	13880	20	13900	20	13920	20	13940	20	13960	20	13980	20	140
21	14511	21	14532	21	14553	21	14574	21	14595	21	14616	21	14637	21	14658	21	14679	21	147
22	15202	22	15224	22	15246	22	15268	22	15290	22	15312	22	15334	22	15356	22	15378	22	154
23	15893	23	15916	23	15939	23	15962	23	15985	23	16008	23	16031	23	16054	23	16077	23	161
24	16584	24	16608	24	16632	24	16656	24	16680	24	16704	24	16728	24	16752	24	16776	24	168
25	17275	25	17300	25	17325	25	17350	25	17375	25	17400	25	17425	25	17450	25	17475	25	175
26	17966	26	17992	26	18018	26	18044	26	18070	26	18096	26	18122	26	18148	26	18174	26	182
27	18657	27	18684	27	18711	27	18738	27	18765	27	18792	27	18819	27	18846	27	18873	27	189
28	19348	28	19376	28	19404	28	19432	28	19460	28	19488	28	19516	28	19544	28	19572	28	196
29	20039	29	20068	29	20097	29	20126	29	20155	29	20184	29	20213	29	20242	29	20271	29	203
30	20730	30	20760	30	20790	30	20820	30	20850	30	20880	30	20910	30	20940	30	20970	30	210
31	21421	31	21452	31	21483	31	21514	31	21545	31	21576	31	21607	31	21638	31	21669	31	217
32	22112	32	22144	32	22176	32	22208	32	22240	32	22272	32	22304	32	22336	32	22368	32	224
33	22803	33	22836	33	22869	33	22902	33	22935	33	22968	33	23001	33	23034	33	23067	33	231
34	23494	34	23528	34	23562	34	23596	34	23630	34	23664	34	23698	34	23732	34	23766	34	238
35	24185	35	24220	35	24255	35	24290	35	24325	35	24360	35	24395	35	24430	35	24465	35	245
36	24876	36	24912	36	24948	36	24984	36	25020	36	25056	36	25092	36	25128	36	25164	36	252
37	25567	37	25604	37	25641	37	25678	37	25715	37	25752	37	25789	37	25826	37	25863	37	259
38	26258	38	26296	38	26334	38	26372	38	26410	38	26448	38	26486	38	26524	38	26562	38	266
39	26949	39	26988	39	27027	39	27066	39	27105	39	27144	39	27183	39	27222	39	27261	39	273
40	27640	40	27680	40	27720	40	27760	40	27800	40	27840	40	27880	40	27920	40	27960	40	280
41	28331	41	28372	41	28413	41	28454	41	28495	41	28536	41	28577	41	28618	41	28659	41	287
42	29022	42	29064	42	29106	42	29148	42	29190	42	29232	42	29274	42	29316	42	29358	42	294
43	29713	43	29756	43	29799	43	29842	43	29885	43	29928	43	29971	43	30014	43	30057	43	301
44	30404	44	30448	44	30492	44	30536	44	30580	44	30624	44	30668	44	30712	44	30756	44	308
45	31095	45	31140	45	31185	45	31230	45	31275	45	31320	45	31365	45	31410	45	31455	45	315
46	31786	46	31832	46	31878	46	31924	46	31970	46	32016	46	32062	46	32108	46	32154	46	322
47	32477	47	32524	47	32571	47	32618	47	32665	47	32712	47	32759	47	32806	47	32853	47	329
48	33168	48	33216	48	33264	48	33312	48	33360	48	33408	48	33456	48	33504	48	33552	48	336
49	33859	49	33908	49	33957	49	34006	49	34055	49	34104	49	34153	49	34202	49	34251	49	343
50	34550	50	34600	50	34650	50	34700	50	34750	50	34800	50	34850	50	34900	50	34950	50	350
51	35241	51	35292	51	35343	51	35394	51	35445	51	35496	51	35547	51	35598	51	35649	51	357
52	35932	52	35984	52	36036	52	36088	52	36140	52	36192	52	36244	52	36296	52	36348	52	364
53	36623	53	36676	53	36729	53	36782	53	36835	53	36888	53	36941	53	36994	53	37047	53	371
54	37314	54	37368	54	37422	54	37476	54	37530	54	37584	54	37638	54	37692	54	37746	54	378
55	38005	55	38060	55	38115	55	38170	55	38225	55	38280	55	38335	55	38390	55	38445	55	385
56	38696	56	38752	56	38808	56	38864	56	38920	56	38976	56	39032	56	39088	56	39144	56	392
57	39387	57	39444	57	39501	57	39558	57	39615	57	39672	57	39729	57	39786	57	39843	57	399
58	40078	58	40136	58	40194	58	40252	58	40310	58	40368	58	40426	58	40484	58	40542	58	406
59	40769	59	40828	59	40887	59	40946	59	41005	59	41064	59	41123	59	41182	59	41241	59	413
60	41460	60	41520	60	41580	60	41640	60	41700	60	41760	60	41820	60	41880	60	41940	60	420
61	42151	61	42212	61	42273	61	42334	61	42395	61	42456	61	42517	61	42578	61	42639	61	427
62	42842	62	42904	62	42966	62	43028	62	43090	62	43152	62	43214	62	43276	62	43338	62	434
63	43533	63	43596	63	43659	63	43722	63	43785	63	43848	63	43911	63	43974	63	44037	63	441
64	44224	64	44288	64	44352	64	44416	64	44480	64	44544	64	44608	64	44672	64	44736	64	448
65	44915	65	44980	65	45045	65	45110	65	45175	65	45240	65	45305	65	45370	65	45435	65	455
66	45606	66	45672	66	45738	66	45804	66	45870	66	45936	66	46002	66	46068	66	46134	66	462
67	46297	67	46364	67	46431	67	46498	67	46565	67	46632	67	46699	67	46766	67	46833	67	469
68	46988	68	47056	68	47124	68	47192	68	47260	68	47328	68	47396	68	47464	68	47532	68	476
69	47679	69	47748	69	47817	69	47886	69	47955	69	48024	69	48093	69	48162	69	48231	69	483
70	48370	70	48440	70	48510	70	48580	70	48650	70	48720	70	48790	70	48860	70	48930	70	490
71	49061	71	49132	71	49203	71	49274	71	49345	71	49416	71	49487	71	49558	71	49629	71	497
72	49752	72	49824	72	49896	72	49968	72	50040	72	50112	72	50184	72	50256	72	50328	72	504
73	50443	73	50516	73	50589	73	50662	73	50735	73	50808	73	50881	73	50954	73	51027	73	511
74	51134	74	51208	74	51282	74	51356	74	51430	74	51504	74	51578	74	51652	74	51726	74	518
75	51825	75	51900	75	51975	75	52050	75	52125	75	52200	75	52275	75	52350	75	52425	75	525
76	52516	76	52592	76	52668	76	52744	76	52820	76	52896	76	52972	76	53048	76	53124	76	532
77	53207	77	53284	77	53361	77	53438	77	53515	77	53592	77	53669	77	53746	77	53823	77	539
78	53898	78	53976	78	54054	78	54132	78	54210	78	54288	78	54366	78	54444	78	54522	78	546
79	54589	79	54668	79	54747	79	54826	79	54905	79	54984	79	55063	79	55142	79	55221	79	553
80	55280	80	55360	80	55440	80	55520	80	55600	80	55680	80	55760	80	55840	80	55920	80	560
81	55971	81	56052	81	56133	81	56214	81	56295	81	56376	81	56457	81	56538	81	56619	81	567
82	56662	82	56744	82	56826	82	56908	82	56990	82	57072	82	57154	82	57236	82	57318	82	574
83	57353	83	57436	83	57519	83	57602	83	57685	83	57768	83	57851	83	57934	83	58017	83	581
84	58044	84	58128	84	58212	84	58296	84	58380	84	58464	84	58548	84	58632	84	58716	84	588
85	58735	85	58820	85	58905	85	58990	85	59075	85	59160	85	59245	85	59330	85	59415	85	595
86	59426	86	59512	86	59598	86	59684	86	59770	86	59856	86	59942	86	60028	86	60114	86	602
87	60117	87	60204	87	60291	87	60378	87	60465	87	60552	87	60639	87	60726	87	60813	87	609
88	60808	88	60896	88	60984	88	61072	88	61160	88	61248	88	61336	88	61424	88	61512	88	616
89	61499	89	61588	89	61677	89	61766	89	61855	89	61944	89	62033	89	62122	89	62211	89	623
90	62190	90	62280	90	62370	90	62460	90	62550	90	62640	90	62730	90	62820	90	62910	90	630
91	62881	91	62972	91	63063	91	63154	91	63245	91	63336	91	63427	91	63518	91	63609	91	637
92	63572	92	63664	92	63756	92	63848	92	63940	92	64032	92	64124	92	64216	92	64308	92	644
93	64263	93	64356	93	64449	93	64542	93	64635	93	64728	93	64821	93	64914	93	65007	93	651
94	64954	94	65048	94	65142	94	65236	94	65330	94	65424	94	65518	94	65612	94	65706	94	658
95	65645	95	65740	95	65835	95	65930	95	66025	95	66120	95	66215	95	66310	95	66405	95	665
96	66336	96	66432	96	66528	96	66624	96	66720	96	66816	96	66912	96	67008	96	67104	96	672
97	67027	97	67124	97	67221	97	67318	97	67415	97	67512	97	67609	97	67706	97	67803	97	679
98	67718	98	67816	98	67914	98	68012	98	68110	98	68208	98	68306	98	68404	98	68502	98	686
99	68409	99	68508	99	68607	99	68706	90	68805	99	68904	99	69003	99	69102	99	69201	99	693
100	69100	100	69200	100	69300	100	69400	100	69500	100	69600	100	69700	100	69800	100	69900	100	700

	701	702	703	704	705	706	707	708	709	710
1	701	702	703	704	705	706	707	708	709	710
2	1402	1404	1406	1408	1410	1412	1414	1416	1418	1420
3	2103	2106	2109	2112	2115	2118	2121	2124	2127	2130
4	2804	2808	2812	2816	2820	2824	2828	2832	2836	2840
5	3505	3510	3515	3520	3525	3530	3535	3540	3545	3550
6	4206	4212	4218	4224	4230	4236	4242	4248	4254	4260
7	4907	4914	4921	4928	4935	4942	4949	4956	4963	4970
8	5608	5616	5624	5632	5640	5648	5656	5664	5672	5680
9	6309	6318	6327	6336	6345	6354	6363	6372	6381	6390
10	7010	7020	7030	7040	7050	7060	7070	7080	7090	7100
11	7711	7722	7733	7744	7755	7766	7777	7788	7799	7810
12	8412	8424	8436	8448	8460	8472	8484	8496	8508	8520
13	9113	9126	9139	9152	9165	9178	9191	9204	9217	9230
14	9814	9828	9842	9856	9870	9884	9898	9912	9926	9940
15	10515	10530	10545	10560	10575	10590	10605	10620	10635	10650
16	11216	11232	11248	11264	11280	11296	11312	11328	11344	11360
17	11917	11934	11951	11968	11985	12002	12019	12036	12053	12070
18	12618	12636	12654	12672	12690	12708	12726	12744	12762	12780
19	13319	13338	13357	13376	13395	13414	13433	13452	13471	13490
20	14020	14040	14060	14080	14100	14120	14140	14160	14180	14200
21	14721	14742	14763	14784	14805	14826	14847	14868	14889	14910
22	15422	15444	15466	15488	15510	15532	15554	15576	15598	15620
23	16123	16146	16169	16192	16215	16238	16261	16284	16307	16330
24	16824	16848	16872	16896	16920	16944	16968	16992	17016	17040
25	17525	17550	17575	17600	17625	17650	17675	17700	17725	17750
26	18226	18252	18278	18304	18330	18356	18382	18408	18434	18460
27	18927	18954	18981	19008	19035	19062	19089	19116	19143	19170
28	19628	19656	19684	19712	19740	19768	19796	19824	19852	19880
29	20329	20358	20387	20416	20445	20474	20503	20532	20561	20590
30	21030	21060	21090	21120	21150	21180	21210	21240	21270	21300
31	21731	21762	21793	21824	21855	21886	21917	21948	21979	22010
32	22432	22464	22496	22528	22560	22592	22624	22656	22688	22720
33	23133	23166	23199	23232	23265	23298	23331	23364	23397	23430
34	23834	23868	23902	23936	23970	24004	24038	24072	24106	24140
35	24535	24570	24605	24640	24675	24710	24745	24780	24815	24850
36	25236	25272	25308	25344	25380	25416	25452	25488	25524	25560
37	25937	25974	26011	26048	26085	26122	26159	26196	26233	26270
38	26638	26676	26714	26752	26790	26828	26866	26904	26942	26980
39	27339	27378	27417	27456	27495	27534	27573	27612	27651	27690
40	28040	28080	28120	28160	28200	28240	28280	28320	28360	28400
41	28741	28782	28823	28864	28905	28946	28987	29028	29069	29110
42	29442	29484	29526	29568	29610	29652	29694	29736	29778	29820
43	30143	30186	30229	30272	30315	30358	30401	30444	30487	30530
44	30844	30888	30932	30976	31020	31064	31108	31152	31196	31240
45	31545	31590	31635	31680	31725	31770	31815	31860	31905	31950
46	32246	32292	32338	32384	32430	32476	32522	32568	32614	32660
47	32947	32994	33041	33088	33135	33182	33229	33276	33323	33370
48	33648	33696	33744	33792	33840	33888	33936	33984	34032	34080
49	34349	34398	34447	34496	34545	34594	34643	34692	34741	34790
50	35050	35100	35150	35200	35250	35300	35350	35400	35450	35500
51	35751	35802	35853	35904	35955	36006	36057	36108	36159	36210
52	36452	36504	36556	36608	36660	36712	36764	36816	36868	36920
53	37153	37206	37259	37312	37365	37418	37471	37524	37577	37630
54	37854	37908	37962	38016	38070	38124	38178	38232	38286	38340
55	38555	38610	38665	38720	38775	38830	38885	38940	38995	39050
56	39256	39312	39368	39424	39480	39536	39592	39648	39704	39760
57	39957	40014	40071	40128	40185	40242	40299	40356	40413	40470
58	40658	40716	40774	40832	40890	40948	41006	41064	41122	41180
59	41359	41418	41477	41536	41595	41654	41713	41772	41831	41890
60	42060	42120	42180	42240	42300	42360	42420	42480	42540	42600
61	42761	42822	42883	42944	43005	43066	43127	43188	43249	43310
62	43462	43524	43586	43648	43710	43772	43834	43896	43958	44020
63	44163	44226	44289	44352	44415	44478	44541	44604	44667	44730
64	44864	44928	44992	45056	45120	45184	45248	45312	45376	45440
65	45565	45630	45695	45760	45825	45890	45955	46020	46085	46150
66	46266	46332	46398	46464	46530	46596	46662	46728	46794	46860
67	46967	47034	47101	47168	47235	47302	47369	47436	47503	47570
68	47668	47736	47804	47872	47940	48008	48076	48144	48212	48280
69	48369	48438	48507	48576	48645	48714	48783	48852	48921	48990
70	49070	49140	49210	49280	49350	49420	49490	49560	49630	49700
71	49771	49842	49913	49984	50055	50126	50197	50268	50339	50410
72	50472	50544	50616	50688	50760	50832	50904	50976	51048	51120
73	51173	51246	51319	51392	51465	51538	51611	51684	51757	51830
74	51874	51948	52022	52096	52170	52244	52318	52392	52466	52540
75	52575	52650	52725	52800	52875	52950	53025	53100	53175	53250
76	53276	53352	53428	53504	53580	53656	53732	53808	53884	53960
77	53977	54054	54131	54208	54285	54362	54439	54516	54593	54670
78	54678	54756	54834	54912	54990	55068	55146	55224	55302	55380
79	55379	55458	55537	55616	55695	55774	55853	55932	56011	56090
80	56080	56160	56240	56320	56400	56480	56560	56640	56720	56800
81	56781	56862	56943	57024	57105	57186	57267	57348	57429	57510
82	57482	57564	57646	57728	57810	57892	57974	58056	58138	58220
83	58183	58266	58349	58432	58515	58598	58681	58764	58847	58930
84	58884	58968	59052	59136	59220	59304	59388	59472	59556	59640
85	59585	59670	59755	59840	59925	60010	60095	60180	60265	60350
86	60286	60372	60458	60544	60630	60716	60802	60888	60974	61060
87	60987	61074	61161	61248	61335	61422	61509	61596	61683	61770
88	61688	61776	61864	61952	62040	62128	62216	62304	62392	62480
89	62389	62478	62567	62656	62745	62834	62923	63012	63101	63190
90	63090	63180	63270	63360	63450	63540	63630	63720	63810	63900
91	63791	63882	63973	64064	64155	64246	64337	64428	64519	64610
92	64492	64584	64676	64768	64850	64952	65044	65136	65228	65320
93	65193	65286	65379	65472	65565	65658	65751	65844	65937	66030
94	65894	65988	66082	66176	66270	66364	66458	66552	66646	66740
95	66595	66690	66785	66880	66975	67070	67165	67260	67355	67450
96	67296	67392	67488	67584	67680	67776	67872	67968	68064	68160
97	67997	68094	68191	68288	68385	68482	68579	68676	68773	68870
98	68698	68796	68894	68992	69090	69188	69286	69384	69482	69580
99	69399	69498	69597	69696	69795	69894	69993	70092	70191	70290
100	70100	70200	70300	70400	70500	70600	70700	70800	70900	71000

I	711	712	713	714	715	716	717	718	719	720
1	711	712	713	714	715	716	717	718	719	720
2	1422	1424	1426	1428	1430	1432	1434	1436	1438	1440
3	2133	2136	2139	2142	2145	2148	2151	2154	2157	2160
4	2844	2848	2852	2856	2860	2864	2868	2872	2876	2880
5	3555	3560	3565	3570	3575	3580	3585	3590	3595	3600
6	4266	4272	4278	4284	4290	4296	4302	4308	4314	4320
7	4977	4984	4991	4998	5005	5012	5019	5026	5033	5040
8	5688	5696	5704	5712	5720	5728	5736	5744	5752	5760
9	6399	6408	6417	6426	6435	6444	6453	6462	6471	6480
10	7110	7120	7130	7140	7150	7160	7170	7180	7190	7200
11	7821	7832	7843	7854	7865	7876	7887	7898	7909	7920
12	8532	8544	8556	8568	8580	8592	8604	8616	8628	8640
13	9243	9256	9269	9282	9295	9308	9321	9334	9347	9360
14	9954	9968	9982	9996	10010	10024	10038	10052	10066	10080
15	10665	10680	10695	10710	10725	10740	10755	10770	10785	10800
16	11376	11392	11408	11424	11440	11456	11472	11488	11504	11520
17	12087	12104	12121	12138	12155	12172	12189	12206	12223	12240
18	12798	12816	12834	12852	12870	12888	12906	12924	12942	12960
19	13509	13528	13547	13566	13585	13604	13623	13642	13661	13680
20	14220	14240	14260	14280	14300	14320	14340	14360	14380	14400
21	14931	14952	14973	14994	15015	15036	15057	15078	15099	15120
22	15642	15664	15686	15708	15730	15752	15774	15796	15818	15840
23	16353	16376	16399	16422	16445	16468	16491	16514	16537	16560
24	17064	17088	17112	17136	17160	17184	17208	17232	17256	17280
25	17775	17800	17825	17850	17875	17900	17925	17950	17975	18000
26	18486	18512	18538	18564	18590	18616	18642	18668	18694	18720
27	19197	19224	19251	19278	19305	19332	19359	19386	19413	19440
28	19908	19936	19964	19992	20020	20048	20076	20104	20132	20160
29	20619	20648	20677	20706	20735	20764	20793	20822	20851	20880
30	21330	21360	21390	21420	21450	21480	21510	21540	21570	21600
31	22041	22072	22103	22134	22165	22196	22227	22258	22289	22320
32	22752	22784	22816	22848	22880	22912	22944	22976	23008	23040
33	23463	23496	23529	23562	23595	23628	23661	23694	23727	23760
34	24174	24208	24242	24276	24310	24344	24378	24412	24446	24480
35	24885	24920	24955	24990	25025	25060	25095	25130	25165	25200
36	25596	25632	25668	25704	25740	25776	25812	25848	25884	25920
37	26307	26344	26381	26418	26455	26492	26529	26566	26603	26640
38	27018	27056	27094	27132	27170	27208	27246	27284	27322	27360
39	27729	27768	27807	27846	27885	27924	27963	28002	28041	28080
40	28440	28480	28520	28560	28600	28640	28680	28720	28760	28800
41	29151	29192	29233	29274	29315	29356	29397	29438	29479	29520
42	29862	29904	29946	29988	30030	30072	30114	30156	30198	30240
43	30573	30616	30659	30702	30745	30788	30831	30874	30917	30960
44	31284	31328	31372	31416	31460	31504	31548	31592	31636	31680
45	31995	32040	32085	32130	32175	32220	32265	32310	32355	32400
46	32706	32752	32798	32844	32890	32936	32982	33028	33074	33120
47	33417	33464	33511	33558	33605	33652	33699	33746	33793	33840
48	34128	34176	34224	34272	34320	34368	34416	34464	34512	34560
49	34839	34888	34937	34986	35035	35084	35133	35182	35231	35280
50	35550	35600	35650	35700	35750	35800	35850	35900	35950	36000
51	36261	36312	36363	36414	36465	36516	36567	36618	36669	36720
52	36972	37024	37076	37128	37180	37232	37284	37336	37388	37440
53	37683	37736	37789	37842	37895	37948	38001	38054	38107	38160
54	38394	38448	38502	38556	38610	38664	38718	38772	38826	38880
55	39105	39160	39215	39270	39325	39380	39435	39490	39545	39600
56	39816	39872	39928	39984	40040	40096	40152	40208	40264	40320
57	40527	40584	40641	40698	40755	40812	40869	40926	40983	41040
58	41238	41296	41354	41412	41470	41528	41586	41644	41702	41760
59	41949	42008	42067	42126	42185	42244	42303	42362	42421	42480
60	42660	42720	42780	42840	42900	42960	43020	43080	43140	43200
61	43371	43432	43493	43554	43615	43676	43737	43798	43859	43920
62	44082	44144	44206	44268	44330	44392	44454	44516	44578	44640
63	44793	44856	44919	44982	45045	45108	45171	45234	45297	45360
64	45504	45568	45632	45696	45760	45824	45888	45952	46016	46080
65	46215	46280	46345	46410	46475	46540	46605	46670	46735	46800
66	46926	46992	47058	47124	47190	47256	47322	47388	47454	47520
67	47637	47704	47771	47838	47905	47972	48039	48106	48173	48240
68	48348	48416	48484	48552	48620	48688	48756	48824	48892	48960
69	49059	49128	49197	49266	49335	49404	49473	49542	49611	49680
70	49770	49840	49910	49980	50050	50120	50190	50260	50330	50400
71	50481	50552	50623	50694	50765	50836	50907	50978	51049	51120
72	51192	51264	51336	51408	51480	51552	51624	51696	51768	51840
73	51903	51976	52049	52122	52195	52268	52341	52414	52487	52560
74	52614	52688	52762	52836	52910	52984	53058	53132	53206	53280
75	53325	53400	53475	53550	53625	53700	53775	53850	53925	54000
76	54036	54112	54188	54264	54340	54416	54492	54568	54644	54720
77	54747	54824	54901	54978	55055	55132	55209	55286	55363	55440
78	55458	55536	55614	55692	55770	55848	55926	56004	56082	56160
79	56169	56248	56327	56406	56485	56564	56643	56722	56801	56880
80	56880	56960	57040	57120	57200	57280	57360	57440	57520	57600
81	57591	57672	57753	57834	57915	57996	58077	58158	58239	58320
82	58302	58384	58466	58548	58630	58712	58794	58876	58958	59040
83	59013	59096	59179	59262	59345	59428	59511	59594	59677	59760
84	59724	59808	59892	59976	60060	60144	60228	60312	60396	60480
85	60435	60520	60605	60690	60775	60860	60945	61030	61115	61200
86	61146	61232	61318	61404	61490	61576	61662	61748	61834	61920
87	61857	61944	62031	62118	62205	62292	62379	62466	62553	62640
88	62568	62656	62744	62832	62920	63008	63096	63184	63272	63360
89	63279	63368	63457	63546	63635	63724	63813	63902	63991	64080
90	63990	64080	64170	64260	64350	64440	64530	64620	64710	64800
91	64701	64792	64883	64974	65065	65156	65247	65338	65429	65520
92	65412	65504	65596	65688	65780	65872	65964	66056	66148	66240
93	66123	66216	66309	66402	66495	66588	66681	66774	66867	66960
94	66834	66928	67022	67116	67210	67304	67398	67492	67586	67680
95	67545	67640	67735	67830	67925	68020	68115	68210	68305	68400
96	68256	68352	68448	68544	68640	68736	68832	68928	69024	69120
97	68967	69064	69161	69258	69355	69452	69549	69646	69743	69840
98	69678	69776	69874	69972	70070	70168	70266	70364	70462	70560
99	70389	70488	70587	70686	70785	70884	70983	71082	71181	71280
100	71100	71200	71300	71400	71500	71600	71700	71800	71900	72000

	721	722	723	724	725	726	727	728	729	730
1	721	722	723	724	725	726	727	728	729	730
2	1442	1444	1446	1448	1450	1452	1454	1456	1458	1460
3	2163	2166	2169	2172	2175	2178	2181	2184	2187	2190
4	2884	2888	2892	2896	2900	2904	2908	2912	2916	2920
5	3605	3610	3615	3620	3625	3630	3635	3640	3645	3650
6	4326	4332	4338	4344	4350	4356	4362	4368	4374	4380
7	5047	5054	5061	5068	5075	5082	5089	5096	5103	5110
8	5768	5776	5784	5792	5800	5808	5816	5824	5832	5840
9	6489	6498	6507	6516	6525	6534	6543	6552	6561	6570
10	7210	7220	7230	7240	7250	7260	7270	7280	7290	7300
11	7931	7942	7953	7964	7975	7986	7997	8008	8019	8030
12	8652	8664	8676	8688	8700	8712	8724	8736	8748	8760
13	9373	9386	9399	9412	9425	9438	9451	9464	9477	9490
14	10094	10108	10122	10136	10150	10164	10178	10192	10206	10220
15	10815	10830	10845	10860	10875	10890	10905	10920	10935	10950
16	11536	11552	11568	11584	11600	11616	11632	11648	11664	11680
17	12257	12274	12291	12308	12325	12342	12359	12376	12393	12410
18	12978	12996	13014	13032	13050	13068	13086	13104	13122	13140
19	13699	13718	13737	13756	13775	13794	13813	13832	13851	13870
20	14420	14440	14460	14480	14500	14520	14540	14560	14580	14600
21	15141	15162	15183	15204	15225	15246	15267	15288	15309	15330
22	15862	15884	15906	15928	15950	15972	15994	16016	16038	16060
23	16583	16606	16629	16652	16675	16698	16721	16744	16767	16790
24	17304	17328	17352	17376	17400	17424	17448	17472	17496	17520
25	18025	18050	18075	18100	18125	18150	18175	18200	18225	18250
26	18746	18772	18798	18824	18850	18876	18902	18928	18954	18980
27	19467	19494	19521	19548	19575	19602	19629	19656	19683	19710
28	20188	20216	20244	20272	20300	20328	20356	20384	20412	20440
29	20909	20938	20967	20996	21025	21054	21083	21112	21141	21170
30	21630	21660	21690	21720	21750	21780	21810	21840	21870	21900
31	22351	22382	22413	22444	22475	22506	22537	22568	22599	22630
32	23072	23104	23136	23168	23200	23232	23264	23296	23328	23360
33	23793	23826	23859	23892	23925	23958	23991	24024	24057	24090
34	24514	24548	24582	24616	24650	24684	24718	24752	24786	24820
35	25235	25270	25305	25340	25375	25410	25445	25480	25515	25550
36	25956	25992	26028	26064	26100	26136	26172	26208	26244	26280
37	26677	26714	26751	26788	26825	26862	26899	26936	26973	27010
38	27398	27436	27474	27512	27550	27588	27626	27664	27702	27740
39	28119	28158	28197	28236	28275	28314	28353	28392	28431	28470
40	28840	28880	28920	28960	29000	29040	29080	29120	29160	29200
41	29561	29602	29643	29684	29725	29766	29807	29848	29889	29930
42	30282	30324	30366	30408	30450	30492	30534	30576	30618	30660
43	31003	31046	31089	31132	31175	31218	31261	31304	31347	31390
44	31724	31768	31812	31856	31900	31944	31988	32032	32076	32120
45	32445	32490	32535	32580	32625	32670	32715	32760	32805	32850
46	33166	33212	33258	33304	33350	33396	33442	33488	33534	33580
47	33887	33934	33981	34028	34075	34122	34169	34216	34263	34310
48	34608	34656	34704	34752	34800	34848	34896	34944	34992	35040
49	35329	35378	35427	35476	35525	35574	35623	35672	35721	35770
50	36050	36100	36150	36200	36250	36300	36350	36400	36450	36500
51	36771	36822	36873	36924	36975	37026	37077	37128	37179	37230
52	37492	37544	37596	37648	37700	37752	37804	37856	37908	37960
53	38213	38266	38319	38372	38425	38478	38531	38584	38637	38690
54	38934	38988	39042	39096	39150	39204	39258	39312	39366	39420
55	39655	39710	39765	39820	39875	39930	39985	40040	40095	40150
56	40376	40432	40488	40544	40600	40656	40712	40768	40824	40880
57	41097	41154	41211	41268	41325	41382	41439	41496	41553	41610
58	41818	41876	41934	41992	42050	42108	42166	42224	42282	42340
59	42539	42598	42657	42716	42775	42834	42893	42952	43011	43070
60	43260	43320	43380	43440	43500	43560	43620	43680	43740	43800
61	43981	44042	44103	44164	44225	44286	44347	44408	44469	44530
62	44702	44764	44826	44888	44950	45012	45074	45136	45198	45260
63	45423	45486	45549	45612	45675	45738	45801	45864	45927	45990
64	46144	46208	46272	46336	46400	46464	46528	46592	46656	46720
65	46865	46930	46995	47060	47125	47190	47255	47320	47385	47450
66	47586	47652	47718	47784	47850	47916	47982	48048	48114	48180
67	48307	48374	48441	48508	48575	48642	48709	48776	48843	48910
68	49028	49096	49164	49232	49300	49368	49436	49504	49572	49640
69	49749	49818	49887	49956	50025	50094	50163	50232	50301	50370
70	50470	50540	50610	50680	50750	50820	50890	50960	51030	51100
71	51191	51262	51333	51404	51475	51546	51617	51688	51759	51830
72	51912	51984	52056	52128	52200	52272	52344	52416	52488	52560
73	52633	52706	52779	52852	52925	52998	53071	53144	53217	53290
74	53354	53428	53502	53576	53650	53724	53798	53872	53946	54020
75	54075	54150	54225	54300	54375	54450	54525	54600	54675	54750
76	54796	54872	54948	55024	55100	55176	55252	55328	55404	55480
77	55517	55594	55671	55748	55825	55902	55979	56056	56133	56210
78	56238	56316	56394	56472	56550	56628	56706	56784	56862	56940
79	56959	57038	57117	57196	57275	57354	57433	57512	57591	57670
80	57680	57760	57840	57920	58000	58080	58160	58240	58320	58400
81	58401	58482	58563	58644	58725	58806	58887	58968	59049	59130
82	59122	59204	59286	59368	59450	59532	59614	59696	59778	59860
83	59843	59926	60009	60092	60175	60258	60341	60424	60507	60590
84	60564	60648	60732	60816	60900	60984	61068	61152	61236	61320
85	61285	61370	61455	61540	61625	61710	61795	61880	61965	62050
86	62006	62092	62178	62264	62350	62436	62522	62608	62694	62780
87	62727	62814	62901	62988	63075	63162	63249	63336	63423	63510
88	63448	63536	63624	63712	63800	63888	63976	64064	64152	64240
89	64169	64258	64347	64436	64525	64614	64703	64792	64881	64970
90	64890	64980	65070	65160	65250	65340	65430	65520	65610	65700
91	65611	65702	65793	65884	65975	66066	66157	66248	66339	66430
92	66332	66424	66516	66608	66700	66792	66884	66976	67068	67160
93	67053	67146	67239	67332	67425	67518	67611	67704	67797	67890
94	67774	67868	67962	68056	68150	68244	68338	68432	68526	68620
95	68495	68590	68685	68780	68875	68970	69065	69160	69255	69350
96	69216	69312	69408	69504	69600	69696	69792	69888	69984	70080
97	69937	70034	70131	70228	70325	70422	70519	70616	70713	70810
98	70658	70756	70854	70952	71050	71148	71246	71344	71442	71540
99	71379	71478	71577	71676	71775	71874	71973	72072	72171	72270
100	72100	72200	72300	72400	72500	72600	72700	72800	72900	73000

	731	732	733	734	735	736	737	738	739
1	731	732	733	734	735	736	737	738	739
2	1462	1464	1466	1468	1470	1472	1474	1476	1478
3	2193	2196	2199	2202	2205	2208	2211	2214	2217
4	2924	2928	2932	2936	2940	2944	2948	2952	2956
5	3655	3660	3665	3670	3675	3680	3685	3690	3695
6	4386	4392	4398	4404	4410	4416	4422	4428	4434
7	5117	5124	5131	5138	5145	5152	5159	5166	5173
8	5848	5856	5864	5872	5880	5888	5896	5904	5912
9	6579	6588	6597	6606	6615	6624	6633	6642	6651
10	7310	7320	7330	7340	7350	7360	7370	7380	7390
11	8041	8052	8063	8074	8085	8096	8107	8118	8129
12	8772	8784	8796	8808	8820	8832	8844	8856	8868
13	9503	9516	9529	9542	9555	9568	9581	9594	9607
14	10234	10248	10262	10276	10290	10304	10318	10332	10346
15	10965	10980	10995	11010	11025	11040	11055	11070	11085
16	11696	11712	11728	11744	11760	11776	11792	11808	11824
17	12427	12444	12461	12478	12495	12512	12529	12546	12563
18	13158	13176	13194	13212	13230	13248	13266	13284	13302
19	13889	13908	13927	13946	13965	13984	14003	14022	14041
20	14620	14640	14660	14680	14700	14720	14740	14760	14780
21	15351	15372	15393	15414	15435	15456	15477	15498	15519
22	16082	16104	16126	16148	16170	16192	16214	16236	16258
23	16813	16836	16859	16882	16905	16928	16951	16974	16997
24	17544	17568	17592	17616	17640	17664	17688	17712	17736
25	18275	18300	18325	18350	18375	18400	18425	18450	18475
26	19006	19032	19058	19084	19110	19136	19162	19188	19214
27	19737	19764	19791	19818	19845	19872	19899	19926	19953
28	20468	20496	20524	20552	20580	20608	20636	20664	20692
29	21199	21228	21257	21286	21315	21344	21373	21402	21431
30	21930	21960	21990	22020	22050	22080	22110	22140	22170
31	22661	22692	22723	22754	22785	22816	22847	22878	22909
32	23392	23424	23456	23488	23520	23552	23584	23616	23648
33	24123	24156	24189	24222	24255	24288	24321	24354	24387
34	24854	24888	24922	24956	24990	25024	25058	25092	25126
35	25585	25620	25655	25690	25725	25760	25795	25830	25865
36	26316	26352	26388	26424	26460	26496	26532	26568	26604
37	27047	27084	27121	27158	27195	27232	27269	27306	27343
38	27778	27816	27854	27892	27930	27968	28006	28044	28082
39	28509	28548	28587	28626	28665	28704	28743	28782	28821
40	29240	29280	29320	29360	29400	29440	29480	29520	29560
41	29971	30012	30053	30094	30135	30176	30217	30258	30299
42	30702	30744	30786	30828	30870	30912	30954	30996	31038
43	31433	31476	31519	31562	31605	31648	31691	31734	31777
44	32164	32208	32252	32296	32340	32384	32428	32472	32516
45	32895	32940	32985	33030	33075	33120	33165	33210	33255
46	33626	33672	33718	33764	33810	33856	33902	33948	33994
47	34357	34404	34451	34498	34545	34592	34639	34686	34733
48	35088	35136	35184	35232	35280	35328	35376	35424	35472
49	35819	35868	35917	35966	36015	36064	36113	36162	36211
50	36550	36600	36650	36700	36750	36800	36850	36900	36950
51	37281	37332	37383	37434	37485	37536	37587	37638	37689
52	38012	38064	38116	38168	38220	38272	38324	38376	38428
53	38743	38796	38849	38902	38955	39008	39061	39114	39167
54	39474	39528	39582	39636	39690	39744	39798	39852	39906
55	40205	40260	40315	40370	40425	40480	40535	40590	40645
56	40936	40992	41048	41104	41160	41216	41272	41328	41384
57	41667	41724	41781	41838	41895	41952	42009	42066	42123
58	42398	42456	42514	42572	42630	42688	42746	42804	42862
59	43129	43188	43247	43306	43365	43424	43483	43542	43601
60	43860	43920	43980	44040	44100	44160	44220	44280	44340
61	44591	44652	44713	44774	44835	44896	44957	45018	45079
62	45322	45384	45446	45508	45570	45632	45694	45756	45818
63	46053	46116	46179	46242	46305	46368	46431	46494	46557
64	46784	46848	46912	46976	47040	47104	47168	47232	47296
65	47515	47580	47645	47710	47775	47840	47905	47970	48035
66	48246	48312	48378	48444	48510	48576	48642	48708	48774
67	48977	49044	49111	49178	49245	49312	49379	49446	49513
68	49708	49776	49844	49912	49980	50048	50116	50184	50252
69	50439	50508	50577	50646	50715	50784	50853	50922	50991
70	51170	51240	51310	51380	51450	51520	51590	51660	51730
71	51901	51972	52043	52114	52185	52256	52327	52398	52469
72	52632	52704	52776	52848	52920	52992	53064	53136	53208
73	53363	53436	53509	53582	53655	53728	53801	53874	53947
74	54094	54168	54242	54316	54390	54464	54538	54612	54686
75	54825	54900	54975	55050	55125	55200	55275	55350	55425
76	55556	55632	55708	55784	55860	55936	56012	56088	56164
77	56287	56364	56441	56518	56595	56672	56749	56826	56903
78	57018	57096	57174	57252	57330	57408	57486	57564	57642
79	57749	57828	57907	57986	58065	58144	58223	58302	58381
80	58480	58560	58640	58720	58800	58880	58960	59040	59120
81	59211	59292	59373	59454	59535	59616	59697	59778	59859
82	59942	60024	60106	60188	60270	60352	60434	60516	60598
83	60673	60756	60839	60922	61005	61088	61171	61254	61337
84	61404	61488	61572	61656	61740	61824	61908	61992	62076
85	62135	62220	62305	62390	62475	62560	62645	62730	62815
86	62866	62952	63038	63124	63210	63296	63382	63468	63554
87	63597	63684	63771	63858	63945	64032	64119	64206	64293
88	64328	64416	64504	64592	64680	64768	64856	64944	65032
89	65059	65148	65237	65326	65415	65504	65593	65682	65771
90	65790	65880	65970	66060	66150	66240	66330	66420	66510
91	66521	66612	66703	66794	66885	66976	67067	67158	67249
92	67252	67344	67436	67528	67620	67712	67804	67896	67988
93	67983	68076	68169	68262	68355	68448	68541	68634	68727
94	68714	68808	68902	68996	69090	69184	69278	69372	69466
95	69445	69540	69635	69730	69825	69920	70015	70110	70205
96	70176	70272	70368	70464	70560	70656	70752	70848	70944
97	70907	71004	71101	71198	71295	71392	71489	71586	71683
98	71638	71736	71834	71932	72030	72128	72226	72324	72422
99	72369	72468	72567	72666	72765	72864	72963	73062	73161
100	73100	73200	73300	73400	73500	73600	73700	73800	73900

I	741	I	742	I	743	I	744	I	745	I	746	I	747	I	748	I	749	I	750
1	741	1	742	1	743	1	744	1	745	1	746	1	747	1	748	1	749	1	750
2	1482	2	1484	2	1486	2	1488	2	1490	2	1492	2	1494	2	1496	2	1498	2	1500
3	2223	3	2226	3	2229	3	2232	3	2235	3	2238	3	2241	3	2244	3	2247	3	2250
4	2964	4	2968	4	2972	4	2976	4	2980	4	2984	4	2988	4	2992	4	2996	4	3000
5	3705	5	3710	5	3715	5	3720	5	3725	5	3730	5	3735	5	3740	5	3745	5	3750
6	4446	6	4452	6	4458	6	4464	6	4470	6	4476	6	4482	6	4488	6	4494	6	4500
7	5187	7	5194	7	5201	7	5208	7	5215	7	5222	7	5229	7	5236	7	5243	7	5250
8	5928	8	5936	8	5944	8	5952	8	5960	8	5968	8	5976	8	5984	8	5992	8	6000
9	6669	9	6678	9	6687	9	6696	9	6705	9	6714	9	6723	9	6732	9	6741	9	6750
10	7410	10	7420	10	7430	10	7440	10	7450	10	7460	10	7470	10	7480	10	7490	10	7500
11	8151	11	8162	11	8173	11	8184	11	8195	11	8206	11	8217	11	8228	11	8239	11	8250
12	8892	12	8904	12	8916	12	8928	12	8940	12	8952	12	8964	12	8976	12	8988	12	9000
13	9633	13	9646	13	9659	13	9672	13	9685	13	9698	13	9711	13	9724	13	9737	13	9750
14	10374	14	10388	14	10402	14	10416	14	10430	14	10444	14	10458	14	10472	14	10486	14	10500
15	11115	15	11130	15	11145	15	11160	15	11175	15	11190	15	11205	15	11220	15	11235	15	11250
16	11856	16	11872	16	11888	16	11904	16	11920	16	11936	16	11952	16	11968	16	11984	16	12000
17	12597	17	12614	17	12631	17	12648	17	12665	17	12682	17	12699	17	12716	17	12733	17	12750
18	13338	18	13356	18	13374	18	13392	18	13410	18	13428	18	13446	18	13464	18	13482	18	13500
19	14079	19	14098	19	14117	19	14136	19	14155	19	14174	19	14193	19	14212	19	14231	19	14250
20	14820	20	14840	20	14860	20	14880	20	14900	20	14920	20	14940	20	14960	20	14980	20	15000
21	15561	21	15582	21	15603	21	15624	21	15645	21	15666	21	15687	21	15708	21	15729	21	15750
22	16302	22	16324	22	16346	22	16368	22	16390	22	16412	22	16434	22	16456	22	16478	22	16500
23	17043	23	17066	23	17089	23	17112	23	17135	23	17158	23	17181	23	17204	23	17227	23	17250
24	17784	24	17808	24	17832	24	17856	24	17880	24	17904	24	17928	24	17952	24	17976	24	18000
25	18525	25	18550	25	18575	25	18600	25	18625	25	18650	25	18675	25	18700	25	18725	25	18750
26	19266	26	19292	26	19318	26	19344	26	19370	26	19396	26	19422	26	19448	26	19474	26	19500
27	20007	27	20034	27	20061	27	20088	27	20115	27	20142	27	20169	27	20196	27	20223	27	20250
28	20748	28	20776	28	20804	28	20832	28	20860	28	20888	28	20916	28	20944	28	20972	28	21000
29	21489	29	21518	29	21547	29	21576	29	21605	29	21634	29	21663	29	21692	29	21721	29	21750
30	22230	30	22260	30	22290	30	22320	30	22350	30	22380	30	22410	30	22440	30	22470	30	22500
31	22971	31	23002	31	23033	31	23064	31	23095	31	23126	31	23157	31	23188	31	23219	31	23250
32	23712	32	23744	32	23776	32	23808	32	23840	32	23872	32	23904	32	23936	32	23968	32	24000
33	24453	33	24486	33	24519	33	24552	33	24585	33	24618	33	24651	33	24684	33	24717	33	24750
34	25194	34	25228	34	25262	34	25296	34	25330	34	25364	34	25398	34	25432	34	25466	34	25500
35	25935	35	25970	35	26005	35	26040	35	26075	35	26110	35	26145	35	26180	35	26215	35	26250
36	26676	36	26712	36	26748	36	26784	36	26820	36	26856	36	26892	36	26928	36	26964	36	27000
37	27417	37	27454	37	27491	37	27528	37	27565	37	27602	37	27639	37	27676	37	27713	37	27750
38	28158	38	28196	38	28234	38	28272	38	28310	38	28348	38	28386	38	28424	38	28462	38	28500
39	28899	39	28938	39	28977	39	29016	39	29055	39	29094	39	29133	39	29172	39	29211	39	29250
40	29640	40	29680	40	29720	40	29760	40	29800	40	29840	40	29880	40	29920	40	29960	40	30000
41	30381	41	30422	41	30463	41	30504	41	30545	41	30586	41	30627	41	30668	41	30709	41	30750
42	31122	42	31164	42	31206	42	31248	42	31290	42	31332	42	31374	42	31416	42	31458	42	31500
43	31863	43	31906	43	31949	43	31992	43	32035	43	32078	43	32121	43	32164	43	32207	43	32250
44	32604	44	32648	44	32692	44	32736	44	32780	44	32824	44	32868	44	32912	44	32956	44	33000
45	33345	45	33390	45	33435	45	33480	45	33525	45	33570	45	33615	45	33660	45	33705	45	33750
46	34086	46	34132	46	34178	46	34224	46	34270	46	34316	46	34362	46	34408	46	34454	46	34500
47	34827	47	34874	47	34921	47	34968	47	35015	47	35062	47	35109	47	35156	47	35203	47	35250
48	35568	48	35616	48	35664	48	35712	48	35760	48	35808	48	35856	48	35904	48	35952	48	36000
49	36309	49	36358	49	36407	49	36456	49	36505	49	36554	49	36603	49	36652	49	36701	49	36750
50	37050	50	37100	50	37150	50	37200	50	37250	50	37300	50	37350	50	37400	50	37450	50	37500
51	37791	51	37842	51	37893	51	37944	51	37995	51	38046	51	38097	51	38148	51	38199	51	38250
52	38532	52	38584	52	38636	52	38688	52	38740	52	38792	52	38844	52	38896	52	38948	52	39000
53	39273	53	39326	53	39379	53	39432	53	39485	53	39538	53	39591	53	39644	53	39697	53	39750
54	40014	54	40068	54	40122	54	40176	54	40230	54	40284	54	40338	54	40392	54	40445	54	40500
55	40755	55	40810	55	40865	55	40920	55	40975	55	41030	55	41085	55	41140	55	41195	55	41250
56	41496	56	41552	56	41608	56	41664	56	41720	56	41776	56	41832	56	41888	56	41944	56	42000
57	42237	57	42294	57	42351	57	42408	57	42465	57	42522	57	42579	57	42636	57	42693	57	42750
58	42978	58	43036	58	43094	58	43152	58	43210	58	43268	58	43326	58	43384	58	43442	58	43500
59	43719	59	43778	59	43837	59	43896	59	43955	59	44014	59	44073	59	44132	59	44191	59	44250
60	44460	60	44520	60	44580	60	44640	60	44700	60	44760	60	44820	60	44880	60	44940	60	45000
61	45201	61	45262	61	45323	61	45384	61	45445	61	45506	61	45567	61	45628	61	45689	61	45750
62	45942	62	46004	62	46066	62	46128	62	46190	62	46252	62	46314	62	46376	62	46438	62	46500
63	46683	63	46746	63	46809	63	46872	63	46935	63	46998	63	47061	63	47124	63	47187	63	47250
64	47424	64	47488	64	47552	64	47616	64	47680	64	47744	64	47808	64	47872	64	47936	64	48000
65	48165	65	48230	65	48295	65	48360	65	48425	65	48490	65	48555	65	48620	65	48685	65	48750
66	48906	66	48972	66	49038	66	49104	66	49170	66	49236	66	49302	66	49368	66	49434	66	49500
67	49647	67	49714	67	49781	67	49848	67	49915	67	49982	67	50049	67	50116	67	50183	67	50250
68	50388	68	50456	68	50524	68	50592	68	50660	68	50728	68	50796	68	50864	68	50932	68	51000
69	51129	69	51198	69	51267	69	51336	69	51405	69	51474	69	51543	69	51612	69	51681	69	51750
70	51870	70	51940	70	52010	70	52080	70	52150	70	52220	70	52290	70	52360	70	52430	70	52500
71	52611	71	52682	71	52753	71	52824	71	52895	71	52966	71	53037	71	53108	71	53179	71	53250
72	53352	72	53424	72	53496	72	53568	72	53640	72	53712	72	53784	72	53856	72	53928	72	54000
73	54093	73	54166	73	54239	73	54312	73	54385	73	54458	73	54531	73	54604	73	54677	73	54750
74	54834	74	54908	74	54982	74	55056	74	55130	74	55204	74	55278	74	55352	74	55426	74	55500
75	55575	75	55650	75	55725	75	55800	75	55875	75	55950	75	56025	75	56100	75	56175	75	56250
76	56316	76	56392	76	56468	76	56544	76	56620	76	56696	76	56772	76	56848	76	56924	76	57000
77	57057	77	57134	77	57211	77	57288	77	57365	77	57442	77	57519	77	57596	77	57673	77	57750
78	57798	78	57876	78	57954	78	58032	78	58110	78	58188	78	58266	78	58344	78	58422	78	58500
79	58539	79	58618	79	58697	79	58776	79	58855	79	58934	79	59013	79	59092	79	59171	79	59250
80	59280	80	59360	80	59440	80	59520	80	59600	80	59680	80	59760	80	59840	80	59920	80	60000
81	60021	81	60102	81	60183	81	60264	81	60345	81	60426	81	60507	81	60588	81	60669	81	60750
82	60762	82	60844	82	60926	82	61008	82	61090	82	61172	82	61254	82	61336	82	61418	82	61500
83	61503	83	61586	83	61669	83	61752	83	61835	83	61918	83	62001	83	62084	83	62167	83	62250
84	62244	84	62328	84	62412	84	62496	84	62580	84	62664	84	62748	84	62832	84	62916	84	63000
85	62985	85	63070	85	63155	85	63240	85	63325	85	63410	85	63495	85	63580	85	63665	85	63750
86	63726	86	63812	86	63898	86	63984	86	64070	86	64156	86	64242	86	64328	86	64414	86	64500
87	64467	87	64554	87	64641	87	64728	87	64815	87	64902	87	64989	87	65076	87	65163	87	65250
88	65208	88	65296	88	65384	88	65472	88	65560	88	65648	88	65736	88	65824	88	65912	88	66000
89	65949	89	66038	89	66127	89	66216	89	66305	89	66394	89	66483	89	66572	89	66661	89	66750
90	66690	90	66780	90	66870	90	66960	90	67050	90	67140	90	67230	90	67320	90	67410	90	67500
91	67431	91	67522	91	67613	91	67704	91	67795	91	67886	91	67977	91	68068	91	68159	91	68250
92	68172	92	68264	92	68356	92	68448	92	68540	92	68632	92	68724	92	68816	92	68908	92	69000
93	68913	93	69006	93	69099	93	69192	93	69285	93	69378	93	69471	93	69564	93	69657	93	69750
94	69654	94	69748	94	69842	94	69936	94	70030	94	70124	94	70218	94	70312	94	70406	94	70500
95	70395	95	70490	95	70585	95	70680	95	70775	95	70870	95	70965	95	71060	95	71155	95	71250
96	71136	96	71232	96	71328	96	71424	96	71520	96	71616	96	71712	96	71808	96	71904	96	72000
97	71877	97	71974	97	72071	97	72168	97	72265	97	72362	97	72459	97	72556	97	72653	97	72750
98	72618	98	72716	98	72814	98	72912	98	73010	98	73108	98	73206	98	73304	98	73402	98	73500
99	73359	99	73458	99	73557	99	73656	99	73755	99	73854	99	73953	99	74052	99	74151	99	74250
100	74100	100	74200	100	74300	100	74400	100	74500	100	74600	100	74700	100	74800	100	74900	100	75000

I	751	I	752	I	753	I	754	I	755
1	751	1	752	1	753	1	754	1	755
2	1502	2	1504	2	1506	2	1508	2	1510
3	2253	3	2256	3	2259	3	2262	3	2265
4	3004	4	3008	4	3012	4	3016	4	3020
5	3755	5	3760	5	3765	5	3770	5	3775
6	4506	6	4512	6	4518	6	4524	6	4530
7	5257	7	5264	7	5271	7	5278	7	5285
8	6008	8	6016	8	6024	8	6032	8	6040
9	6759	9	6768	9	6777	9	6786	9	6795
10	7510	10	7520	10	7530	10	7540	10	7550
11	8261	11	8272	11	8283	11	8294	11	8305
12	9012	12	9024	12	9036	12	9048	12	9060
13	9763	13	9776	13	9789	13	9802	13	9815
14	10514	14	10528	14	10542	14	10556	14	10570
15	11265	15	11280	15	11295	15	11310	15	11325
16	12016	16	12032	16	12048	16	12064	16	12080
17	12767	17	12784	17	12801	17	12818	17	12835
18	13518	18	13536	18	13554	18	13572	18	13590
19	14269	19	14288	19	14307	19	14326	19	14345
20	15020	20	15040	20	15060	20	15080	20	15100
21	15771	21	15792	21	15813	21	15834	21	15855
22	16522	22	16544	22	16566	22	16588	22	16610
23	17273	23	17296	23	17319	23	17342	23	17365
24	18024	24	18048	24	18072	24	18096	24	18120
25	18775	25	18800	25	18825	25	18850	25	18875
26	19526	26	19552	26	19578	26	19604	26	19630
27	20277	27	20304	27	20331	27	20358	27	20385
28	21028	28	21056	28	21084	28	21112	28	21140
29	21779	29	21808	29	21837	29	21866	29	21895
30	22530	30	22560	30	22590	30	22620	30	22650
31	23281	31	23312	31	23343	31	23374	31	23405
32	24032	32	24064	32	24096	32	24128	32	24160
33	24783	33	24816	33	24849	33	24882	33	24915
34	25534	34	25568	34	25602	34	25636	34	25670
35	26285	35	26320	35	26355	35	26390	35	26425
36	27036	36	27072	36	27108	36	27144	36	27180
37	27787	37	27824	37	27861	37	27898	37	27935
38	28538	38	28576	38	28614	38	28652	38	28690
39	29289	39	29328	39	29367	39	29406	39	29445
40	30040	40	30080	40	30120	40	30160	40	30200
41	30791	41	30832	41	30873	41	30914	41	30955
42	31542	42	31584	42	31626	42	31668	42	31710
43	32293	43	32336	43	32379	43	32422	43	32465
44	33044	44	33088	44	33132	44	33176	44	33220
45	33795	45	33840	45	33885	45	33930	45	33975
46	34546	46	34592	46	34638	46	34684	46	34730
47	35297	47	35344	47	35391	47	35438	47	35485
48	36048	48	36096	48	36144	48	36192	48	36240
49	36799	49	36848	49	36897	49	36946	49	36995
50	37550	50	37600	50	37650	50	37700	50	37750
51	38301	51	38352	51	38403	51	38454	51	38505
52	39052	52	39104	52	39156	52	39208	52	39260
53	39803	53	39856	53	39909	53	39962	53	40015
54	40554	54	40608	54	40662	54	40716	54	40770
55	41305	55	41360	55	41415	55	41470	55	41525
56	42056	56	42112	56	42168	56	42224	56	42280
57	42807	57	42864	57	42921	57	42978	57	43035
58	43558	58	43616	58	43674	58	43732	58	43790
59	44309	59	44368	59	44427	59	44486	59	44545
60	45060	60	45120	60	45180	60	45240	60	45300
61	45811	61	45872	61	45933	61	45994	61	46055
62	46562	62	46624	62	46686	62	46748	62	46810
63	47313	63	47376	63	47439	63	47502	63	47565
64	48064	64	48128	64	48192	64	48256	64	48320
65	48815	65	48880	65	48945	65	49010	65	49075
66	49566	66	49632	66	49698	66	49764	66	49830
67	50317	67	50384	67	50451	67	50518	67	50585
68	51068	68	51136	68	51204	68	51272	68	51340
69	51819	69	51888	69	51957	69	52026	69	52095
70	52570	70	52640	70	52710	70	52780	70	52850
71	53321	71	53392	71	53463	71	53534	71	53605
72	54072	72	54144	72	54216	72	54288	72	54360
73	54823	73	54896	73	54969	73	55042	73	55115
74	55574	74	55648	74	55722	74	55796	74	55870
75	56325	75	56400	75	56475	75	56550	75	56625
76	57076	76	57152	76	57228	76	57304	76	57380
77	57827	77	57904	77	57981	77	58058	77	58135
78	58578	78	58656	78	58734	78	58812	78	58890
79	59329	79	59408	79	59487	79	59566	79	59645
80	60080	80	60160	80	60240	80	60320	80	60400
81	60831	81	60912	81	60993	81	61074	81	61155
82	61582	82	61664	82	61746	82	61828	82	61910
83	62333	83	62416	83	62499	83	62582	83	62665
84	63084	84	63168	84	63252	84	63336	84	63420
85	63835	85	63920	85	64005	85	64090	85	64175
86	64586	86	64672	86	64758	86	64844	86	64930
87	65337	87	65424	87	65511	87	65598	87	65685
88	66088	88	66176	88	66264	88	66352	88	66440
89	66839	89	66928	89	67017	89	67106	89	67195
90	67590	90	67680	90	67770	90	67860	90	67950
91	68341	91	68432	91	68523	91	68614	91	68705
92	69092	92	69184	92	69276	92	69368	92	69460
93	69843	93	69936	93	70029	93	70122	93	70215
94	70594	94	70688	94	70782	94	70876	94	70970
95	71345	95	71440	95	71535	95	71630	95	71725
96	72096	96	72192	96	72288	96	72384	96	72480
97	72847	97	72944	97	73041	97	73138	97	73235
98	73598	98	73696	98	73794	98	73892	98	73990
99	74349	99	74448	99	74547	99	74646	99	74745
100	75100	100	75200	100	75300	100	75400	100	75500

I	756	I	757	I	758	I	759	I	760
1	756	1	757	1	758	1	759	1	760
2	1512	2	1514	2	1516	2	1518	2	1520
3	2268	3	2271	3	2274	3	2277	3	2280
4	3024	4	3028	4	3032	4	3036	4	3040
5	3780	5	3785	5	3790	5	3795	5	3800
6	4536	6	4542	6	4548	6	4554	6	4560
7	5292	7	5299	7	5306	7	5313	7	5320
8	6048	8	6056	8	6064	8	6072	8	6080
9	6804	9	6813	9	6822	9	6831	9	6840
10	7560	10	7570	10	7580	10	7590	10	7600
11	8316	11	8327	11	8338	11	8349	11	8360
12	9072	12	9084	12	9096	12	9108	12	9120
13	9828	13	9841	13	9854	13	9867	13	9880
14	10584	14	10598	14	10612	14	10626	14	10640
15	11340	15	11355	15	11370	15	11385	15	11400
16	12096	16	12112	16	12128	16	12144	16	12160
17	12852	17	12869	17	12886	17	12903	17	12920
18	13608	18	13626	18	13644	18	13662	18	13680
19	14364	19	14383	19	14402	19	14421	19	14440
20	15120	20	15140	20	15160	20	15180	20	15200
21	15876	21	15897	21	15918	21	15939	21	15960
22	16632	22	16654	22	16676	22	16698	22	16720
23	17388	23	17411	23	17434	23	17457	23	17480
24	18144	24	18168	24	18192	24	18216	24	18240
25	18900	25	18925	25	18950	25	18975	25	19000
26	19656	26	19682	26	19708	26	19734	26	19760
27	20412	27	20439	27	20466	27	20493	27	20520
28	21168	28	21196	28	21224	28	21252	28	21280
29	21924	29	21953	29	21982	29	22011	29	22040
30	22680	30	22710	30	22740	30	22770	30	22800
31	23436	31	23467	31	23498	31	23529	31	23560
32	24192	32	24224	32	24256	32	24288	32	24320
33	24948	33	24981	33	25014	33	25047	33	25080
34	25704	34	25738	34	25772	34	25806	34	25840
35	26460	35	26495	35	26530	35	26565	35	26600
36	27216	36	27252	36	27288	36	27324	36	27360
37	27972	37	28009	37	28046	37	28083	37	28120
38	28728	38	28766	38	28804	38	28842	38	28880
39	29484	39	29523	39	29562	39	29601	39	29640
40	30240	40	30280	40	30320	40	30360	40	30400
41	30996	41	31037	41	31078	41	31119	41	31160
42	31752	42	31794	42	31836	42	31878	42	31920
43	32508	43	32551	43	32594	43	32637	43	32680
44	33264	44	33308	44	33352	44	33396	44	33440
45	34020	45	34065	45	34110	45	34155	45	34200
46	34776	46	34822	46	34868	46	34914	46	34960
47	35532	47	35579	47	35626	47	35673	47	35720
48	36288	48	36336	48	36384	48	36432	48	36480
49	37044	49	37093	49	37142	49	37191	49	37240
50	37800	50	37850	50	37900	50	37950	50	38000
51	38556	51	38607	51	38658	51	38709	51	38760
52	39312	52	39364	52	39416	52	39468	52	39520
53	40068	53	40121	53	40174	53	40227	53	40280
54	40824	54	40878	54	40932	54	40986	54	41040
55	41580	55	41635	55	41690	55	41745	55	41800
56	42336	56	42392	56	42448	56	42504	56	42560
57	43092	57	43149	57	43206	57	43263	57	43320
58	43848	58	43906	58	43964	58	44022	58	44080
59	44604	59	44663	59	44722	59	44781	59	44840
60	45360	60	45420	60	45480	60	45540	60	45600
61	46116	61	46177	61	46238	61	46299	61	46360
62	46872	62	46934	62	46996	62	47058	62	47120
63	47628	63	47691	63	47754	63	47817	63	47880
64	48384	64	48448	64	48512	64	48576	64	48640
65	49140	65	49205	65	49270	65	49335	65	49400
66	49896	66	49962	66	50028	66	50094	66	50160
67	50652	67	50719	67	50786	67	50853	67	50920
68	51408	68	51476	68	51544	68	51612	68	51680
69	52164	69	52233	69	52302	69	52371	69	52440
70	52920	70	52990	70	53060	70	53130	70	53200
71	53676	71	53747	71	53818	71	53889	71	53960
72	54432	72	54504	72	54576	72	54648	72	54720
73	55188	73	55261	73	55334	73	55407	73	55480
74	55944	74	56018	74	56092	74	56166	74	56240
75	56700	75	56775	75	56850	75	56925	75	57000
76	57456	76	57532	76	57608	76	57684	76	57760
77	58212	77	58289	77	58366	77	58443	77	58520
78	58968	78	59046	78	59124	78	59202	78	59280
79	59724	79	59803	79	59882	79	59961	79	60040
80	60480	80	60560	80	60640	80	60720	80	60800
81	61236	81	61317	81	61398	81	61479	81	61560
82	61992	82	62074	82	62156	82	62238	82	62320
83	62748	83	62831	83	62914	83	62997	83	63080
84	63504	84	63588	84	63672	84	63756	84	63840
85	64260	85	64345	85	64430	85	64515	85	64600
86	65016	86	65102	86	65188	86	65274	86	65360
87	65772	87	65859	87	65946	87	66033	87	66120
88	66528	88	66616	88	66704	88	66792	88	66880
89	67284	89	67373	89	67462	89	67551	89	67640
90	68040	90	68130	90	68220	90	68310	90	68400
91	68796	91	68887	91	68978	91	69069	91	69160
92	69552	92	69644	92	69736	92	69828	92	69920
93	70308	93	70401	93	70494	93	70587	93	70680
94	71064	94	71158	94	71252	94	71346	94	71440
95	71820	95	71915	95	72010	95	72105	95	72200
96	72576	96	72672	96	72768	96	72864	96	72960
97	73332	97	73429	97	73526	97	73623	97	73720
98	74088	98	74186	98	74284	98	74482	98	74480
99	74844	99	74943	99	75042	99	75141	99	75240
100	75600	100	75700	100	75800	100	75900	100	76000

I	761	762	763	764	765	766	767	768	769	770
1	761	762	763	764	765	766	767	768	769	770
2	1522	1524	1526	1528	1530	1532	1534	1536	1538	1540
3	2283	2286	2289	2292	2295	2298	2301	2304	2307	2310
4	3044	3048	3052	3056	3060	3064	3068	3072	3076	3080
5	3805	3810	3815	3820	3825	3830	3835	3840	3845	3850
6	4566	4572	4578	4584	4590	4596	4602	4608	4614	4620
7	5327	5334	5341	5348	5355	5362	5369	5376	5383	5390
8	6088	6096	6104	6112	6120	6128	6136	6144	6152	6160
9	6849	6858	6867	6876	6885	6894	6903	6912	6921	6930
10	7610	7620	7630	7640	7650	7660	7670	7680	7690	7700
11	8371	8382	8393	8404	8415	8426	8437	8448	8459	8470
12	9132	9144	9156	9168	9180	9192	9204	9216	9228	9240
13	9893	9906	9919	9932	9945	9958	9971	9984	9997	10010
14	10654	10668	10682	10696	10710	10724	10738	10752	10766	10780
15	11415	11430	11445	11460	11475	11490	11505	11520	11535	11550
16	12176	12192	12208	12224	12240	12256	12272	12288	12304	12320
17	12937	12954	12971	12988	13005	13022	13039	13056	13073	13090
18	13698	13716	13734	13752	13770	13788	13806	13824	13842	13860
19	14459	14478	14497	14516	14535	14554	14573	14592	14611	14630
20	15220	15240	15260	15280	15300	15320	15340	15360	15380	15400
21	15981	16002	16023	16044	16065	16086	16107	16128	16149	16170
22	16742	16764	16786	16808	16830	16852	16874	16896	16918	16940
23	17503	17526	17549	17572	17595	17618	17641	17664	17687	17710
24	18264	18288	18312	18336	18360	18384	18408	18432	18456	18480
25	19025	19050	19075	19100	19125	19150	19175	19200	19225	19250
26	19786	19812	19838	19864	19890	19916	19942	19968	19994	20020
27	20547	20574	20601	20628	20655	20682	20709	20736	20763	20790
28	21308	21336	21364	21392	21420	21448	21476	21504	21532	21560
29	22069	22098	22127	22156	22185	22214	22243	22272	22301	22330
30	22830	22860	22890	22920	22950	22980	23010	23040	23070	23100
31	23591	23622	23653	23684	23715	23746	23777	23808	23839	23870
32	24352	24384	24416	24448	24480	24512	24544	24576	24608	24640
33	25113	25146	25179	25212	25245	25278	25311	25344	25377	25410
34	25874	25908	25942	25976	26010	26044	26078	26112	26146	26180
35	26635	26670	26705	26740	26775	26810	26845	26880	26915	26950
36	27396	27432	27468	27504	27540	27576	27612	27648	27684	27720
37	28157	28194	28231	28268	28305	28342	28379	28416	28453	28490
38	28918	28956	28994	29032	29070	29108	29146	29184	29222	29260
39	29679	29718	29757	29796	29835	29874	29913	29952	29991	30030
40	30440	30480	30520	30560	30600	30640	30680	30720	30760	30800
41	31201	31242	31283	31324	31365	31406	31447	31488	31529	31570
42	31962	32004	32046	32088	32130	32172	32214	32256	32298	32340
43	32723	32766	32809	32852	32895	32938	32981	33024	33067	33110
44	33484	33528	33572	33616	33660	33704	33748	33792	33836	33880
45	34245	34290	34335	34380	34425	34470	34515	34560	34605	34650
46	35006	35052	35098	35144	35190	35236	35282	35328	35374	35420
47	35767	35814	35861	35908	35955	36002	36049	36096	36143	36190
48	36528	36576	36624	36672	36720	36768	36816	36864	36912	36960
49	37289	37338	37387	37436	37485	37534	37583	37632	37681	37730
50	38050	38100	38150	38200	38250	38300	38350	38400	38450	38500
51	38811	38862	38913	38964	39015	39066	39117	39168	39219	39270
52	39572	39624	39676	39728	39780	39832	39884	39936	39988	40040
53	40333	40386	40439	40492	40545	40598	40651	40704	40757	40810
54	41094	41148	41202	41256	41310	41364	41418	41472	41526	41580
55	41855	41910	41965	42020	42075	42130	42185	42240	42295	42350
56	42616	42672	42728	42784	42840	42896	42952	43008	43064	43120
57	43377	43434	43491	43548	43605	43662	43719	43776	43833	43890
58	44138	44196	44254	44312	44370	44428	44486	44544	44602	44660
59	44899	44958	45017	45076	45135	45194	45253	45312	45371	45430
60	45660	45720	45780	45840	45900	45960	46020	46080	46140	46200
61	46421	46482	46543	46604	46665	46726	46787	46848	46909	46970
62	47182	47244	47306	47368	47430	47492	47554	47616	47678	47740
63	47943	48006	48069	48132	48195	48258	48321	48384	48447	48510
64	48704	48768	48832	48896	48960	49024	49088	49152	49216	49280
65	49465	49530	49595	49660	49725	49790	49855	49920	49985	50050
66	50226	50292	50358	50424	50490	50556	50622	50688	50754	50820
67	50987	51054	51121	51188	51255	51322	51389	51456	51523	51590
68	51748	51816	51884	51952	52020	52088	52156	52224	52292	52360
69	52509	52578	52647	52716	52785	52854	52923	52992	53061	53130
70	53270	53340	53410	53480	53550	53620	53690	53760	53830	53900
71	54031	54102	54173	54244	54315	54386	54457	54528	54599	54670
72	54792	54864	54936	55008	55080	55152	55224	55296	55368	55440
73	55553	55626	55699	55772	55845	55918	55991	56064	56137	56210
74	56314	56388	56462	56536	56610	56684	56758	56832	56906	56980
75	57075	57150	57225	57300	57375	57450	57525	57600	57675	57750
76	57836	57912	57988	58064	58140	58216	58292	58368	58444	58520
77	58597	58674	58751	58828	58905	58982	59059	59136	59213	59290
78	59358	59436	59514	59592	59670	59748	59826	59904	59982	60060
79	60119	60198	60277	60356	60435	60514	60593	60672	60751	60830
80	60880	60960	61040	61120	61200	61280	61360	61440	61520	61600
81	61641	61722	61803	61884	61965	62046	62127	62208	62289	62370
82	62402	62484	62566	62648	62730	62812	62894	62976	63058	63140
83	63163	63246	63329	63412	63495	63578	63661	63744	63827	63910
84	63924	64008	64092	64176	64260	64344	64428	64512	64596	64680
85	64685	64770	64855	64940	65025	65110	65195	65280	65365	65450
86	65446	65532	65618	65704	65790	65876	65962	66048	66134	66220
87	66207	66294	66381	66468	66555	66642	66729	66816	66903	66990
88	66968	67056	67144	67232	67320	67408	67496	67584	67672	67760
89	67729	67818	67907	67996	68085	68174	68263	68352	68441	68530
90	68490	68580	68670	68760	68850	68940	69030	69120	69210	69300
91	69251	69342	69433	69524	69615	69706	69797	69888	69979	70070
92	70012	70104	70196	70288	70380	70472	70564	70656	70748	70840
93	70773	70866	70959	71052	71145	71238	71331	71424	71517	71610
94	71534	71628	71722	71816	71910	72004	72098	72192	72286	72380
95	72295	72390	72485	72580	72675	72770	72865	72960	73055	73150
96	73056	73152	73248	73344	73440	73536	73632	73728	73824	73920
97	73817	73914	74011	74108	74205	74302	74399	74496	74593	74690
98	74578	74676	74774	74872	74970	75068	75166	75264	75362	75460
99	75339	75438	75537	75636	75735	75834	75933	76032	76131	76230
100	76100	76200	76300	76400	76500	76600	76700	76800	76900	77000

	771	772	773	774	775	776	777	778	779	780
1	771	772	773	774	775	776	777	778	779	780
2	1542	1544	1546	1548	1550	1552	1554	1556	1558	1560
3	2313	2316	2319	2322	2325	2328	2331	2334	2337	2340
4	3084	3088	3092	3096	3100	3104	3108	3112	3116	3120
5	3855	3860	3865	3870	3875	3880	3885	3890	3895	3900
6	4626	4632	4638	4644	4650	4656	4662	4668	4674	4680
7	5397	5404	5411	5418	5425	5432	5439	5446	5453	5460
8	6168	6176	6184	6192	6200	6208	6216	6224	6232	6240
9	6939	6948	6957	6966	6975	6984	6993	7002	7011	7020
10	7710	7720	7730	7740	7750	7760	7770	7780	7790	7800
11	8481	8492	8503	8514	8525	8536	8547	8558	8569	8580
12	9252	9264	9276	9288	9300	9312	9324	9336	9348	9360
13	10023	10036	10049	10062	10075	10088	10101	10114	10127	10140
14	10794	10808	10822	10836	10850	10864	10878	10892	10906	10920
15	11565	11580	11595	11610	11625	11640	11655	11670	11685	11700
16	12336	12352	12368	12384	12400	12416	12432	12448	12464	12480
17	13107	13124	13141	13158	13175	13192	13209	13226	13243	13260
18	13878	13896	13914	13932	13950	13968	13986	14004	14022	14040
19	14649	14668	14687	14706	14725	14744	14763	14782	14801	14820
20	15420	15440	15460	15480	15500	15520	15540	15560	15580	15600
21	16191	16212	16233	16254	16275	16296	16317	16338	16359	16380
22	16962	16984	17006	17028	17050	17072	17094	17116	17138	17160
23	17733	17756	17779	17802	17825	17848	17871	17894	17917	17940
24	18504	18528	18552	18576	18600	18624	18648	18672	18696	18720
25	19275	19300	19325	19350	19375	19400	19425	19450	19475	19500
26	20046	20072	20098	20124	20150	20176	20202	20228	20254	20280
27	20817	20844	20871	20898	20925	20952	20979	21006	21033	21060
28	21588	21616	21644	21672	21700	21728	21756	21784	21812	21840
29	22359	22388	22417	22446	22475	22504	22533	22562	22591	22620
30	23130	23160	23190	23220	23250	23280	23310	23340	23370	23400
31	23901	23932	23963	23994	24025	24056	24087	24118	24149	24180
32	24672	24704	24736	24768	24800	24832	24864	24896	24928	24960
33	25443	25476	25509	25542	25575	25608	25641	25674	25707	25740
34	26214	26248	26282	26316	26350	26384	26418	26452	26486	26520
35	26985	27020	27055	27090	27125	27160	27195	27230	27265	27300
36	27756	27792	27828	27864	27900	27936	27972	28008	28044	28080
37	28527	28564	28601	28638	28675	28712	28749	28786	28823	28860
38	29298	29336	29374	29412	29450	29488	29526	29564	29602	29640
39	30069	30108	30147	30186	30225	30264	30303	30342	30381	30420
40	30840	30880	30920	30960	31000	31040	31080	31120	31160	31200
41	31611	31652	31693	31734	31775	31816	31857	31898	31939	31980
42	32382	32424	32466	32508	32550	32592	32634	32676	32718	32760
43	33153	33196	33239	33282	33325	33368	33411	33454	33497	33540
44	33924	33968	34012	34056	34100	34144	34188	34232	34276	34320
45	34695	34740	34785	34830	34875	34920	34965	35010	35055	35100
46	35466	35512	35558	35604	35650	35696	35742	35788	35834	35880
47	36237	36284	36331	36378	36425	36472	36519	36566	36613	36660
48	37008	37056	37104	37152	37200	37248	37296	37344	37392	37440
49	37779	37828	37877	37926	37975	38024	38073	38122	38171	38220
50	38550	38600	38650	38700	38750	38800	38850	38900	38950	39000
51	39321	39372	39423	39474	39525	39576	39627	39678	39729	39780
52	40092	40144	40196	40248	40300	40352	40404	40456	40508	40560
53	40863	40916	40969	41022	41075	41128	41181	41234	41287	41340
54	41634	41688	41742	41796	41850	41904	41958	42012	42066	42120
55	42405	42460	42515	42570	42625	42680	42735	42790	42845	42900
56	43176	43232	43288	43344	43400	43456	43512	43568	43624	43680
57	43947	44004	44061	44118	44175	44232	44289	44346	44403	44460
58	44718	44776	44834	44892	44950	45008	45066	45124	45182	45240
59	45489	45548	45607	45666	45725	45784	45843	45902	45961	46020
60	46260	46320	46380	46440	46500	46560	46620	46680	46740	46800
61	47031	47092	47153	47214	47275	47336	47397	47458	47519	47580
62	47802	47864	47926	47988	48050	48112	48174	48236	48298	48360
63	48573	48636	48699	48762	48825	48888	48951	49014	49077	49140
64	49344	49408	49472	49536	49600	49664	49728	49792	49856	49920
65	50115	50180	50245	50310	50375	50440	50505	50570	50635	50700
66	50886	50952	51018	51084	51150	51216	51282	51348	51414	51480
67	51657	51724	51791	51858	51925	51992	52059	52126	52193	52260
68	52428	52496	52564	52632	52700	52768	52836	52904	52972	53040
69	53199	53268	53337	53406	53475	53544	53613	53682	53751	53820
70	53970	54040	54110	54180	54250	54320	54390	54460	54530	54600
71	54741	54812	54883	54954	55025	55096	55167	55238	55309	55380
72	55512	55584	55656	55728	55800	55872	55944	56016	56088	56160
73	56283	56356	56429	56502	56575	56648	56721	56794	56867	56940
74	57054	57128	57202	57276	57350	57424	57498	57572	57646	57720
75	57825	57900	57975	58050	58125	58200	58275	58350	58425	58500
76	58596	58672	58748	58824	58900	58976	59052	59128	59204	59280
77	59367	59444	59521	59598	59675	59752	59829	59906	59983	60060
78	60138	60216	60294	60372	60450	60528	60606	60684	60762	60840
79	60909	60988	61067	61146	61225	61304	61383	61462	61541	61620
80	61680	61760	61840	61920	62000	62080	62160	62240	62320	62400
81	62451	62532	62613	62694	62775	62856	62937	63018	63099	63180
82	63222	63304	63386	63468	63550	63632	63714	63796	63878	63960
83	63993	64076	64159	64242	64325	64408	64491	64574	64657	64740
84	64764	64848	64932	65016	65100	65184	65268	65352	65436	65520
85	65535	65620	65705	65790	65875	65960	66045	66130	66215	66300
86	66306	66392	66478	66564	66650	66736	66822	66908	66994	67080
87	67077	67164	67251	67338	67425	67512	67599	67686	67773	67860
88	67848	67936	68024	68112	68200	68288	68376	68464	68552	68640
89	68619	68708	68797	68886	68975	69064	69153	69242	69331	69420
90	69390	69480	69570	69660	69750	69840	69930	70020	70110	70200
91	70161	70252	70343	70434	70525	70616	70707	70798	70889	70980
92	70932	71024	71116	71208	71300	71392	71484	71576	71668	71760
93	71703	71796	71889	71982	72075	72168	72261	72354	72447	72540
94	72474	72568	72662	72756	72850	72944	73038	73132	73226	73320
95	73245	73340	73435	73530	73625	73720	73815	73910	74005	74100
96	74016	74112	74208	74304	74400	74496	74592	74688	74784	74880
97	74787	74884	74981	75078	75175	75272	75369	75466	75563	75660
98	75558	75656	75754	75852	75950	76048	76146	76244	76342	76440
99	76329	76428	76527	76626	76725	76824	76923	77022	77121	77220
100	77100	77200	77300	77400	77500	77600	77700	77800	77900	78000

#	781	782	783	784	785	786	787	788	789	790
1	781	782	783	784	785	786	787	788	789	790
2	1562	1564	1566	1568	1570	1572	1574	1576	1578	1580
3	2343	2346	2349	2352	2355	2358	2361	2364	2367	2370
4	3124	3128	3132	3136	3140	3144	3148	3152	3156	3160
5	3905	3910	3915	3920	3925	3930	3935	3940	3945	3950
6	4686	4692	4698	4704	4710	4716	4722	4728	4734	4740
7	5467	5474	5481	5488	5495	5502	5509	5516	5523	5530
8	6248	6256	6264	6272	6280	6288	6296	6304	6312	6320
9	7029	7038	7047	7056	7065	7074	7083	7092	7101	7110
10	7810	7820	7830	7840	7850	7860	7870	7880	7890	7900
11	8591	8602	8613	8624	8635	8646	8657	8668	8679	8690
12	9372	9384	9396	9408	9420	9432	9444	9456	9468	9480
13	10153	10166	10179	10192	10205	10218	10231	10244	10257	10270
14	10934	10948	10962	10976	10990	11004	11018	11032	11046	11060
15	11715	11730	11745	11760	11775	11790	11805	11820	11835	11850
16	12496	12512	12528	12544	12560	12576	12592	12608	12624	12640
17	13277	13294	13311	13328	13345	13362	13379	13396	13413	13430
18	14058	14076	14094	14112	14130	14148	14166	14184	14202	14220
19	14839	14858	14877	14896	14915	14934	14953	14972	14991	15010
20	15620	15640	15660	15680	15700	15720	15740	15760	15780	15800
21	16401	16422	16443	16464	16485	16506	16527	16548	16569	16590
22	17182	17204	17226	17248	17270	17292	17314	17336	17358	17380
23	17963	17986	18009	18032	18055	18078	18101	18124	18147	18170
24	18744	18768	18792	18816	18840	18864	18888	18912	18936	18960
25	19525	19550	19575	19600	19625	19650	19675	19700	19725	19750
26	20306	20332	20358	20384	20410	20436	20462	20488	20514	20540
27	21087	21114	21141	21168	21195	21222	21249	21276	21303	21330
28	21868	21896	21924	21952	21980	22008	22036	22064	22092	22120
29	22649	22678	22707	22736	22765	22794	22823	22852	22881	22910
30	23430	23460	23490	23520	23550	23580	23610	23640	23670	23700
31	24211	24242	24273	24304	24335	24366	24397	24428	24459	24490
32	24992	25024	25056	25088	25120	25152	25184	25216	25248	25280
33	25773	25806	25839	25872	25905	25938	25971	26004	26037	26070
34	26554	26588	26622	26656	26690	26724	26758	26792	26826	26860
35	27335	27370	27405	27440	27475	27510	27545	27580	27615	27650
36	28116	28152	28188	28224	28260	28296	28332	28368	28404	28440
37	28897	28934	28971	29008	29045	29082	29119	29156	29193	29230
38	29678	29716	29754	29792	29830	29868	29906	29944	29982	30020
39	30459	30498	30537	30576	30615	30654	30693	30732	30771	30810
40	31240	31280	31320	31360	31400	31440	31480	31520	31560	31600
41	32021	32062	32103	32144	32185	32226	32267	32308	32349	32390
42	32802	32844	32886	32928	32970	33012	33054	33096	33138	33180
43	33583	33626	33669	33712	33755	33798	33841	33884	33927	33970
44	34364	34408	34452	34496	34540	34584	34628	34672	34716	34760
45	35145	35190	35235	35280	35325	35370	35415	35460	35505	35550
46	35926	35972	36018	36064	36110	36156	36202	36248	36294	36340
47	36707	36754	36801	36848	36895	36942	36989	37036	37083	37130
48	37488	37536	37584	37632	37680	37728	37776	37824	37872	37920
49	38269	38318	38367	38416	38465	38514	38563	38612	38661	38710
50	39050	39100	39150	39200	39250	39300	39350	39400	39450	39500
51	39831	39882	39933	39984	40035	40086	40137	40188	40239	40290
52	40612	40664	40716	40768	40820	40872	40924	40976	41028	41080
53	41393	41446	41499	41552	41605	41658	41711	41764	41817	41870
54	42174	42228	42282	42336	42390	42444	42498	42552	42606	42660
55	42955	43010	43065	43120	43175	43230	43285	43340	43395	43450
56	43736	43792	43848	43904	43960	44016	44072	44128	44184	44240
57	44517	44574	44631	44688	44745	44802	44859	44916	44973	45030
58	45298	45356	45414	45472	45530	45588	45646	45704	45762	45820
59	46079	46138	46197	46256	46315	46374	46433	46492	46551	46610
60	46860	46920	46980	47040	47100	47160	47220	47280	47340	47400
61	47641	47702	47763	47824	47885	47946	48007	48068	48129	48190
62	48422	48484	48546	48608	48670	48732	48794	48856	48918	48980
63	49203	49266	49329	49392	49455	49518	49581	49644	49707	49770
64	49984	50048	50112	50176	50240	50304	50368	50432	50496	50560
65	50765	50830	50895	50960	51025	51090	51155	51220	51285	51350
66	51546	51612	51678	51744	51810	51876	51942	52008	52074	52140
67	52327	52394	52461	52528	52595	52662	52729	52796	52863	52930
68	53108	53176	53244	53312	53380	53448	53516	53584	53652	53720
69	53889	53958	54027	54096	54165	54234	54303	54372	54441	54510
70	54670	54740	54810	54880	54950	55020	55090	55160	55230	55300
71	55451	55522	55593	55664	55735	55806	55877	55948	56019	56090
72	56232	56304	56376	56448	56520	56592	56664	56736	56808	56880
73	57013	57086	57159	57232	57305	57378	57451	57524	57597	57670
74	57794	57868	57942	58016	58090	58164	58238	58312	58386	58460
75	58575	58650	58725	58800	58875	58950	59025	59100	59175	59250
76	59356	59432	59508	59584	59660	59736	59812	59888	59964	60040
77	60137	60214	60291	60368	60445	60522	60599	60676	60753	60830
78	60918	60996	61074	61152	61230	61308	61386	61464	61542	61620
79	61699	61778	61857	61936	62015	62094	62173	62252	62331	62410
80	62480	62560	62640	62720	62800	62880	62960	63040	63120	63200
81	63261	63342	63423	63504	63585	63666	63747	63828	63909	63990
82	64042	64124	64206	64288	64370	64452	64534	64616	64698	64780
83	64823	64906	64989	65072	65155	65238	65321	65404	65487	65570
84	65604	65688	65772	65856	65940	66024	66108	66192	66276	66360
85	66385	66470	66555	66640	66725	66810	66895	66980	67065	67150
86	67166	67252	67338	67424	67510	67596	67682	67768	67854	67940
87	67947	68034	68121	68208	68295	68382	68469	68556	68643	68730
88	68728	68816	68904	68992	69080	69168	69256	69344	69432	69520
89	69509	69598	69687	69776	69865	69954	70043	70132	70221	70310
90	70290	70380	70470	70560	70650	70740	70830	70920	71010	71100
91	71071	71162	71253	71344	71435	71526	71617	71708	71799	71890
92	71852	71944	72036	72128	72220	72312	72404	72496	72588	72680
93	72633	72726	72819	72912	73005	73098	73191	73284	73377	73470
94	73414	73508	73602	73696	73790	73884	73978	74072	74166	74260
95	74195	74290	74385	74480	74575	74670	74765	74860	74955	75050
96	74976	75072	75168	75264	75360	75456	75552	75648	75744	75840
97	75757	75854	75951	76048	76145	76242	76339	76436	76533	76630
98	76538	76636	76734	76832	76930	77028	77126	77224	77322	77420
99	77319	77418	77517	77616	77715	77814	77913	78012	78111	78210
100	78100	78200	78300	78400	78500	78600	78700	78800	78900	79000

I	791	I	792	I	793	I	794	I	795	I	796	I	797	I	798	I	799	I	800
1	791	1	792	1	793	1	794	1	795	1	796	1	797	1	798	1	799	1	800
2	1582	2	1584	2	1586	2	1588	2	1590	2	1592	2	1594	2	1596	2	1598	2	1600
3	2373	3	2376	3	2379	3	2382	3	2385	3	2388	3	2391	3	2394	3	2397	3	2400
4	3164	4	3168	4	3172	4	3176	4	3180	4	3184	4	3188	4	3192	4	3196	4	3200
5	3955	5	3960	5	3965	5	3970	5	3975	5	3980	5	3985	5	3990	5	3995	5	4000
6	4746	6	4752	6	4758	6	4764	6	4770	6	4776	6	4782	6	4788	6	4794	6	4800
7	5537	7	5544	7	5551	7	5558	7	5565	7	5572	7	5579	7	5586	7	5593	7	5600
8	6328	8	6336	8	6344	8	6352	8	6360	8	6368	8	6376	8	6384	8	6392	8	6400
9	7119	9	7128	9	7137	9	7146	9	7155	9	7164	9	7173	9	7182	9	7191	9	7200
10	7910	10	7920	10	7930	10	7940	10	7950	10	7960	10	7970	10	7980	10	7990	10	8000
11	8701	11	8712	11	8723	11	8734	11	8745	11	8756	11	8767	11	8778	11	8789	11	8800
12	9492	12	9504	12	9516	12	9528	12	9540	12	9552	12	9564	12	9576	12	9588	12	9600
13	10283	13	10296	13	10309	13	10322	13	10335	13	10348	13	10361	13	10374	13	10387	13	10400
14	11074	14	11088	14	11102	14	11116	14	11130	14	11144	14	11158	14	11172	14	11186	14	11200
15	11865	15	11880	15	11895	15	11910	15	11925	15	11940	15	11955	15	11970	15	11985	15	12000
16	12656	16	12672	16	12688	16	12704	16	12720	16	12736	16	12752	16	12768	16	12784	16	12800
17	13447	17	13464	17	13481	17	13498	17	13515	17	13532	17	13549	17	13566	17	13583	17	13600
18	14238	18	14256	18	14274	18	14292	18	14310	18	14328	18	14346	18	14364	18	14382	18	14400
19	15029	19	15048	19	15067	19	15086	19	15105	19	15124	19	15143	19	15162	19	15181	19	15200
20	15820	20	15840	20	15860	20	15880	20	15900	20	15920	20	15940	20	15960	20	15980	20	16000
21	16611	21	16632	21	16653	21	16674	21	16695	21	16716	21	16737	21	16758	21	16779	21	16800
22	17402	22	17424	22	17446	22	17468	22	17490	22	17512	22	17534	22	17556	22	17578	22	17600
23	18193	23	18216	23	18239	23	18262	23	18285	23	18308	23	18331	23	18354	23	18377	23	18400
24	18984	24	19008	24	19032	24	19056	24	19080	24	19104	24	19128	24	19152	24	19176	24	19200
25	19775	25	19800	25	19825	25	19850	25	19875	25	19900	25	19925	25	19950	25	19975	25	20000
26	20566	26	20592	26	20618	26	20644	26	20670	26	20696	26	20722	26	20748	26	20774	26	20800
27	21357	27	21384	27	21411	27	21438	27	21465	27	21492	27	21519	27	21546	27	21573	27	21600
28	22148	28	22176	28	22204	28	22232	28	22260	28	22288	28	22316	28	22344	28	22372	28	22400
29	22939	29	22968	29	22997	29	23026	29	23055	29	23084	29	23113	29	23142	29	23171	29	23200
30	23730	30	23760	30	23790	30	23820	30	23850	30	23880	30	23910	30	23940	30	23970	30	24000
31	24521	31	24552	31	24583	31	24614	31	24645	31	24676	31	24707	31	24738	31	24769	31	24800
32	25312	32	25344	32	25376	32	25408	32	25440	32	25472	32	25504	32	25536	32	25568	32	25600
33	26103	33	26136	33	26169	33	26202	33	26235	33	26268	33	26301	33	26334	33	26367	33	26400
34	26894	34	26928	34	26962	34	26996	34	27030	34	27064	34	27098	34	27132	34	27166	34	27200
35	27685	35	27720	35	27755	35	27790	35	27825	35	27860	35	27895	35	27930	35	27965	35	28000
36	28476	36	28512	36	28548	36	28584	36	28620	36	28656	36	28692	36	28728	36	28764	36	28800
37	29267	37	29304	37	29341	37	29378	37	29415	37	29452	37	29489	37	29526	37	29563	37	29600
38	30058	38	30096	38	30134	38	30172	38	30210	38	30248	38	30286	38	30324	38	30362	38	30400
39	30849	39	30888	39	30927	39	30966	39	31005	39	31044	39	31083	39	31122	39	31161	39	31200
40	31640	40	31680	40	31720	40	31760	40	31800	40	31840	40	31880	40	31920	40	31960	40	32000
41	32431	41	32472	41	32513	41	32554	41	32595	41	32636	41	32677	41	32718	41	32759	41	32800
42	33222	42	33264	42	33306	42	33348	42	33390	42	33432	42	33474	42	33516	42	33558	42	33600
43	34013	43	34056	43	34099	43	34142	43	34185	43	34228	43	34271	43	34314	43	34357	43	34400
44	34804	44	34848	44	34892	44	34936	44	34980	44	35024	44	35068	44	35112	44	35156	44	35200
45	35595	45	35640	45	35685	45	35730	45	35775	45	35820	45	35865	45	35910	45	35955	45	36000
46	36386	46	36432	46	36478	46	36524	46	36570	46	36616	46	36662	46	36708	46	36754	46	36800
47	37177	47	37224	47	37271	47	37318	47	37365	47	37412	47	37459	47	37506	47	37553	47	37600
48	37968	48	38016	48	38064	48	38112	48	38160	48	38208	48	38256	48	38304	48	38352	48	38400
49	38759	49	38808	49	38857	49	38906	49	38955	49	39004	49	39053	49	39102	49	39151	49	39200
50	39550	50	39600	50	39650	50	39700	50	39750	50	39800	50	39850	50	39900	50	39950	50	40000
51	40341	51	40392	51	40443	51	40494	51	40545	51	40596	51	40647	51	40698	51	40749	51	40800
52	41132	52	41184	52	41236	52	41288	52	41340	52	41392	52	41444	52	41496	52	41548	52	41600
53	41923	53	41976	53	42029	53	42082	53	42135	53	42188	53	42241	53	42294	53	42347	53	42400
54	42714	54	42768	54	42822	54	42876	54	42930	54	42984	54	43038	54	43092	54	43146	54	43200
55	43505	55	43560	55	43615	55	43670	55	43725	55	43780	55	43835	55	43890	55	43945	55	44000
56	44296	56	44352	56	44408	56	44464	56	44520	56	44576	56	44632	56	44688	56	44744	56	44800
57	45087	57	45144	57	45201	57	45258	57	45315	57	45372	57	45429	57	45486	57	45543	57	45600
58	45878	58	45936	58	45994	58	46052	58	46110	58	46168	58	46226	58	46284	58	46342	58	46400
59	46669	59	46728	59	46787	59	46846	59	46905	59	46964	59	47023	59	47082	59	47141	59	47200
60	47460	60	47520	60	47580	60	47640	60	47700	60	47760	60	47820	60	47880	60	47940	60	48000
61	48251	61	48312	61	48373	61	48434	61	48495	61	48556	61	48617	61	48678	61	48739	61	48800
62	49042	62	49104	62	49166	62	49228	62	49290	62	49352	62	49414	62	49476	62	49538	62	49600
63	49833	63	49896	63	49959	63	50022	63	50085	63	50148	63	50211	63	50274	63	50337	63	50400
64	50624	64	50688	64	50752	64	50816	64	50880	64	50944	64	51008	64	51072	64	51136	64	51200
65	51415	65	51480	65	51545	65	51610	65	51675	65	51740	65	51805	65	51870	65	51935	65	52000
66	52206	66	52272	66	52338	66	52404	66	52470	66	52536	66	52602	66	52668	66	52734	66	52800
67	52997	67	53064	67	53131	67	53198	67	53265	67	53332	67	53399	67	53466	67	53533	67	53600
68	53788	68	53856	68	53924	68	53992	68	54060	68	54128	68	54196	68	54264	68	54332	68	54400
69	54579	69	54648	69	54717	69	54786	69	54855	69	54924	69	54993	69	55062	69	55131	69	55200
70	55370	70	55440	70	55510	70	55580	70	55650	70	55720	70	55790	70	55860	70	55930	70	56000
71	56161	71	56232	71	56303	71	56374	71	56445	71	56516	71	56587	71	56658	71	56729	71	56800
72	56952	72	57024	72	57096	72	57168	72	57240	72	57312	72	57384	72	57456	72	57528	72	57600
73	57743	73	57816	73	57889	73	57962	73	58035	73	58108	73	58181	73	58254	73	58327	73	58400
74	58534	74	58608	74	58682	74	58756	74	58830	74	58904	74	58978	74	59052	74	59126	74	59200
75	59325	75	59400	75	59475	75	59550	75	59625	75	59700	75	59775	75	59850	75	59925	75	60000
76	60116	76	60192	76	60268	76	60344	76	60420	76	60496	76	60572	76	60648	76	60724	76	60800
77	60907	77	60984	77	61061	77	61138	77	61215	77	61292	77	61369	77	61446	77	61523	77	61600
78	61698	78	61776	78	61854	78	61932	78	62010	78	62088	78	62166	78	62244	78	62322	78	62400
79	62489	79	62568	79	62647	79	62726	79	62805	79	62884	79	62963	79	63042	79	63121	79	63200
80	63280	80	63360	80	63440	80	63520	80	63600	80	63680	80	63760	80	63840	80	63920	80	64000
81	64071	81	64152	81	64233	81	64314	81	64395	81	64476	81	64557	81	64638	81	64719	81	64800
82	64862	82	64944	82	65026	82	65108	82	65190	82	65272	82	65354	82	65436	82	65518	82	65600
83	65653	83	65736	83	65819	83	65902	83	65985	83	66068	83	66151	83	66234	83	66317	83	66400
84	66444	84	66528	84	66612	84	66696	84	66780	84	66864	84	66948	84	67032	84	67116	84	67200
85	67235	85	67320	85	67405	85	67490	85	67575	85	67660	85	67745	85	67830	85	67915	85	68000
86	68026	86	68112	86	68198	86	68284	86	68370	86	68456	86	68542	86	68628	86	68714	86	68800
87	68817	87	68904	87	68991	87	69078	87	69165	87	69252	87	69339	87	69426	87	69513	87	69600
88	69608	88	69696	88	69784	88	69872	88	69960	88	70048	88	70136	88	70224	88	70312	88	70400
89	70399	89	70488	89	70577	89	70666	89	70755	89	70844	89	70933	89	71022	89	71111	89	71200
90	71190	90	71280	90	71370	90	71460	90	71550	90	71640	90	71730	90	71820	90	71910	90	72000
91	71981	91	72072	91	72163	91	72254	91	72345	91	72436	91	72527	91	72618	91	72709	91	72800
92	72772	92	72864	92	72956	92	73048	92	73140	92	73232	92	73324	92	73416	92	73508	92	73600
93	73563	93	73656	93	73749	93	73842	93	73935	93	74028	93	74121	93	74214	93	74307	93	74400
94	74354	94	74448	94	74542	94	74636	94	74730	94	74824	94	74918	94	75012	94	75106	94	75200
95	75145	95	75240	95	75335	95	75430	95	75525	95	75620	95	75715	95	75810	95	75905	95	76000
96	75936	96	76032	96	76128	96	76224	96	76320	96	76416	96	76512	96	76608	96	76704	96	76800
97	76727	97	76824	97	76921	97	77018	97	77115	97	77212	97	77309	97	77406	97	77503	97	77600
98	77518	98	77616	98	77714	98	77812	98	77910	98	78008	98	78106	98	78204	98	78302	98	78400
99	78309	99	78408	99	78507	99	78606	99	78705	99	78804	99	78903	99	79002	99	79101	99	79200
100	79100	100	79200	100	79300	100	79400	100	79500	100	79600	100	79700	100	79800	100	79900	100	80000

I	801	I	802	I	803	I	804	I	805	I	806	I	807	I	808	I	809	I	810
1	801	1	802	1	803	1	804	1	805	1	806	1	807	1	808	1	809	1	810
2	1602	2	1604	2	1606	2	1608	2	1610	2	1612	2	1614	2	1616	2	1618	2	1620
3	2403	3	2406	3	2409	3	2412	3	2415	3	2418	3	2421	3	2424	3	2427	3	2430
4	3204	4	3208	4	3212	4	3216	4	3220	4	3224	4	3228	4	3232	4	3236	4	3240
5	4005	5	4010	5	4015	5	4020	5	4025	5	4030	5	4035	5	4040	5	4045	5	4050
6	4806	6	4812	6	4818	6	4824	6	4830	6	4836	6	4842	6	4848	6	4854	6	4860
7	5607	7	5614	7	5621	7	5628	7	5635	7	5642	7	5649	7	5656	7	5663	7	5670
8	6408	8	6416	8	6424	8	6432	8	6440	8	6448	8	6456	8	6464	8	6472	8	6480
9	7209	9	7218	9	7227	9	7236	9	7245	9	7254	9	7263	9	7272	9	7281	9	7290
10	8010	10	8020	10	8030	10	8040	10	8050	10	8060	10	8070	10	8080	10	8090	10	8100
11	8811	11	8822	11	8833	11	8844	11	8855	11	8866	11	8877	11	8888	11	8899	11	8910
12	9612	12	9624	12	9636	12	9648	12	9660	12	9672	12	9684	12	9696	12	9708	12	9720
13	10413	13	10426	13	10439	13	10452	13	10465	13	10478	13	10491	13	10504	13	10517	13	10530
14	11214	14	11228	14	11242	14	11256	14	11270	14	11284	14	11298	14	11312	14	11326	14	11340
15	12015	15	12030	15	12045	15	12060	15	12075	15	12090	15	12105	15	12120	15	12135	15	12150
16	12816	16	12832	16	12848	16	12864	16	12880	16	12896	16	12912	16	12928	16	12944	16	12960
17	13617	17	13634	17	13651	17	13668	17	13685	17	13702	17	13719	17	13736	17	13753	17	13770
18	14418	18	14436	18	14454	18	14472	18	14490	18	14508	18	14526	18	14544	18	14562	18	14580
19	15219	19	15238	19	15257	19	15276	19	15295	19	15314	19	15333	19	15352	19	15371	19	15390
20	16020	20	16040	20	16060	20	16080	20	16100	20	16120	20	16140	20	16160	20	16180	20	16200
21	16821	21	16842	21	16863	21	16884	21	16905	21	16926	21	16947	21	16968	21	16989	21	17010
22	17622	22	17644	22	17666	22	17688	22	17710	22	17732	22	17754	22	17776	22	17798	22	17820
23	18423	23	18446	23	18469	23	18492	23	18515	23	18538	23	18561	23	18584	23	18607	23	18630
24	19224	24	19248	24	19272	24	19296	24	19320	24	19344	24	19368	24	19392	24	19416	24	19440
25	20025	25	20050	25	20075	25	20100	25	20125	25	20150	25	20175	25	20200	25	20225	25	20250
26	20826	26	20852	26	20878	26	20904	26	20930	26	20956	26	20982	26	21008	26	21034	26	21060
27	21627	27	21654	27	21681	27	21708	27	21735	27	21762	27	21789	27	21816	27	21843	27	21870
28	22428	28	22456	28	22484	28	22512	28	22540	28	22568	28	22596	28	22624	28	22652	28	22680
29	23229	29	23258	29	23287	29	23316	29	23345	29	23374	29	23403	29	23432	29	23461	29	23490
30	24030	30	24060	30	24090	30	24120	30	24150	30	24180	30	24210	30	24240	30	24270	30	24300
31	24831	31	24862	31	24893	31	24924	31	24955	31	24986	31	25017	31	25048	31	25079	31	25110
32	25632	32	25664	32	25696	32	25728	32	25760	32	25792	32	25824	32	25856	32	25888	32	25920
33	26433	33	26466	33	26499	33	26532	33	26565	33	26598	33	26631	33	26664	33	26697	33	26730
34	27234	34	27268	34	27302	34	27336	34	27370	34	27404	34	27438	34	27472	34	27506	34	27540
35	28035	35	28070	35	28105	35	28140	35	28175	35	28210	35	28245	35	28280	35	28315	35	28350
36	28836	36	28872	36	28908	36	28944	36	28980	36	29016	36	29052	36	29088	36	29124	36	29160
37	29637	37	29674	37	29711	37	29748	37	29785	37	29822	37	29859	37	29896	37	29933	37	29970
38	30438	38	30476	38	30514	38	30552	38	30590	38	30628	38	30666	38	30704	38	30742	38	30780
39	31239	39	31278	39	31317	39	31356	39	31395	39	31434	39	31473	39	31512	39	31551	39	31590
40	32040	40	32080	40	32120	40	32160	40	32200	40	32240	40	32280	40	32320	40	32360	40	32400
41	32841	41	32882	41	32923	41	32964	41	33005	41	33046	41	33087	41	33128	41	33169	41	33210
42	33642	42	33684	42	33726	42	33768	42	33810	42	33852	42	33894	42	33936	42	33978	42	34020
43	34443	43	34486	43	34529	43	34572	43	34615	43	34658	43	34701	43	34744	43	34787	43	34830
44	35244	44	35288	44	35332	44	35376	44	35420	44	35464	44	35508	44	35552	44	35596	44	35640
45	36045	45	36090	45	36135	45	36180	45	36225	45	36270	45	36315	45	36360	45	36405	45	36450
46	36846	46	36892	46	36938	46	36984	46	37030	46	37076	46	37122	46	37168	46	37214	46	37260
47	37647	47	37694	47	37741	47	37788	47	37835	47	37882	47	37929	47	37976	47	38023	47	38070
48	38448	48	38496	48	38544	48	38592	48	38640	48	38688	48	38736	48	38784	48	38832	48	38880
49	39249	49	39298	49	39347	49	39396	49	39445	49	39494	49	39543	49	39592	49	39641	49	39690
50	40050	50	40100	50	40150	50	40200	50	40250	50	40300	50	40350	50	40400	50	40450	50	40500
51	40851	51	40902	51	40953	51	41004	51	41055	51	41106	51	41157	51	41208	51	41259	51	41310
52	41652	52	41704	52	41756	52	42808	52	41860	52	41912	52	41964	52	42016	52	42068	52	42120
53	42453	53	42506	53	42559	53	42612	53	42665	53	42718	53	42771	53	42824	53	42877	53	42930
54	43254	54	43308	54	43362	54	43416	54	43470	54	43524	54	43578	54	43632	54	43686	54	43740
55	44055	55	44110	55	44165	55	44220	55	44275	55	44330	55	44385	55	44440	55	44495	55	44550
56	44856	56	44912	56	44968	56	45024	56	45080	56	45136	56	45192	56	45248	56	45304	56	45360
57	45657	57	45714	57	45771	57	45828	57	45885	57	45942	57	45999	57	46056	57	46113	57	46170
58	46458	58	46516	58	46574	58	46632	58	46690	58	46748	58	46806	58	46864	58	46922	58	46980
59	47259	59	47318	59	47377	59	47436	59	47495	59	47554	59	47613	59	47672	59	47731	59	47790
60	48060	60	48120	60	48180	60	48240	60	48300	60	48360	60	48420	60	48480	60	48540	60	48600
61	48861	61	48922	61	48983	61	49044	61	49105	61	49166	61	49227	61	49288	61	49349	61	49410
62	49662	62	49724	62	49786	62	49848	62	49910	62	49972	62	50034	62	50096	62	50158	62	50220
63	50463	63	50526	63	50589	63	50652	63	50715	63	50778	63	50841	63	50904	63	50967	63	51030
64	51264	64	51328	64	51392	64	51456	64	51520	64	51584	64	51648	64	51712	64	51776	64	51840
65	52065	65	52130	65	52195	65	52260	65	52325	65	52390	65	52455	65	52520	65	52585	65	52650
66	52866	66	52932	66	52998	66	53064	66	53130	66	53196	66	53262	66	53328	66	53394	66	53460
67	53667	67	53734	67	53801	67	53868	67	53935	67	54002	67	54069	67	54136	67	54203	67	54270
68	54468	68	54536	68	54604	68	54672	68	54740	68	54808	68	54876	68	54944	68	55012	68	55080
69	55269	69	55338	69	55407	69	55476	69	55545	69	55614	69	55683	69	55752	69	55821	69	55890
70	56070	70	56140	70	56210	70	56280	70	56350	70	56420	70	56490	70	56560	70	56630	70	56700
71	56871	71	56942	71	57013	71	57084	71	57155	71	57226	71	57297	71	57368	71	57439	71	57510
72	57672	72	57744	72	57816	72	57888	72	57960	72	58032	72	58104	72	58176	72	58248	72	58320
73	58473	73	58546	73	58619	73	58692	73	58765	73	58838	73	58911	73	58984	73	59057	73	59130
74	59274	74	59348	74	59422	74	59496	74	59570	74	59644	74	59718	74	59792	74	59866	74	59940
75	60075	75	60150	75	60225	75	60300	75	60375	75	60450	75	60525	75	60600	75	60675	75	60750
76	60876	76	60952	76	61028	76	61104	76	61180	76	61256	76	61332	76	61408	76	61484	76	61560
77	61677	77	61754	77	61831	77	61908	77	61985	77	62062	77	62139	77	62216	77	62293	77	62370
78	62478	78	62556	78	62634	78	62712	78	62790	78	62868	78	62946	78	63024	78	63102	78	63180
79	63279	79	63358	79	63437	79	63516	79	63595	79	63674	79	63753	79	63832	79	63911	79	63990
80	64080	80	64160	80	64240	80	64320	80	64400	80	64480	80	64560	80	64640	80	64720	80	64800
81	64881	81	64962	81	65043	81	65124	81	65205	81	65286	81	65367	81	65448	81	65529	81	65610
82	65682	82	65764	82	65846	82	65928	82	66010	82	66092	82	66174	82	66256	82	66338	82	66420
83	66483	83	66566	83	66649	83	66732	83	66815	83	66898	83	66981	83	67064	83	67147	83	67230
84	67284	84	67368	84	67452	84	67536	84	67620	84	67704	84	67788	84	67872	84	67956	84	68040
85	68085	85	68170	85	68255	85	68340	85	68425	85	68510	85	68595	85	68680	85	68765	85	68850
86	68886	86	68972	86	69058	86	69144	86	69230	86	69316	86	69402	86	69488	86	69574	86	69660
87	69687	87	69774	87	69861	87	69948	87	70035	87	70122	87	70209	87	70296	87	70383	87	70470
88	70488	88	70576	88	70664	88	70752	88	70840	88	70928	88	71016	88	71104	88	71192	88	71280
89	71289	89	71378	89	71467	89	71556	89	71645	89	71734	89	71823	89	71912	89	72001	89	72090
90	72090	90	72180	90	72270	90	72360	90	72450	90	72540	90	72630	90	72720	90	72810	90	72900
91	72891	91	72982	91	73073	91	73164	91	73255	91	73346	91	73437	91	73528	91	73619	91	73710
92	73692	92	73784	92	73876	92	73968	92	74060	92	74152	92	74244	92	74336	92	74428	92	74520
93	74493	93	74586	63	74679	93	74772	93	74865	93	74958	93	75051	93	75144	93	75237	93	75330
94	75294	94	75388	94	75482	94	75576	94	75670	94	75764	94	75858	94	75952	94	76046	94	76140
95	76095	95	76190	95	76285	95	76380	95	76475	95	76570	95	76665	95	76760	95	76855	95	76950
96	76896	96	76992	96	77088	96	77184	96	77280	96	77376	96	77472	96	77568	96	77664	96	77760
97	77697	97	77794	97	77891	97	77988	97	78085	97	78182	97	78279	97	78376	97	78473	97	78570
98	78498	98	78596	98	78694	98	78792	98	78890	98	78988	98	79086	98	79184	98	79282	98	79380
99	79299	99	79398	99	79497	99	79596	99	79695	99	79794	99	79893	99	79992	99	80091	99	80190
100	80100	100	80200	100	80300	100	80400	100	80500	100	80600	100	80700	100	80800	100	80900	100	81000

i	811	812	813	814	815	816	817	818	819	82…
1	811	812	813	814	815	816	817	818	819	82
2	1622	1624	1626	1628	1630	1632	1634	1636	1638	164
3	2433	2436	2439	2442	2445	2448	2451	2454	2457	246
4	3244	3248	3252	3256	3260	3264	3268	3272	3276	328
5	4055	4060	4065	4070	4075	4080	4085	4090	4095	410
6	4866	4872	4878	4884	4890	4896	4902	4908	4914	492
7	5677	5684	5691	5698	5705	5712	5719	5726	5733	574
8	6488	6496	6504	6512	6520	6528	6536	6544	6552	656
9	7299	7308	7317	7326	7335	7344	7353	7362	7371	738
10	8110	8120	8130	8140	8150	8160	8170	8180	8190	820
11	8921	8932	8943	8954	8965	8976	8987	8998	9009	902
12	9732	9744	9756	9768	9780	9792	9804	9816	9828	984
13	10543	10556	10569	10582	10595	10608	10621	10634	10647	1066
14	11354	11368	11382	11396	11410	11424	11438	11452	11466	1148
15	12165	12180	12195	12210	12225	12240	12255	12270	12285	1230
16	12976	12992	13008	13024	13040	13056	13072	13088	13104	1312
17	13787	13804	13821	13838	13855	13872	13889	13906	13923	1394
18	14598	14616	14634	14652	14670	14688	14706	14724	14742	1476
19	15409	15428	15447	15466	15485	15504	15523	15542	15561	1558
20	16220	16240	16260	16280	16300	16320	16340	16360	16380	1640
21	17031	17052	17073	17094	17115	17136	17157	17178	17199	1722
22	17842	17864	17886	17908	17930	17952	17974	17996	18018	1804
23	18653	18676	18699	18722	18745	18768	18791	18814	18837	1886
24	19464	19488	19512	19536	19560	19584	19608	19632	19656	1968
25	20275	20300	20325	20350	20375	20400	20425	20450	20475	2050
26	21086	21112	21138	21164	21190	21216	21242	21268	21294	2132
27	21897	21924	21951	21978	22005	22032	22059	22086	22113	2214
28	22708	22736	22764	22792	22820	22848	22876	22904	22932	2296
29	23519	23548	23577	23606	23635	23664	23693	23722	23751	2378
30	24330	24360	24390	24420	24450	24480	24510	24540	24570	2460
31	25141	25172	25203	25234	25265	25296	25327	25358	25389	2542
32	25952	25984	26016	26048	26080	26112	26144	26176	26208	2624
33	26763	26796	26829	26862	26895	26928	26961	26994	27027	2706
34	27574	27608	27642	27676	27710	27744	27778	27812	27846	2788
35	28385	28420	28455	28490	28525	28560	28595	28630	28665	2870
36	29196	29232	29268	29304	29340	29376	29412	29448	29484	2952
37	30007	30044	30081	30118	30155	30192	30229	30266	30303	3034
38	30818	30856	30894	30932	30970	31008	31046	31084	31122	3116
39	31629	31668	31707	31746	31785	31824	31863	31902	31941	3198
40	32440	32480	32520	32560	32600	32640	32680	32720	32760	3280
41	33251	33292	33333	33374	33415	33456	33497	33538	33579	3362
42	34062	34104	34146	34188	34230	34272	34314	34356	34398	3444
43	34873	34916	34959	35002	35045	35088	35131	35174	35217	3526
44	35684	35728	35772	35816	35860	35904	35948	35992	36036	3608
45	36495	36540	36585	36630	36675	36720	36765	36810	36855	3690
46	37306	37352	37398	37444	37490	37536	37582	37628	37674	3772
47	38117	38164	38211	38258	38305	38352	38399	38446	38493	3854
48	38928	38976	39024	39072	39120	39168	39216	39264	39312	3936
49	39739	39788	39837	39886	39935	39984	40033	40082	40131	4018
50	40550	40600	40650	40700	40750	40800	40850	40900	40950	4100
51	41361	41412	41463	41514	41565	41616	41667	41718	41769	4182
52	42172	42224	42276	42328	42380	42432	42484	42536	42588	4264
53	42983	43036	43089	43142	43195	43248	43301	43354	43407	4346
54	43794	43848	43902	43956	44010	44064	44118	44172	44226	4428
55	44605	44660	44715	44770	44825	44880	44935	44990	45045	4510
56	45416	45472	45528	45584	45640	45696	45752	45808	45864	4592
57	46227	46284	46341	46398	46455	46512	46569	46626	46683	4674
58	47038	47096	47154	47212	47270	47328	47386	47444	47502	4756
59	47849	47908	47967	48026	48085	48144	48203	48262	48321	4838
60	48660	48720	48780	48840	48900	48960	49020	49080	49140	4920
61	49471	49532	49593	49654	49715	49776	49837	49898	49959	5002
62	50282	50344	50406	50468	50530	50592	50654	50716	50778	5084
63	51093	51156	51219	51282	51345	51408	51471	51534	51597	5166
64	51904	51968	52032	52096	52160	52224	52288	52352	52416	5248
65	52715	52780	52845	52910	52975	53040	53105	53170	53235	5330
66	53526	53592	53658	53724	53790	53856	53922	53988	54054	5412
67	54337	54404	54471	54538	54605	54672	54739	54806	54873	5494
68	55148	55216	55284	55352	55420	55488	55556	55624	55692	5576
69	55959	56028	56097	56166	56235	56304	56373	56442	56511	5658
70	56770	56840	56910	56980	57050	57120	57190	57260	57330	5740
71	57581	57652	57723	57794	57865	57936	58007	58078	58149	5822
72	58392	58464	58536	58608	58680	58752	58824	58896	58968	5904
73	59203	59276	59349	59422	59495	59568	59641	59714	59787	5986
74	60014	60088	60162	60236	60310	60384	60458	60532	60606	6068
75	60825	60900	60975	61050	61125	61200	61275	61350	61425	6150
76	61636	61712	61788	61864	61940	62016	62092	62168	62244	6232
77	62447	62524	62601	62678	62755	62832	62909	62986	63063	6314
78	63258	63336	63414	63492	63570	63648	63726	63804	63882	6396
79	64069	64148	64227	64306	64385	64464	64543	64622	64701	6478
80	64880	64960	65040	65120	65200	65280	65360	65440	65520	6560
81	65691	65772	65853	65934	66015	66096	66177	66258	66339	6642
82	66502	66584	66666	66748	66830	66912	66994	67076	67158	6724
83	67313	67396	67479	67562	67645	67728	67811	67894	67977	6806
84	68124	68208	68292	68376	68460	68544	68628	68712	68796	6888
85	68935	69020	69105	69190	69275	69360	69445	69530	69615	6970
86	69746	69832	69918	70004	70090	70176	70262	70348	70434	7052
87	70557	70644	70731	70818	70905	70992	71079	71166	71253	7134
88	71368	71456	71544	71632	71720	71808	71896	71984	72072	7216
89	72179	72268	72357	72446	72535	72624	72713	72802	72891	7298
90	72990	73080	73170	73260	73350	73440	73530	73620	73710	7380
91	73801	73892	73983	74074	74165	74256	74347	74438	74529	7462
92	74612	74704	74796	74888	74980	75072	75164	75256	75348	7544
93	75423	75516	75609	75702	75795	75888	75981	76074	76167	7626
94	76234	76328	76422	76516	76610	76704	76798	76892	76986	7708
95	77045	77140	77235	77330	77425	77520	77615	77710	77805	7790
96	77856	77952	78048	78144	78240	78336	78432	78528	78624	7872
97	78667	78764	78861	78958	79055	79152	79249	79346	79443	7954
98	79478	79576	79674	79772	79870	79968	80066	80164	80262	8036
99	80289	80388	80487	80586	80685	80784	80883	80982	81081	8118
100	81100	81200	81300	81400	81500	81600	81700	81800	81900	8200

The final column (multiplier 820) runs off the right edge of the page; its values are printed with the trailing digit cut off.

I	821	I	822	I	823	I	824	I	825	I	826	I	827	I	828	I	829	I	830
1	821	1	822	1	823	1	824	1	825	1	826	1	827	1	828	1	829	1	830
2	1642	2	1644	2	1646	2	1648	2	1650	2	1652	2	1654	2	1656	2	1658	2	1660
3	2463	3	2466	3	2469	3	2472	3	2475	3	2478	3	2481	3	2484	3	2487	3	2490
4	3284	4	3288	4	3292	4	3296	4	3300	4	3304	4	3308	4	3312	4	3316	4	3320
5	4105	5	4110	5	4115	5	4120	5	4125	5	4130	5	4135	5	4140	5	4145	5	4150
6	4926	6	4932	6	4938	6	4944	6	4950	6	4956	6	4962	6	4968	6	4974	6	4980
7	5747	7	5754	7	5761	7	5768	7	5775	7	5782	7	5789	7	5796	7	5803	7	5810
8	6568	8	6576	8	6584	8	6592	8	6600	8	6608	8	6616	8	6624	8	6632	8	6640
9	7389	9	7398	9	7407	9	7416	9	7425	9	7434	9	7443	9	7452	9	7461	9	7470
10	8210	10	8220	10	8230	10	8240	10	8250	10	8260	10	8270	10	8280	10	8290	10	8300
11	9031	11	9042	11	9053	11	9064	11	9075	11	9086	11	9097	11	9108	11	9119	11	9130
12	9852	12	9864	12	9876	12	9888	12	9900	12	9912	12	9924	12	9936	12	9948	12	9960
13	10673	13	10686	13	10699	13	10722	13	10725	13	10738	13	10751	13	10764	13	10777	13	10790
14	11494	14	11508	14	11522	14	11536	14	11550	14	11564	14	11578	14	11592	14	11606	14	11620
15	12315	15	12330	15	12345	15	12360	15	12375	15	12390	15	12405	15	12420	15	12435	15	12450
16	13136	16	13152	16	13168	16	13184	16	13200	16	13216	16	13232	16	13248	16	13264	16	13280
17	13957	17	13974	17	13991	17	14008	17	14025	17	14042	17	14059	17	14076	17	14093	17	14110
18	14778	18	14796	18	14814	18	14832	18	14850	18	14868	18	14886	18	14904	18	14922	18	14940
19	15599	19	15618	19	15637	19	15656	19	15675	19	15694	19	15713	19	15732	19	15751	19	15770
20	16420	20	16440	20	16460	20	16480	20	16500	20	16520	20	16540	20	16560	20	16580	20	16600
21	17241	21	17262	21	17283	21	17304	21	17325	21	17346	21	17367	21	17388	21	17409	21	17430
22	18062	22	18084	22	18106	22	18128	22	18150	22	18172	22	18194	22	18216	22	18238	22	18260
23	18883	23	18906	23	18929	23	18952	23	18975	23	18998	23	19021	23	19044	23	19067	23	19090
24	19704	24	19728	24	19752	24	19776	24	19800	24	19824	24	19848	24	19872	24	19896	24	19920
25	20525	25	20550	25	20575	25	20600	25	20625	25	20650	25	20675	25	20700	25	20725	25	20750
26	21346	26	21372	26	21398	26	21424	26	21450	26	21476	26	21502	26	21528	26	21554	26	21580
27	22167	27	22194	27	22221	27	22248	27	22275	27	22302	27	22329	27	22356	27	22383	27	22410
28	22988	28	23016	28	23044	28	23072	28	23100	28	23128	28	23156	28	23184	28	23212	28	23240
29	23809	29	23838	29	23867	29	23896	29	23925	29	23954	29	23983	29	24012	29	24041	29	24070
30	24630	30	24660	30	24690	30	24720	30	24750	30	24780	30	24810	30	24840	30	24870	30	24900
31	25451	31	25482	31	25513	31	25544	31	25575	31	25606	31	25637	31	25668	31	25699	31	25730
32	26272	32	26304	32	26336	32	26368	32	26400	32	26432	32	26464	32	26496	32	26528	32	26560
33	27093	33	27126	33	27159	33	27192	33	27225	33	27258	33	27291	33	27324	33	27357	33	27390
34	27914	34	27948	34	27982	34	28016	34	28050	34	28084	34	28118	34	28152	34	28186	34	28220
35	28735	35	28770	35	28805	35	28840	35	28875	35	28910	35	28945	35	28980	35	29015	35	29050
36	29556	36	29592	36	29628	36	29664	36	29700	36	29736	36	29772	36	29808	36	29844	36	29880
37	30377	37	30414	37	30451	37	30488	37	30525	37	30562	37	30599	37	30636	37	30673	37	30710
38	31198	38	31236	38	31274	38	31312	38	31350	38	31388	38	31426	38	31464	38	31502	38	31540
39	32019	39	32058	39	32097	39	32136	39	32175	39	32214	39	32253	39	32292	39	32331	39	32370
40	32840	40	32880	40	32920	40	32960	40	33000	40	33040	40	33080	40	33120	40	33160	40	33200
41	33661	41	33702	41	33743	41	33784	41	33825	41	33866	41	33907	41	33948	41	33989	41	34030
42	34482	42	34524	42	34566	42	34608	42	34650	42	34692	42	34734	42	34776	42	34818	42	34860
43	35303	43	35346	43	35389	43	35432	43	35475	43	35518	43	35561	43	35604	43	35647	43	35690
44	36124	44	36168	44	36212	44	36256	44	36300	44	36344	44	36388	44	36432	44	36476	44	36520
45	36945	45	36990	45	37035	45	37080	45	37125	45	37170	45	37215	45	37260	45	37305	45	37350
46	37766	46	37812	46	37858	46	37904	46	37950	46	37996	46	38042	46	38088	46	38134	46	38180
47	38587	47	38634	47	38681	47	38728	47	38775	47	38822	47	38869	47	38916	47	38963	47	39010
48	39408	48	39456	48	39504	48	39552	48	39600	48	39648	48	39696	48	39744	48	39792	48	39840
49	40229	49	40278	49	40327	49	40376	49	40425	49	40474	49	40523	49	40572	49	40621	49	40670
50	41050	50	41100	50	41150	50	41200	50	41250	50	41300	50	41350	50	41400	50	41450	50	41500
51	41871	51	41922	51	41973	51	42024	51	42075	51	42126	51	42177	51	42228	51	42279	51	42330
52	42692	52	42744	52	42796	52	42848	52	42900	52	42952	52	43004	52	43056	52	43108	52	43160
53	43513	53	43566	53	43619	53	43672	53	43725	53	43778	53	43831	53	43884	53	43937	53	43990
54	44334	54	44388	54	44442	54	44496	54	44550	54	44604	54	44658	54	44712	54	44766	54	44820
55	45155	55	45210	55	45265	55	45320	55	45375	55	45430	55	45485	55	45540	55	45595	55	45650
56	45976	56	46032	56	46088	56	46144	56	46200	56	46256	56	46312	56	46368	56	46424	56	46480
57	46797	57	46854	57	46911	57	46968	57	47025	57	47082	57	47139	57	47196	57	47253	57	47310
58	47618	58	47676	58	47734	58	47792	58	47850	58	47908	58	47966	58	48024	58	48082	58	48140
59	48439	59	48498	59	48557	59	48616	59	48675	59	48734	59	48793	59	48852	59	48911	59	48970
60	49260	60	49320	60	49380	60	49440	60	49500	60	49560	60	49620	60	49680	60	49740	60	49800
61	50081	61	50142	61	50203	61	50264	61	50325	61	50386	61	50447	61	50508	61	50569	61	50630
62	50902	62	50964	62	51026	62	51088	62	51150	62	51212	62	51274	62	51336	62	51398	62	51460
63	51723	63	51786	63	51849	63	51912	63	51975	63	52038	63	52101	63	52164	63	52227	63	52290
64	52544	64	52608	64	52672	64	52736	64	52800	64	52864	64	52928	64	52992	64	53056	64	53120
65	53365	65	53430	65	53495	65	53560	65	53625	65	53690	65	53755	65	53820	65	53885	65	53950
66	54186	66	54252	66	54318	66	54384	66	54450	66	54516	66	54582	66	54648	66	54714	66	54780
67	55007	67	55074	67	55141	67	55208	67	55275	67	55342	67	55409	67	55476	67	55543	67	55610
68	55828	68	55896	68	55964	68	56032	68	56100	68	56168	68	56236	68	56304	68	56372	68	56440
69	56649	69	56718	69	56787	69	56856	69	56925	69	56994	69	57063	69	57132	69	57201	69	57270
70	57470	70	57540	70	57610	70	57680	70	57750	70	57820	70	57890	70	57960	70	58030	70	58100
71	58291	71	58362	71	58433	71	58504	71	58575	71	58646	71	58717	71	58788	71	58859	71	58930
72	59112	72	59184	72	59256	72	59328	72	59400	72	59472	72	59544	72	59616	72	59688	72	59760
73	59933	73	60006	73	60079	73	60152	73	60225	73	60298	73	60371	73	60444	73	60517	73	60590
74	60754	74	60828	74	60902	74	60976	74	61050	74	61124	74	61198	74	61272	74	61346	74	61420
75	61575	75	61650	75	61725	75	61800	75	61875	75	61950	75	62025	75	62100	75	62175	75	62250
76	62396	76	62472	76	62548	76	62624	76	62700	76	62776	76	62852	76	62928	76	63004	76	63080
77	63217	77	63294	77	63371	77	63448	77	63525	77	63602	77	63679	77	63756	77	63833	77	63910
78	64038	78	64116	78	64194	78	64272	78	64350	78	64428	78	64506	78	64584	78	64662	78	64740
79	64859	79	64938	79	65017	79	65096	79	65175	79	65254	79	65333	79	65412	79	65491	79	65570
80	65680	80	65760	80	65840	80	65920	80	66000	80	66080	80	66160	80	66240	80	66320	80	66400
81	66501	81	66582	81	66663	81	66744	81	66825	81	66906	81	66987	81	67068	81	67149	81	67230
82	67322	82	67404	82	67486	82	67568	82	67650	82	67732	82	67814	82	67896	82	67978	82	68060
83	68143	83	68226	83	68309	83	68392	83	68475	83	68558	83	68641	83	68724	83	68807	83	68890
84	68964	84	69048	84	69132	84	69216	84	69300	84	69384	84	69468	84	69552	84	69636	84	69720
85	69785	85	69870	85	69955	85	70040	85	70125	85	70210	85	70295	85	70380	85	70465	85	70550
86	70606	86	70692	86	70778	86	70864	86	70950	86	71036	86	71122	86	71208	86	71294	86	71380
87	71427	87	71514	87	71601	87	71688	87	71775	87	71862	87	71949	87	72036	87	72123	87	72210
88	72248	88	72336	88	72424	88	72512	88	72600	88	72688	88	72776	88	72864	88	72952	88	73040
89	73069	89	73158	89	73247	89	73336	89	73425	89	73514	89	73603	89	73692	89	73781	89	73870
90	73890	90	73980	90	74070	90	74160	90	74250	90	74340	90	74430	90	74520	90	74610	90	74700
91	74711	91	74802	91	74893	91	74984	91	75075	91	75166	91	75257	91	75348	91	75439	91	75530
92	75532	92	75624	92	75716	92	75808	92	75900	92	75992	92	76084	92	76176	92	76268	92	76360
93	76353	93	76446	93	76539	93	76632	93	76725	93	76818	93	76911	93	77004	93	77097	93	77190
94	77174	94	77268	94	77362	94	77456	94	77550	94	77644	94	77738	94	77832	94	77926	94	78020
95	77995	95	78090	95	78185	95	78280	95	78375	95	78470	95	78565	95	78660	95	78755	95	78850
96	78816	96	78912	96	79008	96	79104	96	79200	96	79296	96	79392	96	79488	96	79584	96	79680
97	79637	97	79734	97	79831	97	79928	97	80025	97	80122	97	80219	97	80316	97	80413	97	80510
98	80458	98	80556	98	80654	98	80752	98	80850	98	80948	98	81046	98	81144	98	81242	98	81340
99	81279	99	81378	99	81477	99	81576	99	81675	99	81774	99	81873	99	81972	99	82071	99	82170
100	82100	100	82200	100	82300	100	82400	100	82500	100	82600	100	82700	100	82800	100	82900	100	83000

T

	831	832	833	834	835	836	837	838	839	840
1	831	832	833	834	835	836	837	838	839	840
2	1662	1664	1666	1668	1670	1672	1674	1676	1678	1680
3	2493	2496	2499	2502	2505	2508	2511	2514	2517	2520
4	3324	3328	3332	3336	3340	3344	3348	3352	3356	3360
5	4155	4160	4165	4170	4175	4180	4185	4190	4195	4200
6	4986	4992	4998	5004	5010	5016	5022	5028	5034	5040
7	5817	5824	5831	5838	5845	5852	5859	5866	5873	5880
8	6648	6656	6664	6672	6680	6688	6696	6704	6712	6720
9	7479	7488	7497	7506	7515	7524	7533	7542	7551	7560
10	8310	8320	8330	8340	8350	8360	8370	8380	8390	8400
11	9141	9152	9163	9174	9185	9196	9207	9218	9229	9240
12	9972	9984	9996	10008	10020	10032	10044	10056	10068	10080
13	10803	10816	10829	10842	10855	10868	10881	10894	10907	10920
14	11634	11648	11662	11676	11690	11704	11718	11732	11746	11760
15	12465	12480	12495	12510	12525	12540	12555	12570	12585	12600
16	13296	13312	13328	13344	13360	13376	13392	13408	13424	13440
17	14127	14144	14161	14178	14195	14212	14229	14246	14263	14280
18	14958	14976	14994	15012	15030	15048	15066	15084	15102	15120
19	15789	15808	15827	15846	15865	15884	15903	15922	15941	15960
20	16620	16640	16660	16680	16700	16720	16740	16760	16780	16800
21	17451	17472	17493	17514	17535	17556	17577	17598	17619	17640
22	18282	18304	18326	18348	18370	18392	18414	18436	18458	18480
23	19113	19136	19159	19182	19205	19228	19251	19274	19297	19320
24	19944	19968	19992	20016	20040	20064	20088	20112	20136	20160
25	20775	20800	20825	20850	20875	20900	20925	20950	20975	21000
26	21606	21632	21658	21684	21710	21736	21762	21788	21814	21840
27	22437	22464	22491	22518	22545	22572	22599	22626	22653	22680
28	23268	23296	23324	23352	23380	23408	23436	23464	23492	23520
29	24099	24128	24157	24186	24215	24244	24273	24302	24331	24360
30	24930	24960	24990	25020	25050	25080	25110	25140	25170	25200
31	25761	25792	25823	25854	25885	25916	25947	25978	26009	26040
32	26592	26624	26656	26688	26720	26752	26784	26816	26848	26880
33	27423	27456	27489	27522	27555	27588	27621	27654	27687	27720
34	28254	28288	28322	28356	28390	28424	28458	28492	28526	28560
35	29085	29120	29155	29190	29225	29260	29295	29330	29365	29400
36	29916	29952	29988	30024	30060	30096	30132	30168	30204	30240
37	30747	30784	30821	30858	30895	30932	30969	31006	31043	31080
38	31578	31616	31654	31692	31730	31768	31806	31844	31882	31920
39	32409	32448	32487	32526	32565	32604	32643	32682	32721	32760
40	33240	33280	33320	33360	33400	33440	33480	33520	33560	33600
41	34071	34112	34153	34194	34235	34276	34317	34358	34399	34440
42	34902	34944	34986	35028	35070	35112	35154	35196	35238	35280
43	35733	35776	35819	35862	35905	35948	35991	36034	36077	36120
44	36564	36608	36652	36696	36740	36784	36828	36872	36916	36960
45	37395	37440	37485	37530	37575	37620	37665	37710	37755	37800
46	38226	38272	38318	38364	38410	38456	38502	38548	38594	38640
47	39057	39104	39151	39198	39245	39292	39339	39386	39433	39480
48	39888	39936	39984	40032	40080	40128	40176	40224	40272	40320
49	40719	40768	40817	40866	40915	40964	41013	41062	41111	41160
50	41550	41600	41650	41700	41750	41800	41850	41900	41950	42000
51	42381	42432	42483	42534	42585	42636	42687	42738	42789	42840
52	43212	43264	43316	43368	43420	43472	43524	43576	43628	43680
53	44043	44096	44149	44202	44255	44308	44361	44414	44467	44520
54	44874	44928	44982	45036	45090	45144	45198	45252	45306	45360
55	45705	45760	45815	45870	45925	45980	46035	46090	46145	46200
56	46536	46592	46648	46704	46760	46816	46872	46928	46984	47040
57	47367	47424	47481	47538	47595	47652	47709	47766	47823	47880
58	48198	48256	48314	48372	48430	48488	48546	48604	48662	48720
59	49029	49088	49147	49206	49265	49324	49383	49442	49501	49560
60	49860	49920	49980	50040	50100	50160	50220	50280	50340	50400
61	50691	50752	50813	50874	50935	50996	51057	51118	51179	51240
62	51522	51584	51646	51708	51770	51832	51894	51956	52018	52080
63	52353	52416	52479	52542	52605	52668	52731	52794	52857	52920
64	53184	53248	53312	53376	53440	53504	53568	53632	53696	53760
65	54015	54080	54145	54210	54275	54340	54405	54470	54535	54600
66	54846	54912	54978	55044	55110	55176	55242	55308	55374	55440
67	55677	55744	55811	55878	55945	56012	56079	56146	56213	56280
68	56508	56576	56644	56712	56780	56848	56916	56984	57052	57120
69	57339	57408	57477	57546	57615	57684	57753	57822	57891	57960
70	58170	58240	58310	58380	58450	58520	58590	58660	58730	58800
71	59001	59072	59143	59214	59285	59356	59427	59498	59569	59640
72	59832	59904	59976	60048	60120	60192	60264	60336	60408	60480
73	60663	60736	60809	60882	60955	61028	61101	61174	61247	61320
74	61494	61568	61642	61716	61790	61864	61938	62012	62086	62160
75	62325	62400	62475	62550	62625	62700	62775	62850	62925	63000
76	63156	63232	63308	63384	63460	63536	63612	63688	63764	63840
77	63987	64064	64141	64218	64295	64372	64449	64526	64603	64680
78	64818	64896	64974	65052	65130	65208	65286	65364	65442	65520
79	65649	65728	65807	65886	65965	66044	66123	66202	66281	66360
80	66480	66560	66640	66720	66800	66880	66960	67040	67120	67200
81	67311	67392	67473	67554	67635	67716	67797	67878	67959	68040
82	68142	68224	68306	68388	68470	68552	68634	68716	68798	68880
83	68973	69056	69139	69222	69305	69388	69471	69554	69637	69720
84	69804	69888	69972	70056	70140	70224	70308	70392	70476	70560
85	70635	70720	70805	70890	70975	71060	71145	71230	71315	71400
86	71466	71552	71638	71724	71810	71896	71982	72068	72154	72240
87	72297	72384	72471	72558	72645	72732	72819	72906	72993	73080
88	73128	73216	73304	73392	73480	73568	73656	73744	73832	73920
89	73959	74048	74137	74226	74315	74404	74493	74582	74671	74760
90	74790	74880	74970	75060	75150	75240	75330	75420	75510	75600
91	75621	75712	75803	75894	75985	76076	76167	76258	76349	76440
92	76452	76544	76636	76728	76820	76912	77004	77096	77188	77280
93	77283	77376	77469	77562	77655	77748	77841	77934	78027	78120
94	78114	78208	78302	78396	78490	78584	78678	78772	78866	78960
95	78945	79040	79135	79230	79325	79420	79515	79610	79705	79800
96	79776	79872	79968	80064	80160	80256	80352	80448	80544	80640
97	80607	80704	80801	80898	80995	81092	81189	81286	81383	81480
98	81438	81536	81634	81732	81830	81928	82026	82124	82222	82320
99	82269	82368	82467	82566	82665	82764	82863	82962	83061	83160
100	83100	83200	83300	83400	83500	83600	83700	83800	83900	84000

r	841	842	843	844	845	846	847	848	849	850
1	841	842	843	844	845	846	847	848	849	850
2	1682	1684	1686	1688	1690	1692	1694	1696	1698	1700
3	2523	2526	2529	2532	2535	2538	2541	2544	2547	2550
4	3364	3368	3372	3376	3380	3384	3388	3392	3396	3400
5	4205	4210	4215	4220	4225	4230	4235	4240	4245	4250
6	5046	5052	5058	5064	5070	5076	5082	5088	5094	5100
7	5887	5894	5901	5908	5915	5922	5929	5936	5943	5950
8	6728	6736	6744	6752	6760	6768	6776	6784	6792	6800
9	7569	7578	7587	7596	7605	7614	7623	7632	7641	7650
10	8410	8420	8430	8440	8450	8460	8470	8480	8490	8500
11	9251	9262	9273	9284	9295	9306	9317	9328	9339	9350
12	10092	10104	10116	10128	10140	10152	10164	10176	10188	10200
13	10933	10946	10959	10972	10985	10998	11011	11024	11037	11050
14	11774	11788	11802	11816	11830	11844	11858	11872	11886	11900
15	12615	12630	12645	12660	12675	12690	12705	12720	12735	12750
16	13456	13472	13488	13504	13520	13536	13552	13568	13584	13600
17	14297	14314	14331	14348	14365	14382	14399	14416	14433	14450
18	15138	15156	15174	15192	15210	15228	15246	15264	15282	15300
19	15979	15998	16017	16036	16055	16074	16093	16112	16131	16150
20	16820	16840	16860	16880	16900	16920	16940	16960	16980	17000
21	17661	17682	17703	17724	17745	17766	17787	17808	17829	17850
22	18502	18524	18546	18568	18590	18612	18634	18656	18678	18700
23	19343	19366	19389	19412	19435	19458	19481	19504	19527	19550
24	20184	20208	20232	20256	20280	20304	20328	20352	20376	20400
25	21025	21050	21075	21100	21125	21150	21175	21200	21225	21250
26	21866	21892	21918	21944	21970	21996	22022	22048	22074	22100
27	22707	22734	22761	22788	22815	22842	22869	22896	22923	22950
28	23548	23576	23604	23632	23660	23688	23716	23744	23772	23800
29	24389	24418	24447	24476	24505	24534	24563	24592	24621	24650
30	25230	25260	25290	25320	25350	25380	25410	25440	25470	25500
31	26071	26102	26133	26164	26195	26226	26257	26288	26319	26350
32	26912	26944	26976	27008	27040	27072	27104	27136	27168	27200
33	27753	27786	27819	27852	27885	27918	27951	27984	28017	28050
34	28594	28628	28662	28696	28730	28764	28798	28832	28866	28900
35	29435	29470	29505	29540	29575	29610	29645	29680	29715	29750
36	30276	30312	30348	30384	30420	30456	30492	30528	30564	30600
37	31117	31154	31191	31228	31265	31302	31339	31376	31413	31450
38	31958	31996	32034	32072	32110	32148	32186	32224	32262	32300
39	32799	32838	32877	32916	32955	32994	33033	33072	33111	33150
40	33640	33680	33720	33760	33800	33840	33880	33920	33960	34000
41	34481	34522	34563	34604	34645	34686	34727	34768	34809	34850
42	35322	35364	35406	35448	35490	35532	35574	35616	35658	35700
43	36163	36206	36249	36292	36335	36378	36421	36464	36507	36550
44	37004	37048	37092	37136	37180	37224	37268	37312	37356	37400
45	37845	37890	37935	37980	38025	38070	38115	38160	38205	38250
46	38686	38732	38778	38824	38870	38916	38962	39008	39054	39100
47	39527	39574	39621	39668	39715	39762	39809	39856	39903	39950
48	40368	40416	40464	40512	40560	40608	40656	40704	40752	40800
49	41209	41258	41307	41356	41405	41454	41503	41552	41601	41650
50	42050	42100	42150	42200	42250	42300	42350	42400	42450	42500
51	42891	42942	42993	43044	43095	43146	43197	43248	43299	43350
52	43732	43784	43836	43888	43940	43992	44044	44096	44148	44200
53	44573	44626	44679	44732	44785	44838	44891	44944	44997	45050
54	45414	45468	45522	45576	45630	45684	45738	45792	45846	45900
55	46255	46310	46365	46420	46475	46530	46585	46640	46695	46750
56	47096	47152	47208	47264	47320	47376	47432	47488	47544	47600
57	47937	47994	48051	48108	48165	48222	48279	48336	48393	48450
58	48778	48836	48894	48952	49010	49068	49126	49184	49242	49300
59	49619	49678	49737	49796	49855	49914	49973	50032	50091	50150
60	50460	50520	50580	50640	50700	50760	50820	50880	50940	51000
61	51301	51362	51423	51484	51545	51606	51667	51728	51789	51850
62	52142	52204	52266	52328	52390	52452	52514	52576	52638	52700
63	52983	53046	53109	53172	53235	53298	53361	53424	53487	53550
64	53824	53888	53952	54016	54080	54144	54208	54272	54336	54400
65	54665	54730	54795	54860	54925	54990	55055	55120	55185	55250
66	55506	55572	55638	55704	55770	55836	55902	55968	56034	56100
67	56347	56414	56481	56548	56615	56682	56749	56816	56883	56950
68	57188	57256	57324	57392	57460	57528	57596	57664	57732	57800
69	58029	58098	58167	58236	58305	58374	58443	58512	58581	58650
70	58870	58940	59010	59080	59150	59220	59290	59360	59430	59500
71	59711	59782	59853	59924	59995	60066	60137	60208	60279	60350
72	60552	60624	60696	60768	60840	60912	60984	61056	61128	61200
73	61393	61466	61539	61612	61685	61758	61831	61904	61977	62050
74	62234	62308	62382	62456	62530	62604	62678	62752	62826	62900
75	63075	63150	63225	63300	63375	63450	63525	63600	63675	63750
76	63916	63992	64068	64144	64220	64296	64372	64448	64524	64600
77	64757	64834	64911	64988	65065	65142	65219	65296	65373	65450
78	65598	65676	65754	65832	65910	65988	66066	66144	66222	66300
79	66439	66518	66597	66676	66755	66834	66913	66992	67071	67150
80	67280	67360	67440	67520	67600	67680	67760	67840	67920	68000
81	68121	68202	68283	68364	68445	68526	68607	68688	68769	68850
82	68962	69044	69126	69208	69290	69372	69454	69536	69618	69700
83	69803	69886	69969	70052	70135	70218	70301	70384	70467	70550
84	70644	70728	70812	70896	70980	71064	71148	71232	71316	71400
85	71485	71570	71655	71740	71825	71910	71995	72080	72165	72250
86	72326	72412	72498	72584	72670	72756	72842	72928	73014	73100
87	73167	73254	73341	73428	73515	73602	73689	73776	73863	73950
88	74008	74096	74184	74272	74360	74448	74536	74624	74712	74800
89	74849	74938	75027	75116	75205	75294	75383	75472	75561	75650
90	75690	75780	75870	75960	76050	76140	76230	76320	76410	76500
91	76531	76622	76713	76804	76895	76986	77077	77168	77259	77350
92	77372	77464	77556	77648	77740	77832	77924	78016	78108	78200
93	78213	78306	78399	78492	78585	78678	78771	78864	78957	79050
94	79054	79148	79242	79336	79430	79524	79618	79712	79806	79900
95	79895	79990	80085	80180	80275	80370	80465	80560	80655	80750
96	80736	80832	80928	81024	81120	81216	81312	81408	81504	81600
97	81577	81674	81771	81868	81965	82062	82159	82256	82353	82450
98	82418	82516	82614	82712	82810	82908	83006	83104	83202	83300
99	83259	83358	83457	83556	83655	83754	83853	83952	84051	84150
100	84100	84200	84300	84400	84500	84600	84700	84800	84900	85000

851	852	853	854	855	856	857	858	859	860
851	852	853	854	855	856	857	858	859	860
1702	1704	1706	1708	1710	1712	1714	1716	1718	1720
2553	2556	2559	2562	2565	2568	2571	2574	2577	2580
3404	3408	3412	3416	3420	3424	3428	3432	3436	3440
4255	4260	4265	4270	4275	4280	4285	4290	4295	4300
5106	5112	5118	5124	5130	5136	5142	5148	5154	5160
5957	5964	5971	5978	5985	5992	5999	6006	6013	6020
6808	6816	6824	6832	6840	6848	6856	6864	6872	6880
7659	7668	7677	7686	7695	7704	7713	7722	7731	7740
8510	8520	8530	8540	8550	8560	8570	8580	8590	8600
9361	9372	9383	9394	9405	9416	9427	9438	9449	9460
10212	10224	10236	10248	10260	10272	10284	10296	10308	10320
11063	11076	11089	11102	11115	11128	11141	11154	11167	11180
11914	11928	11942	11956	11970	11984	11998	12012	12026	12040
12765	12780	12795	12810	12825	12840	12855	12870	12885	12900
13616	13632	13648	13664	13680	13696	13712	13728	13744	13760
14467	14484	14501	14518	14535	14552	14569	14586	14603	14620
15318	15336	15354	15372	15390	15408	15426	15444	15462	15480
16169	16188	16207	16226	16245	16264	16283	16302	16321	16340
17020	17040	17060	17080	17100	17120	17140	17160	17180	17200
17871	17892	17913	17934	17955	17976	17997	18018	18039	18060
18722	18744	18766	18788	18810	18832	18854	18876	18898	18920
19573	19596	19619	19642	19665	19688	19711	19734	19757	19780
20424	20448	20472	20496	20520	20544	20568	20592	20616	20640
21275	21300	21325	21350	21375	21400	21425	21450	21475	21500
22126	22152	22178	22204	22230	22256	22282	22308	22334	22360
22977	23004	23031	23058	23085	23112	23139	23166	23193	23220
23828	23856	23884	23912	23940	23968	23996	24024	24052	24080
24679	24708	24737	24766	24795	24824	24853	24882	24911	24940
25530	25560	25590	25620	25650	25680	25710	25740	25770	25800
26381	26412	26443	26474	26505	26536	26567	26598	26629	26660
27232	27264	27296	27328	27360	27392	27424	27456	27488	27520
28083	28116	28149	28182	28215	28248	28281	28314	28347	28380
28934	28968	29002	29036	29070	29104	29138	29172	29206	29240
29785	29820	29855	29890	29925	29960	29995	30030	30065	30100
30636	30672	30708	30744	30780	30816	30852	30888	30924	30960
31487	31524	31561	31598	31635	31672	31709	31746	31783	31820
32338	32376	32414	32452	32490	32528	32566	32604	32642	32680
33189	33228	33267	33306	33345	33384	33423	33462	33501	33540
34040	34080	34120	34160	34200	34240	34280	34320	34360	34400
34891	34932	34973	35014	35055	35096	35137	35178	35219	35260
35742	35784	35826	35868	35910	35952	35994	36036	36078	36120
36593	36636	36679	36722	36765	36808	36851	36894	36937	36980
37444	37488	37532	37576	37620	37664	37708	37752	37796	37840
38295	38340	38385	38430	38475	38520	38565	38610	38655	38700
39146	39192	39238	39284	39330	39376	39422	39468	39514	39560
39997	40044	40091	40138	40185	40232	40279	40326	40373	40420
40848	40896	40944	40992	41040	41088	41136	41184	41232	41280
41699	41748	41797	41846	41895	41944	41993	42042	42091	42140
42550	42600	42650	42700	42750	42800	42850	42900	42950	43000
43401	43452	43503	43554	43605	43656	43707	43758	43809	43860
44252	44304	44356	44408	44460	44512	44564	44616	44668	44720
45103	45156	45209	45262	45315	45368	45421	45474	45527	45580
45954	46008	46062	46116	46170	46224	46278	46332	46386	46440
46805	46860	46915	46970	47025	47080	47135	47190	47245	47300
47656	47712	47768	47824	47880	47936	47992	48048	48104	48160
48507	48564	48621	48678	48735	48792	48849	48906	48963	49020
49358	49416	49474	49532	49590	49648	49706	49764	49822	49880
50209	50268	50327	50386	50445	50504	50563	50622	50681	50740
51060	51120	51180	51240	51300	51360	51420	51480	51540	51600
51911	51972	52033	52094	52155	52216	52277	52338	52399	52460
52762	52824	52886	52948	53010	53072	53134	53196	53258	53320
53613	53676	53739	53802	53865	53928	53991	54054	54117	54180
54464	54528	54592	54656	54720	54784	54848	54912	54976	55040
55315	55380	55445	55510	55575	55640	55705	55770	55835	55900
56166	56232	56298	56364	56430	56496	56562	56628	56694	56760
57017	57084	57151	57218	57285	57352	57419	57486	57553	57620
57868	57936	58004	58072	58140	58208	58276	58344	58412	58480
58719	58788	58857	58926	58995	59064	59133	59202	59271	59340
59570	59640	59710	59780	59850	59920	59990	60060	60130	60200
60421	60492	60563	60634	60705	60776	60847	60918	60989	61060
61272	61344	61416	61488	61560	61632	61704	61776	61848	61920
62123	62196	62269	62342	62415	62488	62561	62634	62707	62780
62974	63048	63122	63196	63270	63344	63418	63492	63566	63640
63825	63900	63975	64050	64125	64200	64275	64350	64425	64500
64676	64752	64828	64904	64980	65056	65132	65208	65284	65360
65527	65604	65681	65758	65835	65912	65989	66066	66143	66220
66378	66456	66534	66612	66690	66768	66846	66924	67002	67080
67229	67308	67387	67466	67545	67624	67703	67782	67861	67940
68080	68160	68240	68320	68400	68480	68560	68640	68720	68800
68931	69012	69093	69174	69255	69336	69417	69498	69579	69660
69782	69864	69946	70028	70110	70192	70274	70356	70438	70520
70633	70716	70799	70882	70965	71048	71131	71214	71297	71380
71484	71568	71652	71736	71820	71904	71988	72072	72156	72240
72335	72420	72505	72590	72675	72760	72845	72930	73015	73100
73186	73272	73358	73444	73530	73616	73702	73788	73874	73960
74037	74124	74211	74298	74385	74472	74559	74646	74733	74820
74888	74976	75064	75152	75240	75328	75416	75504	75592	75680
75739	75828	75917	76006	76095	76184	76273	76362	76451	76540
76590	76680	76770	76860	76950	77040	77130	77220	77310	77400
77441	77532	77623	77714	77805	77896	77987	78078	78169	78260
78292	78384	78476	78568	78660	78752	78844	78936	79028	79120
79143	79236	79329	79422	79515	79608	79701	79794	79887	79980
79994	80088	80182	80276	80370	80464	80558	80652	80746	80840
80845	80940	81035	81130	81225	81320	81415	81510	81605	81700
81696	81792	81888	81984	82080	82176	82272	82368	82464	82560
82547	82644	82741	82838	82935	83032	83129	83226	83323	83420
83398	83496	83594	83692	83790	83888	83986	84084	84182	84280
84249	84348	84447	84546	84645	84744	84843	84942	85041	85140
85100	85200	85300	85400	85500	85600	85700	85800	85900	86000

I	861	862	863	864	865	866	867	868	869	870
1	861	862	863	864	865	866	867	868	869	870
2	1722	1724	1726	1728	1730	1732	1734	1736	1738	1740
3	2583	2586	2589	2592	2595	2598	2601	2604	2607	2610
4	3444	3448	3452	3456	3460	3464	3468	3472	3476	3480
5	4305	4310	4315	4320	4325	4330	4335	4340	4345	4350
6	5166	5172	5178	5184	5190	5196	5202	5208	5214	5220
7	6027	6034	6041	6048	6055	6062	6069	6076	6083	6090
8	6888	6896	6904	6912	6920	6928	6936	6944	6952	6960
9	7749	7758	7767	7776	7785	7794	7803	7812	7821	7830
10	8610	8620	8630	8640	8650	8660	8670	8680	8690	8700
11	9471	9482	9493	9504	9515	9526	9537	9548	9559	9570
12	10332	10344	10356	10368	10380	10392	10404	10416	10428	10440
13	11193	11206	11219	11232	11245	11258	11271	11284	11297	11310
14	12054	12068	12082	12096	12110	12124	12138	12152	12166	12180
15	12915	12930	12945	12960	12975	12990	13005	13020	13035	13050
16	13776	13792	13808	13824	13840	13856	13872	13888	13904	13920
17	14637	14654	14671	14688	14705	14722	14739	14756	14773	14790
18	15498	15516	15534	15552	15570	15588	15606	15624	15642	15660
19	16359	16378	16397	16416	16435	16454	16473	16492	16511	16530
20	17226	17240	17260	17280	17300	17320	17340	17360	17380	17400
21	18081	18102	18123	18144	18165	18186	18207	18228	18249	18270
22	18942	18964	18986	19008	19030	19052	19074	19096	19118	19140
23	19803	19826	19849	19872	19895	19918	19941	19964	19987	20010
24	20664	20688	20712	20736	20760	20784	20808	20832	20856	20880
25	21525	21550	21575	21600	21625	21650	21675	21700	21725	21750
26	22386	22412	22438	22464	22490	22516	22542	22568	22594	22620
27	23247	23274	23301	23328	23355	23382	23409	23436	23463	23490
28	24108	24136	24164	24192	24220	24248	24276	24304	24332	24360
29	24969	24998	25027	25056	25085	25114	25143	25172	25201	25230
30	25830	25860	25890	25920	25950	25980	26010	26040	26070	26100
31	26691	26722	26753	26784	26815	26846	26877	26908	26939	26970
32	27552	27584	27616	27648	27680	27712	27744	27776	27808	27840
33	28413	28446	28479	28512	28545	28578	28611	28644	28677	28710
34	29274	29308	29342	29376	29410	29444	29478	29512	29546	29580
35	30135	30170	30205	30240	30275	30310	30345	30380	30415	30450
36	30996	31032	31068	31104	31140	31176	31212	31248	31284	31320
37	31857	31894	31931	31968	32005	32042	32079	32116	32153	32190
38	32718	32756	32794	32832	32870	32908	32946	32984	33022	33060
39	33579	33618	33657	33696	33735	33774	33813	33852	33891	33930
40	34440	34480	34520	34560	34600	34640	34680	34720	34760	34800
41	35301	35342	35383	35424	35465	35506	35547	35588	35629	35670
42	36162	36204	36246	36288	36330	36372	36414	36456	36498	36540
43	37023	37066	37109	37152	37195	37238	37281	37324	37367	37410
44	37884	37928	37972	38016	38060	38104	38148	38192	38236	38280
45	38745	38790	38835	38880	38925	38970	39015	39060	39105	39150
46	39606	39652	39698	39744	39790	39836	39882	39928	39974	40020
47	40467	40514	40561	40608	40655	40702	40749	40796	40843	40890
48	41328	41376	41424	41472	41520	41568	41616	41664	41712	41760
49	42189	42238	42287	42336	42385	42434	42483	42532	42581	42630
50	43050	43100	43150	43200	43250	43300	43350	43400	43450	43500
51	43911	43962	44013	44064	44115	44166	44217	44268	44319	44370
52	44772	44824	44876	44928	44980	45032	45084	45136	45188	45240
53	45633	45686	45739	45792	45845	45898	45951	46004	46057	46110
54	46494	46548	46602	46656	46710	46764	46818	46872	46926	46980
55	47355	47410	47465	47520	47575	47630	47685	47740	47795	47850
56	48216	48272	48328	48384	48440	48496	48552	48608	48664	48720
57	49077	49134	49191	49248	49305	49362	49419	49476	49533	49590
58	49938	49996	50054	50112	50170	50228	50286	50344	50402	50460
59	50799	50858	50917	50976	51035	51094	51153	51212	51271	51330
60	51660	51720	51780	51840	51900	51960	52020	52080	52140	52200
61	52521	52582	52643	52704	52765	52826	52887	52948	53009	53070
62	53382	53444	53506	53568	53630	53692	53754	53816	53878	53940
63	54243	54306	54369	54432	54495	54558	54621	54684	54747	54810
64	55104	55168	55232	55296	55360	55424	55488	55552	55616	55680
65	55965	56030	56095	56160	56225	56290	56355	56420	56485	56550
66	56826	56892	56958	57024	57090	57156	57222	57288	57354	57420
67	57687	57754	57821	57888	57955	58022	58089	58156	58223	58290
68	58548	58616	58684	58752	58820	58888	58956	59024	59092	59160
69	59409	59478	59547	59616	59685	59754	59823	59892	59961	60030
70	60270	60340	60410	60480	60550	60620	60690	60760	60830	60900
71	61131	61202	61273	61344	61415	61486	61557	61628	61699	61770
72	61992	62064	62136	62208	62280	62352	62424	62496	62568	62640
73	62853	62926	62999	63072	63145	63218	63291	63364	63437	63510
74	63714	63788	63862	63936	64010	64084	64158	64232	64306	64380
75	64575	64650	64725	64800	64875	64950	65025	65100	65175	65250
76	65436	65512	65588	65664	65740	65816	65892	65968	66044	66120
77	66297	66374	66451	66528	66605	66682	66759	66836	66913	66990
78	67158	67236	67314	67392	67470	67548	67626	67704	67782	67860
79	68019	68098	68177	68256	68335	68414	68493	68572	68651	68730
80	68880	68960	69040	69120	69200	69280	69360	69440	69520	69600
81	69741	69832	69903	69984	70065	70146	70227	70308	70389	70470
82	70602	70684	70766	70848	70930	71012	71094	71176	71258	71340
83	71463	71546	71629	71712	71795	71878	71961	72044	72127	72210
84	72324	72408	72492	72576	72660	72744	72828	72912	72996	73080
85	73185	73270	73355	73440	73525	73610	73695	73780	73865	73950
86	74046	74132	74218	74304	74390	74476	74562	74648	74734	74820
87	74907	74994	75081	75168	75255	75342	75429	75516	75603	75690
88	75768	75856	75944	76032	76120	76208	76296	76384	76472	76560
89	76629	76718	76807	76896	76985	77074	77163	77252	77341	77430
90	77490	77580	77670	77760	77850	77940	78030	78120	78210	78300
91	78351	78442	78533	78624	78715	78806	78897	78988	79079	79170
92	79212	79304	79396	79488	79580	79672	79764	79856	79948	80040
93	80073	80166	80259	80352	80445	80538	80631	80724	80817	80910
94	80934	81028	81122	81216	81310	81404	81498	81592	81686	81780
95	81795	81890	81985	82080	82175	82270	82365	82460	82555	82650
96	82656	82752	82848	82944	83040	83136	83232	83328	83424	83520
97	83517	83614	83711	83808	83905	84002	84099	84196	84293	84390
98	84378	84476	84574	84672	84770	84868	84966	85064	85162	85260
99	85239	85338	85437	85536	85635	85734	85833	85932	86031	86130
100	86100	86200	86300	86400	86500	86600	86700	86800	86900	87000

I	871	872	873	874	875	876	877	878	879	880
1	871	872	873	874	875	876	877	878	879	880
2	1742	1744	1746	1748	1750	1752	1754	1756	1758	1760
3	2613	2616	2619	2622	2625	2628	2631	2634	2637	2640
4	3484	3488	3492	3496	3500	3504	3508	3512	3516	3520
5	4355	4360	4365	4370	4375	4380	4385	4390	4395	4400
6	5226	5232	5238	5244	5250	5256	5262	5268	5274	5280
7	6097	6104	6111	6118	6125	6132	6139	6146	6153	6160
8	6968	6976	6984	6992	7000	7008	7016	7024	7032	7040
9	7839	7848	7857	7866	7875	7884	7893	7902	7911	7920
10	8710	8720	8730	8740	8750	8760	8770	8780	8790	8800
11	9581	9592	9603	9614	9625	9636	9647	9658	9669	9680
12	10452	10464	10476	10488	10500	10512	10524	10536	10548	10560
13	11323	11336	11349	11362	11375	11388	11401	11414	11427	11440
14	12194	12208	12222	12236	12250	12264	12278	12292	12306	12320
15	13065	13080	13095	13110	13125	13140	13155	13170	13185	13200
16	13936	13952	13968	13984	14000	14016	14032	14048	14064	14080
17	14807	14824	14841	14858	14875	14892	14909	14926	14943	14960
18	15678	15696	15714	15732	15750	15768	15786	15804	15822	15840
19	16549	16568	16587	16606	16625	16644	16663	16682	16701	16720
20	17420	17440	17460	17480	17500	17520	17540	17560	17580	17600
21	18291	18312	18333	18354	18375	18396	18417	18438	18459	18480
22	19162	19184	19206	19228	19250	19272	19294	19316	19338	19360
23	20033	20056	20079	20102	20125	20148	20171	20194	20217	20240
24	20904	20928	20952	20976	21000	21024	21048	21072	21096	21120
25	21775	21800	21825	21850	21875	21900	21925	21950	21975	22000
26	22646	22672	22698	22724	22750	22776	22802	22828	22854	22880
27	23517	23544	23571	23598	23625	23652	23679	23706	23733	23760
28	24388	24416	24444	24472	24500	24528	24556	24584	24612	24640
29	25259	25288	25317	25346	25375	25404	25433	25462	25491	25520
30	26130	26160	26190	26220	26250	26280	26310	26340	26370	26400
31	27001	27032	27063	27094	27125	27156	27187	27218	27249	27280
32	27872	27904	27936	27968	28000	28032	28064	28096	28128	28160
33	28743	28776	28809	28842	28875	28908	28941	28974	29007	29040
34	29614	29648	29682	29716	29750	29784	29818	29852	29886	29920
35	30485	30520	30555	30590	30625	30660	30695	30730	30765	30800
36	31356	31392	31428	31464	31500	31536	31572	31608	31644	31680
37	32227	32264	32301	32338	32375	32412	32449	32486	32523	32560
38	33098	33136	33174	33212	33250	33288	33326	33364	33402	33440
39	33969	34008	34047	34086	34125	34164	34203	34242	34281	34320
40	34840	34880	34920	34960	35000	35040	35080	35120	35160	35200
41	35711	35752	35793	35834	35875	35916	35957	35998	36039	36080
42	36582	36624	36666	36708	36750	36792	36834	36876	36918	36960
43	37453	37496	37539	37582	37625	37668	37711	37754	37797	37840
44	38324	38368	38412	38456	38500	38544	38588	38632	38676	38720
45	39195	39240	39285	39330	39375	39420	39465	39510	39555	39600
46	40066	40112	40158	40204	40250	40296	40342	40388	40434	40480
47	40937	40984	41031	41078	41125	41172	41219	41266	41313	41360
48	41808	41856	41904	41952	42000	42048	42096	42144	42192	42240
49	42679	42728	42777	42826	42875	42924	42973	43022	43071	43120
50	43550	43600	43650	43700	43750	43800	43850	43900	43950	44000
51	44421	44472	44523	44574	44625	44676	44727	44778	44829	44880
52	45292	45344	45396	45448	45500	45552	45604	45656	45708	45760
53	46163	46216	46269	46322	46375	46428	46481	46534	46587	46640
54	47034	47088	47142	47196	47250	47304	47358	47412	47466	47520
55	47905	47960	48015	48070	48125	48180	48235	48290	48345	48400
56	48776	48832	48888	48944	49000	49056	49112	49168	49224	49280
57	49647	49704	49761	49818	49875	49932	49989	50046	50103	50160
58	50518	50576	50634	50692	50750	50808	50866	50924	50982	51040
59	51389	51448	51507	51566	51625	51684	51743	51802	51861	51920
60	52260	52320	52380	52440	52500	52560	52620	52680	52740	52800
61	53131	53192	53253	53314	53375	53436	53497	53558	53619	53680
62	54002	54064	54126	54188	54250	54312	54374	54436	54498	54560
63	54873	54936	54999	55062	55125	55188	55251	55314	55377	55440
64	55744	55808	55872	55936	56000	56064	56128	56192	56256	56320
65	56615	56680	56745	56810	56875	56940	57005	57070	57135	57200
66	57486	57552	57618	57684	57750	57816	57882	57948	58014	58080
67	58357	58424	58491	58558	58625	58692	58759	58826	58893	58960
68	59228	59296	59364	59432	59500	59568	59636	59704	59772	59840
69	60099	60168	60237	60306	60375	60444	60513	60582	60651	60720
70	60970	61040	61110	61180	61250	61320	61390	61460	61530	61600
71	61841	61912	61983	62054	62125	62196	62267	62338	62409	62480
72	62712	62784	62856	62928	63000	63072	63144	63216	63288	63360
73	63583	63656	63729	63802	63875	63948	64021	64094	64167	64240
74	64454	64528	64602	64676	64750	64824	64898	64972	65046	65120
75	65325	65400	65475	65550	65625	65700	65775	65850	65925	66000
76	66196	66272	66348	66424	66500	66576	66652	66728	66804	66880
77	67067	67144	67221	67298	67375	67452	67529	67606	67683	67760
78	67938	68016	68094	68172	68250	68328	68406	68484	68562	68640
79	68809	68888	68967	69046	69125	69204	69283	69362	69441	69520
80	69680	69760	69840	69920	70000	70080	70160	70240	70320	70400
81	70551	70632	70713	70794	70875	70956	71037	71118	71199	71280
82	71422	71504	71586	71668	71750	71832	71914	71996	72078	72160
83	72293	72376	72459	72542	72625	72708	72791	72874	72957	73040
84	73164	73248	73332	73416	73500	73584	73668	73752	73836	73920
85	74035	74120	74205	74290	74375	74460	74545	74630	74715	74800
86	74906	74992	75078	75164	75250	75336	75422	75508	75594	75680
87	75777	75864	75951	76038	76125	76212	76299	76386	76473	76560
88	76648	76736	76824	76912	77000	77088	77176	77264	77352	77440
89	77519	77608	77697	77786	77875	77964	78053	78142	78231	78320
90	78390	78480	78570	78660	78750	78840	78930	79020	79110	79200
91	79261	79352	79443	79534	79625	79716	79807	79898	79989	80080
92	80132	80224	80316	80408	80500	80592	80684	80776	80868	80960
93	81003	81096	81189	81282	81375	81468	81561	81654	81747	81840
94	81874	81968	82062	82156	82250	82344	82438	82532	82626	82720
95	82745	82840	82935	83030	83125	83220	83315	83410	83505	83600
96	83616	83712	83808	83904	84000	84096	84192	84288	84384	84480
97	84487	84584	84681	84778	84875	84972	85069	85166	85263	85360
98	85358	85456	85554	85652	85750	85848	85946	86044	86142	86240
99	86229	86328	86427	86526	86625	86724	86823	86922	87021	87120
100	87100	87200	87300	87400	87500	87600	87700	87800	87900	88000

r	881	882	883	884	885	886	887	888	889	890
1	881	882	883	884	885	886	887	888	889	890
2	1762	1764	1766	1768	1770	1772	1774	1776	1778	1780
3	2643	2646	2649	2652	2655	2658	2661	2664	2667	2670
4	3524	3528	3532	3536	3540	3544	3548	3552	3556	3560
5	4405	4410	4415	4420	4425	4430	4435	4440	4445	4450
6	5286	5292	5298	5304	5310	5316	5322	5328	5334	5340
7	6167	6174	6181	6188	6195	6202	6209	6216	6223	6230
8	7048	7056	7064	7072	7080	7088	7096	7104	7112	7120
9	7929	7938	7947	7956	7965	7974	7983	7992	8001	8010
10	8810	8820	8830	8840	8850	8860	8870	8880	8890	8900
11	9691	9702	9713	9724	9735	9746	9757	9768	9779	9790
12	10572	10584	10596	10608	10620	10632	10644	10656	10668	10680
13	11453	11466	11479	11492	11505	11518	11531	11544	11557	11570
14	12334	12348	12362	12376	12390	12404	12418	12432	12446	12460
15	13215	13230	13245	13260	13275	13290	13305	13320	13335	13350
16	14096	14112	14128	14144	14160	14176	14192	14208	14224	14240
17	14977	14994	15011	15028	15045	15062	15079	15096	15113	15130
18	15858	15876	15894	15912	15930	15948	15966	15984	16002	16020
19	16739	16758	16777	16796	16815	16834	16853	16872	16891	16910
20	17620	17640	17660	17680	17700	17720	17740	17760	17780	17800
21	18501	18522	18543	18564	18585	18606	18627	18648	18669	18690
22	19382	19404	19426	19448	19470	19492	19514	19536	19558	19580
23	20263	20286	20309	20332	20355	20378	20401	20424	20447	20470
24	21144	21168	21192	21216	21240	21264	21288	21312	21336	21360
25	22025	22050	22075	22100	22125	22150	22175	22200	22225	22250
26	22906	22932	22958	22984	23010	23036	23062	23088	23114	23140
27	23787	23814	23841	23868	23895	23922	23949	23976	24003	24030
28	24668	24696	24724	24752	24780	24808	24836	24864	24892	24920
29	25549	25578	25607	25636	25665	25694	25723	25752	25781	25810
30	26430	26460	26490	26520	26550	26580	26610	26640	26670	26700
31	27311	27342	27373	27404	27435	27466	27497	27528	27559	27590
32	28192	28224	28256	28288	28320	28352	28384	28416	28448	28480
33	29073	29106	29139	29172	29205	29238	29271	29304	29337	29370
34	29954	29988	30022	30056	30090	30124	30158	30192	30226	30260
35	30835	30870	30905	30940	30975	31010	31045	31080	31115	31150
36	31716	31752	31788	31824	31860	31896	31932	31968	32004	32040
37	32597	32634	32671	32708	32745	32782	32819	32856	32893	32930
38	33478	33516	33554	33592	33630	33668	33706	33744	33782	33820
39	34359	34398	34437	34476	34515	34554	34593	34632	34671	34710
40	35240	35280	35320	35360	35400	35440	35480	35520	35560	35600
41	36121	36162	36203	36244	36285	36326	36367	36408	36449	36490
42	37002	37044	37086	37128	37170	37212	37254	37296	37338	37380
43	37883	37926	37969	38012	38055	38098	38141	38184	38227	38270
44	38764	38808	38852	38896	38940	38984	39028	39072	39116	39160
45	39645	39690	39735	39780	39825	39870	39915	39960	40005	40050
46	40526	40572	40618	40664	40710	40756	40802	40848	40894	40940
47	41407	41454	41501	41548	41595	41642	41689	41736	41783	41830
48	42288	42336	42384	42432	42480	42528	42576	42624	42672	42720
49	43169	43218	43267	43316	43365	43414	43463	43512	43561	43610
50	44050	44100	44150	44200	44250	44300	44350	44400	44450	44500
51	44931	44982	45033	45084	45135	45186	45237	45288	45339	45390
52	45812	45864	45916	45968	46020	46072	46124	46176	46228	46280
53	46693	46746	46799	46852	46905	46958	47011	47064	47117	47170
54	47574	47628	47682	47736	47790	47844	47898	47952	48006	48060
55	48455	48510	48565	48620	48675	48730	48785	48840	48895	48950
56	49336	49392	49448	49504	49560	49616	49672	49728	49784	49840
57	50217	50274	50331	50388	50445	50502	50559	50616	50673	50730
58	51098	51156	51214	51272	51330	51388	51446	51504	51562	51620
59	51979	52038	52097	52156	52215	52274	52333	52392	52451	52510
60	52860	52920	52980	53040	53100	53160	53220	53280	53340	53400
61	53741	53802	53863	53924	53985	54046	54107	54168	54229	54290
62	54622	54684	54746	54808	54870	54932	54994	55056	55118	55180
63	55503	55566	55629	55692	55755	55818	55881	55944	56007	56070
64	56384	56448	56512	56576	56640	56704	56768	56832	56896	56960
65	57265	57330	57395	57460	57525	57590	57655	57720	57785	57850
66	58146	58212	58278	58344	58410	58476	58542	58608	58674	58740
67	59027	59094	59161	59228	59295	59362	59429	59496	59553	59630
68	59908	59976	60044	60112	60180	60248	60316	60384	60452	60520
69	60789	60858	60927	60996	61065	61134	61203	61272	61341	61410
70	61670	61740	61810	61880	61950	62020	62090	62160	62230	62300
71	62551	62622	62693	62764	62835	62906	62977	63048	63119	63190
72	63432	63504	63576	63648	63720	63792	63864	63936	64008	64080
73	64313	64386	64459	64532	64605	64678	64751	64824	64897	64970
74	65194	65268	65342	65416	65490	65564	65638	65712	65786	65860
75	66075	66150	66225	66300	66375	66450	66525	66600	66675	66750
76	66956	67032	67108	67184	67260	67336	67412	67488	67564	67640
77	67837	67914	67991	68068	68145	68222	68299	68376	68453	68530
78	68718	68796	68874	68952	69030	69108	69186	69264	69342	69420
79	69599	69678	69757	69836	69915	69994	70073	70152	70231	70310
80	70480	70560	70640	70720	70800	70880	70960	71040	71120	71200
81	71361	71442	71523	71604	71685	71766	71847	71928	72009	72090
82	72242	72324	72406	72488	72570	72652	72734	72816	72898	72980
83	73123	73206	73289	73372	73455	73538	73621	73704	73787	73870
84	74004	74088	74172	74256	74340	74424	74508	74592	74676	74760
85	74885	74970	75055	75140	75225	75310	75395	75480	75565	75650
86	75766	75852	75938	76024	76110	76196	76282	76368	76454	76540
87	76647	76734	76821	76908	76995	77082	77169	77256	77343	77430
88	77528	77616	77704	77792	77880	77968	78056	78144	78232	78320
89	78409	78498	78587	78676	78765	78854	78943	79032	79121	79210
90	79290	79380	79470	79560	79650	79740	79830	79920	80010	80100
91	80171	80262	80353	80444	80535	80626	80717	80808	80899	80990
92	81052	81144	81236	81328	81420	81512	81604	81696	81788	81880
93	81933	82026	82119	82212	82305	82398	82491	82584	82677	82770
94	82814	82908	83002	83096	83190	83284	83378	83472	83566	83660
95	83695	83790	83885	83980	84075	84170	84265	84360	84455	84550
96	84576	84672	84768	84864	84960	85056	85152	85248	85344	85440
97	85457	85554	85651	85748	85845	85942	86039	86136	86233	86330
98	86338	86436	86534	86632	86730	86828	86926	87024	87122	87220
99	87219	87318	87417	87516	87615	87714	87813	87912	88011	88110
100	88100	88200	88300	88400	88500	88600	88700	88800	88900	89000

	891	892	893	894	895	896	897	898	899	900
1	891	892	893	894	895	896	897	898	899	900
2	1782	1784	1786	1788	1790	1792	1794	1796	1798	1800
3	2673	2676	2679	2682	2685	2688	2691	2694	2697	2700
4	3564	3568	3572	3576	3580	3584	3588	3592	3596	3600
5	4455	4460	4465	4470	4475	4480	4485	4490	4495	4500
6	5346	5352	5358	5364	5370	5376	5382	5388	5394	5400
7	6237	6244	6251	6258	6265	6272	6279	6286	6293	6300
8	7128	7136	7144	7152	7160	7168	7176	7184	7192	7200
9	8019	8028	8037	8046	8055	8064	8073	8082	8091	8100
10	8910	8920	8930	8940	8950	8960	8970	8980	8990	9000
11	9801	9812	9823	9834	9845	9856	9867	9878	9889	9900
12	10692	10704	10716	10728	10740	10752	10764	10776	10788	10800
13	11583	11596	11609	11622	11635	11648	11661	11674	11687	11700
14	12474	12488	12502	12516	12530	12544	12558	12572	12586	12600
15	13365	13380	13395	13410	13425	13440	13455	13470	13485	13500
16	14256	14272	14288	14304	14320	14336	14352	14368	14384	14400
17	15147	15164	15181	15198	15215	15232	15249	15266	15283	15300
18	16038	16056	16074	16092	16110	16128	16146	16164	16182	16200
19	16929	16948	16967	16986	17005	17024	17043	17062	17081	17100
20	17820	17840	17860	17880	17900	17920	17940	17960	17980	18000
21	18711	18732	18753	18774	18795	18816	18837	18858	18879	19900
22	19602	19624	19646	19668	19690	19712	19734	19756	19778	19800
23	20493	20516	20539	20562	20585	20608	20631	20654	20677	20700
24	21384	21408	21432	21456	21480	21504	21528	21552	21576	21600
25	22275	22300	22325	22350	22375	22400	22425	22450	22475	22500
26	23166	23192	23218	23244	23270	23296	23322	23348	23374	23400
27	24057	24084	24111	24138	24165	24192	24219	24246	24273	24300
28	24948	24976	25004	25032	25060	25088	25116	25144	25172	25200
29	25839	25868	25897	25926	25955	25984	26013	26042	26071	26100
30	26730	26760	26790	26820	26850	26880	26910	26940	26970	27000
31	27621	27652	27683	27714	27745	27776	27807	27838	27869	27900
32	28512	28544	28576	28608	28640	28672	28704	28736	28768	28800
33	29403	29436	29469	29502	29535	29568	29601	29634	29667	29700
34	30294	30328	30362	30396	30430	30464	30498	30532	30566	30600
35	31185	31220	31255	31290	31325	31360	31395	31430	31465	31500
36	32076	32112	32148	32184	32220	32256	32292	32328	32364	32400
37	32967	33004	33041	33078	33115	33152	33189	33226	33263	33300
38	33858	33896	33934	33972	34010	34048	34086	34124	34162	34200
39	34749	34788	34827	34866	34905	34944	34983	35022	35061	35100
40	35640	35680	35720	35760	35800	35840	35880	35920	35960	36000
41	36531	36572	36613	36654	36695	36736	36777	36818	36859	36900
42	37422	37464	37506	37548	37590	37632	37674	37716	37758	37800
43	38313	38356	38399	38442	38485	38528	38571	38614	38657	38700
44	39204	39248	39292	39336	39380	39424	39468	39512	39556	39600
45	40095	40140	40185	40230	40275	40320	40365	40410	40455	40500
46	40986	41032	41078	41124	41170	41216	41262	41308	41354	41400
47	41877	41924	41971	42018	42065	42112	42159	42206	42253	42300
48	42768	42816	42864	42912	42960	43008	43056	43104	43152	43200
49	43659	43708	43757	43806	43855	43904	43953	44002	44051	44100
50	44550	44600	44650	44700	44750	44800	44850	44900	44950	45000
51	45441	45492	45543	45594	45645	45696	45747	45798	45849	45900
52	46332	46384	46436	46488	46540	46592	46644	46696	46748	46800
53	47223	47276	47329	47382	47435	47488	47541	47594	47647	47700
54	48114	48168	48222	48276	48330	48384	48438	48492	48546	48600
55	49005	49060	49115	49170	49225	49280	49335	49390	49445	49500
56	49896	49952	50008	50064	50120	50176	50232	50288	50344	50400
57	50787	50844	50901	50958	51015	51072	51129	51186	51243	51300
58	51678	51736	51794	51852	51910	51968	52026	52084	52142	52200
59	52569	52628	52687	52746	52805	52864	52923	52982	53041	53100
60	53460	53520	53580	53640	53700	53760	53820	53880	53940	54000
61	54351	54412	54473	54534	54595	54656	54717	54778	54839	54900
62	55242	55304	55366	55428	55490	55552	55614	55676	55738	55800
63	56133	56196	56259	56322	56385	56448	56511	56574	56637	56700
64	57024	57088	57152	57216	57280	57344	57408	57472	57536	57600
65	57915	57980	58045	58110	58175	58240	58305	58370	58435	58500
66	58806	58872	58938	59004	59070	59136	59202	59268	59334	59400
67	59697	59764	59831	59898	59965	60032	60099	60166	60233	60300
68	60588	60656	60724	60792	60860	60928	60996	61064	61132	61200
69	61479	61548	61617	61686	61755	61824	61893	61962	62031	62100
70	62370	62440	62510	62580	62650	62720	62790	62860	62930	63000
71	63261	63332	63403	63474	63545	63616	63687	63758	63829	63900
72	64152	64224	64296	64368	64440	64512	64584	64656	64728	64800
73	65043	65116	65189	65262	65335	65408	65481	65554	65627	65700
74	65934	66008	66082	66156	66230	66304	66378	66452	66526	66600
75	66825	66900	66975	67050	67125	67200	67275	67350	67425	67500
76	67716	67792	67868	67944	68020	68096	68172	68248	68324	68400
77	68607	68684	68761	68838	68915	68992	69069	69146	69223	69300
78	69498	69576	69654	69732	69810	69888	69966	70044	70122	70200
79	70389	70468	70547	70626	70705	70784	70863	70942	71021	71100
80	71280	71360	71440	71520	71600	71680	71760	71840	71920	72000
81	72171	72252	72333	72414	72495	72576	72657	72738	72819	72900
82	73062	73144	73226	73308	73390	73472	73554	73636	73718	73800
83	73953	74036	74119	74202	74285	74368	74451	74534	74617	74700
84	74844	74928	75012	75096	75180	75264	75348	75432	75516	75600
85	75735	75820	75905	75990	76075	76160	76245	76330	76415	76500
86	76626	76712	76798	76884	76970	77056	77142	77228	77314	77400
87	77517	77604	77691	77778	77865	77952	78039	78126	78213	78300
88	78408	78496	78584	78672	78760	78848	78936	79024	79112	79200
89	79299	79388	79477	79566	79655	79744	79833	79922	80011	80100
90	80190	80280	80370	80460	80550	80640	80730	80820	80910	81000
91	81081	81172	81263	81354	81445	81536	81627	81718	81809	81900
92	81972	82064	82156	82248	82340	82432	82524	82616	82708	82800
93	82863	82956	83049	83142	83235	83328	83421	83514	83607	83700
94	83754	83848	83942	84036	84130	84224	84318	84412	84506	84600
95	84645	84740	84835	84930	85025	85120	85215	85310	85405	85500
96	85536	85632	85728	85824	85920	86016	86112	86208	86304	86400
97	86427	86524	86621	86718	86815	86912	87009	87106	87203	87300
98	87318	87416	87514	87612	87710	87808	87906	88004	88102	88200
99	88209	88308	88407	88506	88605	88704	88803	88902	89001	89100
100	89100	89200	89300	89400	89500	89600	89700	89800	89900	90000

	901	902	903	904	905	906	907	908	909	910
1	901	902	903	904	905	906	907	908	909	910
2	1802	1804	1806	1808	1810	1812	1814	1816	1818	1820
3	2703	2706	2709	2712	2715	2718	2721	2724	2727	2730
4	3604	3608	3612	3616	3620	3624	3628	3632	3636	3640
5	4505	4510	4515	4520	4525	4530	4535	4540	4545	4550
6	5406	5412	5418	5424	5430	5436	5442	5448	5454	5460
7	6307	6314	6321	6328	6335	6342	6349	6356	6363	6370
8	7208	7216	7224	7232	7240	7248	7256	7264	7272	7280
9	8109	8118	8127	8136	8145	8154	8163	8172	8181	8190
10	9010	9020	9030	9040	9050	9060	9070	9080	9090	9100
11	9911	9922	9933	9944	9955	9966	9977	9988	9999	10010
12	10812	10824	10836	10848	10860	10872	10884	10896	10908	10920
13	11713	11726	11739	11752	11765	11778	11791	11804	11817	11830
14	12614	12628	12642	12656	12670	12684	12698	12712	12726	12740
15	13515	13530	13545	13560	13575	13590	13605	13620	13635	13650
16	14416	14432	14448	14464	14480	14496	14512	14528	14544	14560
17	15317	15334	15351	15368	15385	15402	15410	15436	15453	15470
18	16218	16236	16254	16272	16290	16308	16326	16344	16362	16380
19	17119	17138	17157	17176	17195	17214	17233	17252	17271	17290
20	18020	18040	18060	18080	18100	18120	18140	18160	18180	18200
21	18921	18942	18963	18984	19005	19026	19047	19068	19089	19110
22	19822	19844	19866	19888	19910	19932	19954	19976	19998	20020
23	20723	20746	20769	20792	20815	20838	20861	20884	20907	20930
24	21624	21648	21672	21696	21720	21744	21768	21792	21816	21840
25	22525	22550	22575	22600	22625	22650	22675	22700	22725	22750
26	23426	23452	23478	23504	23530	23556	23582	23608	23634	23660
27	24327	24354	24381	24408	24435	24462	24489	24516	24543	24570
28	25228	25256	25284	25312	25340	25368	25396	25424	25452	25480
29	26129	26158	26187	26216	26245	26274	26303	26332	26361	26390
30	27030	27060	27090	27120	27150	27180	27210	27240	27270	27300
31	27931	27962	27993	28024	28055	28086	28117	28148	28179	28210
32	28832	28864	28896	28928	28960	28992	29024	29056	29088	29120
33	29733	29766	29799	29832	29865	29898	29931	29964	29997	30030
34	30634	30668	30702	30736	30770	30804	30838	30872	30906	30940
35	31535	31570	31605	31640	31675	31710	31745	31780	31815	31850
36	32436	32472	32508	32544	32580	32616	32652	32688	32724	32760
37	33337	33374	33411	33448	33485	33522	33559	33596	33633	33670
38	34238	34276	34314	34352	34390	34428	34466	34504	34542	34580
39	35139	35178	35217	35256	35295	35334	35373	35412	35451	35490
40	36040	36080	36120	36160	36200	36240	36280	36320	36360	36400
41	36941	36982	37023	37064	37105	37146	37187	37228	37269	37310
42	37842	37884	37926	37968	38010	38052	38094	38136	38178	38220
43	38743	38786	38829	38872	38915	38958	39001	39044	39087	39130
44	39644	39688	39732	39776	39820	39864	39908	39952	39996	40040
45	40545	40590	40635	40680	40725	40770	40815	40860	40905	40950
46	41446	41492	41538	41584	41630	41676	41722	41768	41814	41860
47	42347	42394	42441	42488	42535	42582	42629	42676	42723	42770
48	43248	43296	43344	43392	43440	43488	43536	43584	43632	43680
49	44149	44198	44247	44296	44345	44394	44443	44492	44541	44590
50	45050	45100	45150	45200	45250	45300	45350	45400	45450	45500
51	45951	46002	46053	46104	46155	46206	46257	46308	46359	46410
52	46852	46904	46956	47008	47060	47112	47164	47216	47268	47320
53	47753	47806	47859	47912	47965	48018	48071	48124	48177	48230
54	48654	48708	48762	48816	48870	48924	48978	49032	49086	49140
55	49555	49610	49665	49720	49775	49830	49885	49940	49995	50050
56	50456	50512	50568	50624	50680	50736	50792	50848	50904	50960
57	51357	51414	51471	51528	51585	51642	51699	51756	51813	51870
58	52258	52316	52374	52432	52490	52548	52606	52664	52722	52780
59	53159	53218	53277	53336	53395	53454	53513	53572	53631	53690
60	54060	54120	54180	54240	54300	54360	54420	54480	54540	54600
61	54961	55022	55083	55144	55205	55266	55327	55388	55449	55510
62	55862	55924	55986	56048	56110	56172	56234	56296	56358	56420
63	56763	56826	56889	56952	57015	57078	57141	57204	57267	57330
64	57664	57728	57792	57856	57920	57984	58048	58112	58176	58240
65	58565	58630	58695	58760	58825	58890	58955	59020	59085	59150
66	59466	59532	59598	59664	59730	59796	59862	59928	59994	60060
67	60367	60434	60501	60568	60635	60702	60769	60836	60903	60970
68	61268	61336	61404	61472	61540	61608	61676	61744	61812	61880
69	62169	62238	62307	62376	62445	62514	62583	62652	62721	62790
70	63070	63140	63210	63280	63350	63420	63490	63560	63630	63700
71	63971	64042	64113	64184	64255	64326	64397	64468	64539	64610
72	64872	64944	65016	65088	65160	65232	65304	65376	65448	65520
73	65773	65846	65919	65992	66065	66138	66211	66284	66357	66430
74	66674	66748	66822	66896	66970	67044	67118	67192	67266	67340
75	67575	67650	67725	67800	67875	67950	68025	68100	68175	68250
76	68476	68552	68628	68704	68780	68856	68932	69008	69084	69160
77	69377	69454	69531	69608	69685	69762	69839	69916	69993	70070
78	70278	70356	70434	70512	70590	70668	70746	70824	70902	70980
79	71179	71258	71337	71416	71495	71574	71653	71732	71811	71890
80	72080	72160	72240	72320	72400	72480	72560	72640	72720	72800
81	72981	73062	73143	73224	73305	73386	73467	73548	73629	73710
82	73882	73964	74046	74128	74210	74292	74374	74456	74538	74620
83	74783	74866	74949	75032	75115	75198	75281	75364	75447	75530
84	75684	75768	75852	75936	76020	76104	76188	76272	76356	76440
85	76585	76670	76755	76840	76925	77010	77095	77180	77265	77350
86	77486	77572	77658	77744	77830	77916	78002	78088	78174	78260
87	78387	78474	78561	78648	78735	78822	78909	78996	79083	79170
88	79288	79376	79464	79552	79640	79728	79816	79904	79992	80080
89	80189	80278	80367	80456	80545	80634	80723	80812	80901	80990
90	81090	81180	81270	81360	81450	81540	81630	81720	81810	81900
91	81991	82082	82173	82264	82355	82446	82537	82628	82719	82810
92	82892	82984	83076	83168	83260	83352	83444	83536	83628	83720
93	83793	83886	83979	84072	84165	84258	84351	84444	84537	84630
94	84694	84788	84882	84976	85070	85164	85258	85352	85446	85540
95	85595	85690	85785	85880	85975	86070	86165	86260	86355	86450
96	86496	86592	86688	86784	86880	86976	87072	87168	87264	87360
97	87397	87494	87591	87688	87785	87882	87979	88076	88173	88270
98	88298	88396	88494	88592	88690	88788	88886	88984	89082	89180
99	89199	89298	89397	89496	89595	89694	89793	89892	89991	90090
100	90100	90200	90300	90400	90500	90600	90700	90800	90900	91000

X

	911	912	913	914	915	916	917	918	919	920
1	911	912	913	914	915	916	917	918	919	920
2	1822	1824	1826	1828	1830	1832	1834	1836	1838	1840
3	2733	2736	2739	2742	2745	2748	2751	2754	2757	2760
4	3644	3648	3652	3656	3660	3664	3668	3672	3676	3680
5	4555	4560	4565	4570	4575	4580	4585	4590	4595	4600
6	5466	5472	5478	5484	5490	5496	5502	5508	5514	5520
7	6377	6384	6391	6398	6405	6412	6419	6426	6433	6440
8	7288	7296	7304	7312	7320	7328	7336	7344	7352	7360
9	8199	8208	8217	8226	8235	8244	8253	8262	8271	8280
10	9110	9120	9130	9140	9150	9160	9170	9180	9190	9200
11	10021	10032	10043	10054	10065	10076	10087	10098	10109	10120
12	10932	10944	10956	10968	10980	10992	11004	11016	11028	11040
13	11843	11856	11869	11882	11895	11908	11921	11934	11947	11960
14	12754	12768	12782	12796	12810	12824	12838	12852	12866	12880
15	13665	13680	13695	13710	13725	13740	13755	13770	13785	13800
16	14576	14592	14608	14624	14640	14656	14672	14688	14704	14720
17	15487	15504	15521	15538	15555	15572	15589	15606	15623	15640
18	16398	16416	16434	16452	16470	16488	16506	16524	16542	16560
19	17309	17328	17347	17366	17385	17404	17423	17442	17461	17480
20	18220	18240	18260	18280	18300	18320	18340	18360	18380	18400
21	19131	19152	19173	19194	19215	19236	19257	19278	19299	19320
22	20042	20064	20086	20108	20130	20152	20174	20196	20218	20240
23	20953	20976	20999	21022	21045	21068	21091	21114	21137	21160
24	21864	21888	21912	21936	21960	21984	22008	22032	22056	22080
25	22775	22800	22825	22850	22875	22900	22925	22950	22975	23000
26	23686	23712	23738	23764	23790	23816	23842	23868	23894	23920
27	24597	24624	24651	24678	24705	24732	24759	24786	24813	24840
28	25508	25536	25564	25592	25620	25648	25676	25704	25732	25760
29	26419	26448	26477	26506	26535	26564	26593	26622	26651	26680
30	27330	27360	27390	27420	27450	27480	27510	27540	27570	27600
31	28241	28272	28303	28334	28365	28396	28427	28458	28489	28520
32	29152	29184	29216	29248	29280	29312	29344	29376	29408	29440
33	30063	30096	30129	30162	30195	30228	30261	30294	30327	30360
34	30974	31008	31042	31076	31110	31144	31178	31212	31246	31280
35	31885	31920	31955	31990	32025	32060	32095	32130	32165	32200
36	32796	32832	32868	32904	32940	32976	33012	33048	33084	33120
37	33707	33744	33781	33818	33855	33892	33929	33966	34003	34040
38	34618	34656	34694	34732	34770	34808	34846	34884	34922	34960
39	35529	35568	35607	35646	35685	35724	35763	35802	35841	35880
40	36440	36480	36520	36560	36600	36640	36680	36720	36760	36800
41	37351	37392	37433	37474	37515	37556	37597	37638	37679	37720
42	38262	38304	38346	38388	38430	38472	38514	38556	38598	38640
43	39173	39216	39259	39302	39345	39388	39431	39474	39517	39560
44	40084	40128	40172	40216	40260	40304	40348	40392	40436	40480
45	40995	41040	41085	41130	41175	41220	41265	41310	41355	41400
46	41906	41952	41998	42044	42090	42136	42182	42228	42274	42320
47	42817	42864	42911	42958	43005	43052	43099	43146	43193	43240
48	43728	43776	43824	43872	43920	43968	44016	44064	44112	44160
49	44639	44688	44737	44786	44835	44884	44933	44982	45031	45080
50	45550	45600	45650	45700	45750	45800	45850	45900	45950	46000
51	46461	46512	46563	46614	46665	46716	46767	46818	46869	46920
52	47372	47424	47476	47528	47580	47632	47684	47736	47788	47840
53	48283	48336	48389	48442	48495	48548	48601	48654	48707	48760
54	49194	49248	49302	49356	49410	49464	49518	49572	49626	49680
55	50105	50160	50215	50270	50325	50380	50435	50490	50545	50600
56	51016	51072	51128	51184	51240	51296	51352	51408	51464	51520
57	51927	51984	52041	52098	52155	52212	52269	52326	52383	52440
58	52838	52896	52954	53012	53070	53128	53186	53244	53302	53360
59	53749	53808	53867	53926	53985	54044	54103	54162	54221	54280
60	54660	54720	54780	54840	54900	54960	55020	55080	55140	55200
61	55571	55632	55693	55754	55815	55876	55937	55998	56059	56120
62	56482	56544	56606	56668	56730	56792	56854	56916	56978	57040
63	57393	57456	57519	57582	57645	57708	57771	57834	57897	57960
64	58304	58368	58432	58496	58560	58624	58688	58752	58816	58880
65	59215	59280	59345	59410	59475	59540	59605	59670	59735	59800
66	60126	60192	60258	60324	60390	60456	60522	60588	60654	60720
67	61037	61104	61171	61238	61305	61372	61439	61506	61573	61640
68	61948	62016	62084	62152	62220	62288	62356	62424	62492	62560
69	62859	62928	62997	63066	63135	63204	63273	63342	63411	63480
70	63770	63840	63910	63980	64050	64120	64190	64260	64330	64400
71	64681	64752	64823	64894	64965	65036	65107	65178	65249	65320
72	65592	65664	65736	65808	65880	65952	66024	66096	66168	66240
73	66503	66576	66649	66722	66795	66868	66941	67014	67087	67160
74	67414	67488	67562	67636	67710	67784	67858	67932	68006	68080
75	68325	68400	68475	68550	68625	68700	68775	68850	68925	69000
76	69236	69312	69388	69464	69540	69616	69692	69768	69844	69920
77	70147	70224	70301	70378	70455	70532	70609	70686	70763	70840
78	71058	71136	71214	71292	71370	71448	71526	71604	71682	71760
79	71969	72048	72127	72206	72285	72364	72443	72522	72601	72680
80	72880	72960	73040	73120	73200	73280	73360	73440	73520	73600
81	73791	73872	73953	74034	74115	74196	74277	74358	74439	74520
82	74702	74784	74866	74948	75030	75112	75194	75276	75358	75440
83	75613	75696	75779	75862	75945	76028	76111	76194	76277	76360
84	76524	76608	76692	76776	76860	76944	77028	77112	77196	77280
85	77435	77520	77605	77690	77775	77860	77945	78030	78115	78200
86	78346	78432	78518	78604	78690	78776	78862	78948	79034	79120
87	79257	79344	79431	79518	79605	79692	79779	79866	79953	80040
88	80168	80256	80344	80432	80520	80608	80696	80784	80872	80960
89	81079	81168	81257	81346	81435	81524	81613	81702	81791	81880
90	81990	82080	82170	82260	82350	82440	82530	82620	82710	82800
91	82901	82992	83083	83174	83265	83356	83447	83538	83629	83720
92	83812	83904	83996	84088	84180	84272	84364	84456	84548	84640
93	84723	84816	84909	85002	85095	85188	85281	85374	85467	85560
94	85634	85728	85822	85916	86010	86104	86198	86292	86386	86480
95	86545	86640	86735	86830	86925	87020	87115	87210	87305	87400
96	87456	87552	87648	87744	87840	87936	88032	88128	88224	88320
97	88367	88464	88561	88658	88755	88852	88949	89046	89143	89240
98	89278	89376	89474	89572	89670	89768	89866	89964	90062	90160
99	90189	90288	90387	90486	90585	90684	90783	90882	90981	91080
100	91100	91200	91300	91400	91500	91600	91700	91800	91900	92000

	921	922	923	924	925	926	927	928	929	930
1	921	922	923	924	925	926	927	928	929	930
2	1842	1844	1846	1848	1850	1852	1854	1856	1858	1860
3	2763	2766	2769	2772	2775	2778	2781	2784	2787	2790
4	3684	3688	3692	3696	3700	3704	3708	3712	3716	3720
5	4605	4610	4615	4620	4625	4630	4635	4640	4645	4650
6	5526	5532	5538	5544	5550	5556	5562	5568	5574	5580
7	6447	6454	6461	6468	6475	6482	6489	6496	6503	6510
8	7368	7376	7384	7392	7400	7408	7416	7424	7432	7440
9	8289	8298	8307	8316	8325	8334	8343	8352	8361	8370
10	9210	9220	9230	9240	9250	9260	9270	9280	9290	9300
11	10131	10142	10153	10164	10175	10186	10197	10208	10219	10230
12	11052	11064	11076	11088	11100	11112	11124	11136	11148	11160
13	11973	11986	11999	12012	12025	12038	12051	12064	12077	12090
14	12894	12908	12922	12936	12950	12964	12978	12992	13006	13020
15	13815	13830	13845	13860	13875	13890	13905	13920	13935	13950
16	14736	14752	14768	14784	14800	14816	14832	14848	14864	14880
17	15657	15674	15691	15708	15725	15742	15759	15776	15793	15810
18	16578	16596	16614	16632	16650	16668	16686	16704	16722	16740
19	17499	17518	17537	17556	17575	17594	17613	17632	17651	17670
20	18420	18440	18460	18480	18500	18520	18540	18560	18580	18600
21	19341	19362	19383	19404	19425	19446	19467	19488	19509	19530
22	20262	20284	20306	20328	20350	20372	20394	20416	20438	20460
23	21183	21206	21229	21252	21275	21298	21321	21344	21367	21390
24	22104	22128	22152	22176	22200	22224	22248	22272	22296	22320
25	23025	23050	23075	23100	23125	23150	23175	23200	23225	23250
26	23946	23972	23998	24024	24050	24076	24102	24128	24154	24180
27	24867	24894	24921	24948	24975	25002	25029	25056	25083	25110
28	25788	25816	25844	25872	25900	25928	25956	25984	26012	26040
29	26709	26738	26767	26796	26825	26854	26883	26912	26941	26970
30	27630	27660	27690	27720	27750	27780	27810	27840	27870	27900
31	28551	28582	28613	28644	28675	28706	28737	28768	28799	28830
32	29472	29504	29536	29568	29600	29632	29664	29696	29728	29760
33	30393	30426	30459	30492	30525	30558	30591	30624	30657	30690
34	31314	31348	31382	31416	31450	31484	31518	31552	31586	31620
35	32235	32270	32305	32340	32375	32410	32445	32480	32515	32550
36	33156	33192	33228	33264	33300	33336	33372	33408	33444	33480
37	34077	34114	34151	34188	34225	34262	34299	34336	34373	34410
38	34998	35036	35074	35112	35150	35188	35226	35264	35302	35340
39	35919	35958	35997	36036	36075	36114	36153	36192	36231	36270
40	36840	36880	36920	36960	37000	37040	37080	37120	37160	37200
41	37761	37802	37843	37884	37925	37966	38007	38048	38089	38130
42	38682	38724	38766	38808	38850	38892	38934	38976	39018	39060
43	39603	39646	39689	39732	39775	39818	39861	39904	39947	39990
44	40524	40568	40612	40656	40700	40744	40788	40832	40876	40920
45	41445	41490	41535	41580	41625	41670	41715	41760	41805	41850
46	42366	42412	42458	42504	42550	42596	42642	42688	42734	42780
47	43287	43334	43381	43428	43475	43522	43569	43616	43663	43710
48	44208	44256	44304	44352	44400	44448	44496	44544	44592	44640
49	45129	45178	45227	45276	45325	45374	45423	45472	45521	45570
50	46050	46100	46150	46200	46250	46300	46350	46400	46450	46500
51	46971	47022	47073	47124	47175	47226	47277	47328	47379	47430
52	47892	47944	47996	48048	48100	48152	48204	48256	48308	48360
53	48813	48866	48919	48972	49025	49078	49131	49184	49237	49290
54	49734	49788	49842	49896	49950	50004	50058	50112	50166	50220
55	50655	50710	50765	50820	50875	50930	50985	51040	51095	51150
56	51576	51632	51688	51744	51800	51856	51912	51968	52024	52080
57	52497	52554	52611	52668	52725	52782	52839	52896	52953	53010
58	53418	53476	53534	53592	53650	53708	53766	53824	53882	53940
59	54339	54398	54457	54516	54575	54634	54693	54752	54811	54870
60	55260	55320	55380	55440	55500	55560	55620	55680	55740	55800
61	56181	56242	56303	56364	56425	56486	56547	56608	56669	56730
62	57102	57164	57226	57288	57350	57412	57474	57536	57598	57660
63	58023	58086	58149	58212	58275	58338	58401	58464	58527	58590
64	58944	59008	59072	59136	59200	59264	59328	59392	59456	59520
65	59865	59930	59995	60060	60125	60190	60255	60320	60385	60450
66	60786	60852	60918	60984	61050	61116	61182	61248	61314	61380
67	61707	61774	61841	61908	61975	62042	62109	62176	62243	62310
68	62628	62696	62764	62832	62900	62968	63036	63104	63172	63240
69	63549	63618	63687	63756	63825	63894	63963	64032	64101	64170
70	64470	64540	64610	64680	64750	64820	64890	64960	65030	65100
71	65391	65462	65533	65604	65675	65746	65817	65888	65959	66030
72	66312	66384	66456	66528	66600	66672	66744	66816	66888	66960
73	67233	67306	67379	67452	67525	67598	67671	67744	67817	67890
74	68154	68228	68302	68376	68450	68524	68598	68672	68746	68820
75	69075	69150	69225	69300	69375	69450	69525	69600	69675	69750
76	69996	70072	70148	70224	70300	70376	70452	70528	70604	70680
77	70917	70994	71071	71148	71225	71302	71379	71456	71533	71610
78	71838	71916	71994	72072	72150	72228	72306	72384	72462	72540
79	72759	72838	72917	72996	73075	73154	73233	73312	73391	73470
80	73680	73760	73840	73920	74000	74080	74160	74240	74320	74400
81	74601	74682	74763	74844	74925	75006	75087	75168	75249	75330
82	75522	75604	75686	75768	75850	75932	76014	76096	76178	76260
83	76443	76526	76609	76692	76775	76858	76941	77024	77107	77190
84	77364	77448	77532	77616	77700	77784	77868	77952	78036	78120
85	78285	78370	78455	78540	78625	78710	78795	78880	78965	79050
86	79206	79292	79378	79464	79550	79636	79722	79808	79894	79980
87	80127	80214	80301	80388	80475	80562	80649	80736	80823	80910
88	81048	81136	81224	81312	81400	81488	81576	81664	81752	81840
89	81969	82058	82147	82236	82325	82414	82503	82592	82681	82770
90	82890	82980	83070	83160	83250	83340	83430	83520	83610	83700
91	83811	83902	83993	84084	84175	84266	84357	84448	84539	84630
92	84732	84824	84916	85008	85100	85192	85284	85376	85468	85560
93	85653	85746	85839	85932	86025	86118	86211	86304	86397	86490
94	86574	86668	86762	86856	86950	87044	87138	87232	87326	87420
95	87495	87590	87685	87780	87875	87970	88065	88160	88255	88350
96	88416	88512	88608	88704	88800	88896	88992	89088	89184	89280
97	89337	89434	89531	89628	89725	89822	89919	90016	90113	90210
98	90258	90356	90454	90552	90650	90748	90846	90944	91042	91140
99	91179	91278	91377	91476	91575	91674	91773	91872	91971	92070
100	92100	92200	92300	92400	92500	92600	92700	92800	92900	93000

	931	932	933	934	935	936	937	938	939	940
1	931	932	933	934	935	936	937	938	939	940
2	1862	1864	1866	1868	1870	1872	1874	1876	1878	1880
3	2793	2796	2799	2802	2805	2808	2811	2814	2817	2820
4	3724	3728	3732	3736	3740	3744	3748	3752	3756	3760
5	4655	4660	4665	4670	4675	4680	4685	4690	4695	4700
6	5586	5592	5598	5604	5610	5616	5622	5628	5634	5640
7	6517	6524	6531	6538	6545	6552	6559	6566	6573	6580
8	7448	7456	7464	7472	7480	7488	7496	7504	7512	7520
9	8379	8388	8397	8406	8415	8424	8433	8442	8451	8460
10	9310	9320	9330	9340	9350	9360	9370	9380	9390	9400
11	10241	10252	10263	10274	10285	10296	10307	10318	10329	10340
12	11172	11184	11196	11208	11220	11232	11244	11256	11268	11280
13	12103	12116	12129	12142	12155	12168	12181	12194	12207	12220
14	13034	13048	13062	13076	13090	13104	13118	13132	13146	13160
15	13965	13980	13995	14010	14025	14040	14055	14070	14085	14100
16	14896	14912	14928	14944	14960	14976	14992	15008	15024	15040
17	15827	15844	15861	15878	15895	15912	15929	15946	15963	15980
18	16758	16776	16794	16812	16830	16848	16866	16884	16902	16920
19	17689	17708	17727	17746	17765	17784	17803	17822	17841	17860
20	18620	18640	18660	18680	18700	18720	18740	18760	18780	18800
21	19551	19572	19593	19614	19635	19656	19677	19698	19719	19740
22	20482	20504	20526	20548	20570	20592	20614	20636	20658	20680
23	21413	21436	21459	21482	21505	21528	21551	21574	21597	21620
24	22344	22368	22392	22416	22440	22464	22488	22512	22536	22560
25	23275	23300	23325	23350	23375	23400	23425	23450	23475	23500
26	24206	24232	24258	24284	24310	24336	24362	24388	24414	24440
27	25137	25164	25191	25218	25245	25272	25299	25326	25353	25380
28	26068	26096	26124	26152	26180	26208	26236	26264	26292	26320
29	26999	27028	27057	27086	27115	27144	27173	27202	27231	27260
30	27930	27960	27990	28020	28050	28080	28110	28140	28170	28200
31	28861	28892	28923	28954	28985	29016	29047	29078	29109	29140
32	29792	29824	29856	29888	29920	29952	29984	30016	30048	30080
33	30723	30756	30789	30822	30855	30888	30921	30954	30987	31020
34	31654	31688	31722	31756	31790	31824	31858	31892	31926	31960
35	32585	32620	32655	32690	32725	32760	32795	32830	32865	32900
36	33516	33552	33588	33624	33660	33696	33732	33768	33804	33840
37	34447	34484	34521	34558	34595	34632	34669	34706	34743	34780
38	35378	35416	35454	35492	35530	35568	35606	35644	35682	35720
39	36309	36348	36387	36426	36465	36504	36543	36582	36621	36660
40	37240	37280	37320	37360	37400	37440	37480	37520	37560	37600
41	38171	38212	38253	38294	38335	38376	38417	38458	38499	38540
42	39102	39144	39186	39228	39270	39312	39354	39396	39438	39480
43	40033	40076	40119	40162	40205	40248	40291	40334	40377	40420
44	40964	41008	41052	41096	41140	41184	41228	41272	41316	41360
45	41895	41940	41985	42030	42075	42120	42165	42210	42255	42300
46	42826	42872	42918	42964	43010	43056	43102	43148	43194	43240
47	43757	43804	43851	43898	43945	43992	44039	44086	44133	44180
48	44688	44736	44784	44832	44880	44928	44976	45024	45072	45120
49	45619	45668	45717	45766	45815	45864	45913	45962	46011	46060
50	46550	46600	46650	46700	46750	46800	46850	46900	46950	47000
51	47481	47532	47583	47634	47685	47736	47787	47838	47889	47940
52	48412	48464	48516	48568	48620	48672	48724	48776	48828	48880
53	49343	49396	49449	49502	49555	49608	49661	49714	49767	49820
54	50274	50328	50382	50436	50490	50544	50598	50652	50706	50760
55	51205	51260	51315	51370	51425	51480	51535	51590	51645	51700
56	52136	52192	52248	52304	52360	52416	52472	52528	52584	52640
57	53067	53124	53181	53238	53295	53352	53409	53466	53523	53580
58	53998	54056	54114	54172	54230	54288	54346	54404	54462	54520
59	54929	54988	55047	55106	55165	55224	55283	55342	55401	55460
60	55860	55920	55980	56040	56100	56160	56220	56280	56340	56400
61	56791	56852	56913	56974	57035	57096	57157	57218	57279	57340
62	57722	57784	57846	57908	57970	58032	58094	58156	58218	58280
63	58653	58716	58779	58842	58905	58968	59031	59094	59157	59220
64	59584	59648	59712	59776	59840	59904	59968	60032	60096	60160
65	60515	60580	60645	60710	60775	60840	60905	60970	61035	61100
66	61446	61512	61578	61644	61710	61776	61842	61908	61974	62040
67	62377	62444	62511	62578	62645	62712	62779	62846	62913	62980
68	63308	63376	63444	63512	63580	63648	63716	63784	63852	63920
69	64239	64308	64377	64446	64515	64584	64653	64722	64791	64860
70	65170	65240	65310	65380	65450	65520	65590	65660	65730	65800
71	66101	66172	66243	66314	66385	66456	66527	66598	66669	66740
72	67032	67104	67176	67248	67320	67392	67464	67536	67608	67680
73	67963	68036	68109	68182	68255	68328	68401	68474	68547	68620
74	68894	68968	69042	69116	69190	69264	69338	69412	69486	69560
75	69825	69900	69975	70050	70125	70200	70275	70350	70425	70500
76	70756	70832	70908	70984	71060	71136	71212	71288	71364	71440
77	71687	71764	71841	71918	71995	72072	72149	72226	72303	72380
78	72618	72696	72774	72852	72930	73008	73086	73164	73242	73320
79	73549	73628	73707	73786	73865	73944	74023	74102	74181	74260
80	74480	74560	74640	74720	74800	74880	74960	75040	75120	75200
81	75411	75492	75573	75654	75735	75816	75897	75978	76059	76140
82	76342	76424	76506	76588	76670	76752	76834	76916	76998	77080
83	77273	77356	77439	77522	77605	77688	77771	77854	77937	78020
84	78204	78288	78372	78456	78540	78624	78708	78792	78876	78960
85	79135	79220	79305	79390	79475	79560	79645	79730	79815	79900
86	80066	80152	80238	80324	80410	80496	80582	80668	80754	80840
87	80997	81084	81171	81258	81345	81432	81519	81606	81693	81780
88	81928	82016	82104	82192	82280	82368	82456	82544	82632	82720
89	82859	82948	83037	83126	83215	83304	83393	83482	83571	83660
90	83790	83880	83970	84060	84150	84240	84330	84420	84510	84600
91	84721	84812	84903	84994	85085	85176	85267	85358	85449	85540
92	85652	85744	85836	85928	86020	86112	86204	86296	86388	86480
93	86583	86676	86769	86862	86955	87048	87141	87234	87327	87420
94	87514	87608	87702	87796	87890	87984	88078	88172	88266	88360
95	88445	88540	88635	88730	88825	88920	89015	89110	89205	89300
96	89376	89472	89568	89664	89760	89856	89952	90048	90144	90240
97	90307	90404	90501	90598	90695	90792	90889	90986	91083	91180
98	91238	91336	91434	91532	91630	91728	91826	91924	92022	92120
99	92169	92268	92367	92466	92565	92664	92763	92862	92961	93060
100	93100	93200	93300	93400	93500	93600	93700	93800	93900	94000

#	941	942	943	944	945	946	947	948	949	950
1	941	942	943	944	945	946	947	948	949	950
2	1882	1884	1886	1888	1890	1892	1894	1896	1898	1900
3	2823	2826	2829	2832	2835	2838	2841	2844	2847	2850
4	3764	3768	3772	3776	3780	3784	3788	3792	3796	3800
5	4705	4710	4715	4720	4725	4730	4735	4740	4745	4750
6	5646	5652	5658	5664	5670	5676	5682	5688	5694	5700
7	6587	6594	6601	6608	6615	6622	6629	6636	6643	6650
8	7528	7536	7544	7552	7560	7568	7576	7584	7592	7600
9	8469	8478	8487	8496	8505	8514	8523	8532	8541	8550
10	9410	9420	9430	9440	9450	9460	9470	9480	9490	9500
11	10351	10362	10373	10384	10395	10406	10417	10428	10439	10450
12	11292	11304	11316	11328	11340	11352	11364	11376	11388	11400
13	12233	12246	12259	12272	12285	12298	12311	12324	12337	12350
14	13174	13188	13202	13216	13230	13244	13258	13272	13286	13300
15	14115	14130	14145	14160	14175	14190	14205	14220	14235	14250
16	15056	15072	15088	15104	15120	15136	15152	15168	15184	15200
17	15997	16014	16031	16048	16065	16082	16099	16116	16133	16150
18	16938	16956	16974	16992	17010	17028	17046	17064	17082	17100
19	17879	17898	17917	17936	17955	17974	17993	18012	18031	18050
20	18820	18840	18860	18880	18900	18920	18940	18960	18980	19000
21	19761	19782	19803	19824	19845	19866	19887	19908	19929	19950
22	20702	20724	20746	20768	20790	20812	20834	20856	20878	20900
23	21643	21666	21689	21712	21735	21758	21781	21804	21827	21850
24	22584	22608	22632	22656	22680	22704	22728	22752	22776	22800
25	23525	23550	23575	23600	23625	23650	23675	23700	23725	23750
26	24466	24492	24518	24544	24570	24596	24622	24648	24674	24700
27	25407	25434	25461	25488	25515	25542	25569	25596	25623	25650
28	26348	26376	26404	26432	26460	26488	26516	26544	26572	26600
29	27289	27318	27347	27376	27405	27434	27463	27492	27521	27550
30	28230	28260	28290	28320	28350	28380	28410	28440	28470	28500
31	29171	29202	29233	29264	29295	29326	29357	29388	29419	29450
32	30112	30144	30176	30208	30240	30272	30304	30336	30368	30400
33	31053	31086	31119	31152	31185	31218	31251	31284	31317	31350
34	31994	32028	32062	32096	32130	32164	32198	32232	32266	32300
35	32935	32970	33005	33040	33075	33110	33145	33180	33215	33250
36	33876	33912	33948	33984	34020	34056	34092	34128	34164	34200
37	34817	34854	34891	34928	34965	35002	35039	35076	35113	35150
38	35758	35796	35834	35872	35910	35948	35986	36024	36062	36100
39	36699	36738	36777	36816	36855	36894	36933	36972	37011	37050
40	37640	37680	37720	37760	37800	37840	37880	37920	37960	38000
41	38581	38622	38663	38704	38745	38786	38827	38868	38909	38950
42	39522	39564	39606	39648	39690	39732	39774	39816	39858	39900
43	40463	40506	40549	40592	40635	40678	40721	40764	40807	40850
44	41404	41448	41492	41536	41580	41624	41668	41712	41756	41800
45	42345	42390	42435	42480	42525	42570	42615	42660	42705	42750
46	43286	43332	43378	43424	43470	43516	43562	43608	43654	43700
47	44227	44274	44321	44368	44415	44462	44509	44556	44603	44650
48	45168	45216	45264	45312	45360	45408	45456	45504	45552	45600
49	46109	46158	46207	46256	46305	46354	46403	46452	46501	46550
50	47050	47100	47150	47200	47250	47300	47350	47400	47450	47500
51	47991	48042	48093	48144	48195	48246	48297	48348	48399	48450
52	48932	48984	49036	49088	49140	49192	49244	49296	49348	49400
53	49873	49926	49979	50032	50085	50138	50191	50244	50297	50350
54	50814	50868	50922	50976	51030	51084	51138	51192	51246	51300
55	51755	51810	51865	51920	51975	52030	52085	52140	52195	52250
56	52696	52752	52808	52864	52920	52976	53032	53088	53144	53200
57	53637	53694	53751	53808	53865	53922	53979	54036	54093	54150
58	54578	54636	54694	54752	54810	54868	54926	54984	55042	55100
59	55519	55578	55637	55696	55755	55814	55873	55932	55991	56050
60	56460	56520	56580	56640	56700	56760	56820	56880	56940	57000
61	57401	57462	57523	57584	57645	57706	57767	57828	57889	57950
62	58342	58404	58466	58528	58590	58652	58714	58776	58838	58900
63	59283	59346	59409	59472	59535	59598	59661	59724	59787	59850
64	60224	60288	60352	60416	60480	60544	60608	60672	60736	60800
65	61165	61230	61295	61360	61425	61490	61555	61620	61685	61750
66	62106	62172	62238	62304	62370	62436	62502	62568	62634	62700
67	63047	63114	63181	63248	63315	63382	63449	63516	63583	63650
68	63988	64056	64124	64192	64260	64328	64396	64464	64532	64600
69	64929	64998	65067	65136	65205	65274	65343	65412	65481	65550
70	65870	65940	66010	66080	66150	66220	66290	66360	66430	66500
71	66811	66882	66953	67024	67095	67166	67237	67308	67379	67450
72	67752	67824	67896	67968	68040	68112	68184	68256	68328	68400
73	68693	68766	68839	68912	68985	69058	69131	69204	69277	69350
74	69634	69708	69782	69856	69930	70004	70078	70152	70226	70300
75	70575	70650	70725	70800	70875	70950	71025	71100	71175	71250
76	71516	71592	71668	71744	71820	71896	71972	72048	72124	72200
77	72457	72534	72611	72688	72765	72842	72919	72996	73073	73150
78	73398	73476	73554	73632	73710	73788	73866	73944	74022	74100
79	74339	74418	74497	74576	74655	74734	74813	74892	74971	75050
80	75280	75360	75440	75520	75600	75680	75760	75840	75920	76000
81	76221	76302	76383	76464	76545	76626	76707	76788	76869	76950
82	77162	77244	77326	77408	77490	77572	77654	77736	77818	77900
83	78103	78186	78269	78352	78435	78518	78601	78684	78767	78850
84	79044	79128	79212	79296	79380	79464	79548	79632	79716	79800
85	79985	80070	80155	80240	80325	80410	80495	80580	80665	80750
86	80926	81012	81098	81184	81270	81356	81442	81528	81614	81700
87	81867	81954	82041	82128	82215	82302	82389	82476	82563	82650
88	82808	82896	82984	83072	83160	83248	83336	83424	83512	83600
89	83749	83838	83927	84016	84105	84194	84283	84372	84461	84550
90	84690	84780	84870	84960	85050	85140	85230	85320	85410	85500
91	85631	85722	85813	85904	85995	86086	86177	86268	86359	86450
92	86572	86664	86756	86848	86940	87032	87124	87216	87308	87400
93	87513	87606	87699	87792	87885	87978	88071	88164	88257	88350
94	88454	88548	88642	88736	88830	88924	89018	89112	89206	89300
95	89395	89490	89585	89680	89775	89870	89965	90060	90155	90250
96	90336	90432	90528	90624	90720	90816	90912	91008	91104	91200
97	91277	91374	91471	91568	91665	91762	91859	91956	92053	92150
98	92218	92316	92414	92512	92610	92708	92806	92904	93002	93100
99	93159	93258	93357	93456	93555	93654	93753	93852	93951	94050
100	94100	94200	94300	94400	94500	94600	94700	94800	94900	95000

Y

1	951	2	952	1	953	1	954	1	955	1	956	1	957	1	958	1	959	1	960
2	1902	2	1904	2	1906	2	1908	2	1910	2	1912	2	1914	2	1916	2	1918	2	1920
3	2853	3	2856	3	2859	3	2862	3	2865	3	2868	3	2871	3	2874	3	2877	3	2880
4	3804	4	3808	4	3812	4	3816	4	3820	4	3824	4	3828	4	3832	4	3836	4	3840
5	4755	5	4760	5	4765	5	4770	5	4775	5	4780	5	4785	5	4790	5	4795	5	4800
6	5706	6	5712	6	5718	6	5724	6	5730	6	5736	6	5742	6	5748	6	5754	6	5760
7	6657	7	6664	7	6671	7	6678	7	6685	7	6692	7	6699	7	6706	7	6713	7	6720
8	7608	8	7616	8	7624	8	7632	8	7640	8	7648	8	7656	8	7664	8	7672	8	7680
9	8559	9	8568	9	8577	9	8586	9	8595	9	8604	9	8613	9	8622	9	8631	9	8640
10	9510	10	9520	10	9530	10	9540	10	9550	10	9560	10	9570	10	9580	10	9590	10	9600
11	10461	11	10472	11	10483	11	10494	11	10505	11	10516	11	10527	11	10538	11	10549	11	10560
12	11412	12	11424	12	11436	12	11448	12	11460	12	11472	12	11484	12	11496	12	11508	12	11520
13	12363	13	12376	13	12389	13	12402	13	12415	13	12428	13	12441	13	12454	13	12467	13	12480
14	13314	14	13328	14	13342	14	13356	14	13370	14	13384	14	13398	14	13412	14	13426	14	13440
15	14265	15	14280	15	14295	15	14310	15	14325	15	14340	15	14355	15	14370	15	14385	15	14400
16	15216	16	15232	16	15248	16	15264	16	15280	16	15296	16	15312	16	15328	16	15344	16	15360
17	16167	17	16184	17	16201	17	16218	17	16235	17	16252	17	16269	17	16286	17	16303	17	16320
18	17118	18	17136	18	17154	18	17172	18	17190	18	17208	18	17226	18	17244	18	17262	18	17280
19	18069	19	18088	19	18107	19	18126	19	18145	19	18164	19	18183	19	18202	19	18221	19	18240
20	19020	20	19040	20	19060	20	19080	20	19100	20	19120	20	19140	20	19160	20	19180	20	19200
21	19971	21	19992	21	20013	21	20034	21	20055	21	20076	21	20097	21	20118	21	20139	21	20160
22	20922	22	20944	22	20966	22	20988	22	21010	22	21032	22	21054	22	21076	22	21098	22	21120
23	21873	23	21896	23	21919	23	21942	23	21965	23	21988	23	22011	23	22034	23	22057	23	22080
24	22824	24	22848	24	22872	24	22896	24	22920	24	22944	24	22968	24	22992	24	23016	24	23040
25	23775	25	23800	25	23825	25	23850	25	23875	25	23900	25	23925	25	23950	25	23975	25	24000
26	24726	26	24752	26	24778	26	24804	26	24830	26	24856	26	24882	26	24908	26	24934	26	24960
27	25677	27	25704	27	25731	27	25758	27	25785	27	25812	27	25839	27	25866	27	25893	27	25920
28	26628	28	26656	28	26684	28	26712	28	26740	28	26768	28	26796	28	26824	28	26852	28	26880
29	27579	29	27608	29	27637	29	27666	29	27695	29	27724	29	27753	29	27782	29	27811	29	27840
30	28530	30	28560	30	28590	30	28620	30	28650	30	28680	30	28710	30	28740	30	28770	30	28800
31	29481	31	29512	31	29543	31	29574	31	29605	31	29636	31	29667	31	29698	31	29729	31	29760
32	30432	32	30464	32	30496	32	30528	32	30560	32	30592	32	30624	32	30656	32	30688	32	30720
33	31383	33	31416	33	31449	33	31482	33	31515	33	31548	33	31581	33	31614	33	31647	33	31680
34	32334	34	32368	34	32402	34	32436	34	32470	34	32504	34	32538	34	32572	34	32606	34	32640
35	33285	35	33320	35	33355	35	33390	35	33425	35	33460	35	33495	35	33530	35	33565	35	33600
36	34236	36	34272	36	34308	36	34344	36	34380	36	34416	36	34452	36	34488	36	34524	36	34560
37	35187	37	35224	37	35261	37	35298	37	35335	37	35372	37	35409	37	35446	37	35483	37	35520
38	36138	38	36176	38	36214	38	36252	38	36290	38	36328	38	36366	38	36404	38	36442	38	36480
39	37089	39	37128	39	37167	39	37206	39	37245	39	37284	39	37323	39	37362	39	37401	39	37440
40	38040	40	38080	40	38120	40	38160	40	38200	40	38240	40	38280	40	38320	40	38360	40	38400
41	38991	41	39032	41	39073	41	39114	41	39155	41	39196	41	39237	41	39278	41	39319	41	39360
42	39942	42	39984	42	40026	42	40068	42	40110	42	40152	42	40194	42	40236	42	40278	42	40320
43	40893	43	40936	43	40979	43	41022	43	41065	43	41108	43	41151	43	41194	43	41237	43	41280
44	41844	44	41888	44	41932	44	41976	44	42020	44	42064	44	42108	44	42152	44	42196	44	42240
45	42795	45	42840	45	42885	45	42930	45	42975	45	43020	45	43065	45	43110	45	43155	45	43200
46	43746	46	43792	46	43838	46	43884	46	43930	46	43976	46	44022	46	44068	46	44114	46	44160
47	44697	47	44744	47	44791	47	44838	47	44885	47	44932	47	44979	47	45026	47	45073	47	45120
48	45648	48	45696	48	45744	48	45792	48	45840	48	45888	48	45936	48	45984	48	46032	48	46080
49	46599	49	46648	49	46697	49	46746	49	46795	49	46844	49	46893	49	46942	49	46991	49	47040
50	47550	50	47600	50	47650	50	47700	50	47750	50	47800	50	47850	50	47900	50	47950	50	48000
51	48501	51	48552	51	48603	51	48654	51	48705	51	48756	51	48807	51	48858	51	48909	51	48960
52	49452	52	49504	52	49556	52	49608	52	49660	52	49712	52	49764	52	49816	52	49868	52	49920
53	50403	53	50456	53	50509	53	50562	53	50615	53	50668	53	50721	53	50774	53	50827	53	50880
54	51354	54	51408	54	51462	54	51516	54	51570	54	51624	54	51678	54	51732	54	51786	54	51840
55	52305	55	52360	55	52415	55	52470	55	52525	55	52580	55	52635	55	52690	55	52745	55	52800
56	53256	56	53312	56	53368	56	53424	56	53480	56	53536	56	53592	56	53648	56	53704	56	53760
57	54207	57	54264	57	54321	57	54378	57	54435	57	54492	57	54549	57	54606	57	54663	57	54720
58	55158	58	55216	58	55274	58	55332	58	55390	58	55448	58	55506	58	55564	58	55622	58	55680
59	56109	59	56168	59	56227	59	56286	59	56345	59	56404	59	56463	59	56522	59	56581	59	56640
60	57060	60	57120	60	57180	60	57240	60	57300	60	57360	60	57420	60	57480	60	57540	60	57600
61	58011	61	58072	61	58133	61	58194	61	58255	61	58316	61	58377	61	58438	61	58499	61	58560
62	58962	62	59024	62	59086	62	59148	62	59210	62	59272	62	59334	62	59396	62	59458	62	59520
63	59913	63	59976	63	60039	63	60102	63	60165	63	60228	63	60291	63	60354	63	60417	63	60480
64	60864	64	60928	64	60992	64	61056	64	61120	64	61184	64	61248	64	61312	64	61376	64	61440
65	61815	65	61880	65	61945	65	62010	65	62075	65	62140	65	62205	65	62270	65	62335	65	62400
66	62766	66	62832	66	62898	66	62964	66	63030	66	63096	66	63162	66	63228	66	63294	66	63360
67	63717	67	63784	67	63851	67	63918	67	63985	67	64052	67	64119	67	64186	67	64253	67	64320
68	64668	68	64736	68	64804	68	64872	68	64940	68	65008	68	65076	68	65144	68	65212	68	65280
69	65619	69	65688	69	65757	69	65826	69	65895	69	65964	69	66033	69	66102	69	66171	69	66240
70	66570	70	66640	70	66710	70	66780	70	66850	70	66920	70	66990	70	67060	70	67130	70	67200
71	67521	71	67592	71	67663	71	67734	71	67805	71	67876	71	67947	71	68018	71	68089	71	68160
72	68472	72	68544	72	68616	72	68688	72	68760	72	68832	72	68904	72	68976	72	69048	72	69120
73	69423	73	69496	73	69569	73	69642	73	69715	73	69788	73	69861	73	69934	73	70007	73	70080
74	70374	74	70448	74	70522	74	70596	74	70670	74	70744	74	70818	74	70892	74	70966	74	71040
75	71325	75	71400	75	71475	75	71550	75	71625	75	71700	75	71775	75	71850	75	71925	75	72000
76	72276	76	72352	76	72428	76	72504	76	72580	76	72656	76	72732	76	72808	76	72884	76	72960
77	73227	77	73304	77	73381	77	73458	77	73535	77	73612	77	73689	77	73766	77	73843	77	73920
78	74178	78	74256	78	74334	78	74412	78	74490	78	74568	78	74646	78	74724	78	74802	78	74880
79	75129	79	75208	79	75287	79	75366	79	75445	79	75524	79	75603	79	75682	79	75761	79	75840
80	76080	80	76160	80	76240	80	76320	80	76400	80	76480	80	76560	80	76640	80	76720	80	76800
81	77031	81	77112	81	77193	81	77274	81	77355	81	77436	81	77517	81	77598	81	77679	81	77760
82	77982	82	78064	82	78146	82	78228	82	78310	82	78392	82	78474	82	78556	82	78638	82	78720
83	78933	83	79016	83	79099	83	79182	83	79265	83	79348	83	79431	83	79514	83	79597	83	79680
84	79884	84	79968	84	80052	84	80136	84	80220	84	80304	84	80388	84	80472	84	80556	84	80640
85	80835	85	80920	85	81005	85	81090	85	81175	85	81260	85	81345	85	81430	85	81515	85	81600
86	81786	86	81872	86	81958	86	82044	86	82130	86	82216	86	82302	86	82388	86	82474	86	82560
87	82737	87	82824	87	82911	87	82998	87	83085	87	83172	87	83259	87	83346	87	83433	87	83520
88	83688	88	83776	88	83864	88	83952	88	84040	88	84128	88	84216	88	84304	88	84392	88	84480
89	84639	89	84728	89	84817	89	84906	89	84995	89	85084	89	85173	89	85262	89	85351	89	85440
90	85590	90	85680	90	85770	90	85860	90	85950	90	86040	90	86130	90	86220	90	86310	90	86400
91	86541	91	86632	91	86723	91	86814	91	86905	91	86996	91	87087	91	87178	91	87269	91	87360
92	87492	92	87584	92	87676	92	87768	92	87860	92	87952	92	88044	92	88136	92	88228	92	88320
93	88443	93	88536	93	88629	93	88722	93	88815	93	88908	93	89001	93	89094	93	89187	93	89280
94	89394	94	89488	94	89582	94	89676	94	89770	94	89864	94	89958	94	90052	94	90146	94	90240
95	90345	95	90440	95	90535	95	90630	95	90725	95	90820	95	90915	95	91010	95	91105	95	91200
96	91296	96	91392	96	91488	96	91584	96	91680	96	91776	96	91872	96	91968	96	92064	96	92160
97	92247	97	92344	97	92441	97	92538	97	92635	97	92732	97	92829	97	92926	97	93023	97	93120
98	93198	98	93296	98	93394	98	93492	98	93590	98	93688	98	93786	98	93884	98	93982	98	94080
99	94149	99	94248	99	94347	99	94446	99	94545	99	94644	99	94743	99	94842	99	94941	99	95040
100	95100	100	95200	100	95300	100	95400	100	95500	100	95600	100	95700	100	95800	100	95900	100	96000

	961	962	963	964	965	966	967	968	969	970
1	961	962	963	964	965	966	967	968	969	970
2	1922	1924	1926	1928	1930	1932	1934	1936	1938	1940
3	2883	2886	2889	2892	2895	2898	2901	2904	2907	2910
4	3844	3848	3852	3856	3860	3864	3868	3872	3876	3880
5	4805	4810	4815	4820	4825	4830	4835	4840	4845	4850
6	5766	5772	5778	5784	5790	5796	5802	5808	5814	5820
7	6727	6734	6741	6748	6755	6762	6769	6776	6783	6790
8	7688	7696	7704	7712	7720	7728	7736	7744	7752	7760
9	8649	8658	8667	8676	8685	8694	8703	8712	8721	8730
10	9610	9620	9630	9640	9650	9660	9670	9680	9690	9700
11	10571	10582	10593	10604	10615	10626	10637	10648	10659	10670
12	11532	11544	11556	11568	11580	11592	11604	11616	11628	11640
13	12493	12506	12519	12532	12545	12558	12571	12584	12597	12610
14	13454	13468	13482	13496	13510	13524	13538	13552	13566	13580
15	14415	14430	14445	14460	14475	14490	14505	14520	14535	14550
16	15376	15392	15408	15424	15440	15456	15472	15488	15504	15520
17	16337	16354	16371	16388	16405	16422	16439	16456	16473	16490
18	17298	17316	17334	17352	17370	17388	17406	17424	17442	17460
19	18259	18278	18297	18316	18335	18354	18373	18392	18411	18430
20	19220	19240	19260	19280	19300	19320	19340	19360	19380	19400
21	20181	20202	20223	20244	20265	20286	20307	20328	20349	20370
22	21142	21164	21186	21208	21230	21252	21274	21296	21318	21340
23	22103	22126	22149	22172	22195	22218	22241	22264	22287	22310
24	23064	23088	23112	23136	23160	23184	23208	23232	23256	23280
25	24025	24050	24075	24100	24125	24150	24175	24200	24225	24250
26	24986	25012	25038	25064	25090	25116	25142	25168	25194	25220
27	25947	25974	26001	26028	26055	26082	26109	26136	26163	26190
28	26908	26936	26964	26992	27020	27048	27076	27104	27132	27160
29	27869	27898	27927	27956	27985	28014	28043	28072	28101	28130
30	28830	28860	28890	28920	28950	28980	29010	29040	29070	29100
31	29791	29822	29853	29884	29915	29946	29977	30008	30039	30070
32	30752	30784	30816	30848	30880	30912	30944	30976	31008	31040
33	31713	31746	31779	31812	31845	31878	31911	31944	31977	32010
34	32674	32708	32742	32776	32810	32844	32878	32912	32946	32980
35	33635	33670	33705	33740	33775	33810	33845	33880	33915	33950
36	34596	34632	34668	34704	34740	34776	34812	34848	34884	34920
37	35557	35594	35631	35668	35705	35742	35779	35816	35853	35890
38	36518	36556	36594	36632	36670	36708	36746	36784	36822	36860
39	37479	37518	37557	37596	37635	37674	37713	37752	37791	37830
40	38440	38480	38520	38560	38600	38640	38680	38720	38760	38800
41	39401	39442	39483	39524	39565	39606	39647	39688	39729	39770
42	40362	40404	40446	40488	40530	40572	40614	40656	40698	40740
43	41323	41366	41409	41452	41495	41538	41581	41624	41667	41710
44	42284	42328	42372	42416	42460	42504	42548	42592	42636	42680
45	43245	43290	43335	43380	43425	43470	43515	43560	43605	43650
46	44206	44252	44298	44344	44390	44436	44482	44528	44574	44620
47	45167	45214	45261	45308	45355	45402	45449	45496	45543	45590
48	46128	46176	46224	46272	46320	46368	46416	46464	46512	46560
49	47089	47138	47187	47236	47285	47334	47383	47432	47481	47530
50	48050	48100	48150	48200	48250	48300	48350	48400	48450	48500
51	49011	49062	49113	49164	49215	49266	49317	49368	49419	49470
52	49972	50024	50076	50128	50180	50232	50284	50336	50388	50440
53	50933	50986	51039	51092	51145	51198	51251	51304	51357	51410
54	51894	51948	52002	52056	52110	52164	52218	52272	52326	52380
55	52855	52910	52965	53020	53075	53130	53185	53240	53295	53350
56	53816	53872	53928	53984	54040	54096	54152	54208	54264	54320
57	54777	54834	54891	54948	55005	55062	55119	55176	55233	55290
58	55738	55796	55854	55912	55970	56028	56086	56144	56202	56260
59	56699	56758	56817	56876	56935	56994	57053	57112	57171	57230
60	57660	57720	57780	57840	57900	57960	58020	58080	58140	58200
61	58621	58682	58743	58804	58865	58926	58987	59048	59109	59170
62	59582	59644	59706	59768	59830	59892	59954	60016	60078	60140
63	60543	60606	60669	60732	60795	60858	60921	60984	61047	61110
64	61504	61568	61632	61696	61760	61824	61888	61952	62016	62080
65	62465	62530	62595	62660	62725	62790	62855	62920	62985	63050
66	63426	63492	63558	63624	63690	63756	63822	63888	63954	64020
67	64387	64454	64521	64588	64655	64722	64789	64856	64923	64990
68	65348	65416	65484	65552	65620	65688	65756	65824	65892	65960
69	66309	66378	66447	66516	66585	66654	66723	66792	66861	66930
70	67270	67340	67410	67480	67550	67620	67690	67760	67830	67900
71	68231	68302	68373	68444	68515	68586	68657	68728	68799	68870
72	69192	69264	69336	69408	69480	69552	69624	69696	69768	69840
73	70153	70226	70299	70372	70445	70518	70591	70664	70737	70810
74	71114	71188	71262	71336	71410	71484	71558	71632	71706	71780
75	72075	72150	72225	72300	72375	72450	72525	72600	72675	72750
76	73036	73112	73188	73264	73340	73416	73492	73568	73644	73720
77	73997	74074	74151	74228	74305	74382	74459	74536	74613	74690
78	74958	75036	75114	75192	75270	75348	75426	75504	75582	75660
79	75919	75998	76077	76156	76235	76314	76393	76472	76551	76630
80	76880	76960	77040	77120	77200	77280	77360	77440	77520	77600
81	77841	77922	78003	78084	78165	78246	78327	78408	78489	78570
82	78802	78884	78966	79048	79130	79212	79294	79376	79458	79540
83	79763	79846	79929	80012	80095	80178	80261	80344	80427	80510
84	80724	80808	80892	80976	81060	81144	81228	81312	81396	81480
85	81685	81770	81855	81940	82025	82110	82195	82280	82365	82450
86	82646	82732	82818	82904	82990	83076	83162	83248	83334	83420
87	83607	83694	83781	83868	83955	84042	84129	84216	84303	84390
88	84568	84656	84744	84832	84920	85008	85096	85184	85272	85360
89	85529	85618	85707	85796	85885	85974	86063	86152	86241	86330
90	86490	86580	86670	86760	86850	86940	87030	87120	87210	87300
91	87451	87542	87633	87724	87815	87906	87997	88088	88179	88270
92	88412	88504	88596	88688	88780	88872	88964	89056	89148	89240
93	89373	89466	89559	89652	89745	89838	89931	90024	90117	90210
94	90334	90428	90522	90616	90710	90804	90898	90992	91086	91180
95	91295	91390	91485	91580	91675	91770	91865	91960	92055	92150
96	92256	92352	92448	92544	92640	92736	92832	92928	93024	93120
97	93217	93314	93411	93508	93605	93702	93799	93896	93993	94090
98	94178	94276	94374	94472	94570	94668	94766	94864	94962	95060
99	95139	95238	95337	95436	95535	95634	95733	95832	95931	96030
100	96100	96200	96300	96400	96500	96600	96700	96800	96900	97000

I	971	972	973	974	975	976	977	978	979	980
1	971	972	973	974	975	976	977	978	979	980
2	1942	1944	1946	1948	1950	1952	1954	1956	1958	1960
3	2913	2916	2919	2922	2925	2928	2931	2934	2937	2940
4	3884	3888	3892	3896	3900	3904	3908	3912	3916	3920
5	4855	4860	4865	4870	4875	4880	4885	4890	4895	4900
6	5826	5832	5838	5844	5850	5856	5862	5868	5874	5880
7	6797	6804	6811	6818	6825	6832	6839	6846	6853	6860
8	7768	7776	7784	7792	7800	7808	7816	7824	7832	7840
9	8739	8748	8757	8766	8775	8784	8793	8802	8811	8820
10	9710	9720	9730	9740	9750	9760	9770	9780	9790	9800
11	10681	10692	10703	10714	10725	10736	10747	10758	10769	10780
12	11652	11664	11676	11688	11700	11712	11724	11736	11748	11760
13	12623	12636	12649	12662	12675	12688	12701	12714	12727	12740
14	13594	13608	13622	13636	13650	13664	13678	13692	13706	13720
15	14565	14580	14595	14610	14625	14640	14655	14670	14685	14700
16	15536	15552	15568	15584	15600	15616	15632	15648	15664	15680
17	16507	16524	16541	16558	16575	16592	16609	16626	16643	16660
18	17478	17496	17514	17532	17550	17568	17586	17604	17622	17640
19	18449	18468	18487	18506	18525	18544	18563	18582	18601	18620
20	19420	19440	19460	19480	19500	19520	19540	19560	19580	19600
21	20391	20412	20433	20454	20475	20496	20517	20538	20559	20580
22	21362	21384	21406	21428	21450	21472	21494	21516	21538	21560
23	22333	22356	22379	22402	22425	22448	22471	22494	22517	22540
24	23304	23328	23352	23376	23400	23424	23448	23472	23496	23520
25	24275	24300	24325	24350	24375	24400	24425	24450	24475	24500
26	25246	25272	25298	25324	25350	25376	25402	25428	25454	25480
27	26217	26244	26271	26298	26325	26352	26379	26406	26433	26460
28	27188	27216	27244	27272	27300	27328	27356	27384	27412	27440
29	28159	28188	28217	28246	28275	28304	28333	28362	28391	28420
30	29130	29160	29190	29220	29250	29280	29310	29340	29370	29400
31	30101	30132	30163	30194	30225	30256	30287	30318	30349	30380
32	31072	31104	31136	31168	31200	31232	31264	31296	31328	31360
33	32043	32076	32109	32142	32175	32208	32241	32274	32307	32340
34	33014	33048	33082	33116	33150	33184	33218	33252	33286	33320
35	33985	34020	34055	34090	34125	34160	34195	34230	34265	34300
36	34956	34992	35028	35064	35100	35136	35172	35208	35244	35280
37	35927	35964	36001	36038	36075	36112	36149	36186	36223	36260
38	36898	36936	36974	37012	37050	37088	37126	37164	37202	37240
39	37869	37908	37947	37986	38025	38064	38103	38142	38181	38220
40	38840	38880	38920	38960	39000	39040	39080	39120	39160	39200
41	39811	39852	39893	39934	39975	40016	40057	40098	40139	40180
42	40782	40824	40866	40908	40950	40992	41034	41076	41118	41160
43	41753	41796	41839	41882	41925	41968	42011	42054	42097	42140
44	42724	42768	42812	42856	42900	42944	42988	43032	43076	43120
45	43695	43740	43785	43830	43875	43920	43965	44010	44055	44100
46	44666	44712	44758	44804	44850	44896	44942	44988	45034	45080
47	45637	45684	45731	45778	45825	45872	45919	45966	46013	46060
48	46608	46656	46704	46752	46800	46848	46896	46944	46992	47040
49	47579	47628	47677	47726	47775	47824	47873	47922	47971	48020
50	48550	48600	48650	48700	48750	48800	48850	48900	48950	49000
51	49521	49572	49623	49674	49725	49776	49827	49878	49929	49980
52	50492	50544	50596	50648	50700	50752	50804	50856	50908	50960
53	51463	51516	51569	51622	51675	51728	51781	51834	51887	51940
54	52434	52488	52542	52596	52650	52704	52758	52812	52866	52920
55	53405	53460	53515	53570	53625	53680	53735	53790	53845	53900
56	54376	54432	54488	54544	54600	54656	54712	54768	54824	54880
57	55347	55404	55461	55518	55575	55632	55689	55746	55803	55860
58	56318	56376	56434	56492	56550	56608	56666	56724	56782	56840
59	57289	57348	57407	57466	57525	57584	57643	57702	57761	57820
60	58260	58320	58380	58440	58500	58560	58620	58680	58740	58800
61	59231	59292	59353	59414	59475	59536	59597	59658	59719	59780
62	60202	60264	60326	60388	60450	60512	60574	60636	60698	60760
63	61173	61236	61299	61362	61425	61488	61551	61614	61677	61740
64	62144	62208	62272	62336	62400	62464	62528	62592	62656	62720
65	63115	63180	63245	63310	63375	63440	63505	63570	63635	63700
66	64086	64152	64218	64284	64350	64416	64482	64548	64614	64680
67	65057	65124	65191	65258	65325	65392	65459	65526	65593	65660
68	66028	66096	66164	66232	66300	66368	66436	66504	66572	66640
69	66999	67068	67137	67206	67275	67344	67413	67482	67551	67620
70	67970	68040	68110	68180	68250	68320	68390	68460	68530	68600
71	68941	69012	69083	69154	69225	69296	69367	69438	69509	69580
72	69912	69984	70056	70128	70200	70272	70344	70416	70488	70560
73	70883	70956	71029	71102	71175	71248	71321	71394	71467	71540
74	71854	71928	72002	72076	72150	72224	72298	72372	72446	72520
75	72825	72900	72975	73050	73125	73200	73275	73350	73425	73500
76	73796	73872	73948	74024	74100	74176	74252	74328	74404	74480
77	74767	74844	74921	74998	75075	75152	75229	75306	75383	75460
78	75738	75816	75894	75972	76050	76128	76206	76284	76362	76440
79	76709	76788	76857	76946	77025	77104	77183	77262	77341	77420
80	77680	77760	77840	77920	78000	78080	78160	78240	78320	78400
81	78651	78732	78813	78894	78975	79056	79137	79218	79299	79380
82	79622	79704	79786	79868	79950	80032	80114	80196	80278	80360
83	80593	80676	80759	80842	80925	81008	81091	81174	81257	81340
84	81564	81648	81732	81816	81900	81984	82068	82152	82236	82320
85	82535	82620	82705	82790	82875	82960	83045	83130	83215	83300
86	83506	83592	83678	83764	83850	83936	84022	84108	84194	84280
87	84477	84564	84651	84738	84825	84912	84999	85086	85173	85260
88	85448	85536	85624	85712	85800	85888	85976	86064	86152	86240
89	86419	86508	86597	86686	86775	86864	86953	87042	87131	87220
90	87390	87480	87570	87660	87750	87840	87930	88020	88110	88200
91	88361	88452	88543	88634	88725	88816	88907	88998	89089	89180
92	89332	89424	89516	89608	89700	89792	89884	89976	90068	90160
93	90303	90396	90489	90582	90675	90768	90861	90954	91047	91140
94	91274	91368	91462	91556	91650	91744	91838	91932	92026	92120
95	92245	92340	92435	92530	92625	92720	92815	92910	93005	93100
96	93216	93312	93408	93504	93600	93696	93792	93888	93984	94080
97	94187	94284	94381	94478	94575	94672	94769	94866	94963	95060
98	95158	95256	95354	95452	95550	95648	95746	95844	95942	96040
99	96129	96228	96327	96426	96525	96624	96723	96822	96921	97020
100	97100	97200	97300	97400	97500	97600	97700	97800	97900	98000

I	981	I	982	I	983	I	984	I	985	I	986	I	987	I	988	I	989	I	990
1	981	1	982	1	983	1	984	1	985	1	986	1	987	1	988	1	989	1	990
2	1962	2	1964	2	1966	2	1968	2	1970	2	1972	2	1974	2	1976	2	1978	2	1980
3	2943	3	2946	3	2949	3	2952	3	2955	3	2958	3	2961	3	2964	3	2967	3	2970
4	3924	4	3928	4	3932	4	3936	4	3940	4	3944	4	3948	4	3952	4	3956	4	3960
5	4905	5	4910	5	4915	5	4920	5	4925	5	4930	5	4935	5	4940	5	4945	5	4950
6	5886	6	5892	6	5898	6	5904	6	5910	6	5916	6	5922	6	5928	6	5934	6	5940
7	6867	7	6874	7	6881	7	6888	7	6895	7	6902	7	6909	7	6916	7	6923	7	6930
8	7848	8	7856	8	7864	8	7872	8	7880	8	7888	8	7896	8	7904	8	7912	8	7920
9	8829	9	8838	9	8847	9	8856	9	8865	9	8874	9	8883	9	8892	9	8901	9	8910
10	9810	10	9820	10	9830	10	9840	10	9850	10	9860	10	9870	10	9880	10	9890	10	9900
11	10791	11	10802	11	10813	11	10824	11	10835	11	10846	11	10857	11	10868	11	10879	11	10890
12	11772	12	11784	12	11796	12	11808	12	11820	12	11832	12	11844	12	11856	12	11868	12	11880
13	12753	13	12766	13	12779	13	12792	13	12805	13	12818	13	12831	13	12844	13	12857	13	12870
14	13734	14	13748	14	13762	14	13776	14	13790	14	13804	14	13818	14	13832	14	13846	14	13860
15	14715	15	14730	15	14745	15	14760	15	14775	15	14790	15	14805	15	14820	15	14835	15	14850
16	15696	16	15712	16	15728	16	15744	16	15760	16	15776	16	15792	16	15808	16	15824	16	15840
17	16677	17	16694	17	16711	17	16728	17	16745	17	16762	17	16779	17	16796	17	16813	17	16830
18	17658	18	17676	18	17694	18	17712	18	17730	18	17748	18	17766	18	17784	18	17802	18	17820
19	18639	19	18658	19	18677	19	18696	19	18715	19	18734	19	18753	19	18772	19	18791	19	18810
20	19620	20	19640	20	19660	20	19680	20	19700	20	19720	20	19740	20	19760	20	19780	20	19800
21	20601	21	20622	21	20643	21	20664	21	20685	21	20706	21	20727	21	20748	21	20769	21	20790
22	21582	22	21604	22	21626	22	21648	22	21670	22	21692	22	21714	22	21736	22	21758	22	21780
23	22563	23	22586	23	22609	23	22632	23	22655	23	22678	23	22701	23	22724	23	22747	23	22770
24	23544	24	23568	24	23592	24	23616	24	23640	24	23664	24	23688	24	23712	24	23736	24	23760
25	24525	25	24550	25	24575	25	24600	25	24625	25	24650	25	24675	25	24700	25	24725	25	24750
26	25506	26	25532	26	25558	26	25584	26	25610	26	25636	26	25662	26	25688	26	25714	26	25740
27	26487	27	26514	27	26541	27	26568	27	26595	27	26622	27	26649	27	26676	27	26703	27	26730
28	27468	28	27496	28	27524	28	27552	28	27580	28	27608	28	27636	28	27664	28	27692	28	27720
29	28449	29	28478	29	28507	29	28536	29	28565	29	28594	29	28623	29	28652	29	28681	29	28710
30	29430	30	29460	30	29490	30	29520	30	29550	30	29580	30	29610	30	29640	30	29670	30	29700
31	30411	31	30442	31	30473	31	30504	31	30535	31	30566	31	30597	31	30628	31	30659	31	30690
32	31392	32	31424	32	31456	32	31488	32	31520	32	31552	32	31584	32	31616	32	31648	32	31680
33	32373	33	32406	33	32439	33	32472	33	32505	33	32538	33	32571	33	32604	33	32637	33	32670
34	33354	34	33388	34	33422	34	33456	34	33490	34	33524	34	33558	34	33592	34	33626	34	33660
35	34335	35	34370	35	34405	35	34440	35	34475	35	34510	35	34545	35	34580	35	34615	35	34650
36	35316	36	35352	36	35388	36	35424	36	35460	36	35496	36	35532	36	35568	36	35604	36	35640
37	36297	37	36334	37	36371	37	36408	37	36445	37	36482	37	36519	37	36556	37	36593	37	36630
38	37278	38	37316	38	37354	38	37392	38	37430	38	37468	38	37506	38	37544	38	37582	38	37620
39	38259	39	38298	39	38337	39	38376	39	38415	39	38454	39	38493	39	38532	39	38571	39	38610
40	39240	40	39280	40	39320	40	39360	40	39400	40	39440	40	39480	40	39520	40	39560	40	39600
41	40221	41	40262	41	40303	41	40344	41	40385	41	40426	41	40467	41	40508	41	40549	41	40590
42	41202	42	41244	42	41286	42	41328	42	41370	42	41412	42	41454	42	41496	42	41538	42	41580
43	42183	43	42226	43	42269	43	42312	43	42355	43	42398	43	42441	43	42484	43	42527	43	42570
44	43164	44	43208	44	43252	44	43296	44	43340	44	43384	44	43428	44	43472	44	43516	44	43560
45	44145	45	44190	45	44235	45	44280	45	44325	45	44370	45	44415	45	44460	45	44505	45	44550
46	45126	46	45172	46	45218	46	45264	46	45310	46	45356	46	45402	46	45448	46	45494	46	45540
47	46107	47	46154	47	46201	47	46248	47	46295	47	46342	47	46389	47	46436	47	46483	47	46530
48	47088	48	47136	48	47184	48	47232	48	47280	48	47328	48	47376	48	47424	48	47472	48	47520
49	48069	49	48118	49	48167	49	48216	49	48265	49	48314	49	48363	49	48412	49	48461	49	48510
50	49050	50	49100	50	49150	50	49200	50	49250	50	49300	50	49350	50	49400	50	49450	50	49500
51	50031	51	50082	51	50133	51	50184	51	50235	51	50286	51	50337	51	50388	51	50439	51	50490
52	51012	52	51064	52	51116	52	51168	52	51220	52	51272	52	51324	52	51376	52	51428	52	51480
53	51993	53	52046	53	52099	53	52152	53	52205	53	52258	53	52311	53	52364	53	52417	53	52470
54	52974	54	53028	54	53082	54	53136	54	53190	54	53244	54	53298	54	53352	54	53406	54	53460
55	53955	55	54010	55	54065	55	54120	55	54175	55	54230	55	54285	55	54340	55	54395	55	54450
56	54936	56	54992	56	55048	56	55104	56	55160	56	55216	56	55272	56	55328	56	55384	56	55440
57	55917	57	55974	57	56031	57	56088	57	56145	57	56202	57	56259	57	56316	57	56373	57	56430
58	56898	58	56956	58	57014	58	57072	58	57130	58	57188	58	57246	58	57304	58	57362	58	57420
59	57879	59	57938	59	57997	59	58056	59	58115	59	58174	59	58233	59	58292	59	58351	59	58410
60	58860	60	58920	60	58980	60	59040	60	59100	60	59160	60	59220	60	59280	60	59340	60	59400
61	59841	61	59902	61	59963	61	60024	61	60085	61	60146	61	60207	61	60268	61	60329	61	60390
62	60822	62	60884	62	60946	62	61008	62	61070	62	61132	62	61194	62	61256	62	61318	62	61380
63	61803	63	61866	63	61929	63	61992	63	62055	63	62118	63	62181	63	62244	63	62307	63	62370
64	62784	64	62848	64	62912	64	62976	64	63040	64	63104	64	63168	64	63232	64	63296	64	63360
65	63765	65	63830	65	63895	65	63960	65	64025	65	64090	65	64155	65	64220	65	64285	65	64350
66	64746	66	64812	66	64878	66	64944	66	65010	66	65076	66	65142	66	65208	66	65274	66	65340
67	65727	67	65794	67	65861	67	65928	67	65995	67	66062	67	66129	67	66196	67	66263	67	66330
68	66708	68	66776	68	66844	68	66912	68	66980	68	67048	68	67116	68	67184	68	67252	68	67320
69	67689	69	67758	69	67827	69	67896	69	67965	69	68034	69	68103	69	68172	69	68241	69	68310
70	68670	70	68740	70	68810	70	68880	70	68950	70	69020	70	69090	70	69160	70	69230	70	69300
71	69651	71	69722	71	69793	71	69864	71	69935	71	70006	71	70077	71	70148	71	70219	71	70290
72	70632	72	70704	72	70776	72	70848	72	70920	72	70992	72	71064	72	71136	72	71208	72	71280
73	71613	73	71686	73	71759	73	71832	73	71905	73	71978	73	72051	73	72124	73	72197	73	72270
74	72594	74	72668	74	72742	74	72816	74	72890	74	72964	74	73038	74	73112	74	73186	74	73260
75	73575	75	73650	75	73725	75	73800	75	73875	75	73950	75	74025	75	74100	75	74175	75	74250
76	74556	76	74632	76	74708	76	74784	76	74860	76	74936	76	75012	76	75088	76	75164	76	75240
77	75537	77	75614	77	75691	77	75768	77	75845	77	75922	77	75999	77	76076	77	76153	77	76230
78	76518	78	76596	78	76674	78	76752	78	76830	78	76908	78	76986	78	77064	78	77142	78	77220
79	77499	79	77578	79	77657	79	77736	79	77815	79	77894	79	77973	79	78052	79	78131	79	78210
80	78480	80	78560	80	78640	80	78720	80	78800	80	78880	80	78960	80	79040	80	79120	80	79200
81	79461	81	79542	81	79623	81	79704	81	79785	81	79866	81	79947	81	80028	81	80109	81	80190
82	80442	82	80524	82	80606	82	80688	82	80770	82	80852	82	80934	82	81016	82	81098	82	81180
83	81423	83	81506	83	81589	83	81672	83	81755	83	81838	83	81921	83	82004	83	82087	83	82170
84	82404	84	82488	84	82572	84	82656	84	82740	84	82824	84	82908	84	82992	84	83076	84	83160
85	83385	85	83470	85	83555	85	83640	85	83725	85	83810	85	83895	85	83980	85	84065	85	84150
86	84366	86	84452	86	84538	86	84624	86	84710	86	84796	86	84882	86	84968	86	85054	86	85140
87	85347	87	85434	87	85521	87	85608	87	85695	87	85782	87	85869	87	85956	87	86043	87	86130
88	86328	88	86416	88	86504	88	86592	88	86680	88	86768	88	86856	88	86944	88	87032	88	87120
89	87309	89	87398	89	87487	89	87576	89	87665	89	87754	89	87843	89	87932	89	88021	89	88110
90	88290	90	88380	90	88470	90	88560	90	88650	90	88740	90	88830	90	88920	90	89010	90	89100
91	89271	91	89362	91	89453	91	89544	91	89635	91	89726	91	89817	91	89908	91	89999	91	90090
92	90252	92	90344	92	90436	92	90528	92	90620	92	90712	92	90804	92	90896	92	90988	92	91080
93	91233	93	91326	93	91419	93	91512	93	91605	93	91698	93	91791	93	91884	93	91977	93	92070
94	92214	94	92308	94	92402	94	92496	94	92590	94	92684	94	92778	94	92872	94	92966	94	93060
95	93195	95	93290	95	93385	95	93480	95	93575	95	93670	95	93765	95	93860	95	93955	95	94050
96	94176	96	94272	96	94368	96	94464	96	94560	96	94656	96	94752	96	94848	96	94944	96	95040
97	95157	97	95254	97	95351	97	95448	97	95545	97	95642	97	95739	97	95836	97	95933	97	96030
98	96138	98	96236	98	96334	98	96432	98	96530	98	96628	98	96726	98	96824	98	96922	98	97020
99	97119	99	97218	99	97317	99	97416	99	97515	99	97614	99	97713	99	97812	99	97911	99	98010
100	98100	100	98200	100	98300	100	98400	100	98500	100	98600	100	98700	100	98800	100	98900	100	99000

n	991	992	993	994	995	996	997	998	999	1000
1	991	992	993	994	995	996	997	998	999	1000
2	1982	1984	1986	1988	1990	1992	1994	1996	1998	2000
3	2973	2976	2979	2982	2985	2988	2991	2994	2997	3000
4	3964	3968	3972	3976	3980	3984	3988	3992	3996	4000
5	4955	4960	4965	4970	4975	4980	4985	4990	4995	5000
6	5946	5952	5958	5964	5970	5976	5982	5988	5994	6000
7	6937	6944	6951	6958	6965	6972	6979	6986	6993	7000
8	7928	7936	7944	7952	7960	7968	7976	7984	7992	8000
9	8919	8928	8937	8946	8955	8964	8973	8982	8991	9000
10	9910	9920	9930	9940	9950	9960	9970	9980	9990	10000
11	10901	10912	10923	10934	10945	10956	10967	10978	10989	11000
12	11892	11904	11916	11928	11940	11952	11964	11976	11988	12000
13	12883	12896	12909	12922	12935	12948	12961	12974	12987	13000
14	13874	13888	13902	13916	13930	13944	13958	13972	13986	14000
15	14865	14880	14895	14910	14925	14940	14955	14970	14985	15000
16	15856	15872	15888	15904	15920	15936	15952	15968	15984	16000
17	16847	16864	16881	16898	16915	16932	16949	16966	16983	17000
18	17838	17856	17874	17892	17910	17928	17946	17964	17982	18000
19	18829	18848	18867	18886	18905	18924	18943	18962	18981	19000
20	19820	19840	19860	19880	19900	19920	19940	19960	19980	20000
21	20811	20832	20853	20874	20895	20916	20937	20958	20979	21000
22	21802	21824	21846	21868	21890	21912	21934	21956	21978	22000
23	22793	22816	22839	22862	22885	22908	22931	22954	22977	23000
24	23784	23808	23832	23856	23880	23904	23928	23952	23976	24000
25	24775	24800	24825	24850	24875	24900	24925	24950	24975	25000
26	25766	25792	25818	25844	25870	25896	25922	25948	25974	26000
27	26757	26784	26811	26838	26865	26892	26919	26946	26973	27000
28	27748	27776	27804	27832	27860	27888	27916	27944	27972	28000
29	28739	28768	28797	28826	28855	28884	28913	28942	28971	29000
30	29730	29760	29790	29820	29850	29880	29910	29940	29970	30000
31	30721	30752	30783	30814	30845	30876	30907	30938	30969	31000
32	31712	31744	31776	31808	31840	31872	31904	31936	31968	32000
33	32703	32736	32769	32802	32835	32868	32901	32934	32967	33000
34	33694	33728	33762	33796	33830	33864	33898	33932	33966	34000
35	34685	34720	34755	34790	34825	34860	34895	34930	34965	35000
36	35676	35712	35748	35784	35820	35856	35892	35928	35964	36000
37	36667	36704	36741	36778	36815	36852	36889	36926	36963	37000
38	37658	37696	37734	37772	37810	37848	37886	37924	37962	38000
39	38649	38688	38727	38766	38805	38844	38883	38922	38961	39000
40	39640	39680	39720	39760	39800	39840	39880	39920	39960	40000
41	40631	40672	40713	40754	40795	40836	40877	40918	40959	41000
42	41622	41664	41706	41748	41790	41832	41874	41916	41958	42000
43	42613	42656	42699	42742	42785	42828	42871	42914	42957	43000
44	43604	43648	43692	43736	43780	43824	43868	43912	43956	44000
45	44595	44640	44685	44730	44775	44820	44865	44910	44955	45000
46	45586	45632	45678	45724	45770	45816	45862	45908	45954	46000
47	46577	46624	46671	46718	46765	46812	46859	46906	46953	47000
48	47568	47616	47664	47712	47760	47808	47856	47904	47952	48000
49	48559	48608	48657	48706	48755	48804	48853	48902	48951	49000
50	49550	49600	49650	49700	49750	49800	49850	49900	49950	50000
51	50541	50592	50643	50694	50745	50796	50847	50898	50949	51000
52	51532	51584	51636	51688	51740	51792	51844	51896	51948	52000
53	52523	52576	52629	52682	52735	52788	52841	52894	52947	53000
54	53514	53568	53622	53676	53730	53784	53838	53892	53946	54000
55	54505	54560	54615	54670	54725	54780	54835	54890	54945	55000
56	55496	55552	55608	55664	55720	55776	55832	55888	55944	56000
57	56487	56544	56601	56658	56715	56772	56829	56886	56943	57000
58	57478	57536	57594	57652	57710	57768	57826	57884	57942	58000
59	58469	58528	58587	58646	58705	58764	58823	58882	58941	59000
60	59460	59520	59580	59640	59700	59760	59820	59880	59940	60000
61	60451	60512	60573	60634	60695	60756	60817	60878	60939	61000
62	61442	61504	61566	61628	61690	61752	61814	61876	61938	62000
63	62433	62496	62559	62622	62685	62748	62811	62874	62937	63000
64	63424	63488	63552	63616	63680	63744	63808	63872	63936	64000
65	64415	64480	64545	64610	64675	64740	64805	64870	64935	65000
66	65406	65472	65538	65604	65670	65736	65802	65868	65934	66000
67	66397	66464	66531	66598	66665	66732	66799	66866	66933	67000
68	67388	67456	67524	67592	67660	67728	67796	67864	67932	68000
69	68379	68448	68517	68586	68655	68724	68793	68862	68931	69000
70	69370	69440	69510	69580	69650	69720	69790	69860	69930	70000
71	70361	70432	70503	70574	70645	70716	70787	70858	70929	71000
72	71352	71424	71496	71568	71640	71712	71784	71856	71928	72000
73	72343	72416	72489	72562	72635	72708	72781	72854	72927	73000
74	73334	73408	73482	73556	73630	73704	73778	73852	73926	74000
75	74325	74400	74475	74550	74625	74700	74775	74850	74925	75000
76	75316	75392	75468	75544	75620	75696	75772	75848	75924	76000
77	76307	76384	76461	76538	76615	76692	76769	76846	76923	77000
78	77298	77376	77454	77532	77610	77688	77766	77844	77922	78000
79	78289	78368	78447	78526	78605	78684	78763	78842	78921	79000
80	79280	79360	79440	79520	79600	79680	79760	79840	79920	80000
81	80271	80352	80433	80514	80595	80676	80757	80838	80919	81000
82	81262	81344	81426	81508	81590	81672	81754	81836	81918	82000
83	82253	82336	82419	82502	82585	82668	82751	82834	82917	83000
84	83244	83328	83412	83496	83580	83664	83748	83832	83916	84000
85	84235	84320	84405	84490	84575	84660	84745	84830	84915	85000
86	85226	85312	85398	85484	85570	85656	85742	85828	85914	86000
87	86217	86304	86391	86478	86565	86652	86739	86826	86913	87000
88	87208	87296	87384	87472	87560	87648	87736	87824	87912	88000
89	88199	88288	88377	88466	88555	88644	88733	88822	88911	89000
90	89190	89280	89370	89460	89550	89640	89730	89820	89910	90000
91	90181	90272	90363	90454	90545	90636	90727	90818	90909	91000
92	91172	91264	91356	91448	91540	91632	91724	91816	91908	92000
93	92163	92256	92349	92442	92535	92628	92721	92814	92907	93000
94	93154	93248	93342	93436	93530	93624	93718	93812	93906	94000
95	94145	94240	94335	94430	94525	94620	94715	94810	94905	95000
96	95136	95232	95328	95424	95520	95616	95712	95808	95904	96000
97	96127	96224	96321	96418	96515	96612	96709	96806	96903	97000
98	97118	97216	97314	97412	97510	97608	97706	97804	97902	98000
99	98109	98208	98307	98406	98505	98604	98703	98802	98901	99000
100	99100	99200	99300	99400	99500	99600	99700	99800	99900	100000

UN VERSAILLAIS

PRISONNIER

DE LA COMMUNE

PARIS. — IMPRIMERIE BLOT ET FILS AINÉ, RUE BLEUE, 7.